世界税收发展研究报告

（2018）

中国国际税收研究会 编著

中国税务出版社

图书在版编目（CIP）数据

世界税收发展研究报告 . 2018/中国国际税收研究会编著 .
--北京：中国税务出版社，2019. 6
ISBN 978 - 7 - 5678 - 0827 - 0

Ⅰ. ①世… Ⅱ. ①中… Ⅲ. ①税收管理 - 研究报告 -
世界 - 2018 Ⅳ. ①F811. 4

中国版本图书馆 CIP 数据核字（2019）第 060213 号

书　　名：世界税收发展研究报告（2018）
作　　者： 中国国际税收研究会　编著
责任编辑： 刘　菲　范竹青
责任校对： 姚浩晴
技术设计： 刘冬珂
出版发行： 中国税务出版社
北京市丰台区广安路 9 号国投财富广场 1 号楼 11 层
邮政编码：100055
http：//www. taxation. cn
E-mail：swcb@ taxation. cn
发行中心电话：（010）83362083/86/89
传真：（010）83362046/47/48/49
经　　销： 各地新华书店
印　　刷： 保定市中画美凯印刷有限公司
规　　格： 787 毫米 ×1092 毫米　1/16
印　　张： 21. 25
字　　数： 354000 字
版　　次： 2019 年 6 月第 1 版　2019 年 6 月第 1 次印刷
书　　号： ISBN 978 - 7 - 5678 - 0827 - 0
定　　价： 65. 00 元

《世界税收发展研究报告（2018）》编辑委员会

前　言

世界经济增速自2017年明显提升以来，2018年继续保持稳定增长态势。在世界经济复苏和经济全球化浪潮的推动下，各国继续实施以促增长为核心的税制改革。美国特朗普政府税改方案在2017年底通过并于2018年开始实行。美国的税制改革是世界税收改革的一件重大事件，必将深刻影响全球税制改革。

由二十国集团（G20）发起的应对税基侵蚀和利润转移（Base Erosion and Profit Shifting，BEPS）行动计划已经落地，各国正在积极推动落实该行动计划建议的各个方案。各国际组织和区域税收平台也开展活动，推动国际税收规则创新。中国继续推动“一带一路”建设，积极加入国际多边征管合作活动。

为跟踪世界税收发展的新动态，及时反映世界税收发展的新变化，中国国际税收研究会组成研究课题组持续进行专题研究，形成中国国际税收研究会品牌性研究报告——《世界税收发展研究报告》（以下简称发展研究报告），现已连续研编10年。本课题研究始终得到国家税务总局领导的高度重视，也得到国际税收领域的专家、学者和实务工作者的认可和欢迎。

2018年度发展研究报告秉承前9年报告及时性、准确性、针对性、比较性的特点，对2017年以来世界各国税收发展新形势、新变化、新特点进行了跟踪分析研究，并在上年度发展研究报告的基础上有所创新，更加突出研究专题导向。主要做法如下：一是积极拓展信息资料收集渠道，使本年度发展报告各部分的信息量既广又新，更加全面反映2017年度世界税收发展状况（部分内容延伸至2018年）；二是加大评析研究的力度，本报告汇集研究与资料为一体，在充分占有信息资料的基础上，深入做好评析研究，力求评得要新、要准，析得要高、要深，从浩繁的信息里提炼出世界税收发展中带有普遍性、规律性、倾向性和特点性的事情；三是本年度发展研究报告运用经济税收观点，试图继续采取经济与税收联系的方法，历史与现实比较的方法，开阔视野，加强动态研究；四是对体例结构进行改革，进一步探索研究报告新路径。

本年度发展研究报告的主要内容截至2017年底，也包含2018年的部分重要事项。具体报告内容包括：世界税收发展综述、世界税制改革发展研究、世界税收征管发展研究、国际税收协调与合作研究，以及附录。本研究报告附录部分重点介绍了2017年度世界税收十件大事、“一带一路”国际合作高峰论坛成果清单、金砖国家领导人厦门宣言、中国签订的税收条约、国际运输收入税收处理情况、主要国家及地区公司所得税及增值税税率，以及英文缩略语。

为编研好本年度发展研究报告，中国国际税收研究会整合多方研究力量，组成相对稳定的编研组织，即课题组和评审组。从报告开题到终审各阶段，编研人员分工协作，群策群力，经过充分讨论共同完成。

中国国际税收研究会指定国家税务总局税收科学研究所原副所长、中国国际税收研究会副秘书长靳东升担任课题组组长，上海立信会计金融学院罗秦教授、广西财经学院霍军研究员和国家税务总局办公厅秦川任副组长和子课题组长。研究报告具体工作分工如下：靳东升承担“前言”的起草。中央财经大学何杨教授和王文静副教授承担第1章“世界税收发展综述”的编写，中央财经大学财政税务学院硕士研究生韦书爽、黎俊宏、蒋梦薇、夏安参与了本部分初稿的编写。罗秦承担第2章“世界税制改革发展研究”的统稿，其中：中央财经大学张京萍副教授承担第2.1节的编写，中央财经大学财政税务学院硕士研究生刘晶晶、李楠楠承担有关资料的收集、翻译与整理工作；罗秦承担第2.2节的编写，上海立信会计金融学院硕士研究生周璐涵参与了有关资料的收集、翻译与整理工作；上海立信会计金融学院何自强博士承担第2.3节的编写。霍军承担第3章“世界税收征管发展研究”的统稿，其中：第3.1节至第3.3节由霍军编写；第3.4节、第3.6节由国家税务总局云南省税务局裴晓梅编写；国家税务总局广西壮族自治区税务局孔祥军经济师承担第3.5节中英文资料汇集、翻译和初审工作，北京邮电大学学生肖乃夫承担中英文资料翻译和整理工作。广东省税务学会学术委员李茜承担第4章“国际税收协调与合作研究”的统稿，其中：第4.1节、第4.3节由李茜编写；第4.2节由秦川编写；第4.4节由广东省税务学会理事傅凝洲编写。秦川承担全书附录的收集整理工作，国家税务总局税收科学研究所研究员龚辉文提供了227个国家及地区公司所得税和增值税税率表。中国社会科学院研究生葛冰和郝沂森为课题组收集英文资料的原文。靳东升和中国国际税收研究会姚欣对全书进行了总纂。中国国际税收研究会副秘书长赵兴玉、靳东升和中国国际税收研究会学术研究委员孙玉刚审核了报告。中国国际税收研究会顾问王力、会长张志勇和原会长郝昭成审定了全书。

在本年度发展研究报告的编写中，评审组对报告进行了两次评审。评审组由王力和张志勇担任组长，成员包括伊兵、赵兴玉、魏仲瑜、彭宁、薛路生，李子清、孙玉刚、尚力强、王振华和郭平壮等。

中国国际税收研究会法规文献部负责报告的具体组织工作，郭天学在日常组织协调和协助资料收集中做了大量的工作。

国家税务总局国际税务司、国家税务总局税收科学研究所、中国税务出版社、国家税务总局青海省税务局、青海省国际税收研究会、国家税务总局云南省税务局、云南省国际税收研究会等单位对本年度发展研究报告编研工作给予了大力支持，在此表示衷心的感谢！

《世界税收发展研究报告（2018）》内容丰富、资料翔实，是颇具参考价值的年度性研究报告，在此，期盼为广大理论研究工作者、税务干部、税务中介机构人员和纳税人服务，为税收工作服务。

由于研究者理论研究水平有限，资料收集尚存局限，本书难免有疏漏不足之处，敬请读者批评指正。

中国国际税收研究会
《世界税收发展研究报告》课题组
2018年11月

目　录

1

世界税收发展综述

在连续数年的低速增长后，2017 年世界经济增速大幅提高至 3.8%，并且继续保持稳定增长态势。世界投资和贸易活动也展示出良好的反弹势头。世界经济复苏在一定程度上得益于多国实行宽松的货币政策和财政政策，特别是在经济环境好转、激进货币政策逐渐回归正常化的大背景下，各国政府在财政状况逐步改善后，促增长成为主旋律，最主要的就是以美国为代表的减税战略。

而在数字化迅猛发展的背景下，数字经济成为引领全球经济增长的重要动力源，并将持续影响全球经济总值增量。各国无形资产投资流向表明，大规模无形资产驱动数字经济快速发展，从而驱动经济增长，产生了不同于原有物质投入的经济增长模式，数字经济的税收问题也变得日益重要。经济合作与发展组织（OECD）发布数字经济中期报告，号召实行协调的数字经济税收政策，但是一些国家已经采取了单边的数字经济税收政策，使得国际协调更加紧迫。

单边和多边的博弈在 2017 年显得尤为突出。一方面，税收竞争的加剧使得一些国家出于维护本国税收利益的角度，出台单边的税收政策和税收征管措施，包括世界贸易组织（WTO）在内的国际规则面临挑战，欧盟等主要经济体出台单边的数字经济政策等。另一方面，多边税收公约等具有划时代意义的多边征管机制逐步建立，全球范围的税收情报自动交换也拉开帷幕，中国在推动“一带一路”税收合作上做出了积极的努力。如何创造更加开放、包容、普惠的国际税收环境将是各国未来面临的重要挑战。

1.1 税收政策坚持促增长挺创新

税收自产生之日起就以满足政府支出需要为目的，进入现代社会后派生出经济调节功能。2017 年，世界经济呈现良好发展势头，多国减税政策陆续出台，继续扶持经济的发展，特别是各国积极制定支持创新的税收政策。

1.1.1 世界经济复苏

1.1.1.1 世界经济呈现良好发展势头

在经历了 2016 年低谷之后，2017 年世界经济显示出强劲的复苏势头。如表 1－1 所示，2017 年全球经济增长 3.8%，较 2016 年提高 0.6%，是 2011 年以来的最高水平。其中，2017 年下半年的增速超过了 4%，为 2010 年下半年以来的最高水平。在占全球经济总量约 3/4 的国家中，2/3 的国家取得了比 2016 年更快的增长速度。欧元区、美国、日本、中国，以及部分新兴市场和发展中国家（巴西、墨西哥、部分东欧国家等）的增长均高于预期，为世界经济增长提供了动力。① 2017 年，发达国家的经济增长率为 2.3%，较 2016 年的增长率增加了 0.6 个百分点；新兴经济体及发展中国家的经济增长率为 4.8%，较 2016 年的增长率增加了 0.4 个百分点。预计未来两年世界经济增速将提高至 3.9%（见表 1－1）。

表 1－1　　世界 GDP 增长率（2016—2019 年）　　单位：%

国家及地区 \ 年度	2016	2017	2018	2019
世界经济	3.2	3.8	3.9	3.9
发达国家：	1.7	2.3	2.5	2.2
美国	1.5	2.3	2.9	2.7
欧元区	1.8	2.3	2.4	2.0

① OECD（2018）. OECD Economic Outlook，Volume 2018 Issue 1，https：//doi.org/10.1787/eco_outlook-v2018－1-en.

续表

国家及地区 \ 年度	2016	2017	2018	2019
英国	1.9	1.8	1.6	1.5
日本	0.9	1.7	1.2	0.9
加拿大	1.4	3.0	2.1	2.0
新兴市场和发展中国家：	4.4	4.8	4.9	5.1
俄罗斯	-0.2	1.5	1.7	1.5
中国	6.7	6.9	6.6	6.4
印度	7.1	6.7	7.4	7.8
巴西	-3.5	1.0	2.3	2.5
南非	0.6	1.3	1.5	1.7

注：2018 年和 2019 年的数值为预测值；印度的数据和预测值均是以 2011—2012 年市场价格为基数计算所得的财年数据。

资料来源：IMF（2018）. World Economic Outlook. http：//www. imf. org/en/Publications/WEO/Issues/2018/03/20/world-economic-outlook-april-2018.

投资反弹为全球经济的增长提供了重要支撑。2017 年约有 60% 的全球经济增长是由投资支出所贡献的。① 2017 年个人投资回暖在发达国家表现得尤为突出。2008 年全球金融危机以来，发达国家的个人投资增长持续疲软，在 2016 年更是陷入了低谷。而在 2017 年，宽松的货币政策和良好的经济前景使长期受到压抑的资本品需求得到释放，私人住房投资和机器设备投资都呈现出强劲增长。根据《OECD 经济展望报告》，2017 年 OECD 成员的投资强度②达到了 1.4，比 2016 年增加了约 0.5。不过，由于跨国企业大型并购重组活动的减少，2017 年全球跨国投资低迷，与各国个人投资的强劲反弹形成对比。全球外国直接投资（Foreign Direct Investment，FDI）流量大幅下降了 23%，减至约 1.43 万亿美元。其中，发达国家的流入量下降了 37%，流出量下降了 3%；发展中国家的流入量与 2016 年持平，流出量下降了 6%。

在个人投资和消费增长的推动下，2017 年全球贸易增长显著。如表 1-2 所示，在连续三年的年增速低于 3% 之后，2017 年全球货物贸易量同比增

① UN-DESA，UNCTAD and the five UN regional commissions（2018）. World Economic Situation and Prospects 2018. http：//unctad. org/en/PublicationsLibrary/wesp2018_en. pdf.

② 投资强度（investment intensity）等于投资增长与 GDP 增长的比率。

长4.7%，较2016年提高了近3个百分点，创下近六年来最高水平的增长率。发达国家进口增速和出口增速分别为3.1%和3.5%；发展中国家和新兴经济体出口增速为5.7%，进口增速猛增至7.2%。发展中国家贸易增长强劲，发达国家也广泛处于温和复苏的状态。世界贸易组织认为，尽管存在不利因素，但在投资产出增加、结构调整不断推进，以及扩张性财政政策等有利条件的加持下，世界贸易将保持强劲增长的趋势（见表1－2）。①

表1－2　　世界贸易增长及趋势（2015—2019年）　　单位：%

项目 \ 年度	2015	2016	2017	2018	2019
世界货物贸易量	2.5	1.8	4.7	4.4	4.0
出口：发达国家	2.3	1.1	3.5	3.8	3.1
发展中国家和新兴经济体	2.4	2.3	5.7	5.4	5.1
进口：发达国家	4.3	2.0	3.1	4.1	3.3
发展中国家和新兴经济体	0.6	1.9	7.2	4.8	4.4

注：2018年和2019年为预测值。
资料来源：WTO. Strong trade growth in 2018 rests on policy choices，https：//www.wto.org/english/news_e/pres18_e/pr820_e.htm.

1.1.1.2　美国挑起贸易摩擦影响重大

2017年8月，美国总统特朗普签署对中国的“301调查”。2017—2018年，中美贸易摩擦，以及美国与欧洲地区的贸易摩擦不断增加。进入2018年，美国先后对钢、铝等一系列中国商品加征惩罚性关税，美国与主要贸易伙伴之间的贸易纠纷不断加剧，不仅使得这些国家遭受经济损失，而且伤害美国本土经济。长期来看还会扰乱全球供应链，打击市场和投资者的积极性，阻碍科学技术在全球的传播，损害消费者福利，对生产、投资和消费造成消极影响，世界贸易规则面临新的挑战。

1.1.1.3　国际金融市场变化带来不确定性

尽管世界经济在短期内呈现出一定积极、良好的发展势头，但现阶段

① WTO. Strong trade growth in 2018 rests on policy choices. https：//www.wto.org/english/news_e/pres18_e/pr820_e.htm.

存在的一系列风险使得世界经济在中长期面临较大的下行压力。首先是金融市场环境变化的因素。长期以来，宽松货币政策带来的极低利率和资产价格的上涨增加了金融市场风险，随着以美国为代表的主要发达国家的货币政策回归正常化，利率上升和强信用管制会导致全球的融资环境大幅收紧，从而会对投资产生较大的不利影响。而对于大部分发展中国家，由于近年来企业债务水平不断上升并处于高位，利率和汇率的大幅变动会危及这些国家金融市场的稳定性，如果调控不当可能会引发新一轮的债务危机和金融危机。

1.1.1.4 中国经济稳定增长

2017 年中国经济稳中向好，表现好于国际货币基金组织、世界银行等国际组织的预期。全年国内生产总值 827122 亿元，首次超过 80 万亿元，同比增长 6.9%，增速比上年加快 0.2 个百分点，实现了 2010 年以来经济增长首次提速。进出口回暖是中国经济增速回升的关键力量，全球经济复苏给中国进出口带来利好，全年货物进出口总额 277921 亿元，同比增长 14.2%，扭转了连续两年下降的局面。全国固定资产投资比上年增长 7.2%，社会消费品零售总额比上年增长 10.2%，消费和投资共同支撑中国经济发展，消费已成为推动中国经济增长的第一动力。[①] 应该说，2017 年中国经济稳中向好、好于预期，经济活力、动力和潜力不断释放，稳定性、协调性和可持续性明显增强，实现了平稳健康发展。

1.1.2 多国减税政策陆续出台

回顾 2017 年，在世界经济复苏和经济全球化浪潮的推动下，世界税制迎来了新一轮的发展和变革。国际税制改革目标延续了 2015 年后出现的以促进经济增长为重点的新趋势，而以增长为重点的税制改革必然意味着减税，以吸引资本为中心的税收竞争不断加剧。即使在 BEPS 行动计划（特别是对有害税收竞争的制约）不断深入落实的背景下，税收竞争依然是国际税制变革的中心问题之一。税收竞争的主要方向是削减公司所得税以促进投资增长，进而推动经济发展。[②] 2017 年世界税制改革中最引人瞩

① 资料来源：国家统计局网站，http：//www.stats.gov.cn/tjsj/zxfb/201801/t20180118_1574917.html.

② 廖体忠，韩霖．OECD 报告显示：各国以促增长为核心的税制改革导致税收竞争加剧［J］．国际税收，2017（12）.

目的事件无疑是美国《减税与就业法案》出台，于2017年12月22日由特朗普总统签署成为法律。本次美国税改主要涉及联邦个人所得税和联邦公司所得税改革，其中最大的亮点是联邦公司所得税从35%的最高一档收入的边际税率大幅削减至21%的单一税率。美国是全球多数国家的主要贸易伙伴，也是跨国资本的重要聚集地，美国税改必然会对全球经济产生外溢效应，也会对其他国家税制改革带来压力，进而推动重塑全球税收竞争格局。

1.1.2.1 新一轮公司所得税减税浪潮

在2017年，各国通过维持或降低公司所得税税率来刺激经济并吸引外商直接投资。根据安永公司（Ernst & Young，EY）发布的《2017年全球税收政策展望》，在报告涵盖的50个国家（地区）中，有8个国家（匈牙利、意大利、法国、卢森堡、英国、斯洛伐克、以色列、挪威）的公司所得税税率较2016年有所降低，占报告所涵盖国家（地区）的16%。匈牙利甚至将其公司所得税税率下调10个百分点，使其成为欧盟国家中公司所得税税率最低的国家。仅有两个国家（加拿大、智利）提高了公司所得税税率。[①] 另外，日本的实际公司所得税税率由2013年的38.01%下降至2017年的30.86%；美国在税改之后，平均公司所得税税率将降低至26%左右，下降幅度超过1/3。分区域来看，相比于2016年，2017年亚洲国家公司所得税平均税率从21.41%下降到21.04%；OECD成员公司所得税平均税率从24.69%下降到23.95%；非洲和拉丁美洲国家的公司所得税平均税率则有所提高。[②]

在经历了近两年较为缓和的时期后，各国开始了新一轮的削减公司所得税税率的趋势，进入2017年后，这种趋势更是呈现出白热化的迹象。以经济合作与发展组织（OECD）成员为代表的发达国家是降低公司所得税浪潮中的“排头兵”，从表1-3所列的公司所得税税率表即可窥豹一斑，减税的力度和范围都相当大。很多国家制定了逐步削减公司所得税的多年计划。挪威在2016年把公司所得税税率下降2个百分点后，在

① EY（2017）. Outlook for Global Tax Policy in 2017. https：//www. ey. com/Publication/vwLUAssets/ey-the-outlook-for-global-tax-policy-in－2017/MYMFILE/ey-the-outlook-for-global-tax-policy-in－2017. pdf.

② 资料来源：KPMG Tax Rates Online. https：//home. kpmg. com/xx/en/home/services/tax/tax-tools-and-resources/tax-rates-online. html.

2017 年进一步将税率由 25% 降低至 24%，以缩小与其他国家的公司所得税税率水平差距；以色列实施了一项连续三年下调公司所得税税率的计划，2016 年将其公司所得税的税率由 26.5% 下降至 25%，2017 年再降至 24%，并将在 2018 年进一步下降至 23%；英国继续执行其在 2015 年财政预算案中制定的减税计划，从 2017 年 4 月起公司所得税税率降至 19%，从而使英国成为二十国集团（G20）成员中公司所得税税率最低的国家；法国在 2017 年政府财政预算案中提出将新设一档 28% 的公司所得税税率，并承诺将在 2020 年将企业所得税税率由 33.3% 下调至 28%。[①] 发达国家的减税行动无形中对发展中国家吸引国际资本等方面带来了巨大压力，部分发展中国家跟进出台了公司所得税的减免政策。例如，菲律宾在 2017 年国家预算中计划提出，将公司所得税普通税率从 30% 降至 25%；[②] 拉脱维亚通过了一项税改法案，从 2018 年起将只对公司分配利润征收税率为 20% 的公司所得税。[③] 2013—2017 年 OECD 成员公司所得税税率见表 1-3。

表 1-3　　OECD 成员公司所得税税率（2013—2017 年）　　单位：%

国家	2013 年	2014 年	2015 年	2016 年	2017 年
澳大利亚	30	30	30	30	30
奥地利	25	25	25	25	25
比利时	33.99	33.99	33.99	33.99	33.99
加拿大	26	26.5	26.5	26.5	26.5
智利	20	20	24	24	25.5
捷克	19	19	19	19	19
丹麦	25	24.5	22	22	22
爱沙尼亚	21	21	20	20	20
芬兰	24.5	20	20	20	20
法国	33.33	33.33	33.33	33.33	33.33
德国	29.55	29.58	29.72	29.72	29.79
希腊	26	26	29	29	29

① 资料来源：OECD，Tax Policy Reforms 2017，https：//read.oecd-ilibrary.org/taxation/tax-policy-reforms-2017_9789264279919-en.

② 高仲芳．国际税讯［J］．国际税收，2017（2）．

③ 高仲芳．国际税讯［J］．国际税收，2017（9）．

续表

国家	2013 年	2014 年	2015 年	2016 年	2017 年
匈牙利	19	19	19	19	9
冰岛	20	20	20	20	20
爱尔兰	12. 5	12. 5	12. 5	12. 5	12. 5
以色列	25	26. 5	25	25	24
意大利	31. 4	31. 4	31. 4	31. 4	24
日本	38. 01	35. 64	33. 86	30. 86	30. 86
韩国	24. 2	24. 2	24. 2	24. 2	22
拉脱维亚	15	15	15	15	15
卢森堡	29. 22	29. 22	29. 22	29. 22	27. 08
墨西哥	30	30	30	30	30
荷兰	25	25	25	25	25
新西兰	28	28	28	28	28
挪威	28	27	27	25	24
波兰	19	19	19	19	19
葡萄牙	25	23	21	21	21
斯洛伐克	23	22	22	22	21
斯洛文尼亚	17	17	17	17	19
西班牙	30	30	28	25	25
瑞典	22	22	22	22	22
瑞士	18. 01	17. 92	17. 92	17. 92	17. 77
土耳其	20	20	20	20	20
英国	23	21	20	20	19
美国	40	40	40	40	40

资料来源：KPMG Tax Rates Online. https：//home. kpmg. com/xx/en/home/services/tax/tax-tools-and-resources/tax-rates-online. html.

1. 1. 2. 2　个人所得税减税政策频出

2017 年世界经济呈现复苏态势，但劳动就业状况不佳和收入分配不公依然是经济增长的重大隐患。虽然投资强势增长，但主要发达国家中严重的人口老龄化问题仍然制约着生产率的增长，工资增长依然缓慢；劳动力市场状况进一步改善，但失业率仍普遍高于国际金融危机前的水平。另一方面，在经济复苏的过程中，收入分配不平等的程度呈现上升态势。此外，能源价格上涨带动通胀率上升，对实际收入的增长产生了负面的影响。基于以上经济背景，世界各国税制改革目标在以促增长为导向的同时，更加强调促进包容性和公平性。具体到个人所得税政策方面，就是着力降低中低收入人群税负，促进税负公平，支持就业和经济增长。

在税率改革上，一个主流趋势是降低中低收入者的个人所得税税率，在较低收入水平上调整累进性，同时提高对高收入人群的税率。挪威继2016年将一般收入适用的比例税率由27%降至25%后，在2017年再降至24%，从而与公司所得税税率保持一致；卢森堡调整了个人所得税的税率结构，在年收入低于2万欧元的中低收入水平中新增了9%和11%两档税率，并大幅调整了所得额级距，降低了中低收入者的适用税率，同时对高收入者引入两档新的税率，将最高税率由40%提高至42%；以色列在2017年调整了个人所得税的税率级距，将第三档个人所得税税率由24%下降至20%，并将针对高收入者征收的附加税的起征额由80万新谢克尔降低至64万新谢克尔，同时将附加税税率由2%提高至3%；斯洛文尼亚引入了一个新的34%的第三档税率，并将第四档税率由41%降低至39%；韩国对年收入超过5亿韩元的高收入者征税的所得税最高税率将从40%提高至42%，年收入在3亿~5亿韩元的适用税率将提高至40%。也有部分国家出于促进经济增长的考虑而普遍降税，如芬兰在2017年将个人所得税的最低税率由8%降低至6.5%的同时，把最高税率由32%降低至31.25%。美国的税改全面下调了个人所得税的税率，最高税率由39.6%降低至37%。①

另外，绝大多数国家以缩减个人所得税税基作为政策导向，一些国家出台了一般性的缩减税基优惠政策。在2017年，阿根廷、荷兰、芬兰、比利时、挪威等国家都采取了提高基本免税额或扩大一般税收抵免范围的措施；爱沙尼亚在2018年把免税额由180欧元增至500欧元，但与此同时在2017年取消了对低收入劳动者的退税优惠，并于2018年取消养老金的免税额。一些国家考虑减轻抚养孩子或赡养老人的家庭的负担。德国提高了抚养孩子支出的免税额度；爱尔兰提高了家庭护理支出的税收抵免；卢森堡提高了对单亲家庭的税收抵免，并将孩子不与父母一起居住的单亲家庭也纳入该优惠的适用范围。部分国家以低收入者为税基缩减政策的目

---

① 根据OECD《税收政策改革2017》(Tax Policy Reform 2017)报告和中国国家税务总局国别(地区)投资税收指南综合整理。

人合伙人和天使投资人的所得税优惠政策，主要内容为：对有限合伙制创投企业采取股权投资方式投资于初创科技型企业满两年的，可以按照投资额的70%抵扣个人合伙人从合伙制创投企业分得的经营所得，并允许结转抵扣；符合条件的天使投资人可以按照投资额的70%抵扣转让其投资的初创科技型企业股权取得的应纳税所得额并允许结转抵扣。财税〔2017〕38号文件的出台一方面可以吸引更多的企业和个人参与创业投资；另一方面也可以加大对具备研发能力的种子期和初创期中小企业的投资力，激发创业创新，促进经济和就业增长。2017年5月，财政部、国家税务总局、科技部三部委联合发布了《关于提高科技型中小企业研究开发费用税前加计扣除比例的通知》（财税〔2017〕34号），落实了2017年《政府工作报告》中提出的将科技型中小企业研发费用加计扣除比例由50%提高到75%的要求。随即，三部委又联合印发了《科技型中小企业评价办法》（国科发政〔2017〕115号印发），明确了科技型中小企业的评价条件、评价程序以及评价管理工作，对日后为科技型中小企业提供更精准的税收优惠支持，鼓励社会创新创业起到了至关重要的作用。

1.2 多边税收协调继续推进

在二十国集团（G20）和经济合作与发展组织（OECD）推动BEPS行动计划落地的过程中，多边税收合作在2017年取得了多项进展。截至2017年末，已有116个国家（地区）加入《多边税收征管互助公约》，105个国家（地区）承诺2017—2018年间实施自动情报交换标准，82个国家（地区）已签署金融账户信息自动交换政府间协议，39个国家（地区）签署跨国企业国别信息自动交换政府间协议。多边国际税收征管合作的良好开展有利于拓展合作的广度与深度，与之前国家间签订的双边税收协定、情报交换协定以及各类双边国际税收征管合作相比，多边国际税收征管合作覆盖的范围更为广阔，适用的领域更为全面，可操作性也更强。

1.2.1 多边税收征管合作迈出新步伐

2017年世界多边税收协调的进展主要体现在征管多边合作方面，其中以BEPS多边公约和金融账户涉税信息自动交换为最为典型的代表。

1.2.1.1　BEPS 多边公约正式签署

2017 年 6 月 8 日，中国、德国、法国、英国、俄罗斯、日本、印度、阿根廷等 67 个国家（地区）正式签署《实施税收协定相关措施以防止税基侵蚀和利润转移（BEPS）的多边公约》（以下简称《BEPS 多边公约》）。中国在 OECD 成立的《BEPS 多边公约》起草工作组中担任第一副主席国，积极主动参与谈判与磋商，在公约的研究制定工作中发挥了重要作用。①

为了积极应对跨国公司的税基侵蚀与利润转移行为，二十国集团（G20）领导人于 2013 年 9 月发布圣彼得堡峰会公报，决定实施 BEPS 行动计划，并委托 OECD 牵头推进该项工作。《BEPS 多边公约》，即为 BEPS 行动计划的一项重要成果。《BEPS 多边公约》共设 7 章 39 条，纳入了消除混合错配安排的影响、防止协定优惠的不当授予等 BEPS 成果等。BEPS 行动计划中与税收协定相关的共有 5 项，这些措施无法通过各国（地区）单边修订国内法的方式落实，而是需要将其纳入双边税收协定，对于已经签署的税收协定，则需要进行修订。《BEPS 多边公约》并不是替代现行双边税收协定，只是对如何修订现行协定的某一条款进行说明，各国（地区）通过在签署和批准时提交保留事项来明确该国是否接受某项修订。《BEPS 多边公约》的应用较为灵活、选择性强，缔约方可自行选择将其适用于其哪些税收协定，将特定税收协定排除在《BEPS 多边公约》拟涵盖的税收协定清单之外。缔约方可在不同选项中，选择其拟采取的有关应对协定滥用和改进争议解决的方式，以满足 BEPS 行动计划的最低标准。②

创新性的制度设计使得《BEPS 多边公约》实现了税收协定历史上迄今为止规模最大、范围最广的一次多边合作与协调。截止到 2018 年 6 月 27 日秘鲁正式签字后，共有 80 个国家（地区）签订《BEPS 多边公约》，③该公约将于 2018 年 7 月 1 日起正式生效。《BEPS 多边公约》有助于在主要经济体之间进行税收协调，建立税收协定新格局，促进世界范围内税收合作，有利于推动构建现代化国际税收体系。

---

① http：//www. gov. cn/zhengce/2017－06/09/content_5200922. htm，访问时间 2018 年 10 月 13 日。

② http：//www. sohu. com/a/238174125_611489，http：//www. chinataxlaw. org/index. php？id＝133，访问日期 2018 年 10 月 8 日。

③ OECD，http：//www. oecd. org/tax/beps/peru-signs-landmark-agreement-to-strengthen-tax-treaties-and-moves-forward-in-international-tax-cooperation. htm，访问日期 2018 年 6 月 29 日。

1.2.1.2 金融账户涉税信息自动交换正式开展

在2014年7月21日，OECD发布金融账户涉税信息自动交换标准（Standard for Automatic Exchange of Financial Account Information，以下简称AEOI标准）。随后，在G20的大力推动下，全球已有超过100个的国家或地区承诺实施AEOI标准。该标准的主要作用是指导各国家（地区）税务主管机关对税收居民金融账户信息定期交换的准则，旨在通过加强全球的税收合作，提高税收透明度，打击跨国企业利用金融账户逃避税的行为。AEOI标准的发布，标志着一个全新的税收透明时代的到来。

2017年9月，49个国家（地区）依照实施AEOI标准的承诺首次正式进行信息交换，有利于进一步提高全球税收透明度，是国际税收协调的一大进展。截至2018年5月，中国香港、中国澳门等签署协议，参与涉税信息自动交换的国家（地区）总数达到124个。[①] 并且至2018年7月5日，AEOI标准下已激活超过3200个双边交换关系，同时有超过100个已承诺的国家和地区将于2018年9月进行下一次信息交换。[②] 涉税信息自动交换取得的重大进展推动了世界范围内的涉税信息公开，极大助力国际反避税行动。

1.2.2 国际税收双边协定向多边化发展

由于国际税收问题的多样化和复杂化，仅依靠双边税收协定难以解决呈现多样化的国际税收问题。在此背景下，在经济全球化进程中国家之间签订的税收协定网络区域也不断扩大，税收协定不断由单项协定向综合协定、双边协定向多边协定转变。

作为全球税收协定谈签的主要范本，《OECD税收协定范本》继续发挥积极影响，并于2017年完成新的更新。《OECD税收协定范本》是国家之间缔结条约的一个重要参考模板，自1963年第一个范本草案发布以来，在划分缔约国征税权、消除重复征税方面起了指导作用，是国际税收协调

① Major enlargement of the global network for the automatic exchange of offshore account information as over 100 jurisdictions get ready for exchanges，https：//www.oecd.org/tax/automatic-exchange/news/major-enlargement-of-the-global-network-for-the-automatic-exchange-of-offshore-account-information-as-over-100-jurisdictions-get-ready-for-exchanges.htm，访问日期2018年7月21日。

② Activated Exchange Relationships For Crs Information，https：//www.oecd.org/tax/automatic-exchange/international-framework-for-the-crs/exchange-relationships/#d.en.345426，访问日期2018年7月21日。

的基本文件。2017 年 12 月 18 日，OECD 理事会发布 2017 年最新版《OECD 税收协定范本》，这次更新主要是将 OECD 和 G20 的 BEPS 行动计划中与 OECD 范本修订相关的内容纳入新的范本，从而应对日益严重的税基侵蚀和利润转移的问题，主要涉及的 BEPS 行动计划包括：第 2 项行动计划（消除混合错配安排的影响）、第 6 项行动计划（防止税收协定优惠的不当授予）、第 7 项行动计划（防止人为规避成为常设机构）、第 14 项行动计划（使争议解决机制更有效）。① 2017 年《OECD 税收协定范本》修改的内容见表 1－4。2017 年新版《OECD 税收协定范本》，充分体现了 BEPS 行动计划的相关成果，有利于将 BEPS 成果实践应用到各国税收协定中，有利于推动当前双边税收协定的修订，堵塞部分协定漏洞，使税收协定的消除双重征税和防止偷逃税的作用更为有效。

表 1－4　　2017 年《OECD 税收协定范本》修订内容

项目	内容
根据 BEPS 行动计划修改部分	修改标题和序言，修改第 1 条（人的范围） 根据第 6 项行动计划新增第 29 条（获得好处的权力）
	根据第 7 项行动计划及其后续工作修改第 5 条及其注释
	根据第 14 项行动计划及其后续工作修改第 25 条（相互协商程序）及第 2 条、第 7 条、第 9 条、第 25 条的注释
根据之前发布意见稿修改部分	根据第 7 项行动计划以及第 5 条的前期工作修改第 5 条的注释
	根据 2013 年 11 月讨论稿修改第 8 条（国际航运和空运）、第 3 条第 1 款（e）（航空运输的定义）、第 15 条第 3 款（关于国际运输中船只及飞机上的工作人员征税问题）和第 6 条、第 13 条、第 22 条中因此而产生的变化，并修改相关注释
根据 2017 年 7 月 11 日发布的公共信息修改部分	修改第 4 条注释中关于是否可以认定出租给不相关人的房子为第 4 条第 2 款（a）中适用加比规则中的“可用永久住所”的规定
	修改第 4 条注释以澄清第 4 条第 2 款（c）加比规则中关于“习惯性住所”的含义
	修改第 5 条，解释为了增值税或货物劳务税目的而注册本身与常设机构定义的适用与解释无关
	删除第 10 条第 2 款（a）“（合伙企业除外）”的内容，其目的是确保该分款所提及的股息来源税减免率适用于新的第 1 条第 2 款（透明实体条款）

资料来源：OECD 网站，http：//www.oecd.org/tax/treaties/oecd-approves－2017-update-model-tax-convention.htm，访问日期 2018 年 6 月 29 日。

① 资料来源：OECD 网站，http：//www.oecd.org/ctp/beps/tax-treaties－2017-update-to-oecd-model-tax-convention-released.htm，访问日期 2018 年 6 月 29 日。

1.2.3 开启间接税协调新篇章

为解决国际贸易服务中增值税不协调问题，OECD 从 20 世纪 90 年代已开始研究制定相应规则。2014 年 4 月，讨论通过了 OECD《国际增值税/货物劳务税指南（2014）》。2017 年 4 月，OECD 公布了最新版《国际增值税/货物劳务税指南》。新版指南主要内容包括五章：增值税的核心特征，跨境贸易背景下增值税的中性原则，确定服务和无形资产跨境贸易征税地，在实践中通过相互合作、争端最小化及打击逃避税支持指南，2016 年 9 月 26 日 OECD 财政事务委员会提交的关于在服务和无形资产跨境贸易中征收增值税的建议。《国际增值税/货物劳务税指南》作为第一个公认的适用跨境贸易的增值税原则框架，致力于解决跨境增值税重复征税以及非故意重复不征税、增值税不确定和不协调的问题，减少增值税对跨境贸易服务的扭曲。《国际增值税/货物劳务税指南》对跨境服务增值税政策搭建了一套有层次、有原则、有弹性的框架，不仅建立了目的地征税原则的主规则，而且制订了界定服务提供方、接受方及实际消费地的一系列环环相扣的操作实务，从而基本构造了一个严密的跨境服务增值税体系。①

之前的国际税收制度始终聚焦在直接税领域，对间接税的跨境重复征税和双重不征税问题缺乏重视。《国际增值税/货物劳务税指南》的通过标志着增值税的适用原则扩大到增值税，推进了国际跨境贸易的中性，旨在防止各国政府财政收入流失。将间接税纳入国际税收协调领域，意味着间接税收协调迎来了新变革，开启了国际间接税协调的新篇章。

OECD 发布增值税协调指南之后，欧盟在 2016 年 4 月发布了增值税行动计划的建议，对跨境交易的增值税制度作出了规范的规定，在 2017 年底对跨境电子商务的增值税改革达成了一致意见。OECD 和欧盟在国际增值税协调方面的推动，有利于探索制定适用于全球跨境贸易的增值税的统一标准，创造更加公平的世界经济环境，尤其为数字经济背景下跨跨境贸易的增值税制度协调提供了可供借鉴的参考。

1.3 世界税收面临新挑战

随着国际经济回暖，世界税收改革、税制创新纷涌而至，各国积极

① 马晓鸣．部分国家跨境服务增值税政策研究［J］．国际税收，2018（5）．

致力于增强税收竞争力，加强税收多边合作，以税收拉动经济，以期在世界经济发展中占据更多优势。立足于世界税收趋势以及国内外经济背景，中国积极参与国际税收合作，展现大国风采，以“一带一路”倡议为纽带，促进税收合作机制创新，致力于建设更加公平、公正的现代化税收体系。

1.3.1 美国税改影响世界税收环境

美国仍然是世界经济领域的领先者，其税制改革对世界税收具有重大影响。2008 年次贷危机以后，美国经济虽然逐渐恢复，但是产业空心化问题日益突出，制造业就业人数大幅下降，大量传统制造业外流导致就业流失，贫富差距不断扩大，抑制美国经济的持续稳定发展。同时，在美国税改前，美国税收负担在世界范围内处于较高水平，美国联邦公司所得税的最高税率为 39.5%，而 OECD 成员平均税率仅为 24.7%①，美国的高税率已成为导致美国资本外流、失业增加的一项重要因素。因此，为了促进制造业回流、拉动就业、实现经济持续增长，减税成为美国政府重新激发经济活力的一项重要举措（美国 2008—2017 年实际 GDP 见图 1－1）。

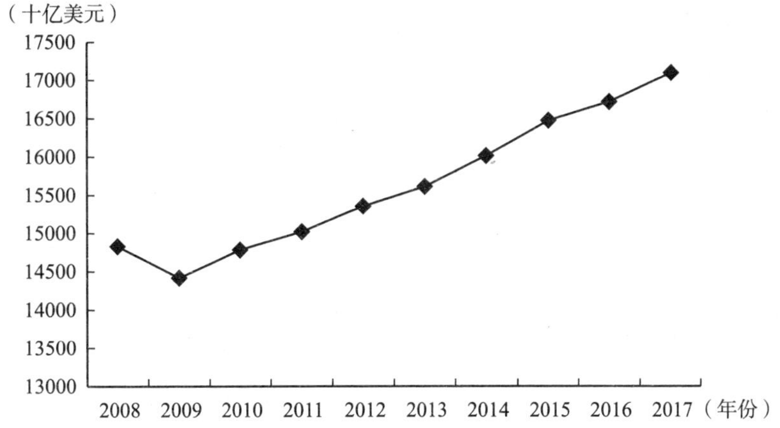

图 1－1 美国实际 GDP（2008—2017 年）

资料来源：EIU 数据库，https：//eiu. bvdep. com/version－2018613/cgi/template. dll，访问日期 2018 年 6 月 29 日。

---

① OECD，Tax Policy Reforms 2017：OECD and Selected Partner Economies.

2017 年末最终落地的美国“特朗普税改”在国际税收制度上进行了全面的改革，其中公司所得税改革的核心内容可以概括为五个方面：一是联邦公司所得税税率从 35% 降低为 21%。二是引入境外所得参股免税制度（participation exemption system），美国企业从海外持股比例 10% 的海外子公司取得的股息给予免税，这一改革被认为是从全球征税改为属地征税的方向性举措。三是从境外取得的无形资产所得和全球无形资产低税所得按照最低税率（minimum tax）征税，从而吸引利润汇回。四是防止外国跨国公司通过美国的分支机构转移利润，对于支付给境外关联方的所得征收 10% 的税基侵蚀税（base erosion minimum tax），同时对向跨境关联方的利息扣除和混合交易设定限制。五是对于美国公司之前在海外累积的利润汇回的，征收较低的一次性转移税。①

美国公司所得税改革的一大特征是更加趋向属地征税。美国税改法案将允许对特定类型的持股 10% 以上的境外子公司（specified 10-percent owned foreign corporations）股息收入免税。属地税制具有资本输入中性、税制简洁、征管简便等特点。美国税改由全球征税制转为股息属地征税制，顺应了越来越多国家转向属地制的趋势，但这次税改只能算是有限度的属地税制改革，并非全面改革。简化美国境外所得税制，移除海外利润汇回美国的税收障碍，以期更多海外利润回流美国，增加美国国内投资，提高美国企业的国际竞争力。对股息免税设置了针对“混合股息红利”的反避税条款，即如果支付股息红利的境外公司已经在计算境外税款时将该股息红利税前扣除，则美国企业不能享受免税，旨在防止一些企业运用美国与境外税制对股息红利定性的差异而获取双重税收利益，与 BEPS 第 2 项行动计划《消除混合错配安排的影响》的建议一致。与股息的属地原则相对应，美国税改废除了居民公司收到境外已纳税款的股息收入可以抵免的规定。但保留了对于适用 F 分部规则公司的抵免条款，对于境外受控子公司，该项规则依然生效。税改法案还扩大了受控外国企业的范围，非美资跨国企业如果在美国境内外均设有子公司，位于美国境外的子公司也有可能会被视为是美国“受控外国企业”。扩大了“美国股东”的概念，将“股东”延伸为任何控股外国公司达到

① 美国参众两院税改法案联合解释，Joint Explanatory statement of the Committee of Conference, December 2017; Eric Toder, Territorial Taxation: Choosing Among Imperfect Options, AEI economic perspective, December 2017.

10%以上的美国居民。受控外国企业的控股时间要求也被取消。法案还规定将对美国海外子公司的利润适用全球最低税规则。这改变了美国对境外子公司利润递延到实际汇回时征税的传统。在新制度下，虽然股息汇回美国是免税的，但在实际取得利润时，这些利润早已经在境外或美国被征税（见表1-5）。

表1-5　　美国税改国际税收部分主要政策

所涉条款	原有税制	美国《减税和就业法案》
整体所得税制	全球征税制，同时境外税收抵免制度用以消除双重征税	属地征税制：美国企业取得的源于境外企业的股息红利可享受100%免税
境外利润汇回税	没有规定。此前未完税的境外利润在汇回美国后应缴纳35%的公司所得税	此前未完税境外利润需要缴纳： 现金或现金等价物：适用15.5%税率 非现金形式资产：适用8%税率 （可在8年内分期缴纳）
无形收入减税	无相关条款	对于2018—2025年内取得的以上两类收入，分别减征37.5%［对于外国直接投资所得（FDII）］和50%［对于全球无形资产低税所得（GILTI）］；2026年起，FDII的扣除额减少到21.875%，GILTI的扣除额减少到37.5%
受控外国企业法规	允许适用境外税收抵免；受控外国企业范围包括受控外国企业保险收入和外国导管公司收入	扩展“受控外国企业”和“美国股东”的定义，非美资跨国企业如果在美国境内外均设有子公司，位于美国境外的子公司也有可能会被视为是美国“受控外国企业”对美国境外子公司的超额利润（超过企业资产的10%）征收10.5%的税（从2026年起升至13.125%）

资料来源：美国参众两院税改法案联合解释，Joint Explanatory statement of the Committee of Conference，December 2017；Eric Toder，Territorial Taxation：Choosing Among Imperfect Options，AEI economic perspective，December 2017.

同时，简化税制是此次税改中的一大重要内容，取消了联邦公司所得税的最低替代税制度。美国此次税改属于“结构性减税”，除了降低税率、提高扣除限额等降税措施以外，还对部分原有优惠进行了调整，可以在一定程度上缓解减税带来的财政压力，并同时起到规范税基的作用。

作为“1986年以来最重要的税制改革”，美国此次税改无疑会给美国国内以及世界都带来巨大影响。对于美国国内而言，从积极方面来看，大规模减税有利于企业降低成本，扩大生产，从而增加就业，激发经济活力，拉动美国经济进一步回升，尤其有利于跨国企业资本回流，到目前为止，该项调整初见成果；但另一方面，减税也有可能会带来消极影响，大幅减税可能为财政带来巨大压力，赤字进一步扩大。对国际社会而言，美国资本回流意味着对其他部分国家制造业的打击，部分依靠资本输入的发展中国家可能因此面临经济萎缩、失业增加的风险。同时，美国税改极有可能在全球范围内掀起减税浪潮，已有不少发达国家纷纷出台减税政策。

1.3.2 “一带一路”助推税收合作机制创新

自2013年中国国家主席习近平提出“一带一路”倡议以来，“一带一路”建设取得重大进展，相关国家在基础设施、贸易、金融等方面的合作日益深化。“一带一路”倡议的提出，是在逆全球化的复杂国际形势下，中国坚持全球化战略、重塑国际政治经济新格局的重要举措。

2017年以来，中国与其他“一带一路”沿线国家在税收合作方面取得辉煌成果，尤其是“一带一路”国际合作高峰论坛以及“一带一路”税收合作会议的召开，全面推动“一带一路”沿线国家的税收合作进程。

2017年4月28日，中国国家税务总局在12366上海（国际）纳税服务中心集中发布40份《国别投资税收指南》，帮助“走出去”企业迅速熟悉投资目的地的相关税收信息，降低企业税收风险，同时降低税收成本，助力“一带一路”建设。①

2017年5月14日，“一带一路”国际合作高峰论坛在北京举行。中国国家税务总局局长王军参加论坛“推动贸易畅通”平行主题会议，强调“一带一路”沿线国家和地区要深化税收合作，促进经贸畅通，努力消除税收壁垒，有效降低税收负担，共同提升税收治理能力，进一步服务和推进“一带一路”建设。② 税收合作的强化是国际税收发展的必然趋

① 资料来源：国家税务总局再发布40份国别投资税收指南助力企业参与“一带一路”建设，http：//www.chinatax.gov.cn/n810219/n810744/n1671176/n1671181/c2584650/content.html，访问日期2018年6月29日。

② 资料来源：王军参加“一带一路”国际合作高峰论坛平行主题会议并发言，http：//www.chinatax.gov.cn/n810219/n810744/n1671176/n1671181/c2611681/content.html，访问日期2018年6月29日。

势，同时也是国家（地区）间全方位合作的必要条件，提高“一带一路”沿线国家和地区之间的税收合作意愿和税收合作能力有利于在完善各国自身税制的基础上进一步推进“一带一路”建设。

2017 年 9 月 25 日—26 日，中国国家税务总局局长王军访问了哈萨克斯坦国家收入委员会，与哈萨克斯坦财政部部长、国家收入委员会主席就共同推动建立“一带一路”多边税务合作机制、设立中哈合作委员会税务分委会、加强税收能力建设等方面达成高度一致，同时中哈将努力帮助其他发展中国家提高税收征管能力。[①] 中哈合作在“一带一路”建设中占有重要地位，位于中哈边境城市霍尔果斯的国际边境合作中心是世界上首个跨境自由贸易区，两国均对贸易区采取税收优惠政策，此次访问进一步促进中哈税收合作，推动两国经贸往来，同时为其他“一带一路”沿线国家的合作提供借鉴。2018 年 3 月—4 月，国家税务总局再次集中发布了 39 份《国别投资税收指南》，有 16 份是国别税收信息研究的最新成果，涉及老挝、白俄罗斯、马来西亚等“一带一路”建设参与国家和地区，有 23 份则是对已发布版本的更新完善，涉及埃塞俄比亚、越南、巴基斯坦等国家。截至 2018 年 6 月，国家税务总局已发布 75 份税收指南[②]，基本覆盖“一带一路”沿线国家（地区）以及境外其他主要投资目的地。[③] 税收指南的更新与完善为企业“走出去”提供进一步指引，使企业能够更好地了解目标国家的税收政策，充分利用当地以及国家间的税收优惠，在积极响应国家号召的同时为自身谋得合理利益，充分激发企业积极性，促进“一带一路”建设。

2018 年 5 月 14 日—16 日，在哈萨克斯坦首都阿斯塔纳举行“一带一路”税收合作会议，以“共建‘一带一路’：税收协调与合作”为主题，就税收法治、纳税服务、争端解决和能力建设等议题深入讨论并达成广泛共识，会议发布了《阿斯塔纳“一带一路”税收合作倡议》，标志“一带一路”税收合作开启新篇章。[④]

---

① 资料来源：王军访问哈萨克斯坦国家收入委员会　双方就推动建立“一带一路”多边税务合作机制达成共识，http：//www. chinatax. gov. cn/n810219/n810744/n1671176/n1671181/c2835733/content. html，访问日期 2018 年 6 月 13 日。

② 国别投资税收指南汇总，http：//www. chinatax. gov. cn/n810219/n810744/n1671176/n1671206/index. html，访问日期 2018 年 6 月 13 日。

③ 资料来源：税务总局：39 份《税收指南》持续推进“一带一路”建设，http：//www. chinatax. gov. cn/n810341/n810780/c3420710/content. html，访问日期 2018 年 6 月 29 日。

④ 资料来源：“一带一路”税收合作开启新篇章，http：//www. chinatax. gov. cn/n810219/n810744/n1671176/n3465625/c3465994/content. html，访问日期 2018 年 7 月 21 日。

截至2017年12月31日，中国已签署了106个双边税收协定，其中超过50个协定是与“一带一路”沿线国家签署的，双边税收协定已覆盖大多数“一带一路”沿线国家。2015—2017年，利用税收协定下的相互协商机制，与“一带一路”沿线国家开展双边税收磋商211例，为“走出去”和“引进来”企业消除重复征税128.78亿元。此外，中国国家税务总局还与包括“一带一路”沿线国家在内的117个国家（地区）的主管税务当局建立了双边税收合作机制，全面拓展税务合作网络。①

1.3.3 数字经济推动重塑国际税收政策

在信息化不断发展的今天，数字经济深刻影响产业业态和各国经济发展。区块链技术、金融科技、云计算、人工智能、物联网和工业4.0等正在打破传统的运营模式、流程和全球价值链，这些技术为改变税收管理者与纳税人进行交易的方式提供了机会。在新的经济发展模式下，数字经济占据强势地位，知识产权的重要性也日益凸显，但是在税收领域，相关政策尚处于不完善阶段，传统税收规则与新经济模式不匹配，各国在征税权划分上存在争议，现行税收规则面临挑战。

数字经济是一种广泛应用数字技术的新型经济系统，其本质在于信息化，包含各种形式依赖于数字技术的经济与商业模式，电子商务是其代表。在新的经济形势下，“数字经济及其商业模式都表现出一些可能与税收相关的特征，包括：流动性、对数据的依赖性、网络效应、多层面商业模式的拓展、垄断及寡头垄断倾向和多边性等”②，明显区别于传统物理经济模式，原有的依赖于传统交易方式制定的税收规则中的部分内容已不适用于数字经济下的新情况，由此产生的税基侵蚀与利润转移问题也日益严重，BEPS项目将其列为第1项行动计划。在常设机构规则方面，数字技术可以打破跨国企业传统意义上的“应税存在”，或者随着商业模式的变化，使得在现行常设机构规则下作为例外条款的准备性或辅助性活动演变成跨国企业在所得来源国的核心业务；在税收政策制定方面，数字技术可能使直接税的税收定性变得更为复杂；在增值税方面，数字经济可能会

---

① 资料来源：多国通过“一带一路”税收合作倡议．http：//www.chinatax.gov.cn/n810341/n810780/c3460339/content.html，访问日期2018年6月29日。

② OECD，Addressing the Tax Challenge of the Digital Economy，Action 1 – 2015 Final Report OECD/G20 Base Erosion and Profit Shifting Project，2015.

带来纳税遵从的困难和高昂的遵从成本。而一个国家采取的单边征管措施不仅影响税基流动，造成税收不公平，并且也无法解决数字经济带来的税收挑战。

数字经济的一个典型特征就是缺少物理存在。如在线中介服务允许消费者网上下单，并能够藉此收集有关数据、分析消费者信息，从而提供个性化服务和广告。跨境电子商务也使得实体货物的流动减少了对传统的多处库房的依赖。跨国公司可能利用网络交易方式，避免在任何地方设立有形的经营场所，从而在全球范围内规避税收义务。数字经济因为对各经济行业广泛渗透，并且对无形资产高度依赖，从而成为税基侵蚀和利润转移的重灾区。

数字常设机构在其经济活动中，可能依靠一些类型的资产，并且这些资产能够分配至数字常设机构。通常情况下，这些资产是知识产权、有形资产等，例如：服务器，即向客户提供服务并搜集信息；在市场管辖权地区搜集的信息；负责管理网站、预定、与客户交流、签订合同等工作的员工。实际情况中，哪一个特定服务器为某一个网站储存数据，多少人负责维护网站和与客户交流工作等问题很难得到明确，对常设机构的利润归属也带来了挑战。

2015 年以来多国（地区）已陆续出台相关政策应对挑战。2017 年，哥伦比亚、印度、瑞士等国家或地区推出针对跨境电子商务的增值税新规，以解决数字经济带来的增值税流失问题。[①] 哥伦比亚采纳了 OECD 应对数字经济挑战的建议，将建立对提供数字服务的外国人直接征收增值税的主体制度系统与代扣代缴增值税的二级制度系统，如果服务提供商没有遵守主体制度系统，二级制度系统将要求管理信用卡和借记卡的金融实体以及由税务机关授权的其他金融实体，对支付给外国数字服务供应商的款项代扣代缴增值税。印度从 2016 年推出平衡税政策，从非居民提供广告服务所获得报酬总金额中扣除 6% 的费用。2018 年又对公司所得税国内关联规则进行修改，预计 2019 年 4 月 1 日生效。通过纳入显著经济存在（Significant economic presence，SEP）的概念，扩大国内有关企业收入关联的定义，允许源头上对非居民企业利润征税，不管该企业在税收辖区内的实质存在水平如何。瑞士规定，外国网上零售商年应税销售额超过 10

① 普华永道报告 Worldwide Tax Summaries-Corporate Taxes 2017/18. https：//www. pwc. com/gx/en/tax/corporate-tax/worldwide-tax-summaries/pwc-worldwide-tax-summaries-corporate-taxes－2017－18. pdf.

万瑞士法郎的，在瑞士应缴纳增值税。欧盟颁布跨境电商增值税新规，2019 年 1 月 1 日之后，欧盟成员之间年跨境销售额低于 10000 欧元的微型企业将按照本国的最小型企业的标准征收增值税，超过 10000 欧元的中小型企业适用简化的增值税征收规则，非欧盟成员销售商品给欧盟成员的消费者需由大型在线市场平台确定缴纳的增值税。①

各国关于数字经济税收的三种主要观点见表 1 –6。

表 1 –6　　各国关于数字经济税收的三种主要观点

观点分类	观点内容
观点一	普遍支持国际税收框架基本原则，认为挑战来源于特定商业模式，需要精细分析商业模式，对现行税收规则进行有针对性的调整，重新考虑有关利润分配和联结度的规则
观点二	经济数字化等趋势对现行国际税收框架中的营业利润征税原则构成挑战，不是数字经济商业模式特有的，关注市场管辖区征税权问题和联结度问题（常设机构定义）
观点三	对现行税收体系满意，BEPS 很大程度上解决了双重征税问题

资料来源：OECD 数字经济中期报告。

这些国家针对数字化交易的预提所得税和衡平税均旨在对企业于特定管辖权地区中产生的所得直接征税，并且以全部利润作为税基。这些措施都希望重新定义新的所得税征税方式，即不应当在价值发生地，而是应当在价值消费地征税，并且主要是市场所在地。上述单方面行动存在以下几点原因。其一，在当前国际税收规则下，产生收入的经营活动在一国形成的初始价值无法征税，但是这些政府不想失去对经营活动产生收入的征税权；其二，各国关注竞争扭曲，以及与小企业相比，为跨国企业提供的显著税收优惠；其三，关于如何制定经济数字化征税的规则，仍未形成多边政策协定。因此，这些单方面措施可能会给跨国企业带来大量不确定性，并且违背中立、确定、公平和有效的国际规则。

2018 年，OECD 发布数字经济中期报告，对于数字经济的主要模式和税收挑战进行了全面的梳理，倡议各国加强税收政策协调，并提出税收管理部门可以通过以下机制更好地应对跨国企业在数字经济背景下的利润转

① 普华永道报告 Worldwide Tax Summaries-Corporate Taxes 2017/18. https：//www. pwc. com/gx/en/tax/corporate-tax/worldwide-tax-summaries/pwc-worldwide-tax-summaries-corporate-taxes –2017 –18. pdf.

移问题：

一是在必要的情况下，可以通过补充任何合同条款及相关方实际活动的证据来确定联营公司之间的实际商业交易；

二是通过分析框架确定哪些联营公司承担了转让定价的风险，只有在实际决策支持下，才能确定合同风险分配；

三是通过指导准则来准确确定仅提供资金而无实际职能的联营公司的实际贡献；

四是通过涉及使用或转让无形资产的交易的指导准则来确保，如果联营公司只是拥有无形资产的法定所有权，并不能以此确定其拥有获得无形资产所得收益的权利。

只有加强国际合作和协调，才是更好应对数字经济税收挑战的方式。

2

世界税制改革发展研究

2017年是世界经济出现稳定向好态势的一年，全球主要经济体都出现正增长。国际货币基金组织（IMF）于2018年4月发布的《世界经济展望》报告显示，2017年全球经济增长率高达3.8%，高出2016年0.7个百分点，为2012年以来增长最快的一年；至少120个经济体经济增长出现好转，是2010年以来首次呈现全球经济好转的局面。全球贸易也出现明显复苏迹象，但也存在诸多挑战，尤其是反经济全球化倾向、贸易保护主义再度抬头，地缘政治风险加大，对2017年、2018年的全球经济贸易增长的影响不可忽视。在经济向好的新态势下，与2016年相比，2017年世界税制改革在延续促增长的主旋律中又呈现一些新景象：

其一，税制改革依然坚定促进经济增长。2017年世界经济增长态势良好，与各国采取积极的税制改革不无关系。一方面，财政扩张成为各国寻求经济可持续增长的重点，而相对于财政支出政策，税收政策更容易在短期内产生明显效果，因此越来越多的国家高度关注本国的税制建设与改革，努力通过所得税、货物劳务税、财产行为税等的制度重塑及税收政策调整来促进本国经济增长；另一方面，随着BEPS行动计划在各国（地区）的逐渐落地，各国开始修订税制以响应BEPS行动计划。无论是基于落实BEPS成果的原因，还是基于更深层的经济增长与发展需求，各国也都更密切地关注本国的税制建设和改革，更多发挥税收在经济治理中的积极作用。

其二，税制改革更注重维护社会公平。2017年世界各国税制改革目标除了以增长为导向外，还更加强调促进包容性和公平性。主要体现在个人所得税、财产税等方面。最突出的政策导向是着力于降低中低收入人群的税负，促进税负公平。具体的是通过调整税率结构、税前扣除以及税收抵免等优惠政策措施，力求最大限度地惠及各阶层纳税人，增加低收入者的可支配收入，凸显公平导向。无论是发达国家，还是发展中国家，在通过税收来缩小贫富差距、维护社会公平方面体现了很强的税制趋同性。

其三，多国减税加剧国际税收竞争。为从根本上消除美国税制长期存在的诸多弊端，重塑更具竞争力的美国税制，2017 年 12 月美国特朗普政府通过了《减税与就业法案》，自 2018 年 1 月开始实施美国历史上最大力度的减税改革。美国的减税改革是迫于世界性减税的压力与内在税制需求而产生，其作为世界第一大经济体的巨大影响力必然又会进一步推动新一轮世界减税浪潮。税收竞争的压力持续传递、影响到多国税制改革，许多主动或被动的减税政策 2017 年相继出台或实施。例如，英国计划将 20% 的公司所得税税率继续下调至 G20 中的最低水平 15%。法国新总统承诺在任期内减税 200 亿欧元。澳大利亚于 2017 年 6 月宣布降低中小企业税负，与美英法保持步调一致。“减税”无疑成为 2017 年世界税收领域最响亮的口号，减税竞争必然会改变现有的世界税制格局，从而影响世界经济格局。

本章将围绕上述重点，分别从所得税制、货物劳务税制与财产行为税制等三部分来全面呈现 2017 年世界税制改革与发展的图景。

2.1 所得税制兼顾增长与公平

2008 年以来，国际金融危机迅速扩散到世界经济生活的各个层面。一方面，投资者信心不足和银行流动性下降直接导致投资大幅缩减；另一方面，需求特别是消费表现疲软，这使得全球经济增长速度持续保持在约 3% 的低位，后虽然有小幅回升，但依然低于危机前 20 年 4% 的平均水平。① 在经济低迷的困境中，拉动内需成为各个经济体的共识，减税成为世界各国增强企业活力、增加个人可支配收入、以促进投资和消费的共同选择。此外，国际金融危机对美元地位的削

① IMF. World Economic Outlook, April 2017: Gaining Momentum? http: //www. imf. org/en/publications/weo/issues/2017/04/04/world-economic-outlook-april - 2017, 2017 - 04.

弱、英国“脱欧”对逆全球化趋势的强化以及以中国为代表的新兴经济体的快速崛起，都在加速国际经济体系的重构。在这一过程中，发达经济体面临重振实体经济和消费体系的重要任务，而发展中国家则面临高端制造业回流、低端制造业转移以及高端产品供给不足、中低端产品供给过剩的结构性困境。面对这些挑战，通过减税让利和优化税制结构以提升国际竞争力，吸引国际优质生产要素，成为世界各国共同的政策目标。

2017 年 12 月，美国众议院通过了以减轻税收负担、引导企业利润回流为目的的《减税与就业法案》。作为全球第一大经济体，美国减税法案使已经持续近 30 年的全球减税浪潮再起波澜，以降低税率为手段的税收竞争显著加剧，并通过鼓励企业投资和中小企业创业的税收优惠措施进一步提高国际竞争力，以增强经济增长动力。除了对企业减税让利，许多国家还通过提高免征额、增加税率级次、规范扣除规定等措施对个人所得税进行改革，一方面增加个人可支配收入，以期刺激消费，另一方面争取最大限度地惠及各阶层纳税人，以促进公平。在所得税的减税浪潮中，全球反避税行动持续深入，各国纷纷加快落实 BEPS 行动计划的步伐，从多种途径加强国际税收征管，以此弥补所得税减免给国家财政收入所带来的影响。

2.1.1 美国税改刺激全球税收竞争

2017 年 12 月 22 日，美国总统特朗普签署了众议院通过的《减税与就业法案》。历时近 8 个月的讨论与修正，美国税改法案尘埃落定，正式登上世界税收舞台。经过共和党、民主党等多方利益的博弈与协调，美国税改政策最终能够成为法律出台的主要原因，是各方均寄希望于税改消除美国经济的沉疴，提振美国经济。

美国税改法案主要从个人所得税、公司所得税以及跨境税制这三个方面着手，通过结构性减税、对海外利润推行“属地原则”等手段增强美国的税收竞争力，重构其经济增长的引擎，以实现生产在美国、就业在美国、消费在美国的政策目标。其税改政策的主要内容见表 2－1。

表 2－1　　美国税改法案的主要政策内容

税种	税改内容	
个人所得税	税率	七级税率：0、10%、12%、22%、24%、32%、35%和37%
	标准扣除	个人申报：12000 美元
		单亲家长：18000 美元
		夫妻联合申报：24000 美元
	分项扣除	废除部分扣除，允许 10000 美元以下的州和地方房产税、所得税及消费税扣除；保留上限 75 万美元的房屋抵押贷款利息扣除
	子女税收抵免	17 岁以下：2000 美元
		17 岁及以上：500 美元
		可退还部分提高 40%
公司所得税	税率	实行 21% 的单一税率
	"穿透实体"（pass-through entities）	允许所有者扣除其合格营业收入的 20%
	资本投资成本的费用化处理	允许企业立即扣除未来 5 年资本投资成本的 100%
	研发支出	保留研发（R&D）税收抵免
	属地原则	美国企业的海外利润只需在利润产生的国家缴税，源于境外企业的股息红利所得 100% 免税
	一次性利润汇回税	对海外积累的公司利润一次性征收税款，其现金和现金等价物的税率为 15.5%，而非流动资产的税率则为 8%

资料来源：根据 IBFD 数据库 US Tax Reform 专栏信息整理。

此次美国税改法案以大规模的结构性减税为主要特征，其最直接的影响是减轻个人和企业的税负，拉动国内的投资和消费需求，刺激美国的经济增长。个人所得税改革在一定程度上会起到调节贫富差距的作用，实现社会稳定，成为社会经济发展的坚实后盾；单一且较低的公司所得税税率、一次性利润汇回税以及"属地原则"的推行等政策组合将形成吸引资本的巨大合力，激励跨国公司将海外利润汇回美国，而在资本自然逐利属性的驱使下，资本的回流以及外资的投入在短期内即可预见。作为产业发展的基础与动力，资本的注入将带来产业的回归，拯救美国没落的制造业。同时，实体经济的发展催生出对劳动力的需求，提升就业率。可以看出，美国税改法案的上述措施形成一条政策链，环环相扣、互相影响，以实现美国经济繁荣为最终目的。不过，从长期来看，美国税改法案的效果仍需社会经济的检验。从理论上来说，大力度的减税会引发财政赤字，增加政府债务，减少社会福利，带来贫富差距的加剧以及社会矛盾的激化。

在经济全球化迅速发展的今天，美国税改法案的外溢效应不容忽视。21%的单一公司所得税税率，实质上是特朗普“美国优先”理念下诞生的产物，是对国际税收环境的极大冲击与挑战。各国为了应对美国税改对世界经济可能产生的影响，吸引跨国生产要素，管控税源，纷纷加入减税行列以提高本国的税收竞争力，这进一步加剧了全球税收竞争①。税收竞争的表现之一是减税，而各国特别是发达国家将减税的重心放在所得税上。以 OECD 成员为例，2014—2018 年，公司所得税的平均税率从 25.5%下降至 23.2%②，尽管下降的速度减缓，但是依然存在持续下降的趋势。公司所得税税收收入占国内生产总值（GDP）的比重也持续保持在 2.5% ~ 3.5%③这样一个较低的水平。国际金融危机之后，发达国家的所得税减税举措成为普遍态势，同时通过扩大间接税税基和增强反避税力度以弥补财政缺口；而发展中国家往往出于财政收入和社会公平的需求，选择降低间接税比重，提高直接税比重。税收竞争更多强调的是生产要素尤其是资本的跨国流动，与个人所得税相比，公司所得税的影响力度更强，因此本节着重于各国在公司所得税方面的税收竞争。2017 年部分国家（地区）公司所得税税率的政策变化情况如表 2 -2 所示④。

表 2 -2　部分国家（地区）公司所得税税率政策变化情况（2017 年）

国家（地区）	税率政策变化
巴基斯坦	2018 纳税年度起，公司所得税税率从 31% 降至 30%
乌兹别克斯坦	统一公司所得税和基础设施建设税，实际税率由 15.5% 降至 14.5%
中国台湾	未分配利润的特殊税率从 10% 降至 5%
比利时	2018 年，公司所得税标准税率从 33% 降至 29%，2020 年进一步降至 25%；2018 年附加费从 3% 降至 2%，并于 2020 年取消

① 税收竞争是指在经济全球化的背景下，各国因税收管辖权的不同及政府调控经济的需要，为吸引、控制生产要素和税源而实施的一系列税收措施的总称。

② OECD（2017），*Tax Policy Reforms 2017：OECD and Selected Partner Economies*，OECD Publishing，Paris. http：//dx. doi. org/10. 1787/9789264279919-en.

③ 根据 Trading Economics 数据整理。https：//zh. tradingeconomics. com/.

④ 这里所称 2017 年税收政策，是指 2017 年颁布和生效以及以后年度生效的税收政策。

续表

国家（地区）	税率政策变化
法国	目前33.33%的公司所得税标准税率将在2022年之前逐步降至25%
荷兰	2021年之前，公司所得税税率将分别从目前的20%（利润未超过20万欧元）和25%（利润超过20万欧元）逐步降至16%和21%
克罗地亚	公司所得税税率从20%一档降低并调整为12%和8%两档
挪威	2018年起公司所得税标准税率从24%降到23%
瑞典	2018年起公司所得税税率从22%降至20%
希腊	除信贷机构外，公司所得税税率从29%降至26%
意大利	2017年起公司所得税税率降至24%
英国	2017年4月起公司所得税税率降至19%；2020年4月起进一步降至17%
拉脱维亚	从2018年1月1日起实施公司所得税改革，只对公司分配利润征收公司所得税，税率为20%；用于再投资的利润不征所得税
俄罗斯	2017年4月19日，政府建议将投资于长期资产（例如先进技术机器）的利润的公司所得税税率从20%降至5%
瓦努阿图	公司所得税的税率降为17%，经批准的地区或全球总部公司的税率为10%
加纳	公司所得税标准税率从25%降至20%

资料来源：根据IBFD数据库tax news service信息整理。

此次美国减税改革加剧了各国公司所得税的税率竞争。税率是吸引外资、降低税负最直接有效的手段，因此降低公司所得税税率成为各国展开税收竞争的主要措施。从表2－2可以看出，部分国家尤其是欧洲的发达国家主要采取了降低税率的税收措施，如比利时、法国、英国等，各国在原有税率的基础上将税率逐步降低1～8个百分点。俄罗斯政府更是提议将再投资于长期资产的利润的公司所得税税率从20%降至5%，税率的不断降低充分体现了各国争夺税源的强烈意愿。发达国家经济发展阶段的同步性、对资本需求性质的相似性以及经济的地缘特性等，使得降低税率成为欧洲各国纷纷效仿的做法。而在全球税收竞争中，税率竞争对于发展中国家来说并不是明智之举，如何应对税率大幅度削减所带来的财政压力是发展中国家面临的一大难题，因而只有为数不多的发展中国家选择了降低税率。作为亚洲的发展中国家，巴基斯坦、乌兹别克斯坦等国家虽然分别将税率降至30%和14.5%，但也仅降低了1个百分点。多数发展中国家基于国情另辟蹊径，推行科技创新的企业税收优惠政策以及中小企业的税收激励措施。

适度的税收竞争有利于提高生产要素的配置和使用效率，保持税收中性的原则，反作用于经济并促进经济的发展。而恶性税收竞争会扭曲国际间的资源配置，扰乱各国的经济发展秩序，甚至上升到地区政治冲突。自美国总统特朗普宣布税改之后，世界各国为维护本国的税收利益，提高税收竞争力，基于各自国情通过不同的方式卷入到全球税收竞争的浪潮中。目前来看，各国税改政策更多是针对美国税改的应对举措，仍处于可控的良性税收竞争阶段。2018 年是各国税收竞争政策的集中实施阶段，各国应积极进行多边对话与合作，寻求最大公约数，携手维持国际税收规则和秩序，避免陷入无底线竞争的恶性循环。

美国总统特朗普自上台以来，一直将中国视为对手力量（rival power）。不可否认，美国的“特朗普税改”对中国的经济造成了一定的冲击。2017 年，中国相继出台了一系列改革措施，例如将科技型中小企业研发费用加计扣除比例由原来的 50% 提升至 75% 、对符合条件的境外投资者从中国境内居民企业分配的利润暂不征收预提所得税、完善企业境外所得税收抵免办法等，激励企业创新和资金回流。但是，中国与美国的发展阶段不具备同步性，税制结构也各不相同，而且企业的生产选址与资本的流动并非完全取决于税收，中国应客观评估美国“特朗普税改”所带来的冲击，相应调整税改节奏，慎重抉择。

2.1.2　公司所得税政策着重激励创新增强企业活力

创新在一个企业发展中具有决定性的地位。证据表明，一个国家的税收优惠政策对该国企业和投资者决策的影响是十分显著的，因此大部分国家通过制定诸如投资所得减免、研发费用加计扣除、固定资产加速折旧、经济特区优惠税制等税收优惠政策来鼓励企业创新创业。近年来，这些政策措施已经成为各国共识并得到广泛应用，2017 年各国公司所得税改革的这一特点仍很突出，例如吉尔吉斯斯坦、泰国、阿根廷、新加坡等国通过对特定行业的企业实行免税期、减免公司所得税、提高退税上限等方式，扶持特定行业的发展，减轻企业的税收负担，提高本国的税收竞争力；波兰、丹麦等经济发展程度较高的国家提高了研发费用的扣除比例，鼓励企业更多地投入到研发创新活动中，为经济发展提供不竭的动力；巴拿马、墨西哥、乌兹别克斯坦等国家对特定地区的投资与企业实施税收优惠政策，特别经济区、自由经济区的设立与中国当初设立深圳等经济特区的初衷颇为相似，即吸引外资，引进技术与人才，将“走出去”与“引进来”相结合，通过经济特区的发展带动周边地区的经济发展。各国通过各种各样的税收优惠政策提高资金流动性和周转率，辅以完善金融体制等措施，充分发挥虚实结合的作用，以维护经济稳定和促进经济增长。2017年部分国家（地区）激励创新的所得税政策见表2－3。

表2－3　　部分国家（地区）激励创新的所得税政策（2017年）

国家（地区）	税收优惠政策
孟加拉国	对拥有国际认可的绿色建筑认证的企业，税率降至14%；扩大信息和通信技术的免税清单
乌兹别克斯坦	根据投资额规定了3～10年的免税期。投资额超过1000万美元的，10年免税期结束后的5年内减半征收公司所得税；符合条件的生产可再生能源设施的公司免税期为5年
以色列	符合“优先技术公司”、拥有“优先技术”、产生“优先技术收入”的公司，税率从16%降至12%；位于“优先区域”的符合条件的公司，税率从9%降至7.5%；符合条件的“优先技术收入”的股息预提税税率从16%降至4%；“特别优先技术公司”的税率从12%降至6%
越南	研发创新产品的初创企业适用17%的优惠税率
中国	研发支出加计50%扣除；高新技术企业适用15%的优惠税率；提高符合条件的技术先进型企业的职工教育经费，扣除标准从不超过工资薪金总额的2.5%提高至8%
中国香港	200万港币以下的研发支出加计300%扣除；超过200万港币的部分加计200%扣除
波兰	研发费用加计50%扣除；资产折旧一次性扣除限额从3500兹罗提提高到5000兹罗提
丹麦	研发费用扣除从100%提高至110%
俄罗斯	将企业利润再投资于长期资产的公司所得税税率从20%降低至5%
荷兰	节能设备投资额超过2500欧元的，根据设备类型可以扣除的比例分别为36%、27%和13.5%
塞浦路斯	企业可以在税前扣除符合条件的投资成本，扣除额为投资成本的50%和15万欧元的较低者；超出限额的部分可以在5年内结转抵扣
意大利	扩大加速折旧的范围；企业投资于创新创业企业的，可以在税前扣除投资额的30%，最高扣除额为180万欧元；研发费用加计50%扣除，最高扣除额为2000万欧元

续表

国家（地区）	税收优惠政策
美国	允许企业一次性扣除未来5年资本投资成本的100%
墨西哥	小微纳税人一次性扣除固定资产；在特定经济区具有创业活动的法人享受10年的免税期，免税期满后的5年减半征收公司所得税
巴西	天使投资人投资于创新创业企业取得的收入，扣减投资成本后的差额按规定税率缴纳所得税：合同期限不超过180天的，适用税率为22.5%；合同期限超过181天但不超过360天的，适用税率为20%；合同期限超过361天但不超过720天的，适用税率为17.5%；合同期限超过720天的，适用税率为15%
加纳	创新创业企业免税期为1年，免税期满后适用3%～5%的优惠税率
突尼斯	投资于特定区域发展的企业在免税期结束后所获得的投资利润适用税率为10%
泰国	2017年成立的符合规定的创业企业将获得免税期，自2017年2月13日生效
巴拿马	将巴拿马老城区投资的免征所得税的优惠期限延长10年

资料来源：根据IBFD数据库tax news service信息整理。

中小企业是推动经济发展的重要力量。除税率竞争和创新激励外，各国还普遍选择为中小企业制定了特别的税收优惠政策，通过将更多的利润留在中小企业来支持中小企业发展，部分国家还通过放宽中小企业的判定标准、扩大中小企业的范围使特殊税制惠及更多的企业。哈萨克斯坦、土耳其、加拿大、澳大利亚等国家通过税收政策扶持、引导中小企业的发展，例如，哈萨克斯坦对中小企业实行特殊税制，加拿大、澳大利亚计划将小企业的税率降低1个百分点，澳大利亚进一步扩大了优惠税率的适用范围，土耳其减免中小企业收购后的公司所得税。减少中小企业的税收固然存在征税成本上升的顾虑，但是更重要的目的在于希望通过激发中小企业的活力来鼓励创新，进而促进经济增长。2017年部分国家的中小企业税收政策见表2-4。

表2-4　部分国家中小企业公司所得税优惠政策（2017年）

国家	中小企业税收优惠政策
阿曼	中小企业适用3%的低税率
哈萨克斯坦	可选择简化申报制度和专利税制度。简化申报制度要求每半年缴纳营业额的3%；专利税制度要求每半年缴纳营业额的2%，2018年起降至1%。中小企业还可以选择一次性扣除收益的30%

续表

国家	中小企业税收优惠政策
柬埔寨	2017 年和 2018 年自愿注册纳税的小企业免税
乌兹别克斯坦	新设立的小微私营医疗企业免征公司所得税 10 年
越南	中小企业适用 17% 和 15% 的优惠税率
中国	小微企业适用税率为 20%，所得减按 50% 计入应纳税所得额
比利时	年应纳税所得额不超过 10 万欧元的部分适用优惠税率 20%
荷兰	中小企业适用 14% 的优惠税率
拉脱维亚	年应纳税所得额不超过 7000 欧元的企业适用税率为 12%；超过 7000 ~ 10 万欧元的企业适用税率为 15%；超过 10 万欧元的企业适用税率为 20%
罗马尼亚	微型企业的认定标准从年营业收入不超过 10 万欧元提高至不超过 50 万欧元；根据雇员人数的不同适用 1% 或 3% 的不同税率
加拿大	2018 年起小企业适用税率从 10. 5% 降至 10%；2019 年降至 9%
厄瓜多尔	年收入不超过 30 万美元的公司不需要缴纳公司所得税预付款；小微企业免税期为 2 年；对小微企业每年免税额为 11000 美元
突尼斯	适用税率从 25% 降低至 20%
澳大利亚	追溯至 2016 年 7 月 1 日起将小企业适用税率从 28. 5% 降至 27. 5%；将适用优惠税率的小企业标准从现行的年营业额 200 万澳大利亚元提高至 1000 万澳大利亚元，2017 年 7 月 1 日再提高至 2500 万澳大利亚元，2018 年 7 月 1 日将进一步提高至 5000 万澳大利亚元

资料来源：根据 IBFD 数据库 tax news service 信息整理。

2.1.3 个人所得税改革侧重降低中低收入劳动者税负

个人所得税具有收入再分配、缓解贫富矛盾、促进社会公平的重要职能，因此世界各国长期致力于建立更具公平性和包容性的个人所得税征收制度，尤其在贫富差距悬殊、阶层分化加剧的国家，更加注重个人所得税的调节作用。2017 年，许多国家通过提高个人所得税的免征额、扩大税阶或降低税率等方式，增加低收入者的可支配收入，同时对高收入者提高税率或者向一定收入额以上的个人征收附加税，相对增加高收入者的税负。2017 年一些国家（地区）的个人所得税税率变动情况见表 2 – 5。

表2-5　　部分国家（地区）个人所得税税率变动情况（2017年）

国家（地区）	税率变动
菲律宾	免税额提高至年收入25万菲律宾比索（PHP）；年收入超过500万菲律宾比索的个人适用税率从32%提高至35%
马来西亚	年应税收入在2万~3.5万马来西亚令吉（MR）的个人适用税率从5%降低至3%；年应税收入在3.5万~5万马来西亚令吉的个人适用税率从10%降低至8%；年应税收入在5万~7万马来西亚令吉的个人适用税率从16%降低至14%
斯里兰卡	免税额从年收入75万斯里兰卡卢比（LKR）提高至120万卢比
泰国	适用最高税率35%的税率级次从400万泰铢提高至500万泰铢
以色列	征收附加税的最低收入额从8万新谢克尔（NIR）降低至6.4万新谢克尔，附加税税率从2%提高至3%
印度	年收入在25万~50万印度卢比（INR）的个人适用税率从10%降低至5%；年收入在500万~1000万印度卢比的个人加征10%的个人所得税附加税
中国台湾	工资收入免税额由12.8万新台币（NTD）提高至18万新台币；最高边际税率由45%降至40%
中国香港	税阶从4万港元提高至4.5万港元
爱尔兰	标准税率区间提高705欧元，即：单身人士从33800欧元提高至34550欧元；已婚夫妇从42880欧元提高至43550欧元
丹麦	股票投资所得的税率级次门槛从5.29万丹麦克朗（DKK）提高至10万丹麦克朗；研究人员和高薪人员的税收制度从5年延长到7年，适用税率由26%提高至27%
拉脱维亚	从目前23%的单一税率逐步推进累进税率：收入未超过2万欧元的个人，税率为20%；收入在2万~5.5万欧元的个人，税率为23%；收入超过5.5万欧元的个人，税率为31.4%
罗马尼亚	税率从16%降低至10%
葡萄牙	税率提高了0.8%，并且对年收入超过20261欧元的个人继续适用特别附加税
希腊	不足2万欧元的就业、营业和养老金收入适用税率从22%降至20%
英国	所得税的基本税率保持在20%；设立了两个新的所得税级次，即：收入在11850~13850英镑的起始边际税率为19%；收入在24001~44243英镑之间的中间边际税率为21%。高税率和额外税率分别提高了1个百分点至41%和46%
美国	降低个人所得税税率，最高税率级次从39.5%降低至37%，调整后的税率分别为0、10%、12%、22%、24%、32%、35%和37%
阿根廷	在不改变最高边际税率的情况下增加了税率级次

续表

国家（地区）	税率变动
新西兰	提高个人所得税税阶：第一税率级次从14000新西兰元（NZD）提高至22000新西兰元，适用税率为10.5%；第二税率级次从14000～48000新西兰元提高至22000～52000新西兰元，适用税率为17.5%；第三税率级次从48000～70000新西兰元提高至52000～72000新西兰元。适用税率为30%；最高税率级次保持不变，仍为超过70000新西兰元以上的部分，适用税率为33%
肯尼亚	税阶提高10%
南非	年应纳税所得额超过150万南非兰特（ZAR）的个人引入45%的最高税率
南苏丹	第一税率级次从3600南苏丹镑（SSP）提高至7200南苏丹镑

资料来源：根据IBFD数据库tax news service信息整理。

为了进一步减轻纳税人在生活、抚养赡养、医疗等方面的负担，部分国家提高了标准扣除和特殊扣除或放宽了扣除的范围。例如，新西兰将现行按年龄确定的18岁及以下的受抚养子女的税收津贴统一为现有最高的受抚养子女税收津贴金额。① 2017年部分国家（地区）的标准扣除规定和特殊扣除规定变化情况见表2－6和表2－7。

表2－6　　部分国家（地区）标准扣除规定变化情况（2017年）

国家（地区）	标准扣除规定变化
泰国	扣除额从3万泰铢提高至6万泰铢
中国台湾	扣除额由9万新台币（NTD）提高至11万新台币
爱尔兰	扣除额从950欧元提高至1150欧元
波兰	扣除额从6600兹罗提（PLN）提高到8000兹罗提
芬兰	中低收入者的最高扣除额从1420欧元提高到1540欧元；净收入超过33000欧元的个人，最高扣除额将减少，减少比例从超过部分的1.51%提高至1.65%
荷兰	扣除额从2254欧元提高至2265欧元，退休人员扣除额从1151欧元提高至1157欧元
立陶宛	扣除额从310欧元提高至380欧元
英国	扣除额提高至11850英镑，同时该门槛值提高至2000英镑

① 根据新西兰税制，不超过15岁的儿童可享受的儿童津贴为4822新西兰元（NZD），16～18岁的儿童可享受的儿童津贴为5303新西兰元。改革后所有不超过18岁的儿童可享受的儿童津贴统一为5303新西兰元。

续表

国家（地区）	标准扣除规定变化
美国	个人标准扣除额从 6500 美元提高到 12000 美元，已婚夫妇的标准扣除额从 13000 美元提高到 24000 美元，有孩子的单身个人标准扣除额从 9550 美元提高至 18000 美元
肯尼亚	扣除额提高 10%，从 15360 肯尼亚先令（KES）增加到 16896 肯尼亚先令
南非	一级、二级和三级的扣除额分别从 13500 兰特（ZAR）、7407 兰特和 2469 兰特增加到 13635 兰特、7479 兰特和 2493 兰特

资料来源：根据 IBFD 数据库 tax news service 信息整理。

表 2－7　　部分国家（地区）特殊扣除规定变化情况（2017 年）

国家（地区）	特殊扣除规定变化
巴基斯坦	可申请年度教育津贴的个人收入标准从低于 100 万巴基斯坦卢比（PKR）提高至低于 150 万巴基斯坦卢比
泰国	配偶扣除额从 3 万泰铢提高至 6 万泰铢；儿童扣除额从 1.5 万泰铢提高至 3 万泰铢。同时废除原有的每名儿童 2000 泰铢的儿童教育扣除
中国香港	残疾津贴从 6.6 万港元提高至 7.5 万港元；兄弟姐妹抚养津贴从 3.3 万港元提高至 3.75 万港元；自费教育扣除额上限从 8 万港元提高至 10 万港元
爱尔兰	家庭抚养/赡养扣除从 1100 欧元提高至 1200 欧元
荷兰	年轻残疾人扣除从 722 欧元提高至 728 欧元；老年人扣除从 1292 欧元提高至 1418 欧元；单亲扣除额从 438 欧元降低至 423 欧元
捷克	增加儿童税收扣除：第 1 名子女的税收扣除限额从 13404 捷克克朗（CZK）提高至 15204 捷克克朗，第 2 名子女的税收扣除限额从 17004 捷克克朗提高至 19404 捷克克朗，第 3 名及以后每名子女的税收扣除限额从 20604 捷克克朗提高至 24204 捷克克朗
瑞士	增加联邦和州两级的儿童扣除：联邦一级的扣除额从当前的最高 1 万瑞士法郎（CHF）提高至 2.5 万瑞士法郎；各州扣除额至少为 1 万瑞士法郎，范围从 3000 瑞士法郎到 19200 瑞士法郎不等
希腊	降低最高个人所得税扣除额：对于应纳税所得额不超过 2 万欧元的没有受抚养子女的纳税人，扣除额从 1900 欧元降低到 1250 欧元；对于有 1 名受抚养子女的纳税人，扣除额降低至 1300 欧元；对于有 2 名受抚养子女的纳税人，扣除额降低至 1350 欧元；对于有 3 名或 3 名以上受抚养子女的纳税人，扣除额降低至 1450 欧元
意大利	符合条件的中小学教育费用可以在税前扣除 19%，最高限额 2017 年为 717 欧元，2018 年为 786 欧元，2019 年为 800 欧元
美国	儿童税收抵免从 1000 美元提高到 2000 美元，全额退款高达 1400 美元，并且开始逐步取消对超过 40 万美元家庭的补贴

续表

国家（地区）	特殊扣除规定变化
新西兰	将现行按年龄确定的18岁及以下的受抚养子女的税收津贴标准统一调整至现有最高的受抚养子女税收津贴金额标准
南非	年度免税储蓄账户津贴从3万兰特提高至3.3万兰特；前两名受抚养人的每月医疗扣除从286兰特提高至303兰特，之后每增加一名受抚养人所增加的每月医疗扣除从192兰特提高至204兰特

资料来源：根据IBFD数据库tax news service信息整理。

此外，许多国家普遍增加保险收入、养老金收入、不动产收入等的税前扣除，并取消一些特定群体的免税政策，体现税制公平原则。各国在清理税收优惠的同时加强了税制的规范性和适用性，2017年一些国家的个人所得税税收优惠政策变动情况见表2－8。

表2－8　部分国家个人所得税税收优惠政策变动情况（2017年）

国家	税收优惠政策
阿塞拜疆	废除官方彩票奖金收入的豁免
巴基斯坦	健康保险投资税收抵免限额从10万巴基斯坦卢比（PKR）提高至15万巴基斯坦卢比；将需要预缴税款的个人应纳税所得额的标准从50万巴基斯坦卢比提高至100万巴基斯坦卢比；利息收入超过2500万巴基斯坦卢比的个人适用税率为15%
菲律宾	废除彩票和抽奖免税
哈萨克斯坦	免除个人保险赔付收入的个人所得税；个人债务免除所获收入的适用税率从10%降低至0
孟加拉国	残疾人免征额从37.5万孟加拉国塔卡（BDT）提高至40万孟加拉国塔卡，其父母或监护人的免征额也相应增加2.5万孟加拉国塔卡
泰国	个人获得的就业收入和服务收入减免从40%提高至50%，上限从3万泰铢提高至6万泰铢；个人获得的建筑收入、经营收入、运输收入等其他收入减免从70%（建筑收入）和65%～85%（建筑收入外的其他收入）统一降至60%
新加坡	所有个人所得税居民纳税人获得20%的退税优惠，限额为500新加坡元（SGD）
法国	对于年收入不超过27000欧元的单身人士（已婚夫妇为不超过43000欧元，对于有子女的纳税人该门槛值更高），逐步减免住宅税，即2018年减免应纳税额的30%，2019年减免应纳税额的65%，2020年减免比例将提高至100%
立陶宛	取消有子女的额外个人津贴，并以固定的儿童津贴作为替代
罗马尼亚	养老金免税额从1050罗马尼亚列伊（RON）提高至2000罗马尼亚列伊

续表

国家（地区）	特殊扣除规定变化
挪威	取消对自住房屋短期出租收入的免税政策
瑞典	增加养老金收入在12.34万瑞典克朗（SEK）到36万瑞典克朗的65岁以上个人的基本扣除；增加收入在12.3万瑞典克朗到20.2万瑞典克朗的退休个人的个人津贴
意大利	为提高不动产效用所发生的支出可以在税前扣除65%；不动产维修费用可以在税前扣除50%
英国	股息免税津贴从5000英镑降至2000英镑；2018年4月起，第4类国家保险费率从9%增至10%；2019年4月起增至11%
美国	允许个人抵免州税和地方税的数额，最高可达1万美元；扩大超出2017年和2018年调整后总所得7.5%的医疗费用扣除额，2019年开始为10%
澳大利亚	医疗保险税税率从2%提高至2.5%，用于残疾保险和医疗保险计划；对低收入人群的医疗保险征税豁免保持不变；投资于经济适用住房的资本利得税折扣将从50%增加至60%
新西兰	孤儿福利金和不受资助儿童津贴的支付率每周提高20.31新西兰元（NZD）；取消独立劳务所得扣除，以扣除额度从1.4万新西兰元提高至2.2万新西兰元涵盖该部分扣除

资料来源：根据IBFD数据库tax news service信息整理。

可以看出，世界各国通过调整税率结构、税前扣除以及税收抵免等政策措施，力求最大限度地惠及各阶层纳税人，增加低收入者的可支配收入，凸显公平导向。但是以减税为导向的税制改革在为经济增长带来机遇的同时，也为政府财政收入带来了压力。一些国家通过提高间接税税负来平衡这部分财政收入损失，而一些国家则选择通过加强税收征管和提高征税效率来弥补财政收入。

2.2 货物劳务税收入与调控功能并重

许多国家近年来都关注本国的税制建设与改革：一是基于深层次的经济及社会发展需要，二是落实BEPS成果的要求，三是受到他国税制改革的影响而顺应、融入全球性改革潮流。回顾2017年，世界税制改革与发展又是波澜再现的一年。各国在各种利益矛盾交织中继续深化税制改革。其中，货物劳务税改革在不少国家的税制改革中占有重要一席，表现较为突出。与所得税改革唱响鲜明的减税主旋律有所不同，大部分国家的货物劳务税改革目标并非单一或集中，既要弥补所得税减税带来的财政收入空缺，又要在多层面发挥必要的经济调控功能。首先，货物劳务税在很多国家的税制结构中占有重要的地位，是一国税收收入的重要来源。以OECD成员为例，2016年的收入结构中，货物劳务税收入占税收总收入的比重超过40%的国家有6个，超过30%不超过40%的国家有13个，超过20%不超过30%的国家有13个，不超过20%的国家只有1个。[①] 其次，根据本报告的追踪研究，2008年国际金融危机以来，货物劳务税领域改革的主要代表是增值税及消费税。世界范围内增值税改革措施丰富多元，趋势明显，消费税改革则处于相对稳定状态，每年都有一些改革动态，却并无什么突出或重大举措。前几年的关税改革措施不多，影响也不大，因此没有收录入本报告。但2017年美国总统特朗普上任后，采取了“美国优先”的激进贸易保护主义措施，引发世界范围内反倾销税反补贴税的升温，此起彼伏，并延续到2018年，以加征关税为主要手段的中美贸易战尤为引人关注。因此，随着世界贸易形势的风云变幻，多国的关税改革再度引人关注。

下文将分别描述增值税、消费税与关税的改革特征，并按洲罗列主要国家的国别改革动态，以全面展现2017年世界货物劳务税的改革与发展态势。

2.2.1 增值税改革在促增长目标下渐趋现代型

世界上现有三类增值税：不完整型、欧盟型与现代型。与前两者相比，以澳大利亚、新西兰为代表的现代型增值税具有以下几个特征：一是将商品和服务业全面纳入征税范围，是征税范围最完整的增值税；二是按增值税属于最终消费者负担的消费行为税的性质，对商品、劳务按单一税率征收增值税，且税率低；三是较少减免税，将免税范围控制在最小范围，从而保证了增值税征扣税机制运行的科学性和严密性；四是合理地确立了增值税纳税人的注册标准，小规模纳税人免于注册登记。因此，现代型增值税具有税制简化、机制严密、对经济扭曲程度最低、征纳成本最低、易于管理等诸多优点，是近年世界增值税改革的发展方向。

---

① 数据来源：OECD（2018），“Revenue Statistics：Comparative tables”，OECD Tax Statistics（database），https：//doi. org/10. 1787/data-00262-en，经笔者整理。

2008 年国际金融危机爆发十年来，世界增值税改革的共同特征是提高税率、增加收入，与以减税为主旋律的所得税改革相辅相成。以 OECD 成员中开征增值税的 34 个国家为例，2016 年的收入结构中增值税收入占税收总收入的比重超过 40% 的国家有 1 个，超过 20% 不超过 30% 的国家有 17 个，不超过 20% 的国家有 12 个。① 但 2016 年以来，包括 OECD 主要经济体在内的许多国家增值税税率在整体上趋于稳定，转而更多探索优化增值税制度本身来促进经济增长，在维持中性的同时，竞争力导向有所凸显。以促进经济增长为导向的现代型增值税已成为越来越多国家的共识与目标。但税制改革并非易事，重大税制改革更是要冲破很多阻力。在各种利益矛盾交织中，一些国家认准改革目标，以开拓创新的精神大力推动增值税改革，取得显著成绩。中国 2016 年 5 月 1 日全面完成营改增试点，2017 年继续深化增值税改革，将税率从 4 档简并至 3 档，废止营业税暂行条例，修改增值税暂行条例，下一步目标是朝着增值税立法迈进。同样在亚洲，2017 年 7 月 1 日起印度开征新的统一的货物劳务税（Goods and Service Tax，GST），以所谓的“双轨 GST”代替并存的多种流转税，这既是印度自 1947 年独立以来最大的税制改革，也成为 2017 年世界增值税领域的最重要改革事件。除此之外，其他国家的增值税改革也主要围绕“减并税率、减少优惠、扩大征收范围、提高注册门槛”等措施展开，与两年前相比，世界范围内的增值税制度日趋简单规范，中性不断凸显，渐近现代型。

2.2.1.1 印度实施全面货物劳务税（GST）改革

印度于 2017 年 7 月 1 日开始正式实施新的 GST。主要设有 5%、12%、18%、28% 四档税率，主体税率为 18%，其中，中央货物劳务税（CGST）和邦货物劳务税（SGST）各占一半，即各征 2.5%、6%、9% 和 14%。对出口实行零税率。这项改革被誉为印度自独立以来最为重大的税制改革，将对印度政治经济产生深远影响。印度国内对货物劳务税改革寄予很大期望，认为改革将有效终止其全国市场分割和税种碎片化的局面，促进经济增长，降低产品成本，并增加税收收入。国际社会也对改革给予积极评价。但改革的制度红利并不能一蹴而就，目前的税率设计对于服务业等

---

① 数据来源：OECD（2018），“Revenue Statistics：Comparative tables”，OECD Tax Statistics（database），https：//doi. org/10. 1787/data-00262-en，经笔者整理。

部分行业将产生明显的税负增加。税率档次偏多，除上述四档基本税率外，实际还包括对钻石、未经加工的宝石以及金、银等少量项目适用3%或0.25%的低税率，对特定奢侈品和不健康商品除适用28%的高税率外，还另征特别税，征收率也有三档。免税项目也过多，货物项目近150项，服务项目97项，与现代型增值税还存在差距。为减少对各邦政府收入的过大影响，饮用白酒未纳入GST征收范围，汽油等5种石油产品暂时未纳入GST（具体由GST委员会决定开征时间）。[①] 另外，为保证各邦政府的利益，印度此次改革还采用了罕有的中央、地方并行的“双轨制”设计，这一先天不足导致此次改革后的印度货物劳务税虽然取得了历史性进步，仍然是一个非常复杂的税制安排。

2.2.1.2 数字经济背景下增值税的国际协调持续增强

2017年来增值税领域另一突出变化是越来越多的国家根据OECD《国际增值税/货物劳务税指南》来调整其对于跨境服务和无形资产贸易的征税规则，这已渐成全球趋势。传统税收领域的国际协调主要侧重于所得税（如《OECD税收协定范本》与OECD《转让定价指南》），缺乏跨境贸易中征收增值税的全球公认框架，给征纳双方都带来很多不确定性与复杂性。据OECD统计，2014年的B2C（企业针对个人开展的电子商务活动，Business-to-Customer）电子商务销售量超过了1.4万亿美元，比2013年增长20%，根据当时数据测算，到2018年该数据预计会达到2.4万亿美元。那么，国际服务贸易与无形资产交易领域双重征税及非主观双重不征税的问题愈加突出，增值税的国际协调成为国际税收领域新挑战。

OECD主导并大力推进增值税国际协调工作的开展。2015年11月，104个司法管辖区及国际组织共同为《国际增值税/货物劳务税指南》背书，2016年9月该指南纳入OECD理事会通过的《增值税应用在国际服务贸易和无形资产贸易中的申请建议书》，这是OECD在增值税领域的第一个法律文书，也是第一个经国际商定的跨境贸易增值税应用框架。建议书代表了这些国家对国际服务贸易和无形资产贸易中应用增值税的意愿，可以用来解决跨境贸易中由于增值税应用的不一致造成双重征税和意想不到的双重不征税的风险。2017年4月，OECD正式发布该指南，作为国际服务贸易和无形资产交易中增值税处理的全球标准。可以预计，更多国家

---

① 龚辉文．聚焦印度建国以来的最大税改［N］．中国财经报，2017-08-22.

将以该指南作为设计和实施本国增值税的重要参考点，增值税的国际协调将进一步拓宽加强。

2017 年 11 月 30 日，欧盟委员会为应对增值税骗税问题提出了成员间增值税征管合作的提案，旨在强化成员税务机关之间及其开展的协助之间的信息交换，包括联合审计及建立欧盟成员税务部门与执法部门之间的合作。最终目标是帮助成员为上述增值税系统的最终实施做好准备，以尽可能地遏制增值税的跨国欺诈。可以预见的是，数字化与自动化的发展将为增值税的征收管理带来积极影响。根据安永公司 2018 年年初发布的调查报告①，约 80% 的国家（地区）预计将在 2018 年扩大增值税税基。考虑到数字经济对现行税制的影响，部分国家预期间接税为主的数字经济税负将会上升。

2.2.1.3 欧盟启动新一轮电子商务增值税改革

随着经济全球化、数字经济、移动经济的不断发展和深化，欧盟增值税制度的缺陷日益凸显，导致增值税欺诈泛滥、增值税收入流失严重、不利于中小企业发展等问题，因此欧盟始自 2010 年，一直致力于增值税制度改革：2010 年 12 月发布《有关增值税未来的绿皮书》，2011 年 12 月发布《有关增值税未来的沟通》，2016 年 6 月通过《增值税行动计划》。② 在上述基础上，2017 年 12 月 5 日，欧盟成员经济和财政部长会议对于电子商务增值税改革提案达成了一致意见，从而启动新一轮改革，具体内容是：从 2019 年 1 月 1 日起，将简化初创企业、微型企业和中小企业通过网络向成员国销售商品的增值税缴纳规则；并且从 2021 年 1 月 1 日起，将扩大“迷你一站式征税机制”的适用范围，废止从非欧盟国家进口到欧盟国家单价低于 22 欧元商品免征进口增值税的税收优惠，以及要求电子商务平台对于非欧盟电商在该平台销售的商品和服务应承担代扣代缴增值税义务。

欧盟在 2017 年末启动新一轮电子商务增值税改革，对于完善欧盟内的增值税征管具有积极作用，也对其他国家正在探索的电子商务增值税改革起到了很好的引领与示范作用，预计将对完善世界范围内的数字经济税

---

① https：//www. ey. com/Publication/vwLUAssets/EY - 2018-global-outlook-for-tax-policy/ $ File/EY - 2018-global-outlook-for-tax-policy. pdf.

② 陈俐．欧盟新一轮增值税改革及启示［J］．国际税收，2017（3）．

收征管起到良好的推动作用。

2.2.2 消费税调控呈现更多灵活性多元化

对于大多数国家而言，增值税主要是体现税收“中性”，增加政府财政收入。而消费税是在增值税的基础上，侧重通过征与不征来体现政府的调控意图，通过征税范围、税目、税率、税收优惠等实施多元灵活的调控。2017 年各国的消费税波澜不惊，基本延续了以往政策路径，呈现稳中有变的发展态势。多数国家在消费税方面的调控对象依然主要是烟酒类、资源类及环保类商品。增税措施占主体，或是提高税率，或是扩大征税范围，体现“寓禁于征”。也有一些少量的减税举措，体现本国的特殊调控意图。从 2017 年各国消费税改革动态来看，采取增税措施的国家大都是发展中国家，部分发达国家为鼓励支持特定行业，如环保产业的发展，也实施了一些税收减免措施。概括起来，主要有如下三方面特征：

其一，提高烟酒类消费税，新征糖类饮料消费税，引导健康消费。对烟酒类产品的消费税实施增税是很多国家多年来实施的消费税改革举措，具有世界性特征，这一趋势在 2017 年依旧得以延续。代表性国家有：吉尔吉斯斯坦、俄罗斯、保加利亚、塞尔维亚、哥斯达黎加等，几乎遍及世界各洲。

其二，扩大环保类消费税的征税范围，凸显绿色税收导向。近年来绿色税收的理念得到全球性的认可，很多国家不断优化绿色税制建设，在消费税的征税中有明显体现。例如，格鲁吉亚对环保车的消费税税率降低一半；韩国对环保车专门采取税收优惠政策，引导产业发展；瑞典对污染性强的电子产品开征新的消费税。

其三，对特定产品（行业）实施减税，兼顾调控目标。基于特定的调控目的，一些国家采取了多样化的消费税减免税措施，有的只是短时期的，体现了消费税调控的灵活性。例如，乌兹别克斯坦对珠宝业免征消费税；乌克兰对于因个人使用而被损坏、销毁、丢失或退回的酒精饮料和烟草制品，免征消费税。

2.2.3 保护性关税再被普遍性运用

2017 年世界经济及贸易发展虽然呈现比较强劲的增速，但也面临一系列问题与风险，其中比较突出的是“逆全球化”思潮继续蔓延，美国等除了继续使用“本国优先”、提高壁垒、滥用国际规则等传统保护手段，还开始转向对其他国家边境后措施的监督，以及重新制定更加符合自身利益的经贸规则，给全球贸易复苏增长又笼罩上阴影。这些有悖全球化、贸易自由化发展的态势很可能阻碍世界经济进一步复苏增长的进程。2017 年从世界范围来看，贸易保护主义明显升温，中国作为世界第二大经济体、发展中国家，再度成为贸易保护主义的最大受害国。据不完全统计，巴基斯坦、日本、土耳其、印度、阿根廷、巴西、秘鲁、多米尼加、加拿大、墨西哥、埃及等国都在 2017 年对从中国进口的商品开征了临时性反倾销税或反补贴税。

2.3 财产行为税变化多样

2.3.1 财产税调整频繁

财产税一方面是地方政府公共产品的重要基础，同时也是保障房地产市场稳定的调节器。2017 年世界范围内的财产税变动，主要体现在相关国家针对变化迅速的房地产市场进行的财产税及行为税调整。

为了抑制房价，澳大利亚开始着手实施降温措施，如征收土地税等。2017 年，维多利亚州政府将针对海外买家的印花税税率提高了一倍，同时该州还是澳大利亚最早开始实行空置税政策的州。新州 2017 年也宣布开始对海外购房者征收空置税。实行房屋空置税政策符合联邦政府出台的 2017 年预算框架，其目的是为了进一步改善澳大利亚人租房困难和租金较高的问题，也可以激励海外业主出租房产，缓解楼市供应紧张。

加拿大安大略省对在 2017 年 4 月 21 日及以后在“大金马蹄”地区购买或拥有房产的非加拿大公民或非加拿大永久性居民征收 15% 的非居民投机税，以此来打击投机炒房者。

新加坡政府调整卖方印花税，放宽房地产降温措施，新措施有助于减缓政府当初实施卖方印花税的效应。

中国香港的房价自 2016 年 3 月起明显攀升。香港特别行政区政府宣布向首次购房的香港居民以外的所有购房者征收 15% 的印花税。自 2012 年以来，非居民的购房印花税一直是 15%；到 2017 年多数居民购房的印花税降为 8.5%。

2.3.2 遗产税增减鲜明对照

2017 年全球遗产税变化趋势表现为一些国家实施减轻遗产税的政策，

而另外一些国家和地区则是增加遗产税税负或加强税收征管，形成了鲜明对照。

卢森堡开始施行新的遗产税减免。对无子女的夫妻一方2017年12月31日后死亡的，存活一方的遗产税可以实行一般减免；已登记的伙伴关系存续3年以上，存活的一方的遗产税可以实行一般减免。英国则提高了遗产税的免征额。

芬兰废除遗产税中不超过35000欧元人身险的免税额。希腊最高行政法院就关于非上市公司股票在遗产税中的价值确定问题进行判决，以加强遗产税征管。西班牙对不动产清算中实行新的要求，促进对非居民纳税人和其他纳税人的税务管理，在其他合格材料之外，这些纳税人可以提供从税务机关获得的完税证明来证明其相关遗产税的缴纳。中国台湾地区则加强税务机关对遗产和赠与税的审查力度，提高遗产赠与税税率。

2.3.3 环保资源税仍受关注

2017年不少国家加强对环境保护税的征收，凸显保护环境功能；同时加强资源税征管，对清洁能源实施税收优惠以促进其发展。但另外一些资源大国，对自然资源仍然实行税收优惠，以助于刺激经济发展。

西班牙提高环境税税负，将碳排放作为征税目标，新环境税成为西班牙为满足欧盟的财政规则预算承诺所做努力的关键措施。德国政府调整本国的能源税激励措施，更新能源税法，以适应欧盟《能源税指令》。该指令经过修订，消除了对内部市场的扭曲，鼓励更多的使用清洁燃料，使立法更符合欧盟的排放交易计划。为促进混合动力和电动汽车技术的新发展，德国还对天然气和液化天然气作为交通运输能源的税收优惠政策进行延长。

瑞典开始对某些化学品征税，该税收要求根据调查产品中特定有害物质的含量，企业可申请50%或90%税费折扣。法令要求调查的有害物质多达140余种，这些物质主要为阻燃剂类化学物质，包括：溴系、氯系和磷系阻燃剂，这些物质中都含有氯、溴或者磷三种元素中的一种或两种。为拉动太阳能行业的发展，瑞典2017年削减对太阳能发电的征税，自用太阳能发电将完全免税，以期在2040年实现完全使用可再生能源发电的目标。瑞典财政部在一份声明中表示。为促进处于困境的国内矿产勘查业复苏，增加矿业公司的现金流，加拿大联邦政府决定将矿产勘查税收抵免（Mineral Exploration Tax Credit）15%的政策期限延长至2017年3月。巴西政府颁布了新的税法措施来扶植国内的石油、天然气产业。巴西对于石油和天然气行业新制定的一系列税收优惠，有利于吸引外资进入国内的石油、天然气领域，也有助于国内石油、天然气领域节省成本快速发展。为了让南非税务局有时间与所有受影响各方就实施的实际安排进一步磋商，南非推迟对轮胎征收环境税，对轮胎征收环保税将于 2017 年 2 月 1 日前实施，而不是按照原计划从 2016 年 10 月 1 日开始。

随着中国经济社会不断发展，水已经成为中国严重短缺的产品和制约环境质量的主要因素。因此中国在 2017 年推广水资源税试点改革。

2.4 各国（地区）税制改革动态

2.4.1 所得税动态

2.4.1.1 公司所得税动态

■ **亚洲**

阿　曼　2017 年 2 月 6 日，阿曼公布了 2017 年 9 号皇家法令，对 2010 年公司所得税法进行了一系列修改，该法令自 2017 年 1 月 1 日起生效。主要内容包括：①标准公司所得税税率从 12% 提高至 15%；②取消 3 万阿曼里亚尔（OMR）的法定标准扣除；③向非居民支付的利息和股息预扣税率为 10%。

此外，还包括针对小企业的特殊制度：①小企业认定标准为年利润不超过 5 万阿曼里亚尔、年收入不超过 10 万阿曼里亚尔、年内平均雇员人数不超过 15 人的阿曼独资企业或合伙企业；②小企业所得税税率为 3%；③雇佣至少两名阿曼国民，或由独资经营者或合伙人全职管理的小企业可以免税。

哈萨克斯坦　2017 年 10 月 17 日，哈萨克斯坦国家税务委员会有关部门解释了中小企业的特殊税收制度。中小企业可以自愿选择适用简化申报税制或基于专利的税制：①在简化申报税制下，收入按照 3% 的税率征税。该税取代公司所得税、个人所得税、社会税、源泉扣缴的个人所得税和强制性社会保障缴费。这个制度适用于雇员人数不超过 50 名、收入不超过 2800 倍月最低工资的法律实体。②基于专利的税收制度只适用于年收入不超过 300 倍月最低工资，即 7337700 哈萨克斯坦坚戈（KZT）、没有雇员的个人企业家。该税种税率为 2%，并且取代所得税、社会税和强制性社会保障缴费。

韩 国 韩国政府于2017年2月3日通过了多项税收法令，自2017年1月1日起生效。其中公司所得税方面的主要内容如下：①对新增长产业的外商投资企业实行税收优惠。新增长产业包括新一代汽车、智能设备与信息、新一代软件与安全、新一代电子信息设备、新一代广播和电信、生物技术等11类。减税仅适用于符合法定条件的企业收入。②扩大了外国子公司的免税合并。根据原《公司所得税法》规定，如果韩国企业的外国子公司被集团外的外国企业并购，合并收入视为分回韩国的股息，需要缴纳税款；但是若合并方为与韩国缔结所得税协定的国家的企业，或者外国子公司收购集团内二级外国子公司，合并事项是免税的。新的执行法令将免税范围扩大到所有的同一韩国企业的全资外国子公司之间合并产生的视同股息。

2017年8月2日，韩国政府公布了《2018年税法修正案》。12月5日，韩国国民议会通过了《2018年税收法案》，新的法案于2018年1月1日起生效。其中关于公司所得税的内容如下：①提高公司所得税的最高边际税率。超过3000亿韩元的应纳税所得额的最高边际税率将从22%提高到25%。由于地方所得税是适用公司所得税10%的附加率，这意味着超过3000亿韩元的韩国企业，将适用27.5%的最高税率。②扩大对非居民或外国公司从上市股份转让中获得的资本利得的征税。根据目前的所得税法，如果非居民或外国公司持有韩国上市公司25%或以上的股份，则非居民或外国公司在转让韩国上市股份时分别缴纳个人所得税或公司所得税。新法案将扩大对非居民或外国公司从上市股份转让中获得的资本利得的征税，即持有韩国上市公司5%股份以上的非居民或外国公司需缴纳资本利得税。③增加外商投资公司创造就业机会的税收优惠。根据目前的《特别税收待遇管理法案》，当个人所得税或公司所得税的税收优惠与外国投资公司符合条件的业务收入挂钩时，每名雇佣员工的一定数额作为额外的税收优惠，用于支持外商投资公司创造就业机会。对于7年或5年的税收优惠，额外优惠的上限分别是外国投资额的40%或30%；根据新的法案，对于7年或5年的税收优惠，额外就业的额外优惠上限将分别提高至外国投资额的50%或40%。

吉尔吉斯斯坦 2017年5月31日，吉尔吉斯斯坦议会通过了法律草案，对开展优惠类工业活动的企业实行税收优惠。主要内容如下：①对开展优惠类工业活动的企业（采矿和矿物加工除外）适用的公司所得税税率为0，此外，地方可以免除该企业的财产税和土地税；②免税期为5年，政府有权依据企业收入将免税期延长至 10 年；③优惠类工业活动由新税法第 159 条确定，政府每 5 年公布一次，包括运用高新技术生产的所有工业企业、部分工业和食品工业企业、能源企业、农产品加工企业、装配生产企业和以出口为导向的生产企业；④免税还需满足企业与政府签订投资协议并履行协议条件；⑤税收优惠不适用于分支机构。

柬埔寨　2017 年 2 月 7 日，柬埔寨政府颁布法令允许 2017 年和 2018 年自愿注册纳税的中小企业免税，免税期为两年，同时免除 1% 年度最低税率及其相关的每月预付款。免税期届满后，将按照标准税率或年度最低税率征税。

泰　国　2017 年 2 月 11 日生效的泰国第 631 号皇家法令规定，2016 年 1 月 1 日至 2018 年 12 月 31 日，企业对符合标准的中小企业的捐款可以加计 100% 税前扣除。

2017 年 2 月 13 日生效的泰国第 637 号皇家法令规定，2017 年成立的符合规定的创业企业将获得免税期。

2017 年 2 月 13 日生效的泰国第 638 号皇家法令规定，2017 年企业对南部地区的水灾受害者的捐款可以加计 50% 税前扣除，加计扣除上限因公司实体和居民个人类型的不同而有所不同。

2017 年 3 月 12 日泰国政府公布的第 639 号皇家法令规定，企业雇佣 60 岁以上的雇员的工资薪金支出可以加计 100% 扣除，该法令自 2016 年 1 月 1 日生效。具体条件是，符合条件的雇员必须是泰国公民，且不得为该企业的董事或股东；支付给符合条件的雇员的工资薪金不得超过每月 15000 泰铢。此外，若符合条件的雇员超过企业员工总人数的 10%，超过部分的员工工资薪金将不能享受加计扣除。

土耳其　2017 年 1 月 27 日土耳其公布的第 6770 号法律对一系列税法进行修改。其中第 29 条规定，中小企业收购后三年内减免公司所得税，减免不得超过应纳税额的 75%。

2017 年 3 月 8 日土耳其公布了关于研发激励措施的第 5746 号法律，扩大了研发支出的所得税扣除范围，新增的研发支出扣除包括研发人员的差旅费和津贴，邮费、办公用品和文具费用以及与研发活动有关的法律和技术咨询费用。

2017 年 10 月 19 日，土耳其《政府公告》发布了与土耳其《技术开发区法》（第 4691 号法律）有关的 2017/10821 号法令。该法令阐明了第 4691 号法令第 2 条所规定的公司所得税和个人所得税豁免的实施情况。

根据该条款，技术开发管理公司和纳税人在技术开发区进行软件开发和研发活动获得的收入，可豁免至 2023 年 12 月 31 日。该法令关于税收豁免的主要规定包括：①如果免税收入源自无形资产的转让或租赁，则需要专利或同等证书；②实用模型证书、外观设计注册证书、版权登记证书、集成电路地形图等相当于专利证书；③无形资产所得收入不超过 3000 万土耳其里拉（TRY）（净销售收入 2 亿土耳其里拉）的纳税人可享受免税而无须任何专利或同等证书；④免税收入的上限根据合格支出与总支出的比率确定；⑤合格支出被定义为与无形资产直接相关的支出。

亚美尼亚 2017 年 3 月 29 日，亚美尼亚《国家信息技术部门援助法修正案》正式发布。修正案延长了 IT 初创企业的免税期，具体规定如下：员工人数不超过 30 人的新注册登记的 IT 企业免税，且雇员的工资收入按照 10% 的固定税率征收个人所得税；IT 初创企业的免税期为 5 年。

乌兹别克斯坦 2017 年 1 月 6 日，乌兹别克斯坦政府公布了一项总统令，决定在塔什干地区建立创新科技园区，且在科技园内开展实验性工业项目或小型创新项目的企业免税期最长为 10 年。

2017 年 2 月 8 日，乌兹别克斯坦政府宣布在塔什干建立“信息和通信技术创新中心”。在该中心设立的公司免征公司所得税和强制性国家预算收费，并免除公司员工的一般社会费用。

2017 年 4 月 1 日，乌兹别克斯坦总统发布了关于促进私营卫生部门发展的总统令。法令规定，私营医疗企业提供的所有有偿医疗服务（除牙科护理和美容服务外）在 2021 年 12 月 31 日前免征公司所得税；新设立的小微私营医疗企业免征公司所得税，免税期为 10 年。

2017 年 4 月 10 日，乌兹别克斯坦内阁部长签署了关于 Urgut、Gizhduvan、Kokand 和 Hazarasp 自由经济区的 196 号法令，对在自由经济区投资的公司免征公司所得税，免税期视投资额大小为 3 ~ 10 年不等。投资额超过 1000 万美元的，10 年免税期结束后的 5 年内，征收的公司所得税和一般社会费用不超过当时适用税率（费率）的 50%。

2017 年 4 月 20 日，乌兹别克斯坦总统发布了关于促进教育发展的总统令。法令规定参与教育和科研活动的公司在 2021 年 12 月 31 日前免征公司所得税，其他公司对教育的捐赠支出可以在税前扣除。

2017 年 5 月 4 日，总统发布了第 УП－5033 号法令。法令规定，外商直接投资的酒店和旅游服务公司免征公司所得税，免税期视投资额大小为 3 ~ 7 年不等。外商投资公司是指非国家担保的占公司 33% 以上股份的公司。免税期仅适用于在塔什干和塔什干地区以外的地区注册的酒店和旅游服务公司，免税期内公司留存收益比例不低于50%。

2017年6月30日，乌兹别克斯坦总理签署了关于撒马尔罕地区旅游发展的第450号法律。该法律在撒马尔罕市建立了旅游区“撒马尔罕城”，并在撒马尔罕地区建立了体育、健康和娱乐旅游区。在该地区投资和开展活动的公司可在2019年12月31日前免缴公司所得税、公司财产税、土地税、社会基础设施建设税、微型企业和小型企业统一纳税、向道路基金和教育医疗机构基金的强制性支付，以及进口设备、原材料、零部件、建筑和其他材料的关税（清关费除外）。

2017年8月10日，总统签署了在塔什干地区建立17个小工业区的第ПП-3194号法令。小工业区位于塔什干地区的几个地块和现有生产区。该法令为参与公司提供了几项税收优惠措施，包括免征2年的公司所得税、财产税和统一税收。

2017年11月13日，内阁部长颁布了第908号法令，对制造可再生能源生产设施的公司实行免税政策。从其注册之日起，这些公司免除所有税收以及道路基金和教育医疗机构基金的义务付款，期限为5年。

2017年11月27日，政府发布了一项法律草案，对生产毛皮和皮革制品的公司给予优惠，2022年12月31日前，生产皮鞋、小百货、毛皮制品（毛皮除外），以及羊毛加工和羊毛制品生产的公司免征公司所得税、财产税、微型企业和小型企业统一纳税，以及对道路基金的强制性支付。

2017年12月9日，乌兹别克斯坦内阁会议讨论了2018年预算。总的来说，拟议的计划旨在进一步降低税收负担，减少税收和强制性支付。特别地，提出了以下税收修正案：统一公司所得税和基础设施建设税并一次性支付，实际税率由15.5%降至14.5%；将个体企业的固定税率平均降低30%；地方政府被授予通过在0.7～1.3适用范围内调整系数，提高或降低现行固定税、财产税和土地税税率的权利。

印　度　2017年2月1日，印度财政部长提交了2017/2018财年预算，其中公司所得税的内容如下：①对于年营业收入高达5亿印度卢比的公司，公司所得税税率降至25%；②对于年营业收入不超过2000万印度卢比的公司（运输、租赁企业除外）实行核定征收，通过银行账户结算收入的公司适用6%的核定税率，其他方式结算收入的公司则适用8%的核定税率；③支付给非居民关联企业的利息支出超过1000万印度卢比的部分，税前扣除限额为30%，银行和保险公司除外；④持有期超过2年的不动产被分类为长期资本资产；⑤向政党和慈善组织的捐赠扣除限制为2000印度卢比；⑥最低替代税收抵免的结转从10年延长至15年。

越　南　2017年6月12日，越南国会通过了《中小企业支持法》，规定了中小企业的判定标准，为员工人数不超过200人、资产总额不超过1000亿越南盾、前一年的营业收入不超过3000亿越南盾的企业。与现行公司所得税税率相比，中小企业适用较低的税率，还享受减免土地租金和土地使用费、获得贷款和专业服务支持等非税收优惠。该法于2018年1月1日生效。

■ 欧洲

爱尔兰　爱尔兰财政部长于2017年10月10日向议会提交了2018年预算。关于公司所得税的主要建议包括：无形资产（及相关利息支出）的资本补贴将限制在80%；将于2017年底到期的节能设备的加速资本补贴将延长至2021年底。

爱尔兰《2017年财政法案》于2017年10月19日发布。该法案包含了2017年10月10日发布的预算案中未公布的几项措施。其中关于公司所得税的重要措施如下：①知识发展盒。对知识发展盒损失扣除的限制将包括对可以结转的损失扣除数额的限制。②利息扣除。现行的行政收入惯例，即通过一家或多家中间控股公司间接持有用于获得贸易公司的某些贷款以给予公司利息扣除，这一惯例将被立法。③爱尔兰房地产基金。爱尔兰房地产基金预提税制的一些缺点将通过一系列技术性修正案来解决。

白俄罗斯　2017年5月12日，白俄罗斯总统签署了第166号法令，对大石工业园区运营的税收政策进行了重大修改，其中，公司所得税的免税期为首次获得利润起的10年内，按标准公司所得税率减半征收的减税适用期从登记注册之日起10年内延长至整个工业园区的存续期间。该法令于2017年5月26日正式发布后生效。

2017年9月22日，白俄罗斯总统签署了第345号法令。该法令引入了税收及其他优惠政策，鼓励企业在农村地区和小城镇的定居点发展零售贸易、餐饮和消费服务（以下简称合格活动）。根据该法令，法人实体从合格活动中取得的利润将减按6%的税率征税；农村被定义为居民少于2000人的社区，超过2000但不足1万居民的为小城镇定居点。该法令于2017年9月26日正式发布后生效。

比利时　2017年1月23日，比利时财政部公布了2017年度所得税指南。有关公司所得税的具体内容如下：①未使用的投资扣除额可以无限期结转，最高结转额为970860欧元；②研发投资的33.99%不能进行投资扣除，但是可以无限期结转至未使用的投资扣除额，最高结转额为485430欧元；③中小企业的名义利息扣除率为0.237%和0.737%；④雇员不超过11人的企业每增加1名雇员可以获得5830欧元的扣除，每增加一名高级管理人员可获得15660欧元的扣除；⑤可以分配给工作配偶的最高商业或专业收入为13620欧元，可以分配给非在职配偶的最高商业或专业收入为10490欧元；⑥全部抵押贷款利息、部分抵押贷款费用和自用住房抵押贷款费用扣除额分别为2350欧元（布鲁塞尔地区）、2280欧元（弗兰德地区）、2290欧元（瓦隆地区），在贷款的前10年，布鲁塞尔地区的扣除额增加780欧元，弗兰德地区和瓦隆地区增加760欧元；⑦捐赠支出的扣除限额为40～376350欧元。

2017年3月14日，比利时政府公告公布了2017年纳税年度的投资津贴率，专利、对环保的研发投资、节能和酒店、餐厅和酒吧的空气循环系统为13.5%，安全措施为20.5%，其他投资为8%。2017年1月1日员工人数少于20人的纳税人可以选择分摊相关投资折旧期的投资折旧，在这种情况下，投资折旧的最高津贴率为10.5%。此外，不论员工人数多少，从事高科技产品研发和投资、环保投资的企业的投资津贴率都是20.5%。

2017年10月27日，联邦政府公布了关于公司所得税改革的说明，改革分两个阶段实施。具体内容如下：①税率。到2018年，公司所得税的标准税率将从33%降至29%，到2020年将进一步降至25%。中小企业将受益于第一个10万欧元20%的税率。2018年附加费将从3%降至2%，并于2020年起取消。②激励措施。公司股东可以扣除所获股息的100%，而不是当前95%的扣除比例；2018年1月1日至2019年12月31日，中小企业和独资企业的投资扣除将从8%提高至20%；对于持有生物技术、工业科学和航海科学、产品开发和工商管理（计算机科学）学士学位的员工，可获得研究和创新的工资预提税的免税待遇。③集团税收。从2020年开始实行税收整合，以提高比利时的国际地位。税收整合将会脱离资产负债表，可以通过受益于税收优惠的公司向蒙受损失的公司支付补偿的形式来实现。

波　兰　2017年1月1日起，波兰公司所得税小规模纳税人的门槛为年营业收入517.7波兰兹罗提（PLN），小规模纳税人和新注册成立的实体可获得的投资奖励为21.5万波兰兹罗提，符合规定的固定资产可以一次性折旧。

2017 年 11 月 27 日，波兰修订后的公司所得税法在《政府公告》上发布，主要内容包括：①研究与开发（R&D）。研发费用扣除额提高到与研发相关的全部合格费用，以及研发中心费用的 150%。②扩展合格费用清单。为有资格作为研发中心的纳税人引入额外的研发福利；为在经济特区运营的纳税人，引入从研发扣除中受益的津贴。③收紧税制。将资本利得与其他收入来源分离；根据反避税指令修改资本弱化和受控外国公司规则；修正税收组的运作原则；限制某些无形服务的费用。④一次性折旧扣除。立即扣除的资产价值从 3500 波兰兹罗提提高到 10000 波兰兹罗提。

丹　麦　2017 年 11 月 13 日，丹麦税务部宣布政府就 2017 年投资和研发措施达成协议，该协议自 2019 年 1 月 1 日起生效。措施包括：为中小型公司的投资者引入扣除；为投资于可转让证券集体投资的丹麦个人引入统一的税收制度；对外国投资者从丹麦可转让证券收到的股息引入 15% 的预提税；研发费用扣除从 100% 提高到 110%；将高技能工人的税收制度从 5 年延长至 7 年；为生命科学行业引入税收优惠制度。

俄罗斯　2017 年 1 月 16 日，俄罗斯财政部发布了第 03－12－10/1292 号和第 03－12－10/1290 号指导函，明确规定了受控外国公司的利润是公司所得税的征税对象，根据《税法》第 25. 15 条第 7 款的规定，对利润超过 1000 万卢布的受控外国公司征收公司所得税，且用于增加股本的利润和股息形式的收入不能从应纳税利润中扣除。

2017 年 4 月 19 日，俄罗斯政府提出引入公司税收优惠，建议将利润投资于长期资产（例如先进技术机器）的公司所得税税率从 20% 降至 5%，该激励措施的目的在于激励国内制造商的创新和现代化。

法　国　2017 年 12 月 21 日，法国议会通过了《2018 年财政法案》。该法案关于公司所得税的主要措施概括如下：

（1）公司所得税税率。目前定为 33. 33% 的标准公司所得税税率将在 2022 年之前逐步降至 25%。公司所得税税率逐步下调的幅度如下：①2018 年 1 月 1 日，不超过 50 万欧元的利润适用 28% 的税率，超过该数额的利润适用 33. 33% 的税率；②2019 年 1 月 1 日，不超过 50 万欧元的利润适用 28% 的税率，超过该数额的利润适用 31% 的税率；③2020 年 1 月 1 日，所有利润的标准公司所得税税率为 28%；④2021 年 1 月 1 日，所有利润的标准公司所得税税率为 26. 5%；⑤2022 年 1 月 1 日，所有利润的标准公司所得税税率将 25%。

（2）竞争力和就业税收抵免。自 2018 年 1 月 1 日起，基于薪金不超过 2.5 倍最低工资的总额，竞争力和就业税收抵免的比率，将从 7% 降到支付工资的 6% 。自 2019 年 1 月 1 日起，税收抵免将被社会保障缴费率的降低所取代。

（3）工资税。工资税的上限将被废除。对于每年超过 152279 欧元的报酬，自 2014 年 1 月 1 日起适用的 20% 税率将不再适用于从 2018 年 1 月 1 日起支付的报酬。

（4）非居民公司。非居民公司对于出售在法国的实质性参与而实现的资本利得，适用的预提税税率将与公司所得税税率一致。

芬　兰　2017 年 1 月 12 日，国家审计法院和税务委员会发布了关于“如何使公司所得税适应开放经济”的报告，强调公司所得税必须适应新的国际环境。报告特别提出了以下几项措施：

（1）短期目标，实现公司所得税税率趋同。①建立高效和适当的分析工具，以便比较公司的隐含税率；②公司所得税税率对所有企业（包括中小型企业）来说都接近欧盟的平均税率，即 25% 左右；③通过采用有关知识产权收入的新规定，废除具体的摊销规则，废止遗留损失，修改税收规则和引入关于税收制度的“all in all out”规则。

（2）在短期和中期的基础上，提高法律确定性。①通过使用“祖父条款”和逐步生效的措施，提高税收环境的可预测性；②扩大自发规范程序的使用，以改善税务审计的结算。

（3）在中期和长期的基础上，公司所得税税基趋同。原则上支持欧盟的共同统一公司税基（Common Consolidated Corporate Tax Base，CCCTB）指令草案，但对其内容进行审核和协商。

（4）永久目标，继续与激进的税收筹划作斗争。①更多地利用现有的反逃避措施，特别是最近的措施，例如税收信息自动交换；②继续改进国内和国际转让定价标准的定义；③通过在税收协定中引入一般反滥用规则，受益所有人条款的普遍化和改进国内反滥用规则，加大对人为转移利润的斗争力度；④继续与欧盟内的“管道国”进行抗争，主张对欧盟境外的股息和特许权使用费征收最低预扣税，以及欧盟（而非欧盟成员）与非欧盟国家缔结税收协定。

2017 年 2 月 9 日，公司所得税专家委员会提出了修订建议，具体内容如下：①当前的公司所得税被视为具有国际竞争力，因此没有提出重大改变，税率应保持在 20% ，应纳税额的计算也保持原状，但是专家委员会提出应该引入针对研发活动的税收优惠。②专家委员会提出不应对上市公司收到的股息征税。对于非上市公司收到的股息，建议用于计算给予减免的股息的年收益率减少到4%（目前为8%）；其股息应纳税部分提高至40%（目前为25%）；此外，取消与股息税减免有关的15万欧元的门槛；股息中超过年收益率的部分的75%应作为所得收入纳税（与目前相同）。

荷　兰　2017年10月10日，荷兰新政府发布了名为“对未来充满信心”的联合协议。该协议关于公司所得税的措施如下：①到2021年，公司所得税税率将分别从目前的20%（利润未超过20万欧元）和25%（利润超过20万欧元）逐步降至16%和21%；②引入结转亏损能力的限制；③引入非合作税收管辖区的“黑名单”；④跨国公司将有义务就上述“黑名单”报告每个欧盟国家和每个国家的活动情况；⑤除低税管辖区外，股息预提税将被取消；⑥引入对低税管辖区境外资金流向的利息和特许权使用费的源泉征税；⑦引入限制债务可抵扣性的措施，以促进股权融资。

2017年12月20日荷兰财政部发布了一份新闻稿，讨论了2018年的税收变化。主要内容包括：①私营企业主和自雇佣人士的投资扣除（见表2-9）。②环境投资扣除。根据投资类型，环境投资扣除的比例为36%、27%或13.5%。最低投资额为2500欧元，最高投资额为2500万欧元。③能源投资扣除。能源投资扣除为54.50%，最低投资额为2500欧元，最高投资额为1.21亿欧元。④研发活动费用扣除。扣除额为12623欧元。⑤中小型公司的豁免。豁免利润的14%。

表2-9　荷兰私营企业主和自雇佣人士投资扣除（2018年）

投资额（欧元）	扣除
未超过2300的部分	0
超过2300未超过56642的部分	28%
超过56642未超过104891的部分	15863
超过104891未超过14673的部分	15853减去超出104891部分的7.56%
超过314673的部分	0

资料来源：IBFD全球税制数据库，http：//www.ibfd.org。

克罗地亚　根据2017年1月1日生效的克罗地亚公司所得税法修订案，2017纳税年度废除20%的公司所得税税率，根据收入适用12%和

18%的新的公司所得税税率。

拉脱维亚 2017年1月1日，拉脱维亚微型企业税法修正案生效。根据修正案，年营业收入在7000欧元以下的微型企业适用税率为12%（2018年为15%）；年营业收入在7000欧元至10万欧元的微型企业适用税率为15%；年营业收入在10万欧元以上的微型企业适用税率为20%。

2017年7月28日，拉脱维亚议会通过了新的《公司所得税法》。该法于2018年1月1日生效。与现行制度相比，新税法的变化主要包括：引入利润分配和视为利润分配的税收（如超额利息支付和捐赠）；对留存利润不征税，只对分配利润征收公司所得税，税率为20%（目前为15%）；引入计算税基的新方法，税基必须通过法律规定的系数进行调整。

罗马尼亚 2017年1月6日，罗马尼亚政府发布了对税法的修正案。其中有关公司所得税的内容包括，开展创新、研发和相关活动的纳税人免税期为10年；微型企业的认定标准从年营业收入不超过10万欧元提高到年营业收入不超过50万欧元，有雇员的微型企业适用税率为1%，没有雇员的微型企业适用税率为3%。

2017年10月26日，罗马尼亚财政部发布了修订《税法》的条例草案。拟议的主要修正案包括：公司适用微型企业税收制度的营业额将从50万欧元提高到100万欧元，并删除了目前的例外情况，即所有纳税人都能够适用该制度；《反避税指令（2016）》（2016/1164）中关于利益限制规则、出境税规则、一般反避税规则和受控外国企业（CFC）规则的规定将得到实施。11月8日，政府批准了修订税法的紧急条例；11月10日，第885号《政府公告》公布了修订《税法》的第79号紧急法令。该修订自2018年1月1日起生效。

摩尔多瓦 2017年3月1日，摩尔多瓦政府批准了IT园区税收法律草案，其中有关公司所得税的内容如下：统一税（包括所得税、工资薪金税、社会保障和卫生援助缴费、地方税和不动产税）的税率为7%，计算的最低统一税税额不得低于相应纳税年度员工平均最低月薪的30%乘以员工人数，其中员工人数包括在纳税年度至少工作1天的员工；统一税的征税对象为纳税年度的总营业收入；企业获得该税收优惠的条件为，软件开发、IT管理、数据库管理等相关业务收入占总营业收入的70%以上。

挪　威 2017年5月11日，挪威政府发布了经修订的国家预算。除了增加养老金税收减免之外，还出台了一项新的投资初创企业的激励机制。自2017年7月1日起，政府给予股东每年高达50万挪威克朗

（NOK）的投资扣除，这些投资应投资于初创企业（仅限有限责任公司），即过去6年在欧洲经济区内成立的企业。具体要求如下：①每家企业的投资金额3万挪威克朗，所有企业的总投资金额不少于150万挪威克朗。②投资必须以股份形式在企业成立或增加股份时缴纳。接受投资的初创企业必须及时报告投资事项以减免税收，并确保满足所有的附加要求。③接受投资的初创企业必须满足，年平均员工数低于25人；每年雇主缴纳的社保缴款不低于40万挪威克朗；年营业收入和总留存收益低于4000万挪威克朗；主要从事除被动资产管理以外的业务；以收入为限在挪威缴纳税款。④投资者在投资后持有股份的年限至少为3年。在锁定期内，不能以赠与、离婚协议的形式转让。如果未满足该条件，扣除将全部转回。⑤投资者或相关人士不得成为被投资企业的前任股东或雇员。⑥在锁定期间，投资者不得在被投资企业任职或者从被投资企业获得任何形式的资本。

2017年12月20日，挪威议会通过了2018年预算。其中有关公司所得税的税收措施主要包括：①标准税率。公司所得税率从24%降到23%。金融领域公司的税率保持在25%。②石油收入税。将石油收入的特殊税率从54%提高到55%。③免税收入。在计算石油收入税之前，税基由于一项免税收入而进一步下降。建议每年将该项免税收入从5.4%降至5.3%。④资源租金。资源租金税将从34.3%提高到35.7%。

葡萄牙 葡萄牙财政部长于2017年10月13日向议会提交了2018年预算。其中有关公司所得税的主要建议包括：①集团税收。确定集团税收制度下融资费用可扣除限额的选择方案将保持至少适用3年，除非通知税务机关，否则将自动续期1年。②扣除。公司所得税最高扣除期限和留存收益再投资金额将分别增至3年和750万欧元。③税收优惠。除非在预算生效后180天内提出延期的法律提案，一系列税收优惠政策包括对非居民金融机构的掉期和贷款的豁免，将于2018年7月1日到期。

瑞 典 2017年6月20日，瑞典财政部提交了将于2018年1月1日起生效的公司所得税改革建议，主要内容包括：①公司所得税税率从22%降至20%；②实施BEPS第4项行动计划，引入基于息税前利润（EBIT）和息税折旧及摊销前利润（EBITDA）的利息扣除限额分别为35%和25%；③实施BEPS第2项行动计划和欧盟理事会关于与第三国混合错配的修订指令（EU）2016/1164，引入跨境情况下利息扣除的条款（混合规则）；④缩小限制内部贷款利息扣除的规则范围；⑤关于融资租赁的税收规定；⑥更改有关公寓住宅的折旧规则，即除折旧外，费用支出的10%可在建筑竣工后的5年内额外扣除。

塞浦路斯 经塞浦路斯议会批准的中小型创新企业投资者的税收优惠条款于2017年1月1日实行至2019年12月31日。这些条款被纳入新所得税法的9A部分，旨在促进在塞浦路斯创业和创新公司的投资。税收优惠包括从投资者的应纳税所得额中扣除符合条件的投资成本，最多不超过应纳税所得额的50%或15万欧元，以较低者为准。超过50%限额的投资成本可在5年内结转抵减以后年度的应纳税所得额。被投资企业必须是在塞浦路斯开展业务的中小型创新企业，符合2014年6月17日欧盟委员会法规（EU）651/2014第21（5）条规定的条件，具体包括：非上市公司；注册成立不足7年；该投资是一项为生产新产品或进入新地区而进行的风险投资，且投资额高于前5年的年平均营业额的50%。此外，中小型创新企业需经财政部批准，且经外部审计师验证，企业必须在过去3年中至少有一年研发成本占运营成本超过10%，对于没有财务记录的创业企业，则根据业务计划进行评估。

斯洛伐克 斯洛伐克议会于2017年12月7日批准了修改《所得税法》的提议。主要内容包括：①税收优惠。修改研究和开发的特殊计划。引入50%的收入免税额，这些收入来自专利或软件的商业用途、嵌入式版税（embedded royalties）以及法律实体（居民或非居民纳税人）的应纳税所得额。②可扣税的费用。在专项立法下，温泉度假村房地产技术改造的税收折旧将享受更为有利的条件。除非另有说明，这些修订自2018年1月1日起生效。

希　腊 2017年12月20日，希腊税务总局发布1210号通知，对2017年及以后的科学技术研究经费进行说明。根据法律4386/2016，实际的可扣除费用提高了30%（根据《所得税法》第21A条修正案）。这些费用可能包括用于科学技术研究的设备和仪器的折旧。这些设备和工具可以折旧40%（根据《所得税法》第24条修正案）。通知对这些规定及其生效进行说明，并需就未经主管机构批准的扣除费用提交修改报税表。

匈牙利 2017年5月2日，匈牙利政府向议会提交了2018年预算案，与公司所得税有关的内容如下：①出售持有1年以上的登记股份所获得的资本收益免征公司所得税，并且取消持有股份必须超过10%的要求；②如果某外国实体的匈牙利股东在经认证的证券交易所交易股份且在纳税年度的大部分期间（现行规定为整个纳税年度期间）持有该实体25%以上的股份，该外国实体不会被认定为受控外国公司；③根据欧洲的举措，电动汽车充电桩的建设和运营成本可以在税前扣除。

2017 年 7 月 28 日，匈牙利国家税务和海关总署明确了关于提高能效的企业投资的税收优惠措施的适用范围，自 2017 年 1 月 1 日起实施。主要的优惠是，在这类投资的资本化年以及随后的 5 年中，纳税人有权获得这类投资的合格费用 30% 的税收抵免，最高可达 1500 万欧元。对于中小企业，税收抵免可分别提高 10% 和 20%。就税收抵免而言，合格的费用包括与实现更高能源效率直接相关的有形和无形资产的成本，前提是这些资产可以定义为投资总价值中的单独项目。该法律规定了符合条件的纳税人的记录义务以及税收管理部门在税收抵免申请后 3 年内的强制审计。此外，从优惠中受益的纳税人需要持有证明投资能效的证书。值得注意的是，从能效优惠中受益的纳税人不得申请促进发展的税收抵免。

2017 年 11 月 20 日，匈牙利议会通过了一项法案，该法案对于在匈牙利中部地区投资于产品多样化或生产过程创新的大公司，将现有的发展税收优惠以税收抵免的方式予以延长：①税收抵免将适用于以下投资：投资的净现值至少为 60 亿福林（HUF）；出于新工作岗位的创造，投资的净现值至少是 30 亿福林，即使这种投资不符合作为新经济活动的初始投资，这是其他类型发展税收优惠的必要条件。这两项税收优惠都得到欧盟委员会的授权。②税收抵免从投资运营年度算起可以申请 13 年，但不得迟于原申请优惠的第 16 年。税收抵免可高达应缴税额的 80%，但以国家援助强度上限为限额。③纳税人在首次提出税收优惠的年度后，应连续 4 年遵守以下两项附加要求：每年平均雇员人数在投资前一年或投资前 3 年至少超过 50 人（在某些指定地区为 25 人）；与投资前一年的年度工资成本或投资前 3 年的平均年度工资成本相比，年度工资成本增加了有效纳税年度第一天最低工资的 300 倍（在某些指定地区为 150 倍）。新的激励措施将适用于修正案生效之后的投资。

意大利 2017 年 1 月 1 日生效的意大利预算法中，有关公司所得税改革的主要措施如下：

（1）自 2017 年起，公司所得税税率降至 24%，但是符合条件的银行和金融机构（符合条件的投资管理企业除外）加征 3.5% 的附加税。此外，在信息充分交换的条件下支付给另一在欧洲经济区（EEA）的公司的股息预提税降低至 1.2%。

（2）自 2017 年起，符合条件的银行和金融机构的利息支出可以全额扣除。但是保险公司、保险公司的母公司和符合条件的投资管理公司的利息支出只能扣除总额的96%。

（3）销售代理和销售代表的特定交通工具租赁支出扣除额增加至5164.57欧元。

（4）2017年适用的企业股权津贴（Allowance for Corporate Equity，ACE）为2.3%，2018年将提高至2.7%。此外，废止2014年6月24日第91号法令，即对将企业股份纳入受监管的EEA市场的企业更有利的ACE制度。对于银行和保险公司以外的纳税人来说，与2010年12月31日相比，符合条件的净资本增加额排除了证券和金融工具导致的资本增加。名义收益率的超额部分不能再结转至下一年度。最后，选择对股权收益适用新税的纳税人也可能从ACE制度中受益。

（5）企业可以将成立前3年发生的税务亏损转移给关联企业，条件是该关联企业在该纳税年度终了时直接或间接持有的转让方股权不低于20%。此外还需要满足：①转让方和受让方的股份必须在与意大利达成有效信息交换协议的证券交易所或欧洲经济区国家的多边贸易机构进行交易；②转让方不得从事房地产业务；③转让方和受让方必须具有相同的纳税年度；④转让方在相关纳税年度未选择适用税收合并或透明制度。除此之外，转让必须在提交纳税申报截止日期之前完成，并且企业成立前3年的税务亏损必须全部转移。

（6）根据2015年12月28日第208号法律，加速折旧制度范围扩大至符合条件的有形资产，指除企业非专用的特定交通工具外，在2018年6月30日之前通过融资租赁购买或取得的有形资产。2018年1月1日以后购进的资产，相关购置订单必须由卖方接受，且至少20%的价款要在2017年12月31日之前支付。此外，根据意大利政府在工业计划4.0中推动的关于数字和技术转型计划，2017年1月1日至2018年6月30日期间购买的某些有形资产的购置成本，可以按照150%进行折旧，2018年1月1日以后购进的资产，相关购置订单必须由卖方接受，且至少20%的价款要在2017年12月31日之前支付。从该制度获益的纳税人，符合条件的无形资产成本也可以加计40%折旧扣除。最后，企业必须为购置成本高于20万欧元的资产提供证明材料或者专家评估材料，以证明所购买的资产符合所需的技术特征并且已连接到相关的生产管理系统或供应网络。

（7）投资创新创业企业可以从其应纳税所得额中扣除投资额的30%，每年最高扣除额为180万欧元，但是需要满足连续3年持有该创新创业企业的股权。该扣除也适用于对符合条件的创新型中小企业进行投资的情况。

（8）2014 年 5 月 31 日第 83 号法令引入的旅游业税收扣除已经修订并延长至 2017 财政年度和 2018 财政年度。特别是酒店和其他住宿设施可能受益于税收扣除，符合条件的为改造和提高能效和抗震性能而产生的经记录的费用的 65% 可以获得税收扣除。

（9）2013 年 12 月 23 日第 145 号法令颁布并随后经 2014 年 12 月 23 日第 190 号法（2015 年稳定法）修正的研发活动税收扣除制度已被修订和延长。特别是，从 2017 财年到 2020 财年，符合条件的企业可享受相当于研发费用 50% 的额外税收扣除，扣除范围为超过企业 2012—2014 财年平均研发支出的研发费用，最高 2000 万欧元。居民企业和意大利非居民企业常设机构均可获得该扣除，这些机构必须根据与意大利居民实体、居住在欧洲经济区国家的居民实体以及与意大利进行充分信息交换的国家的居民实体签订的合同进行研发活动。

（10）在 2017 年 9 月 30 日之前，符合条件的企业和合伙企业向其股东出售的特定不动产和已登记的动产可以选择按照市场价格和其计税价格差额的 8% 征收替代税。

2017 年 2 月 28 日，第 49 号公告公布了 2017 年 2 月 27 日第 18 号法律的修改结果，该法令修订了 2015 年 12 月 28 日第 208 号法律引入的可获得的税收抵免金额、相关计算方法和最大扣除成本。特别地，投资于意大利南部某些区域的符合条件的企业可以就 2018 年 12 月 31 日之前购买的某些新业务资产享受税收抵免。对于巴西利卡塔、卡拉布里亚、坎帕尼亚、普利亚、撒丁岛和西西里岛等地区，税收抵免为：小企业 45%，中型企业 35%，大型企业 25%；对于阿布鲁佐和莫利塞地区，税收抵免为：小企业 30%，中型企业 20%，大型企业 10%。此外，符合单一投资项目的税收抵免最高金额为：小企业 300 万欧元，中型企业 1000 万欧元，大型企业 1500 万欧元。

2017 年 3 月 7 日，由意大利教育、大学与科研部发布的 2016 年 12 月 23 日部长令在第 55 号《政府公告》上发布。根据意大利《所得税法》第 15 条，对私立大学教育所产生的费用给予 19% 的税收抵免，最高为教育、大学与科研部在考虑了公立大学平均学费后确定的数额。部长令规定了 2016 年的具体数额，该数额因地区和学科而异。

2017 年 3 月 10 日，意大利税务局发布了第 29/E 号决议，对 2014 年

6月24日第91号法令颁布的新商业资产的税收抵免作出澄清，如果符合条件的资产在投资所在纳税申报年度起4年内转移到意大利境外，则税收抵免将被撤回。但是，对于投资于多项独立商业资产的情况，税收抵免仅撤回相当于已转移资产的部分。

英　国　2017年3月8日，英国财政部提交了2017/2018年度春季预算，提出了一系列减息和其他优惠措施以增加脱欧后英国的国际竞争力。其中有关公司所得税的内容如下：

（1）2017年4月起公司所得税税率降至19%，2020年4月起税率降至17%。

（2）为刺激投资，政府将采取以下措施：①改革研发支出的税收抵免的行政登记，以提高扣除的确定性和简便性，并提高中小企业对研发税收抵免的认识；②回顾旨在鼓励投资和创业的现有税收优惠措施，确保其有效性；③更新和延长双重征税协定护照计划（the Double Taxation Treaty Passport Scheme）的行政简化，以协助外国贷款人和英国借款人；④对多边交易基金的债券交易利息免征预提税。

（3）宣布以下反避税措施：①确保避税计划不会通过重新组织的事前交易的份额控制或一个或多个人之间的事前交易实现对制度的规避；②加强避税制裁和威慑力度，引入新的避税安排惩罚制度；③2017年3月8日起，撤销企业将资本损失转换为交易损失的规定。

■ 美洲

巴拿马　2017年4月28日，巴拿马国会通过第414号法案，将巴拿马老城区投资的税收优惠期限延长10年，税收优惠包括：免征所得税10年，免征房产税30年以及免征房产转让税5年。

加拿大　2017年5月5日，加拿大财政部公布了《所得税法修正案》，确保符合规定的农民和渔民向农渔企业销售产品取得的收入可以适用小企业扣除。小企业扣除是指加拿大私人企业的第一个50万加元收入的所得税从15%降低至10.5%。该法案旨在确保不会因农民和渔民以公允价格向农渔企业销售产品而导致的不符合最近颁布的《所得税法修正案》的小企业扣除条件的情况。该修正案适用于2016年3月21日以后的纳税年度。

2017年10月16日，加拿大政府宣布，政府计划将小企业税率从2018年1月1日起降至10%，并从2019年1月1日起降至9%。为了支持这一变化，政府将采取措施确保这一措施不被用于降低高收入者的个人所得税义务而不是支持小企业。

美　国　2017 年 12 月 20 日，美国国会通过了《减税和就业法案》。当天，美国白宫发布了一份题为“减税法案遵循了唐纳德·特朗普总统关于中产阶级减税的承诺”的简报。根据简报，《减税和就业法案》包括以下公司所得税改革措施：①将公司所得税税率从最高 35% 降至 21%；②允许导管实体（包括 S 公司、合伙企业和独资经营者）的所有者扣除其合格营业收入的 20%；③允许企业立即扣除未来 5 年资本投资成本的 100%；④允许公司将未来的国外利润带回美国而无须支付额外的美国税收；⑤对海外积累的公司利润征收一次性税款，其现金和现金等价物的税率为 15.5%，而非流动资产的税率则为 8%。12 月 22 日特朗普总统签署了《减税和就业法案》。

墨西哥　2017 年 1 月 18 日，墨西哥政府公布了小微企业扣除投资新固定资产的法令，法令于 2017 年 1 月 19 日生效。具体内容如下：①该税收优惠适用于根据《所得税法》第 2 章第 1 节规定的前一纳税年度的经营收入不足 1 亿墨西哥比索（MXN）的纳税人。②纳税人可以在征税的纳税年度对新固定资产的投资进行即时扣除，根据固定资产类型的不同，扣除比例有 94% 和 43% 两种。③本纳税年度成立注册的企业可以申请立即扣除，但是其估算的本年度收入不得超过 1 亿墨西哥比索。在纳税年度结束后如果实际收入超过 1 亿墨西哥比索，必须按照扣除金额与按所得税法折旧规则计算的金额之间的差额补缴税款。④可以立即扣除的固定资产不包括家具和办公设备、汽车、汽车的装甲设备、任何未单独标识的固定资产，或不从事农作物喷洒活动的飞机。⑤可以立即扣除的资产必须首次在墨西哥使用。⑥该税收优惠适用于 2017 纳税年度和 2018 纳税年度。

2017 年 2 月 10 日，墨西哥财政部宣布在米却肯州、格雷罗州、瓦哈卡州、韦拉克鲁斯州和恰帕斯州建立特别经济区。创建特别经济区的目的是吸引国内外投资。具有创业活动的法人和个人投资特别经济区可享受以下税收优惠：①免除公司所得税 10 年，且在之后的 5 年减半征收公司所得税；②社会保障缴款减少 25%；③特殊的增值税处理方法；④特殊的海关制度，包括降低收费和免除向特别经济区进口商品的关税。

2017 年 9 月 29 日，墨西哥《政府公告》公布了划定恰帕斯港（Chiapas Port）、科察科尔科斯（Coatzacoalcos）和拉扎罗卡德纳斯（Lazaro Cardenas）经济特区的三项法令。该法令还包含税收优惠和激励措施，只要符合某些要求，政府部门即可给予行政人员和投资者在经济特区开展活动的授权。其中关于所得税的税收优惠包括：①15 年的所得税减免。前 10 年免税，随后 5 年减半征收。②在计算应税利润时，可以扣减与授权管理或投资经济特区活动相关的费用。③在国外缴纳的所得税可以抵减所得税。④额外扣除相当于经济特区雇员培训费用的 25%。

2017 年 11 月 15 日，《政府公告》公布了《2018 年联邦税法》。该法于 2018 年 1 月 1 日生效。其中主要税收优惠政策如下：①专门从事公共和私营地面交通运输以及旅游活动的纳税人，可以在应纳所得税中抵免同一纳税年度因使用国家公路而支付的通行费的 50%；②从事采矿活动的纳税人，从《矿业法》列明的矿产和物质销售中获得低于 5000 万墨西哥比索的年度总收入，可以在应纳税所得额中抵免同一纳税年度支付的开采特殊税；③纳税义务人在《所得税法》第Ⅱ项规定下纳税的，可以在计算应税利润时扣除支付给其职工的利润；④给予捐赠基本消费品的纳税人额外扣除，相当于该类商品销售成本的 5%；⑤只要符合某些条件，对雇用残疾人士（即永久需要使用假肢、拐杖或轮椅的人）或听觉、语言障碍人士以及失明人士的纳税人给予额外的扣除，相当于有效支付给这些人的薪金的 25%；⑥电影项目税收抵免可以抵免所得税预付款；⑦利息支付预提税率由 0.58% 下调至 0.46%。

萨尔瓦多 2017 年 2 月 9 日，萨尔瓦多国民议会通过了对激励法的修正案，主要目的是在私人部门为首次就业的年轻人创造就业机会。本次修正案修订了该激励法第 21 条，对雇佣 18～29 岁的没有工作经验的年轻人的企业给予额外扣除，扣除金额根据该企业所在行业的最低工资计算，并且取决于所雇佣的年轻人的数量，即雇佣 2～6 个年轻人的企业可以扣除的数额为 3 倍最低工资，雇佣 7～12 个年轻人的企业可以扣除的数额为 4 倍最低工资，雇佣 13 个以上年轻人的企业可以扣除的数额为 5 倍最低工资。

阿根廷 2017 年 4 月 12 日，阿根廷《政府公告》公布了关于促进风险投资税收优惠措施的第 27349 号法律，具体内容如下：①该法所称的“企业”是指进行任何生产活动，在阿根廷注册成立不足 7 年的新法律实体。该法定义了一种简化类型的企业，与标准企业相比，这种企业具有较轻的税收负担。②风险资本投资者可以从其应纳税所得额中扣除高达 75% 的出资额，当企业活动发生在欠发达地区或无法获得债务融资的地区时，扣除额增加到 85%，扣除额不得超过投资者在当前纳税年度应纳税净利润的 10%。如果超出，未扣除的余额可以在之后的 5 年内结转。③合格的出资额必须以阿根廷比索（ARS）或以可转换为阿根廷比索的流动金融资产进行。④接受出资的法人或信托机构必须向从事风险投资的实体（由法律创建的注册机构）颁发证书，提供有关出资和投资者的信息。⑤投资期限至少为 2 年。⑥规定了投资者与接受出资的实体之间的联合责任，以防止欺诈或不遵守获得税收优惠的条件。

巴　西　2017 年 7 月 21 日，巴西《政府公告》上公布的第 1719/2017 号规范性指令规定了第 123/2006 号《补充法》第 61 – A 条提及的对投资者出资所获得的收入征税的问题。经第 155/2016 号《补充法》修订的第 123/2006 号《补充法》，建立了个人和法人实体（即“天使投资者”）向小微企业出资的可能性。这些资本注入的目的是促进创新活动和生产性投资。根据规范性指令 1719/2017，定期报酬、出售投资的利得以及赎回与所贡献价值之间的差额按以下税率征收预提税：①合同期限不超过 180 天的，税率为 22.5%；②合同期限为 181～360 天，税率为 20%；③合同期限为 361～720 天的，税率为 17.5%；④合同期限超过 720 天的，税率为 15%。

哥伦比亚　2017 年 2 月，根据 2016 年第 16 号行政法规，哥伦比亚国家科学技术和创新税收优惠理事会规定了可用于科学技术投资的最高抵扣额和 2017 年符合条件的创新项目。根据《税法》第 158 – 1 条的规定，纳税人享受投资的税收优惠的最高额度为 6000 亿哥伦比亚比索（COP）。2017 年 2 月，根据 2016 年第 16 号行政法规，全国科学技术和创新税收优惠理事会规定了可用于科学技术投资的最高抵扣额和 2017 年符合条件的创新项目。根据《税法》第 158 – 1 条的规定，纳税人享受投资的税收优惠的最高额度为 6000 亿哥伦比亚比索；每个符合条件的项目可以扣除的最高数额为 750 亿哥伦比亚比索。

厄瓜多尔　2017 年 3 月 20 日，厄瓜多尔国会宣布在《重组公共银行债务和国家金融部门管理组织法》中纳入税收激励措施。根据该项目，如果符合某些要求，储蓄和信用合作社合并所得的实体将从合并之日起享有 5 年的所得税豁免。

2017 年 10 月 11 日，一份包含税收改革措施的经济改革建议提交国会批准。关于公司所得税最重要的改革措施包括：公司所得税税率从 22% 提高到 25%；收入不超过 30 万美元的公司不需要缴纳公司所得税预付款；新登记的小微企业运营前两年免征所得税；对小微企业每年免征 11000 美元；对将其生产性资本汇回厄瓜多尔的个人和公司，将免征5年所得税。

圭亚那 作为2017财政预算案中政府措施的一部分，圭亚那税务局发布的2017年第561号公告规定，降低公司所得税税率，包括非商业公司的所得税率从30%降至27.5%；对于从事商业活动和非商业活动的公司实行双重税率，非商业活动适用27.5%的税率，商业活动适用40%的税率，自2017年1月1日起适用。

2017年3月30日，税务局发布了对承包商收入适用预提税的规定。规定指出，根据圭亚那《所得税法》（Income Tax Act，ITA）第39（13）条，根据合同向承包商（居民企业或个人）每次付款都需要缴纳2%的预提税，扣缴的税款被视为预付给承包商的款项。税务局指出，2%的预提税不适用于涉及商品贸易或服务活动的公司。

智　利 2017年1月30日，智利财政部宣布有关中央银行和财政部发行债券的税收处理的第20956号法律，自2017年2月1日起，这些机构在支付债券利息时扣除应计利息4%的所得税。

2017年1月30日，财政部和政府总秘书处为提供灾区捐款的企业提供了税收优惠，灾区是指受该国近期火灾影响的地区。根据第16282号法律，这些企业可以将其捐款支出从应纳税所得额中全额扣除。

■ 非洲

加　纳 2017年4月8日，加纳商业发展部长宣布了为初创企业提供1年免税期的建议，以便为中小企业创造有利的环境。

2017年4月16日，加纳投资促进中心宣布了对公司提供的税收优惠建议，包括：①在年底前将标准公司所得税率从25%降至20%；②总部迁至加纳的公司将获得10年的免税期。该激励措施的目标是刺激加纳的私人部门的投资。

2017年10月28日，加纳副总统宣布计划免征私立大学的公司所得税。2013年之前，私立大学免缴公司所得税。然而，在对现已废止的《2000年国内税收法案》进行修改之后，这些机构需要缴纳25%的公司所得税。

2017年12月5日，加纳议会通过了2018年预算。关于公司所得税的措施包括：①只要利润用于扩建或维持教育设施，就可免除私人大学的公司所得税；②根据“国家创业与创新计划”雇佣的人数，为35岁及以下的企业家（经营一家初创企业或早期企业）提供免税期；免税期满后适用3%～5%的优惠税率；结转5年的税收损失；③改革特殊的豁免制度，降低税率，减少其他豁免。

肯尼亚 《财政法案2017》于2017年6月21日获得肯尼亚总统批准，2017年6月23日作为2017年第15号法案发布。该法案对公司所得和预提税的重要改变如下：①经济特区企业、开发商或经营者支付给任何非居民的股息将免税；②对经济特区企业、开发商或经营者向非居民支付的管理、培训、专业费和特许权使用费，按照总额5%的税率征收预提税；③对经济特区企业、开发商或经营者向非居民支付的利息，按照总额5%的税率征收预提税；④在内罗毕（Nairobi）和蒙巴萨县（Mombasa）以外的经济特区使用建筑物和机器的资本支出将有资格在首次使用这种建筑物或机器的年份以150%的比率扣除投资；⑤本地车辆装配公司从开始运营年度起5年内，公司所得税税率为15%（标准税率为30%）。上述措施自2018年1月1日起生效。

南　非 2017年2月22日，南非财政部长向议会提交了2017/2018财年财政预算案，有关公司所得税的内容包括：①引入具体规定来遏制股份回购计划；②将企业重组规则的适用范围扩展到房地产投资信托交易；③采取额外措施遏制规避股息剥离规则的现象；④将抵押和证券贷款安排条款的范围扩展到上市的外国政府债券；⑤优化风险投资制度；⑥明确国际捐助资金组织的税收减免范围；⑦放宽国内自建管理企业的资格要求；⑧根据国际财务报告准则引入银行和其他金融机构的税务处理变化。

突尼斯 2017年10月12日，突尼斯部长理事会批准了《2018年财政法草案》。《财政法草案》中的措施须经议会批准，自2018年1月1日起适用。其中公司所得税主要措施如下：①股息预提税及分公司利润税税率由5%提高至10%。此外，出口型公司在2018年和2019年分配的股息将免征股息预提税。支付给非居民银行的利息预提税税率将由5%提高至10%。②对于生产活动的营业额低于60万第纳尔（TND）、服务和独立专业活动的营业额低于30万第纳尔的中小企业，公司所得税税率将从25%降至20%。③医疗保险合作社将按照35%的税率缴纳公司所得税。④在2018年和2019年设立并取得投资证书的企业，3年内免征个人所得税和公司所得税，条件是有效投入生产的时间是投资证书日起2年之内。⑤个人和企业实体将按1%的税率征收社会团结费。⑥2018年和2019年将对银行、金融机构和保险公司的净利润征收特殊缴费，2018年净利润最低为5000第纳尔为5%；2019年净利润至少为2500第纳尔为2.5%。⑦投资于区域发展领域的投资税制将得到精简。在完全免税期结束时，从这些投资中获得的利润将按 10% 的税率征收公司所得税，而个人则有权免除其投资所得的 2/3。⑧分配给投资储蓄账户的最高可抵扣金额将从 2 万第纳尔提高到 5 万第纳尔。从这些账户中免除利息的门槛将从 2000 第纳尔提高到 4000 第纳尔。⑨对服务活动营业额低于 15 万第纳尔，以及其他活动低于 20 万第纳尔的个体企业家，对其所实行的一次性税收制度进行修改。净利润将按净年度营业额的百分比确定，这取决于活动的类型。征收最低限额的纳税义务按照业务所在地区确定。⑩上市产品进口的预付款将于 2018 年 1 月 1 日起至 2019 年 12 月 31 日由 10% 提高至 15%，预付款项适用于 1996 年第 500 号法令所列明的产品，可抵扣公司所得税及个人所得税。

2017 年 12 月 9 日，《2018 年财政法草案》获得突尼斯议会批准。与部长理事会提交的草案相比，批准的版本包括一些变化以及新的税收措施。提高的 35% 的公司所得税税率将适用于《土地开发与城市化法》定义的大型零售公司、新的汽车经销商公司以及根据 2009 年 8 月 12 日颁布的与分销活动有关的第 69 号法律定义的外国品牌名称的公司。这项措施将适用于截至 2019 年 1 月 1 日实现的利润和收入。

赞比亚　2017 年 9 月 29 日，赞比亚财政部长向国民议会提交了 2018 年预算。除非另有说明，预算将自 2018 年 1 月 1 日起适用，其中关于公司所得税的提议如下：①取消《赞比亚发展法案》规定的优先领域投资的 5 年免税期制度，改为给予加速折旧。②术语“管理或咨询费”被重新定义为：“管理或咨询费”是指除了薪酬之外的任何形式的支付，或者就任何行政、咨询、管理、技术、任何类似性质的服务或任何信息技术解决方案、程序、系统或组合的创建、设计、开发、安装和维护。③重新定义公司所得税中的“居住”一词，用“有效管理的场所”取代“中央管理和控制”。换句话说，如果一家公司根据赞比亚法律成立或组建，或在赞比亚有其有效管理的场所，则该公司将被视为在赞比亚的居民企业。

■ 大洋洲

澳大利亚　2017 年 4 月 4 日，实施转移利润税（Diverted Profits Tax，DPT）的法案获得皇室同意，并于 2017 年 7 月 1 日起生效。该法案将对全球年收入超过 10 亿澳元以上的实体从澳大利亚人为转移的利润征收 40%

的惩罚税。

2017 年 5 月 9 日，澳大利亚财政部提交了 2017/2018 年度的财政预算，其中有关公司所得税的内容如下：①2017 年 7 月 1 日起，政府鼓励管理投资信托对经济适用房的投资。管理投资信托制度将对符合条件的向国外投资者分配的收入提供税收优惠待遇。优惠的最终预提税税率为 15%，而其他积极收入的预提税税率为 30%。②年营业额不超过 1000 万澳元的企业可以在当期扣除价值不超过 2 万澳元的资产，该优惠期的最晚竣工日（sunset date）将从 2017 年 6 月 30 日延长至 2018 年 6 月 30 日，之后当期扣除的门槛将恢复至 1000 澳元。优惠期从 2015 年 5 月 12 日开始。③自 2017 年 7 月 1 日起，跨国反避税法将得到加强，其范围将扩大到涉及与外国合作伙伴建立合伙关系，与外国受托人建立信任关系或在澳大利亚设有临时管理和控制机构的外国信托的公司机构。

2017 年 7 月 25 日，财政部发布了关于虚拟货币（含比特币）税收处理的说明。说明的最重要细节包括：

（1）比特币的性质与归类。虚拟货币既不被视为官方货币，也不被视为金融工具。这种货币被归类为不计提折旧的无形资产。

（2）估值。虚拟货币必须每年进行估值；如果货币构成流动资产，其价值可能增加或减少。企业家在市场上购买比特币，并将其兑换成另一种虚拟货币或市场上的欧元，可能会实现资本利得或损失。在计算损益时，使用购买和转换日期的虚拟货币的价值。

（3）个人所得税和公司所得税。①对虚拟货币的收入征税。对于个人所得税或公司所得税，虚拟货币必须被视为其他业务资产。来自这种货币的衍生收入按正常的个人所得税或公司所得税税率征税。如果虚拟货币被视为一种计息投资，则任何实现的收益都将以 27.5% 的特殊税率计税。如果将部分虚拟货币给予其他市场参与者（如私人或虚拟货币交易的公司），并且收到额外的虚拟货币单位，则虚拟货币投资被视为计息投资。②创建虚拟货币或运营在线货币兑换业务。虚拟货币的创建是作为商业活动征税的。这同样适用于在线交易或虚拟货币现金机器的运营。

瓦努阿图 2017 年 7 月 19 日，瓦努阿图税收审查委员会在网站上发布了《税收改革与现代化案例的最终报告》。报告概述了瓦努阿图税收改革的建议。建议的所得税改革预计将于 2018 年 7 月 1 日开始。这是为了让企业、雇主以及客户和国内税收部门有合理的时间来制定和实施新的制度和程序以适用新的规则。建议的公司所得税改革的一些突出特点包括：

①公司所得税的税率为 17%（批准的地区或全球总部公司的税率为 10%）；②向非居民支付的款项需征收预提税。一般预提税税率为 10%；③租赁税、营业执照费和营业税将于 2018 年 7 月 1 日起废止；④外国公司和国内公司的注册费将从 2019 年 1 月 1 日起减少；⑤营业损失将被允许结转 5 年。

新西兰 2017 年 12 月 1 日，新西兰财政部长在概述政府经济战略的演讲中表示，政府将确保其支出不会超过国内生产总值（GDP）的 30%，并将在 5 年内将净核心官方债务减少至国内生产总值的 20%。这要部分地通过以下增加收入的措施来实现：取消上一届政府降低所得税税率的政策；为了提高生产率，支持 2019 年和 2020 年更强劲的经济增长，重新引入研发税收抵免是政府增加投资研究、发展和创新的第一步。

2.4.1.2 个人所得税动态

■ 亚洲

阿塞拜疆 阿塞拜疆第 454 – VQD 号法令于 2017 年 1 月 1 日生效，其中有关个人所得税的内容如下：①废除官方彩票奖金收入的豁免；②投资收益免税期从 3 年延长至 7 年，包括来自居民银行和非居民银行分行的银行存款利息收入、投资证券的分红、利息和折扣收入。

巴基斯坦 2017 年 5 月 26 日，《联邦预算和财务法案》公布了巴基斯坦 2017/2018 财年的所得税提案，并于 2017 年 7 月 1 日起生效。其中有关个人所得税的内容如下：①收入低于 150 万巴基斯坦卢比（PKR）的个人可以在每个纳税年度申请教育津贴。之前的该项收入限额为 100 万巴基斯坦卢比。②根据所得税第 13 条，雇主向雇员提供的低于 50 万巴基斯坦卢比的贷款不征收个人所得税。预算法案将该限额提高至 100 万巴基斯坦卢比。③根据所得税法 62A 条，健康保险投资税收抵免限额将从 10 万巴基斯坦卢比提高到 15 万巴基斯坦卢比。④将个人需要预缴税款的门槛由应纳税所得额超过 50 万巴基斯坦卢比提高至 100 万巴基斯坦卢比。⑤根据所得税法第 37A 条，不论证券持有期如何，处置证券收入按 15%（申报人）和 20%（非申报人）税率缴税。⑥预算法案修改了所得税法第 7B 条的利息收入征税规定，利息收入超过 2500 万巴基斯坦卢比的个人适用最高税率 15% 缴纳个人所得税。

菲律宾 2017 年 1 月 17 日，菲律宾内务委员会主席对 2016 年 9 月 29

日提交的税制改革方案提出以下修订：①年收入低于25万菲律宾比索（PHP）的个人免征个人所得税，并扩大现有的税式支出；②年收入超过500万菲律宾比索的个人适用35%税率征收个人所得税；③取消抽奖和彩票的免税。

哈萨克斯坦 2017年8月14日，哈萨克斯坦国民经济部首席副部长在新闻发布会上解释了预计纳入新税法的措施。关于个人所得税的措施包括：保险支付将免除个人所得税；在债务免除（debt forgiveness）的情况下，个人免征个人所得税。目前，由于免息债务被认为是个人应纳税所得，因此银行必须扣缴10%的个人所得税。

2017年11月1日，哈萨克斯坦国家税务委员会阿拉木图部门（department of Almaty）说明了关于个人出售不动产所得征收的资本利得税。个人出售持有不足1年的不动产所得的资本收益，须缴纳个人所得税。应税基础是销售价格与购买价格之间的正差额。如果由于不动产免费赠与而不能提供购买价格，应税基础为销售价格和评估价值之间的正差额。评估价值是指政府为计算财产税而设定的取得财产年份的1月1日的价值。由商业评估公司确定的市场价格不适用于这种情况。资本利得适用税率为10%，而且必须纳入年度个人所得税申报表。

韩　国 2017年8月2日，韩国战略与财政部公布了《2018年税法修正案》，放宽韩国税收居民身份的标准。根据现行的个人所得税法，如果一个外国人在韩国境内居住超过2个纳税年度的183天或以上，则被视为韩国的纳税居民。《2018年税法修正案》规定，如果外国人在韩国居住超过1个纳税年度的183天或更长时间，将被视为韩国的纳税居民。政府预计，通过放宽韩国的税收居民标准，外国人和韩国居民赴韩访问次数将会增加。《2018年税收修正案》将于2018年1月1日起生效。

吉尔吉斯斯坦 2017年4月24日，吉尔吉斯斯坦议会通过了一项法律草案，将个人所得税的抵押贷款利息最高扣除额从23万吉尔吉斯斯坦索姆（KGS）提高到46万索姆。根据税法，可扣除的抵押贷款利息为获取或建造自住房屋而取得的抵押贷款。

马来西亚 2017年10月27日，马来西亚总理提交了2018年度预算案。其中关于个人所得税的主要建议，对于2万~7万令吉（RM）的应税收入，个人所得税适用税率降低2个百分点。

2018—2020年，马来西亚居民每月不超过2000令吉的租金收入，将免除50%的税收；对于在国家教育储蓄计划中的存款，最高可达6000令吉的税收减免优惠将从2018年延长至2020年。

孟加拉国 根据2017年6月1日公布的孟加拉国2017/2018财年预算，残疾人免征额从375000孟加拉国塔卡（BDT）提高至40万孟加拉国塔卡，残疾人父母或法定监护人的免征额将相应增加25000孟加拉国塔卡。

斯里兰卡 2017年9月7日，斯里兰卡议会通过了新《所得税法》。新《所得税法》旨在未来几年内拓宽税收网络，增加直接税，同时减少间接税。个人年度应纳税所得免征额将从75万斯里兰卡卢比（LKR）提高到120万斯里兰卡卢比。个人所得税提案于2017年10月1日起生效。

泰　国 2017年1月27日，泰国宪报刊登了第44号税法修正案和第629号皇室法令，对个人所得税的税阶、减税和免税进行了修改，具体见表2－10。

表2－10　　泰国个人所得税征收制度变化情况

<table>
<tr><th colspan="2">项目</th><th>2017年以前</th><th>2017年以后</th></tr>
<tr><td colspan="2">所得税税阶</td><td>200万～400万泰铢的净收入适用税率为30%；400万泰铢以上的净收入适用税率为35%</td><td>200万～500万泰铢的净收入适用税率为30%；500万泰铢以上的净收入适用税率为35%</td></tr>
<tr><td rowspan="4">减税</td><td>就业收入</td><td>应税收入的40%（上限为6万泰铢）</td><td>应税收入的50%（上限为10万泰铢）</td></tr>
<tr><td>服务收入</td><td>应税收入的40%（上限为6万泰铢）</td><td>应税收入的50%（上限为10万泰铢）</td></tr>
<tr><td>建筑收入</td><td>应税收入的70%</td><td>应税收入的60%</td></tr>
<tr><td>农工商业、运输业和其他收入</td><td>应税收入的65%～85%</td><td>应税收入的60%</td></tr>
<tr><td rowspan="4">免税</td><td>纳税人</td><td>3万泰铢</td><td>6万泰铢</td></tr>
<tr><td>配偶</td><td>3万泰铢</td><td>6万泰铢</td></tr>
<tr><td>接受全日制教育的25岁以下子女</td><td>每名儿童15000泰铢（上限为3名儿童）</td><td>每名儿童3万泰铢（上限为3名儿童）</td></tr>
<tr><td>子女教育</td><td>每名儿童2000泰铢（上限为3名儿童）</td><td>废除</td></tr>
</table>

资料来源：IBFD全球税制数据库 http：//www.ibfd.org。

土耳其 2017年1月27日，土耳其公布第6770号法律，对一系列税法进行修改。根据该法律第14条，在土耳其国际船舶登记处注册的船舶和游艇转让收入免征个人所得税和企业所得税。

2017 年 7 月 1 日至 2017 年 12 月 31 日期间，遣散费的免税最高限额定为 4732.48 土耳其里拉（TRY），0 ~ 6 岁儿童的儿童福利金额为每月 51.35 土耳其里拉，6 岁以上儿童为 25.68 土耳其里拉。最高限额是根据公务员的工资系数（0.102706）和基本工资系数（1.607645）计算的，该系数由土耳其财政部于 2017 年 7 月 4 日公布。

2017 年 12 月 5 日，土耳其政府公布了关于各项税收措施的法律草案。有关直接税税收措施的内容包括，选择通过一次性支付方式取得的租金收入的税率从 25% 降至 15%。该修改将从通过的法案公布之日起生效，并追溯适用于 2017 年 1 月 1 日起产生的收入。

2017 年 12 月 6 日，土耳其发布了《个人所得税法》（第 193 号法）第 299 号公报。公报阐明并解释了《个人所得税法》第 87 条暂行条例关于最低生活保障金的实施情况，并决定增加净工资低于 1404.06 土耳其里拉的人的最低生活保障金。增加的目的是对由于税率级次的改变而必须缴纳更多税款的低收入者进行补偿。公报于公布当日生效，并于 2017 年 10 月 1 日起实施。

乌兹别克斯坦 2017 年 2 月 8 日，乌兹别克斯坦政府宣布在塔什干建立“信息和通信技术创新中心”自由经济区。在信息和通信技术创新中心成立的企业，其员工统一按 7.5% 的税率缴纳个人所得税（一般情况的税率为 23%），按 4.5% 的费率支付社会保障缴款。该法令于 2017 年 4 月 1 日生效。

2017 年 4 月 1 日，乌兹别克斯坦总统发布了关于促进私营卫生部门发展的总统令。法令规定，至 2022 年 1 月 1 日前，在私营医疗企业工作的外籍现代医疗设备维护和技术人员获得的工资薪金所得免征个人所得税，且免除企业为这些员工缴纳的一般社会费用。

2017 年 4 月 20 日，乌兹别克斯坦总统发布了关于促进教育发展的总统令。法令规定，至 2022 年 1 月 1 日前，受高等教育机构聘用的外籍科学家、教师和专家的工资薪金所得免征个人所得税。

2017 年 6 月 30 日，乌兹别克斯坦总统签署了 УП – 5099 号法令，建立 Mirzo Ulugbek 信息技术创新中心，为居民及其员工提供激励。创新中心的成立是为了支持信息技术的发展和实施。创新中心的居民可能遍布乌兹别克斯坦。至 2028 年 1 月 1 日前，创新中心的居民将免于所有的税收和强制性付款，包括统一的社会支付；居住在创新中心的公司员工按照

7.5%的固定税率（一般累进税率最高为23%）缴纳个人所得税，用于养老基金的社会保障缴款则适用4.5%的税率（一般为8%），主要针对直至2028年1月1日为止收到的收入。这些收入不包括在个人所得税的年度总收入中。

2017年8月16日，乌兹别克斯坦总统签署了关于发展旅游业的第ПП-3217号法令。法令规定，至2022年1月1日前，在酒店管理岗位任职的合格外国专家免征个人所得税。此外，雇用这些外国专家的酒店免除这些雇员的统一社会支付。

2017年9月15日，2017年9月14日第ПП-3276号总统令公布，为参与私人教育的法人实体和他们所雇用的外籍个人提供激励。法令规定，由提供私人教育服务的法人实体雇用的外籍教师和专家，免除个人所得税和这些就业所得收入的养老基金缴款。该法令为这些外国雇员提供的其他激励措施包括雇主报销旅行和生活费用以及简化签证制度。

2017年12月9日，乌兹别克斯坦内阁会议讨论了2018年的预算。总的来说，拟议的计划旨在进一步降低税收负担，减少税收和强制性支付。

新加坡 2017年2月20日，新加坡财政部长向议会提交了2017年预算，2017年所有的个人所得税的居民纳税人将获得20%的退税优惠，退税上限为500新加坡元（SGD）。

印　度 2017年2月1日，印度财政部长提交了2017/2018年度预算，其中有关个人所得税的内容包括：①除国内企业、基金或慈善信托外，超过100万印度卢比（INR）的股息收入征税范围扩大至所有居民纳税人；②向政党和慈善组织的捐赠扣除限额为2000印度卢比（INR）；③年收入在25万印度卢比到50万印度卢比之间的个人适用税率从10%降至5%，年收入在500万印度卢比到1000万印度卢比之间的个人加征10%的个人所得税附加税。

■ 欧洲

爱尔兰 爱尔兰财政部长于2017年10月10日向议会提交了2018年预算。其中关于个人所得税的主要内容如下：①标准税率级距。所有收入者的所得税标准税率区间提高705欧元，即：单身人士从33800欧元提高至34550欧元；已婚夫妇已经从42880欧元提高至43550欧元。②税收抵免。家庭护理税收抵免从1100欧元提高到1200欧元。此外，所得收入抵免额从950欧元提高到1150欧元。③住宅。关于2004—2012年从事合格抵押的纳税人的抵押贷款利息减免，2017 年减免中有 75% 将延续到 2018 年，到 2019 年为 50%，到 2020 年为 25%，到 2021 年为 0。此外，正在引入一项空置 12 个月或更长时间的房产预扣费用的新扣除。适用的可扣除费用为 5000 欧元。这个减免计划可能适用于 2021 年底之前发生的费用。④关键员工参与计划。关键员工参与计划激励措施的目的是为了促使未上市中小企业通过基于股份的报酬来吸引关键员工，这一计划将使这些员工获得的收益适用于资本利得税。该激励将适用于 2018—2023 年授予的合格股票期权。

爱沙尼亚 2017 年 1 月 1 日，爱沙尼亚所得税法和社会税法修正案生效，主要修订内容如下：①2017 年 1 月 1 日起，抵押贷款利息扣除限额为 300 欧元，而与抵押贷款利息、教育费用、赠与和捐赠有关的扣除额总额限额仍然为 1200 欧元和应纳税收入的 50% 二者中的较低者。2017 年以前，没有针对抵押贷款的单独限额。②2017 年以后，废除配偶对于联合申报的选择权。③根据将于 2018 年 1 月 1 日生效的修正案，免除雇主为促进员工健康支付的费用的所得税和社会保障缴款义务，即每位员工均可获得的不超过每年每位员工 400 欧元的费用不会作为实物福利征税，包括体育赛事的入场费用、与经常性体育设施直接相关的成本、现有体育设施的维护费用、向国家医疗保健专业人员登记册等级的或持有适当专业证书的人支付的康复、物理治疗师、职业治疗师、语言治疗师或心理学家的费用、健康合同保险费用。未使用的扣除限额不能结转至下一季度或者在员工之间互相结转。④2017 年以前，雇主必须在雇员因疾病缺勤的第 4 天到第 8 天按平均月薪的 70% 向雇员支付疾病津贴，雇员收到的疾病津贴只需缴纳所得税。2017 年以后，雇主可以选择在第 2 天和第 3 天也向雇员支付疾病津贴，且无须支付社会保障缴款（雇员只需就第 4 天和第 8 天收到的疾病津贴缴纳所得税）。疾病津贴的金额由雇主确定，但是社会保障缴款的免税额仅取决于员工平均工资水平。

白俄罗斯 2017 年 9 月 22 日，白俄罗斯总统签署了第 345 号法令，该法令引入了税收和非税收优惠政策，鼓励企业在农村地区和小城镇发展零售贸易、餐饮和消费服务（以下简称合格活动）。根据该法令，以下规则将适用于 2018 年 1 月 1 日—2022 年 12 月 31 日：个体经营者从合格活动中获得的收入将减按 6% 的税率征收个人所得税；个体经营者的一次性纳税金额将设定为一个基本数额（大约相当于 10 欧元）；农村被定义为居民人数少于 2000 人的社区，小城镇被定义为居民人数超过 2000 人但不足

10000 人的社区。该法令于 2017 年 9 月 26 日正式发布后生效。

比利时 2017 年 1 月 23 日，比利时财政部公布了 2017 年度所得税指南。有关个人所得税的具体内容如下：

①个人所得税税率（见表 2－11）。

表 2－11　　比利时个人所得税税率（2017 年）

应纳税所得额（欧元）	税率（%）
未超过 11070 的部分	25
超过 11070 至 12720 的部分	30
超过 12720 至 21190 的部分	40
超过 21190 至 38830 的部分	45
超过 38830 的部分	50

资料来源：IBFD 全球税制数据库，http：//www. ibfd. org。

②扣除。年应纳税所得额不超过 27030 欧元的个人享有 7570 欧元的基本扣除，年应纳税所得额超过 27030 欧元的个人的基本扣除为 7270 欧元。儿童扣除额为：1 个孩子可增加扣除额 1550 欧元；2 个孩子可增加扣除额 3980 欧元；3 个孩子可增加扣除额 8920 欧元；4 个孩子可增加扣除额 14420 欧元；4 个孩子以上，每个孩子扣除额增加 5510 欧元；有孩子的单亲家庭可以获得 1550 欧元的额外扣除；养老金扣除额为 2024. 12 欧元；储蓄存款利息扣除额为 1880 欧元；雇员就业成本扣除限额为 4320 欧元，董事为 2440 欧元。

2017 年 7 月 26 日，比利时总理提出了包括税制改革在内的 2018 年预算。关于个人所得税的主要内容包括：①雇员的利润参与计划。从 2018 年起，员工可以获得高达工资总额 30% 的利润参保费。②储蓄账户豁免。储蓄账户的豁免将减至 940 欧元。③志愿工作的豁免。从志愿工作和非营利部门的具体职能中获得的收入将免除 6000 欧元。

冰　岛 从 2017 年 1 月 1 日起，引入外国专家受聘到冰岛工作的激励措施。根据第 1202/2016 号法规，在冰岛工作并根据第 90/2003 号所得税法第 1 条或第 3 条自主纳税的外国专家可以扣除其开始工作前 3 年收入的 25%，需要满足的条件包括：①开始在冰岛工作前的 5 个日历年度内不是冰岛居民；②具有冰岛缺乏的知识和经验；③必须由冰岛的居民企业聘用且由该企业为外国专家支付工资；④从事研究开发和创新、教学或专项开发工作；⑤担任项目经理或者在企业项目中起关键作用。

2017 年 11 月 30 日，就职的冰岛新政府公布了新的税收计划。主要内容如下：①政府在实现经济、金融、社会和地区稳定方面的主要优先事项包括一个强大的社会、蓬勃的经济、环境和气候、创新和研究、平等的机会、民主和透明度以及国际事务。②在税收问题上，有关各方一致认为，政府和劳动力市场寻求提高冰岛产业竞争地位的途径是至关重要的，同时还要继续改善工资和集体协议谈判项目。为了取得积极成果，政府拟将降低所得税的税率和减少社会保险税作为优先事项。③投资所得适用的税率提高到 22%，同时审查投资所得的税基。这一举措旨在使税制更加公平，而不论收入来源如何。

波 兰 2017 年 1 月 1 日起，可以在税前扣除的支付给个人养老金账户的养老保险费用最高限额为 5115.60 波兰兹罗提（PLN）。一般而言，可扣除的养老保险费用为纳税人养老金缴款评估基数的 4%，2017 年养老金缴款最高金额为 127890 波兰兹罗提，因此可在税前扣除的养老保险费用为 5115.60 波兰兹罗提。

2017 年 11 月 27 日，波兰政府公告发布了《个人所得税法修正法》。主要税收改革措施包括：①将个人免税额标准从 6600 波兰兹罗提提高到 8000 波兰兹罗提。②从特许权使用费中取得收入的纳税人使用“50% 成本津贴”的限额将增加一倍。因此，根据法律规定，税法界定的合格纳税人将有权扣除他们收入的 50% 作为成本补贴，直至相当于累进税率标准最高级次的年度数额（2018 年为 85528 波兰兹罗提）。目前，这一数额相当于累进税率最高级次的一半（42764 波兰兹罗提）。③适用于立即扣除的资产价值从 3500 波兰兹罗提提高至 10000 波兰兹罗提。④以股票期权的形式引入规范雇员福利税收的规定。股票期权将在出售股份的时候征税，在授予或行使期权时不会产生任何税收，条件是这些期权是用于公司的股权，而这些公司的所在地或者管理机构位于与波兰签署双重征税条约的国家。否则，股票期权将在行权时首次纳税，然后在出售股票时征税。目前，如果是欧盟或欧洲经济区公司，股票期权的税收被推迟至股份出售。⑤符合条件的年收入不超过 10 万波兰兹罗提的纳税人可以申请适用 8.5% 的统一税率，超过 10 万波兰兹罗提的部分将适用 12.5% 的税率。

丹 麦 2017 年 8 月 30 日，丹麦政府公布了一项税制改革草案，以推动对企业投资和研发，并吸引研究人员和高薪员工。待草案由议会通过后，于 2018 年开始实施。其中个人所得税主要改革措施如下：①将级次门槛从52900丹麦克朗（DKK）提高到10万丹麦克朗（已婚夫妇为两倍），以减少对股票收入的征税。这一提高将所得税边际税率降低15个百分点，即从42%降至27%。②引入投资者扣除以促进非上市中小企业对风险投资的吸引力。投资者将被允许每年扣除投资的50%，最高可达20万丹麦克朗（2023年为40万丹麦克朗）。③研究人员和高薪雇员的税收制度从5年延长到7年，税率由26%提高到27%。

2017年8月30日，丹麦政府提出了商业和创业修正案，希望通过减税和增加扣除额等方式改善经营条件，激励投资，促进经济增长。预计该修正案将不迟于2019年1月1日生效。2017年8月30日，政府提出了商业和创业修正案，希望通过减税和增加扣除额等方式改善经营条件，激励投资，促进经济增长。预计该修正案将不迟于2019年1月1日生效。2017年8月30日，政府提出了商业和创业修正案，希望通过减税和增加扣除额等方式改善经营条件，激励投资，促进经济增长。预计该修正案将不迟于2019年1月1日生效。2017年8月30日，政府提出了商业和创业修正案，希望通过减税和增加扣除额等方式改善经营条件，激励投资，促进经济增长。预计该修正案将不迟于2019年1月1日生效。其中关于个人所得税的相关建议如下：①为个人推出股票储蓄账户。此类账户的任何收益将按市值计算，税率为17%。在这样一个账户上支付的投资资本将是有限的，至2022年逐步提高至20万丹麦克朗。②对非上市中小企业（创业公司）的个人投资，扣除30%的税款。③个人通过投资于初创企业的特殊基金进行投资，投资额的50%将被扣除。④修正享有职工股份的税收优惠政策资格的门槛。⑤将目前员工年薪的10%的股份薪酬的限制提高到20%。所有公司的员工都有资格参加这项计划。对初创企业的员工，股份薪酬的限制将提高到其年薪的50%。⑥通过外国投资基金投资的个人储蓄，将作为股份收入纳税，并且在收入不超过51700丹麦克朗（2017年）的情况下征收27%的累进税，超过这一数额的税率为42%。⑦访问研究人员和高级职员的特别税制将从5年延长到7年。税率将从26%提高到27%，并将继续对总收入征收。⑧预提税。丹麦集体投资机构向外国投资者支付的股息预提税将减至15%。

俄罗斯　2017年6月22日，俄罗斯第205685－7号法律草案提交给国家杜马。法律草案拟对个人所得实行新的税率（见表2－12），并于2018年1月1日起生效。

表 2－12　　　　　　俄罗斯个人所得税税率（2017 年）

年应税所得额（卢布）	税率（%）
未超过 100000 的部分	5
超过 100000 未超过 3000000 的部分	13
超过 3000000 未超过 10000000 的部分	18
超过 10000000 的部分	25

资料来源：IBFD 全球税制数据库，http：//www. ibfd. org。

2017 年 10 月 27 日，俄罗斯联邦税务局宣布了对雇主支付的父母津贴免除所得税的修正案。过去，在每个孩子出生或领养后的第一年内，雇主支付的一次性父母津贴可获得高达 5 万卢布的所得税豁免，豁免可由（收养）父母（监护人）或双方父母申请。根据修正案，两名（养父母）家长（监护人）每个人现在可以申请高达 5 万卢布（两人共 10 万卢布）的个人所得税豁免。在 1 年期间支付的款项中，则适用高达 4000 卢布的免税额。

法　国　2017 年 9 月 27 日，法国政府提交了《2018 年财政法案》。其中关于个人税收的主要措施包括：

①净财富税。净财富税将自 2018 年 1 月 1 日起废除，改由“房地产财富税”取而代之。

②投资收益。对于 2018 年 1 月 1 日或之后收到的股息、利息、资本利得以及人寿保险合同中获得的收入，将实施 12. 8% 的所得税税率。加上 17. 2% 的社会税，适用于投资收益的税率将达到 30% 。不过，纳税人可以选择适用累进所得税税率。

③非居民个人。向非居民个人支付的某些投资收入（如股息）适用的预提税税率也将降至 12. 8% 。

④广义社会保障缴款的扣除。根据《2018 年社会保障融资法案》，广义社会保障缴款将提高 1. 7 个百分点。因此，从所得税基中扣除广义社会保障缴款的门槛也将提高 1. 7 个百分点。

⑤用于出租房屋投资的个人所得税减免。目前房屋租赁的现有税收减免将延长至 2021 年底前的投资。从 2018 年 1 月 1 日起，该措施将仅限于住房需求特别高的地区。

⑥环境费用的个人所得税抵免。对于旨在改善住房能源效益的支出，能源转型的税收抵免将延长至 2018 年 12 月 31 日。合格费用的范围将会

缩小。

⑦住宅税。对于单身人士年收入不超过 27000 欧元，或夫妇不超过 43000 欧元的家庭，将实施以下住宅税减免：2018 年减免为税收的 30%，2019 年减免为税收的 65%，2020 年减免比例将提高至 100%，这将使 80% 的家庭免征住宅税。

芬　兰　2017 年 2 月 9 日，芬兰税收专家委员会提出了税改建议，其中包括对个人所得税的建议，即应该降低年收入在 82000～128000 欧元的个人所得税边际税率，且从长远看，应该降低边际税率，使其在任何收入水平上不超过 50%；建议将雇主提供的培训规定为免税收入，废除当前的培训扣除。

2017 年 9 月 19 日，芬兰财政部公布了 2018 年税改计划，其中关于个人所得税的主要内容如下：

①所得级次和税率。提议的 2018 年个人所得税所得级次和税率，为最高边际税率 31.25% 的 5 级超额累进税率（见表 2－13）。②中低收入者的抵免。中低收入者的最高抵免额将从 1420 欧元提高到 1540 欧元。如果净收入超过 33000 欧元，则最高抵免额将减少超出数额部分的 1.65%（2017 年为 1.51%）。③每日津贴。2 年期免税旅行费用的期限将延长至 3 年。④教育税收豁免。如果雇员未来工作需要，雇主向雇员提供的教育将免税。

表 2－13　　芬兰个人所得税税率（2018 年）

应纳税所得额（欧元）	税率（%）
未超过 17200 的部分	0
超过 17200 未超过 25700 的部分	6.00
超过 25700 未超过 42400 的部分	17.25
超过 42400 未超过 74200 的部分	21.25
超过 74200 的部分	31.25

资料来源：IBFD 全球税制数据库，http://www.ibfd.org。

2017 年 11 月 16 日，芬兰《政府公告》公布了 2017 年 11 月 15 日的决定，将公司轿车的通勤费用扣除额从每公里 0.17 欧元提高到每公里 0.19 欧元。对于纳税人拥有的交通工具，通勤费用的可扣除费用见表 2－14。

表 2－14　　　　　芬兰通勤费用扣除（2017 年）

交通工具	扣除费用（欧元）
汽车	每公里 0.24
摩托车和轻型四轮摩托车	每公里 0.15
助力车	每公里 0.09
自行车	每年 85

资料来源：IBFD 全球税制数据库 http：//www. ibfd. org。

2017 年 12 月 18 日，《政府公告》公布了有关所得税和市政营业税措施的第 876/2017 号法律。除了已经报告的措施外，还采取了以下所得税措施：①股东或非雇员使用的非上市财产作为股息征税。②雇主对雇员养老金和储蓄账户的缴款仅在缴款超过 8500 欧元时才征税。③关于对自愿个人养老保险和长期储蓄协议的缴款，该法案规定，如果满足以下条件可以扣除：养老金和储蓄金是在一生中或在 10 年内每年或定期分期付款。每个日历年可支付的最高储蓄金额为 2000 欧元。④合同权利不得转让或质押。

荷　兰　2017 年 10 月 10 日，荷兰新政府发布了题为"对未来充满信心"的联合协议。其中关于个人所得税的主要措施如下：①将个人所得税税率累进级次由四档减至两档。对不超过约 68600 欧元的收入，基本税率为 36.93%，超过这一数额的收入适用 49.5% 的较高税率。②股息、其他利润分配、与大量股权有关的利息和资本利得，目前征收 25% 的固定税率。根据协议，到 2021 年这一比例将提高到 28.5%。③从 2020 年开始，已经逐步减少的抵押贷款利息的扣除额将以 3% 的幅度递减，直到达到基本利率。④投资收益，包括资本利得和股息、利息和特许权使用费，目前是基于净资产的加权名义收益率，以固定税率征税。该协议规定，豁免将提高至 3 万欧元，并将制定一个以实际收益为基础的税收制度。⑤引入外籍人士享受税收优惠的限制。

捷　克　2017 年 4 月 1 日生效的税法修改法案有关个人所得税的内容如下：①增加儿童税收扣除。修正案将第 2 名子女的税收扣除限额从 17004 捷克克朗（CZK）提高至 19404 捷克克朗，第 3 名及以后每名子女的税收扣除限额从 20604 捷克克朗提高至 24204 捷克克朗。②儿童税收扣除。如果儿童税收扣除超过了纳税人的就业、营业、资本和租金所得的应纳税义务，可以获得最高60300捷克克朗的退税。获得退税需要满足的条件包括：纳税人的就业、营业、资本和租金所得至少为每月最低工资（2017年为66000捷克克朗）的6倍；成本不超过收入的只有租金所得的纳税人；在确定纳税人退税资格时，只考虑有效收入（即就业及营业收入）。③出售持有5年以上的股权的所得免税。④降低实际费用的一次性扣除。在计算应纳税所得额时，纳税人可以扣除生产、保障和维持收入所支出的成本，或者按照总收入的一定比例一次性扣除，修正案降低了一次性扣除的扣除限额，以激励纳税人选择前一种扣除方法。从事农工业的个体户扣除比例为80%，扣除限额从160万捷克克朗降至80万捷克克朗；从事其他贸易许可活动的个体户扣除比例为60%，扣除限额从120万捷克克朗降至60万捷克克朗；从事其他类型活动的个体户扣除比例为40%，扣除限额从80万捷克克朗降至40万捷克克朗；从事资产租赁的个体户扣除限额从60万捷克克朗降至30万捷克克朗。

2017年12月8日，捷克税务总局在其网站上公布了2018年个人所得税变化情况，主要内容包括：

①由于最低工资提高到每月12200捷克克朗，以下修正案将会生效：2018年捷克或外国强制性社会保障计划的定期养老金支付最高可达439200捷克克朗（2017年为39.6万捷克克朗）将免征个人所得税；关于学前托儿费用的税收抵免额将提高至12200捷克克朗（2017年为11000捷克克朗）；如果儿童税收抵免额超过了纳税人的纳税义务，纳税人可获得退款。只要纳税人的就业、商业和专业活动收入至少是每月最低工资的6倍（2018年为73200捷克克朗），即可获得此项退税。

②2018年的其他变化包括：第一个孩子的税收抵免将从2017年的13404捷克克朗提高至15204捷克克朗；对来自从属活动的每月不超过2500捷克克朗的小额收入将征收15%的预提税，而且不包括在纳税人的总税基中；实际费用的一次性扣除将受到限制。

拉脱维亚 自2018年1月1日起，拉脱维亚《个人所得税法》的若干修正案将生效，但需遵守过渡规则。主要修正案包括：①逐步推行累进税率（目前为23%的单一比例税率）。具体规定为：应纳税所得中未超过20000欧元的部分，税率为20%；超过20000欧元未超过55000欧元的部分，税率为23%；超过55000欧元的部分，税率为31.4%。②根据条件对资本收益征收20%的税收。③根据新的《公司所得税法》，分配公司已按20%的税率缴纳股息的公司所得税，则免除股息的个人所得税。④对彩票和机会游戏每年超过3000欧元的收入征税，但有例外情况。

立陶宛 2017年10月17日，立陶宛议会就2018年预算案提案和相关税法修正草案展开辩论。关于个人所得税最重要的拟议修正案主要内容包括：①将基本个人免征额从310欧元提高到380欧元。②取消有子女个人的额外个人免征额，取而代之的是固定的儿童免征额。③根据年收入的数额（而不是活动类型）对独立个人活动（即企业和专业收入）的收入征收累进税，具体如下：年收入不超过1万欧元的部分，税率为5%；年收入在1万~3万欧元的部分，税率为5%~15%的有效税率；年收入超过3万欧元的部分，税率为15%。修正案经议会批准，将于2018年1月1日生效。

卢森堡 2017年2月27日，卢森堡直接税管理局发布关于储蓄收入税收规定的第1号通知。主要内容包括：①储蓄收入税收规定不适用于来自房地产、保险、养老金、佣金和衍生工具的收入，也不适用于结构性产品收入；②2017年支付给奥地利的贷款利息仍需缴纳35%的预提税；③不超过250欧元的储蓄账户免税；④分红债券的预提税为15%。

2017年10月11日，2018年预算案被提交给卢森堡议会。其中个人所得税的主要内容包括：增加税收的灵活性；已婚居民和非居民将有可能在以后选择个人和联合税收；净应纳税所得额不超过13000欧元的非居民，可以选择作为居民纳税；为了使非居民纳税人的税收待遇与居民纳税人一致，最多50个工作日以内的非居民就业收入（根据税收协定在卢森堡不征税）将被视为在卢森堡的应纳税所得额，前提是至少有90%的非居民全球收入在卢森堡实现。

罗马尼亚 2017年1月6日，罗马尼亚政府发布了对税法的修正案。其中有关个人所得税的内容如下：①根据12个月的劳动合同但从事季节性活动取得收入的个人免税；②2017年2月1日起，超过45万罗马尼亚列伊（RON）的土地和建筑物转让收入适用3%的税率。

2017年1月12日，罗马尼亚第2/2017号法律对税法进行了进一步修订，主要内容包括：①养老金的免税额从1050罗马尼亚列伊提高至2000罗马尼亚列伊；②个人获得的养老金收入或由于工伤事故导致暂时丧失工作能力的残疾津贴的健康保险缴款由国家预算统一支付，但是计算健康保险缴款的依据包括个人取得的所有收入。

2017 年 10 月 26 日，罗马尼亚财政部发布了修订《税法》的条例草案。拟议的主要修正案包括：①个人所得税税率从 16% 降至 10%；②每月总薪金等于或低于 1950 罗马尼亚列伊（目前为 1500 罗马尼亚列伊）以及没有任何家属（如配偶或子女）的个人津贴将从 300 罗马尼亚列伊提高到 510 罗马尼亚列伊；③每个纳税人家属的额外津贴将从 100 罗马尼亚列伊提高到 160 罗马尼亚列伊。一旦获得批准，这些措施将从 2018 年 1 月 1 日起生效。

马耳他　2017 年 6 月 9 日，马耳他财政部通过了 2017 年第 175 号符合相关产业资格的税收扣除和减免规则的法律公告。根据规则，学生可以获得不超过学生在学习期间支付的学生费用的 70% 的扣除额。个人在完成相关课程后有权获得税收抵免，并从下一个纳税年度 1 月 1 日开始适用，未使用的税收抵免额可以向后结转 10 年。该税收扣除的受益人可以是学生或学生的父母。

2017 年 10 月 9 日，财政部长介绍了马耳他 2018 年的预算。预算涉及个人所得税的主要内容包括：生计费用调整为每周 1. 75 欧元；年收入低于 60000 欧元的雇员将获得 40 ~ 68 欧元的一次性退款，具体数额取决于收入水平。

葡萄牙　2017 年 1 月 1 日起生效的葡萄牙政府预算中，与个人所得税有关的内容主要包括：

①个人所得税每一级应纳税所得额均比上年提高了 0. 8%。新的个人所得税税率见表 2 - 15。

表 2 - 15　　葡萄牙个人所得税税率（2017 年）

应纳税所得额（欧元）	税率（%）
不超过 7091 的部分	14. 5
超过 7091 未超过 20261 的部分	28. 5
超过 20261 未超过 40522 的部分	37. 0
超过 40522 未超过 80640 的部分	45. 0
超过 80640 的部分	48. 0

资料来源：IBFD 全球税制数据库 http：//www. ibfd. org。

②继续适用特别附加税。2017 年的个人所得特别附加税税率见表 2－16。

表 2－16　　葡萄牙个人所得特别附加税税率（2017 年）

应纳税所得额（欧元）	税率（%）
超过 20261 未超过 40522 的部分	0.88
超过 40522 未超过 80640 的部分	2.75
超过 80640 的部分	3.21

资料来源：IBFD 全球税制数据库 http://www.ibfd.org。

瑞　典　2017 年 3 月 23 日，瑞典财政部公布了关于减少养老金收入征税的提案。该提案提出，增加养老金收入在 123400 瑞典克朗（SEK）到 360000 瑞典克朗的 65 岁以上个人的基本扣除。提案获得通过后将于 2018 年 1 月 1 日生效。

2017 年 9 月 20 日，财政部公布了 2018 年税收变化的概况。关于个人所得税的主要内容如下：

①引入税收合格的股票期权（tax qualified stock options）。为了便于为某些公司招聘关键人员，在某些情况下会实施减少对雇员股票期权征税的措施。该提案基本上意味着，符合条件的员工在行使股票期权时不需缴纳所得税，在出售行使股票期权获得的股票时才需要缴纳个人所得税。另外，雇主不需要缴纳社会保障缴款。该提案适用于 2017 年 12 月 31 日后收购的期权。

②减少聘用第一名雇员的企业雇主的社会保障缴款。有限责任公司和合伙企业雇佣第一名雇员的社会保险缴款（雇主及其亲属除外）将减少。该项措施有效期到 2021 年。

③退休人员的减税。为了消除工资收入和养老金征税之间的差异，对于收入在大约 123000 瑞典克朗（SEK）至 202000 瑞典克朗之间的退休人员，将提高其个人免税额。

④提高非居民个人的税率。非居民个人的特殊所得税税率将从 20%提高到 25%。

2017 年 11 月 22 日，瑞典议会通过了 2018 年预算。除了已经报告的措施之外，还补充了每年为残疾人减免税最高约为 2483 瑞典克朗（SEK）的措施。

瑞　士　2017 年 4 月 5 日，瑞士联邦委员会决定在联邦和州两级增加儿童扣除。联邦一级的扣除额从当前的最高 10100 瑞士法郎（CHF）提高至 25000 瑞士法郎，各州将允许每名儿童扣除至少 10000 瑞士法郎。

塞浦路斯 2017 年 7 月 14 日，塞浦路斯议会通过了一项修正《所得税法》第 118（I）/2002 号的法案，对塞浦路斯居民纳税人标准做出了规定，包括：①纳税年度内在塞浦路斯居住至少 60 天；②在同一纳税年度内，不得成为另一个国家的纳税居民，并且在另一国家的居住时间不得超过 183 天的期限；③在纳税年度的任何时间，在塞浦路斯从事商业活动，和/或在塞浦路斯受雇工作，和/或在塞浦路斯的税收居民公司任职；④必须在塞浦路斯保持永久居留权。如果在纳税年度的任何特定时间，个人终止其在塞浦路斯的业务活动或工作，他将不再被视为塞浦路斯当年的纳税居民，无论是否满足上述所有条件。

西班牙 2017 年 1 月 21 日，西班牙宪报刊登了关于滥用最低利率条款的紧急消费者保护措施的第 1/2017 号皇家法令。该法令扩充了个人所得税法附加第 45 条，包括：①利息退款不计入个人所得税的税基；②已经扣除的利息支付在收到利息退款时不可再次扣除。该法令于 2017 年 1 月 12 日生效。

2017 年 5 月 29 日，西班牙财政部长宣布修改所得税法，规定医疗人员受到的公司提供的培训服务，不征收个人所得税。

希　腊 2017 年 5 月 13 日，希腊政府向议会提交了修订《所得税法》的草案。关于个人所得税的内容包括：

①降低最高个人所得税扣除额。对于应纳税所得额不超过 2 万欧元的没有受抚养子女的纳税人，扣除额从 1900 欧元降低到 1250 欧元；对于有 1 名受抚养子女的纳税人，扣除额降低至 1300 欧元；对于有 2 名受抚养子女的纳税人，扣除额降低至 1350 欧元；对于有 3 名或 3 名以上受抚养子女的纳税人，扣除额降低至 1450 欧元。

②不足 2 万欧元的就业收入、营业收入和养老金收入适用税率从 22% 降至 20%。新的个人所得税税率见表 2－17。

表 2－17　　希腊个人所得税税率（2017 年）

应税收入（欧元）	税率（%）
未超过 20000 的部分	20
超过 20000 未超过 30000 的部分	29

续表

应税收入（欧元）	税率（%）
超过 30000 未超过 40000 的部分	37
超过 40000 的部分	35

资料来源：IBFD 全球税制数据库 http：//www. ibfd. org。

（3）对应税收入超过 3 万欧元（原来为 12000 欧元）的纳税人征收特别团结缴款（Special solidarity contribution），税率如表 2－18 所示。

表 2－18　　希腊特别团结缴款税率（2017 年）

应税收入（欧元）	税率（%）
未超过 30000 的部分	0
超过 30000 未超过 40000 的部分	2
超过 40000 未超过 65000 的部分	5
超过 65000 未超过 220000 的部分	9
超过 220000 以上的部分	10

资料来源：IBFD 全球税制数据库 http：//www. ibfd. org。

意大利　2017 年 1 月 1 日生效的意大利预算法中，有关个人所得税的内容如下：

（1）实施对新居民有利的税收制度。在移居意大利之前的 10 个纳税年度中居住在海外的时间超过 9 年的纳税人，可以选择对他们的海外收入申请替代税。选择该制度的个人将在每个纳税年度支付 10 万欧元的单一替代税（flat substitute tax）和每个亲属 25000 欧元的附加费。此外，国外资产不需要缴纳财产税。

（2）实施对入境个人有利的税收制度。在国外居住至少 2 年后开始在意大利工作的符合条件的教授和研究人员适用该优惠制度。在国外连续居住至少 5 个纳税年度后，将其税务居所转移至意大利并且至少居住 2 个纳税年度的符合条件的纳税人的就业和营业收入减半征收个人所得税。该制度适用于发生转移居住的当年和之后的 4 个纳税年度。欧盟公民和与意大利有税收协定或税务信息交换协议的第三国公民也可以享受该税收制度，但是需要满足两个条件：①拥有大学学位，并在过去的 24 个月内在意大利以外的国家工作；②在过去的 24 个月内在意大利以外的国家学习并取得大学学位。

（3）实施养老金收入的税收扣除。应税收入不超过8000欧元的养老金收入的扣除额为1880欧元；应税收入在8000欧元到15000欧元之间的养老金收入的扣除额计算公式为：1.297＋583×[（15000－应税收入）÷7000]；应税收入在15000欧元到55000欧元之间的养老金收入的扣除额计算公式为：1.297×[（55000－应税收入）÷40000]。

（4）其他费用扣除。符合条件的中小学教育费用可以在税前扣除19%，最高限额为717欧元，2018年为786欧元，2019年为800欧元；为提高不动产效用所发生的支出可以在税前扣除65%；不动产维修费用可以在税前扣除50%；与翻新家具相关的支出也可以获得税收扣除。

（5）投资扣除。投资于创新创业公司的个人可以从应纳税额中扣除投资额的30%，最高限额为30万欧元，条件是个人投资者对创新创业公司的投资至少连续3个年度。该税收扣除同样适用于对符合条件的创新型中小企业的投资。

（6）符合条件的企业家、普通合伙企业和有限合伙企业可以选择适用针对企业家的新税制。根据新税制，经营收入将从应纳税所得额中免除，其余收入按24%税率纳税，即只有留存收益适用该税率。选择该制度的有效期为5年，并且可以延期。

（7）2017年6月30日之前，纳税人可以选择缴纳8%的替代税，以重估2017年1月1日非上市公司股东和符合条件的土地持有人价值。有关符合条件的员工提供的增加私人企业生产力、效率、质量和创新的额外费用适用8%替代税率。

（8）在2017纳税年度、2018纳税年度和2019纳税年度，农场和农业收入不计入相关地区的农民和农民企业家的个人所得税和市政附加费的应纳税收入中。

2017年6月14日，意大利第81号法令生效。根据该法令，从2017纳税年度开始，独立个人可以扣除以下费用：①参加硕士培训项目或者参加会议所产生的费用，包括相关的差旅费和住宿费，每年最高可扣除1万欧元；②认证机构提供的认证、介绍和支持服务以及取得已有和适当工作机会的费用，每年最高可扣除5000欧元；③非收入性的符合条件的保险费用。

英　国　2017年4月6日起，英国将推出终身个人储蓄账户。该账户对18～40岁之间的居民开立。每年对该账户最高可存入为4000英镑，并且可以储蓄到50岁。符合条件的账户取款免税，包括：①取款用于购买第一套住房，该住房已经办理抵押贷款，且在购买前12个月已经开始使用该账户，最高取款金额为45万英镑；②该居民已满60岁；③该居民患有绝症且生存时间少于12个月。其他情况从该账户取款都将收取25%的提款费用。

2017年3月8日，英国财政大臣将2017/2018年度春季预算案提交给议会。有关个人所得税的内容如下：①2018年4月起，股息免税额从5000英镑降至2000英镑；②2018年4月，第4类国家保险费率从9%增至10%，2019年4月再增至11%；③个人免税额提高至11500英镑，同时该门槛值提高至2000英镑；④政府将就实物福利的豁免和估价方法、住宿福利的免税和由雇主提供的雇员开支的减免等的税务处理发布咨询意见。

2017/2018年度秋季预算于2017年11月22日由财政大臣提交给议会。有关个人所得税的预算案包括：①2018年4月，个人免税额将增至11850英镑，高一阶税率的门槛将提高至46350英镑；②关于婚姻津贴，允许代表已故配偶和民事合伙人提出索赔。

■ 美洲

加拿大 2017年3月22日，加拿大财政部长提交了2017年预算案，其中有关个人所得税的建议如下：

①将现行的体弱者抚养扣除、看护人扣除和家庭看护人扣除三类扣除合并为单一税收扣除。对于体弱者，包括责任人的父母/祖父母、兄弟/姐妹、叔叔/阿姨、侄子/侄女、成年子女和配偶，新的加拿大看护人扣除额为6883加元；对于配偶或法定伴侣、未成年子女，扣除为2150加元；个人净收入超过16163加元的纳税人的扣除额逐级递减。体弱受抚养者并不需要和纳税人生活在一起以获得税收扣除。加拿大看护人扣除不再适用于与成年子女共同居住的非体弱老人。该扣除适用于2017纳税年度及以后的纳税年度。

②将矿产勘探企业的流通股股东税收免税期延长一年，以适用2018年3月31日以前签订的流通股协议。

③将学费税收扣除的资格标准扩大到支付给加拿大大学、学院或其他高等教育机构的用于非高等教育不提供的技能学习的费用。学费税收扣除是指支付给符合条件的教育机构的学费和执照考试费可以享受15%的不

可退还的税收扣除。

④生态捐赠计划是指对于生态敏感土地的捐赠可以获得特殊的税收优惠。根据该计划，个人和企业捐赠者都可以获得慈善捐赠税收扣除，扣除金额可高达净收入的 100%，未使用的扣除金额可以向后结转 10 年。此外，与捐赠生态敏感土地有关的任何资本收益（不包括给私人基金的捐赠）都可以免税。为了保证不改变生态敏感土地的用途，所得税法对改变土地用途的个人或企业按土地市场价值的 50% 征税。

⑤某些政府工作人员收到的实物津贴不包括在应税所得中征税。

⑥取消公共交通扣除。

⑦取消符合条件的房屋搬迁贷款扣除。

⑧将某些反避税规则扩展到已登记的教育储蓄计划和残疾人储蓄计划。

美　国　2017 年 12 月 20 日，美国国会通过了《减税和就业法案》。当天，美国白宫发布了一份题为“减税法案遵循了唐纳德·特朗普总统关于中产阶级减税的承诺”的简报。根据简报，该减税法案涉及个人税收方面的改革措施如下：

①将标准扣除增加近一倍。个人标准扣除额从 6500 美元增加到 12000 美元；单亲家庭从 9550 美元增加到 18000 美元；已婚夫妇从 13000 美元增加至 24000 美元。

②扩大儿童税收抵免的范围。每名 17 岁以下儿童，税收抵免额翻倍至 2000 美元；为 17 岁或以上的受养人，提供一项 500 美元的新税收抵免；允许收入高达 20 万美元的单亲家庭和收入高达 40 万美元的已婚家庭享有完整的儿童税收抵免；将儿童税收抵免的可退还部分提高 40%。

③废除奥巴马医改的个人强制保险。

④免除绝大多数家庭农场和企业的遗产税。

⑤保护教育投资。允许家庭从大学储蓄账户中使用高达 1 万美元用于小学和中学教育；保留研究生的免税津贴；保留学生贷款利息的扣除。

⑥保留低收入劳动者的勤劳所得税收抵免、儿童和家属照管税收抵免、领养支出税收抵免和退休储蓄税收优惠。

2017 年 12 月 22 日，特朗普总统签署了《减税和就业法案》。

阿根廷　2017 年 10 月 31 日，阿根廷财政部长宣布了一项广泛的税收改革提案。关于个人所得税的主要方案包括：①金融资产（目前免税）所得收入的税收。拟议的税率从外汇收入和通货膨胀调整后收入的 15%

到阿根廷比索（ARS）收入的5%不等。②将给予自营业者的特别津贴提高至相当于给予雇员的津贴。③以15%的资本利得税取代不动产转让税。

■ 非洲

加 纳 2017年11月15日，加纳财政部长向议会提交了2018年预算。2017年12月5日，议会通过了2018年预算。提议的税收措施包括：①修改个人所得税的级距和级次，按最低工资标准确定免税门槛；②免除彩票代理的佣金和彩票奖金的税收；③免除集体投资计划和房地产投资信托的税收。

肯尼亚 2017年3月30日，肯尼亚内阁财务秘书向国民议会提交了2018年度预算，其中与个人所得税有关的内容包括：①个人所得税税阶将扩大10%；②个人所得税扣除将增加10%；③居民个人扣除从15360肯尼亚先令（KES）增加到16896肯尼亚先令；④修改个人所得税税率；⑤在15年免税期之前提取养老金的收入也按照上述税率表征税。

2017年6月21日，《2017年财政法案》获得总统批准，2017年6月23日作为2017年第15号法案刊宪。其中有关个人所得税的内容包括：①每年居民的个人减免将达到16896肯尼亚先令（KES）；②个人所得税的税率（见表2－19）。

表2－19　　肯尼亚个人所得税税率（2017年）

应纳税所得额（肯尼亚先令）	税率（%）
未超过147580的部分	10
超过147580未超过286623的部分	15
超过286623未超过425666的部分	20
超过425666未超过564709的部分	25
超过564709的部分	30

资料来源：IBFD全球税制数据库http：//www.ibfd.org。

摩洛哥 2017年3月13日，摩洛哥税务总局发布了关于个人所得税免税的第16/2017号公告，公告对雇员在工作中收到的补贴和报销的免税提供了一个详细的表格，免税津贴包括交通补贴、特定职位补贴（代表补贴、收银员补贴等）、餐补、社会补贴（减少雇主贷款利息、家庭补贴等）以及其他补贴（搬迁补贴、遣散费、电话补贴等）。

2017 年 10 月 24 日，摩洛哥经济财政部发布了 2018 年《财政法草案》。《财政法草案》中的主要税收措施包括：①从个人所得税中免除由司法或仲裁裁决所判给的损害赔偿金。②允许自愿缴纳个人所得税，将代扣代缴的就业收入、资本利得和不动产收入直接向税务总局（而非摩洛哥财政部）缴纳。除非另有说明，《财政法草案》中的措施将于 2018 年 1 月 1 日起生效。

南　非　2017 年 2 月 22 日，南非财政部长向议会提交了 2017/2018 财年财政预算案，其中有关个人所得税的内容包括：①对收入超过 150 万兰特（ZAR）的部分引入 45% 的最高边际税率；②将一、二、三级的扣除分别从 13500 兰特、7407 兰特、2469 兰特增加到 13635 兰特、7479 兰特、2493 兰特；③年度免税储蓄账户津贴从 30000 兰特增加至 33000 兰特；④自 2016 年 3 月 1 日起，前两名受抚养人的每月医疗扣除从 286 兰特提高至 303 兰特，之后每增加一名受抚养人所增加的每月医疗扣除从 192 兰特提高至 204 兰特；⑤修改南非居民的国外就业收入扣除；⑥股息预提税从 15% 提高至 20%；⑦非居民个人出售不动产的预提税率从 5% 提高至 7.5%，另外，非居民企业出售不动产的预提税率从 7.5% 提高至 10%，非居民信托出售不动产的预提税率从 10% 提高至 15%。

塞舌尔　2017 年 2 月 14 日，塞舌尔总统宣布将原定于 2017 年 7 月 1 日全面推进的累进所得税制推迟到 2018 年 1 月 1 日。

突尼斯　2017 年 10 月 12 日，突尼斯部长理事会批准了《2018 年财政法草案》。其中的措施须经议会批准，自 2018 年 1 月 1 日起适用。主要的直接税收措施包括：①在 2018 年和 2019 年设立的企业，3 年内免征个人所得税和公司所得税，但条件是有效投入生产的时间将在投资证书日起 2 年之内。②出于个人所得税目的，享受人寿保险费用扣除所需的最短缴费期限将由 10 年减至 8 年。③个人和企业实体将按 1% 的税率征收社会团结缴款。该缴款将适用于自 2018 年 1 月 1 日起实现的收入。④精简投资于区域发展领域的投资税制。在完全免税期结束时，从这些投资中获得的利润将按 10% 的税率征收公司所得税，而个人则有权免除其投资所得的 2/3。⑤上市产品进口预付款将于 2018 年 1 月 1 日起至 2019 年 12 月 31 日由 10% 提高至 15%；预付款项适用于 1996 年第 500 号法令所列明的产品，可抵扣公司所得税及个人所得的纳税义务。

■ 大洋洲

澳大利亚 2017年5月9日，澳大利亚财政部提交了2017/2018年度财政预算，有关个人所得税的内容如下：

①2019年7月1日起，医疗保险税税率从当前的2%增加到2.5%。增加的大部分将用于资助全国残疾保险计划和医疗保险计划（即免费或补贴所有澳大利亚人的医疗保健）。目前对低收入人群的医疗保险征税豁免将保持不变，收入门槛将从2017年7月1日起提高。

②增加对非居民投资者的资本利得税。自2017年5月9日起，废除外国居民和临时税务居民的主要居住豁免；非居民投资者资本利得税的预提税率从10%提高至12.5%；自2017年7月1日起，资本利得税预提税起征点由200万澳大利亚元降低至75万澳大利亚元。

③2018年7月1日起，投资于经济适用住房的资本利得税折扣将从50%增加至60%。投资者也可以通过管理投资计划获得更高的折扣。

新西兰 2017年5月25日，新西兰财政部向议会提交了2017/2018年度预算，有关个人所得税的内容如下：

①提高个人所得税税阶。新的个人所得税税率表如表2－20所示。

表2－20　　新西兰个人所得税税率（2017/2018年度）

当前应纳税所得额（新西兰元）	新的应纳税所得额（新西兰元）	税率（%）
未超过14000的部分	未超过22000的部分	10.5
超过14000未超过48000的部分	超过22000未超过52000的部分	17.5
超过48000未超过70000的部分	超过52000未超过70000的部分	30
超过70000的部分	超过70000的部分	33

资料来源：IBFD全球税制数据库 http：//www.ibfd.org。

②取消独立劳务所得扣除，扣税额度从14000新西兰元（NZD）提高到22000新西兰元。

③增加符合条件的18岁及以下的受抚养子女的税收津贴（见表2－21）。

表 2－21　　新西兰受抚养子女税收津贴（2017/2018 年度）

	年龄（岁）	当前税收津贴（新西兰元）	新的税收津贴（新西兰元）
大龄儿童	不足 15	4822	5303
	16～18	5303	
受抚养的儿童	不足 12	3351	4745
	13～15	3822	
	16～18	4745	

资料来源：IBFD 全球税制数据库 http：//www. ibfd. org。

2017 年 12 月 14 日，新西兰政府公布了预算政策声明，并向议会提交了《家庭一揽子（所得税和福利）法案》。该法案旨在向中低收入家庭提供有针对性的社会援助，并为没有子女的家庭提供收入支持。该法案提议对所得税和福利进行以下修改：

（1）个人所得税。废除了根据《2017 年税收（预算措施：家庭收入一揽子计划）法案》颁布的个人所得税改革措施从 2018 年 4 月 1 日起将降低个人所得税门槛。

（2）独立收入者的税收抵免。从 2018 年 4 月 1 日起恢复独立收入者的税收抵免。但是，如果纳税人或其合作伙伴有“最佳开端”的税收抵免资格，他们就不能申请独立收入者的税收抵免。

（3）为家庭工作的税收抵免。该法案废除了《2017 年税收（预算措施：家庭收入一揽子计划）法案》颁布的为家庭工作税收抵免的改革措施。引入为家庭工作税收抵免的下列变化：①抵免率由 22.5% 提高至 25%，抵免门槛将从每年 36350 新西兰元提高至每年 42700 新西兰元。这些变化将于 2018 年 7 月 1 日生效。②家庭抵免总额将从 2018 年 7 月 1 日起提高。③从 2018 年 4 月 1 日起，最低家庭收入税收抵免的门槛将从 23816 新西兰元提高至 26156 新西兰元。④父母的税收抵免将不适用于 2018 年 7 月 1 日以后出生的孩子，但将被“最佳开端”税收抵免所取代。这项税收抵免将为每名 3 岁以下的儿童每年支付 3120 新西兰元。儿童第一年没有减免，但如果主要照顾者正在领取育儿假期付款，税收减免不可用。在孩子出生的第二年和第三年，对于家庭年收入超过 79000 新西兰元的家庭，“最佳开端”税收抵免将减少 21%。

（4）冬季能源支付。该法案为主要福利金、新西兰退休金和退伍军人抚恤金的领取者引入了一项新的冬季能源支付。在整个冬季的全额付款，没有受抚养子女的单身人士为450新西兰元，夫妻和有抚养子女的单身人士为700新西兰元。冬季能源支付将从每年5月1日起支付，为期22周。如果受益人离开新西兰4周以上，则在冬季期间不支付冬季能源支付。对在医院或在家中接受长期住宿照顾的人将无法支付这笔款项。尽管支付被称为“冬季能源”支付，但并不要求它实际应用于满足冬季的能源消耗。冬季能源支付于2018年7月1日生效。

（5）孤儿的福利和不受资助孩子的津贴。该法案从2018年7月1日起，将孤儿福利金和不受资助儿童津贴的支付率每周提高20.31新西兰元。

（6）住宿补助。该法案取消了不时更新农村和城市地区边界的要求。住宿补助金的数额由接收者的住宿地区决定。

2.4.2 货物劳务税动态

2.4.2.1 增值税动态

■ 亚洲

沙特阿拉伯 2017年4月20日，沙特阿拉伯法律公报公布《海湾合作委员会成员国家增值税框架协议》。该协议于1月31日经M/51号皇家法令批准。协议主要内容包括：海湾合作委员会（Gulf Cooperation Council，GCC，以下简称海合会）6个成员自2018年起开征增值税；税率为5%；出口实行零税率；其他适用零税率或免税的范围；增值税注册标准等。5月29日，沙特阿拉伯在税务局网站公布《增值税法草案》公开征求意见。这是海湾合作委员会6国成员中第一个公布增值税法的国家。7月12日沙特阿拉伯议会通过《增值税法》，规定自2018年1月1日起开征增值税，税率为5%。预计2018年政府可因此增加120亿里亚尔的收入（约合32.7亿美元）。

2018年1月6日，沙特阿拉伯政府采取措施来帮助公民应对因在该国引入增值税导致燃料价格与电费提高5%这一情况，为公民提供增值税减免。作为政府经济改革的一部分，政府从2018年1月1日起开征增值税，这一举措符合其对2030年经济计划的设想。这些措施将影响到在该国民事和军事部门工作的公民，以及退休人员与学生，包括住房、教育和医疗保健费用以及工资的上涨。这些措施包括：国家将在一年里为使用私人医疗和教育的公民承担增值税。此外，对于首次购房者，国家将承担购买金额高达850000沙特里亚尔的增值税；与此类似，文职和军事人员的工资将会增加1000沙特里亚尔，而福利领取者和领取养老金的人将在一年余下的时间里每月获得额外的5500沙特里亚尔；公立大学的学生每月津贴将增加10%以帮助他们应对增值税；政府支持公立大学的沙特学生，将每月津贴定在850～1000沙特里亚尔；在沙特阿拉伯南部边界处驻扎的士兵将获得5000沙特里亚尔的一次性奖金。

吉尔吉斯斯坦 2017年4月12日，吉尔吉斯斯坦总统签署了第57号法律，免除私立普通教育学校的公司所得税和增值税。该法律自其正式公布后15天生效。

乌兹别克斯坦 2017年8月10日，乌兹别克斯坦总统签署了第3199号法令，发布珠宝行业免税规定。自2018年1月1日起，珠宝零售业免征增值税。此外，下列豁免适用至2020年1月1日：①珠宝制造商在销售珠宝时免征增值税和消费税，包括进口（如法令所述）。已发行的资金必须重定向到生产的重建和现代化以及循环资产的补充。②商业银行可以免除增值税，也可以免除国家基金对贵金属销售收入的强制性缴款。

2018年1月23日，总统签署了一项法令，终止对进口药品和其他医疗产品的增值税免除规定。根据税法，进口药品和其他医疗产品目前免征增值税；然而，这项免除将于2019年1月1日终止。此外，在2018年4月15日至2019年1月1日期间，这一免除只适用于不在乌兹别克斯坦生产的进口药品和其他医疗产品。

亚美尼亚 2017年3月30日，亚美尼亚政府批准对企业和个体企业家进口不征收消费税的商品清单上的法律进行修订。修正案规定，机器、设备和原材料的进口不受增值税的限制。修正案将适用于从2018年1月1日起出口到亚美尼亚的货物。

印　度 2017年5月18日—19日，第14次货物劳务税（Goods and Service Tax，GST）理事会会议将GST税率大致分为四个档次，即5%、12%、18%与28%，并列示了免税清单内的货物及劳务——清单内的项目在货物劳务税税制下免于缴税。此外，会议还提出了一项针对有选择的、少量几类货物的补偿措施（如咖喱香料、香烟、软饮料、机动车辆、摩托车等）和新的税目分类方案。GST理事会最终批准的GST税率表如下：货物GST税率表（98类、1211项指定货物）；对某些货物（55种指定货物）的GST征收补偿税率表；针对劳务（36项指定劳务）的GST税率表以及进项税额抵免适用情况；逆向征收机制下针对劳务（18项指定劳务）的GST税率表；在GST制度下免缴税的劳务清单（83个目前免劳务税的特定劳务）。

越　南　2017 年 8 月 17 日，越南财政部提出重大税改建议，主要内容包括提高增值税税率，即标准税率将自 2019 年起从 10% 提高至 12%。

■ 欧洲

奥地利　2018 年 2 月 28 日，奥地利政府批准了一项修改增值税法案的草案，并提交国会议案。草案规定对住宿服务（包括与此类服务有关的早餐）的税率进行下调。目前，住宿服务的税率将下调 13%，而与住宿有关的早餐税率将下调 10%。草案规定，将自 2018 年 11 月 1 日起对住宿服务的税率下调 10%。

白俄罗斯　2017 年 5 月 15 日，白俄罗斯税务部发表了 2－1－10/00817 号文件，阐述了非居民向白俄罗斯法定居民提供服务的增值税和企业所得税的规定，涉及寻找潜在的客户或提供潜在客户信息。该文件特别提到了 Booking. com B. V.（荷兰）公司提供的服务。文件中特别指出，Booking. com B. V. 的服务实质上是搜索潜在客户或提供潜在客户信息的服务。自 2017 年 1 月 1 日起，此类服务需缴纳 20% 的增值税。每项业务都必须计算并汇出增值税，无论服务的接受人是否免征增值税。该文件进一步阐明，非居民法人实体提供的服务应视为在服务接受人为该服务进行支付（包括预付款）的日期提供，或在有关人士就该服务履行支付义务的日期提供。如果该服务由非居民法人实体通过白俄罗斯境外的常设机构提供，则服务的接受方必须出具电子增值税发票，并在支付该等服务的日期将其上传到商务部的电子增值税发票门户网站。

2018 年 2 月 16 日，白俄罗斯税务部和海关委员会发表 2018 年 2 月 6 日第 2－1－9/00237 号令，说明了对出售被法院没收的债务人财产征收增值税的申请。法令中确认，法院执行人员出售债务人财产应缴纳增值税，但销售收入用于履行纳税义务或支付行政犯罪罚款的除外。与此同时，法院的执法人员无权要求被没收财产的买方支付增值税。增值税必须由债务人在寄给买方的文件中开票。法令中商务部提供了一些例子，例如由债务人和买方签署的对账单或由债务人出具的电子增值税发票。根据该法令，计算增值税的税基是销售价格，而不考虑货物的收购价值或固定资产的折旧价值，也不考虑法院确定的扣押和随后出售财产的价值。增值税计算为销售价格乘以 20%（增值税标准税率），除以 120（100＋标准增值税税率）。因此，销售价格已经包含增值税税额。

保加利亚 保加利亚国家税务局（National Revenue Agency，NRA）于2017年11月2日发布就纳税人关于贷款中介服务增值税方面的要求，包括：①事实。参与了估值和咨询服务的保加利亚公司与保加利亚银行达成委托客户向银行申请贷款的协议。对于每个被提及的客户，公司从银行得到报酬。②问题。由公司向银行提供的中介服务是否应被视为免征增值税的金融服务。③国家税务局的答复。国家税务局答复说，即使由中介提供信用证的谈判，也应被视为免增值税金融服务。

然而，为了使中介提供的服务被认为是“信用协商”，被委托的客户是否与银行签订了贷款协议是具有决定意义的标准。如果贷款协议结束，中介人将被视为向银行提供信用证服务，免征增值税。但是，如果没有缔结贷款协议，中介服务将被归类为其他服务（如行政、广告、信息提供），这不是增值税豁免的信用协商，因此应遵循一般增值税规则。

比利时 2017年12月10日，比利时颁布关于修订增值税税率的第20号皇家法令，并于12月22日在国家公报上公布。该法令规定自2018年1月1日起，将卫生巾、卫生棉条、内裤和其他女性卫生用品（如月经杯），以及为除婴儿外的人的生殖器区域提供卫生保护的私处纸巾税率降低至6%。此外，6%的增值税税率也将适用于体外除颤仪。除颤器是一种通过使用电击使一个无意识的病人的心脏停止室颤，从而恢复到正常的心率的装置。供非专业人士使用的自动体外除颤仪（AEDs）可以在公共场所找到。

俄罗斯 2017年7月20日，俄罗斯财政部发布了第03－07－11/46162号法令，明确了从重组的公司转移到法定继承人的不动产的增值税处理。财政部表示，根据税法第309（3）条第2款规定，在重组过程中，对于公司的固定资产、无形资产或其他资产的转给它的合法继承人的这种转让不应被视为出于增值税目的一个应税供应。因此，财政部明确阐明，将不动产从重组的公司转移到法定继承人不应缴纳增值税。

2018年2月20日，财政部确认了一个非居民法人实体向另一个通过在俄罗斯的常设机构开展其活动的非居民法人实体提供咨询服务的增值税适用办法。财政部表示，根据两个非居民法人实体之间的合同，如果咨询服务直接向非居民法人实体提供，而不是其在俄罗斯的常设机构，这种服务不视为在俄罗斯提供，因此无须在俄罗斯缴纳增值税（税法第148.1条）。

2018年3月2日，财政部明确了以不动产形式支付股息的增值税处理办法。参照税法第146（1）条，财政部规定，在俄罗斯涉及销售货物的交易必须缴纳增值税。对于增值税而言，这也适用于免费转让货物的所有权。鉴于上述情况，财政部认为，如果一家公司以不动产形式向其创始人支付股息，则该转让须缴纳增值税。

2018年3月2日，财政部明确，俄罗斯公司委托外国公司在国外组织会议是否需要缴纳增值税的问题。在俄罗斯境内提供货物和服务，须在俄罗斯缴纳增值税。根据税法第148（1.5）条，服务被认为是在服务提供公司开展活动的地点所提供，但税法第148（1.4.1）条和（1.4.4）条规定的服务除外。与会议、论坛和其他类似事件的组织有关的服务没有列入税法第148（1.4.1）和（1.4.4）条；因此，外国公司向俄罗斯公司提供此类服务的地点不应被视为位于俄罗斯境内。因此，财政部得出结论，此类服务不用缴纳俄罗斯增值税。

荷　兰　2017年9月19日，荷兰财政部部长向议会下院提交了2018年税收计划。关于增值税和其他间接税的最重要提案将于2018年1月1日起实施，涉及增值税的内容概述如下。

①医药用品：医疗用品的定义将会被修改，只有已获得交易许可证（因此被纳入医疗用品登记册）的医疗产品才有资格享受6%的增值税减免。这一措施旨在明确哪些产品可能受到这一减税政策的影响。最高法院已经决定，含有氟化钠的牙膏和含有UVA和UVB滤光物质的防晒霜也可以被认为是合格（降低税率）的医疗用品——政府认为这不是医疗用品减免增值税制度的目的。

②海船供应：现行的《欧盟增值税指令》（2006/112）规定，成员必须免征用于运输乘客、货物，以及捕鱼等的船舶的增值税。该项豁免亦适用于附属货品及服务的供应（例如装载该等船只、修理及维修该等船只）。然而，欧盟委员会发现，荷兰实施该指令的规定过于宽泛，因为它并不只适用于远洋船舶。因此，税收计划建议修改相关立法以达到这一目的。

立陶宛　2018年2月19日，国会议员提出修改增值税法的建议。如果议会通过，修正案将于2019年1月1日生效。根据拟议的修订，9%的增值税低税率适用于：食物（除了含酒精饮料以外的饮品）；用于制备食品的种子、植物和原料；其他用作食品添加剂或代用品的产品。

马耳他　马耳他税务机关发布了自2018年1月1日起施行的《赌博服务增值税准则》（指南）。根据欧盟增值税指令，该指南明确规定了哪些赌博服务符合增值税法案下的增值税免税。具体包括：提供任何用于投注的设施，包括书商、投注交易和任何等价设施的服务；授予参加乐透或彩票的权利，包括大抽奖、超级5、刮刮卡、基诺和其他彩票类型游戏；授予参与宾果游戏的权利；为玩家提供设备或用于玩赌场类型的机会游戏，其结果是由随机生成器确定的，包括用于对着房子和老虎机玩轮盘赌、二十一点、巴卡拉纸牌游戏以及扑克牌时用的桌子；以及构成与上述有关的潜在赌博或博彩交易的一部分的严格要求的、与之相关的和必要的供应。财政部长还颁布了《2018增值税条例》（第五修正案），根据该规定，将拥有合法指定玩扑克的房间或其他空间出租给玩家的租金，在没有信贷不动产允许的情况下，被添加到免税名单中，这一举措是应增值税法第二部分目的而采取。

摩尔多瓦 2017年6月12日，摩尔多瓦国家税务总局（State Tax Service，STS）明确了美国居民从向摩尔多瓦居民提供的IT服务中获得收入的征税问题。

摩尔多瓦国家税务总局（STS）指出，根据税法第91（1）条，对于向非居民支付税法第71条规定的服务的款项，适用12%的预扣税。根据税法第70条的规定，非居民收入分为：①来自摩尔多瓦商业活动或雇佣合同获得的收入；②来自摩尔多瓦境外的商业活动或雇佣合同收入。但是，在确定非居民的应纳税所得额时，将考虑来自摩尔多瓦的收入，且与来自摩尔多瓦的收入相关的费用将被允许扣除。

与此同时，根据税法第71（b）条，摩尔多瓦境内非居民的收入被视为来自服务的收入，包括管理、财务、咨询、审计、市场营销、法律、代理和提供给居住在摩尔多瓦的居民或非居民，通过常设机构提供的服务，这些收入被视为该常设机构的费用。

税法第4（1）条规定，税收条约的规定优于国内立法。由于摩尔多瓦和美国之间没有缔结税收协定，因此根据税法第91（1）条，从向摩尔多瓦居民提供的IT服务中获得的美国居民的收入按最后预提12%的税率征税。

2017年4月20日，摩尔多瓦国家税务总局（STS）阐明了纳税人是否可以在向被宣告破产的客户销售产品时申请增值税抵免。其指出，根据税法第5（32）条的规定，坏账是根据有关法院的判决，不可能收回的应收账款，根据该判决，不可能收回债务。债务只有在有相关文件确认某一特定情况的发生并依法产生某种法律形式时才被认为是不良的。因此，法院决定对债务人进行清算并将其排除在国家登记册之外的行为构成了将债务作为不可收回的债务的理由，并承认债权人无法提出偿还债务的要求。因此，如果存在证明债务为不可收回的文件，按照税法第116（1）条的规定，纳税人可以申请增值税抵扣。

2018年2月19日，摩尔多瓦国家税务总局（STS）明确了是否允许为建造用于储存和销售而购买和拆除的建筑物减征增值税。其指出，按照税法第102条第1款的规定，纳税人在其营业活动范围内，可以对为提供应税劳务而购买的物品和服务抵扣增值税进项税额。因此，只要将用于商业活动的新不动产建在原址上，就允许对已购买的、后来拆除的建筑物进行增值税抵扣。同时，允许增值税进项税抵扣包括：装载、卸载、建筑工地准备、安装和组装、测试和检验建筑工地的功能、根据指定用途准备土地（矫平、清洁、拆除旧建筑、排水成本等）以及支付建筑师、工程师和其他专业人员的费用。

葡萄牙 2017年6月1日，葡萄牙公布了第185/2017号外交法令。该外交法令建立了一个电子信息系统，用于处理非欧盟旅行者在葡萄牙购买货物的增值税豁免事务，这些货物均由非欧盟旅行者或其代表客户在葡萄牙境内购买。该新电子资讯系统旨在简化豁免程序，减少旅客的轮候时间，促进旅游业，防止欺诈行为。该项外交法令于2017年7月1日生效。

瑞　典 2018年2月9日，瑞典税务署公布了第202 54979－18/111a号指引，文中说明了房东的电力、燃气和水供应行为何时征收增值税。作为一个主要规则，房东将财产出租给租户是免税的。如果房东向其租户提供的电力、煤气和水等是该财产租赁的一部分，则该供应免税。对电力、煤气和水的供应是单独的交易还是财产租赁的一部分必须根据每种情况的情况进行评估。这种评估可以包括例如租赁协议的内容，特别地，定价和计费应当被考虑在内。

业主向租户提供电力、燃气和水通常包括在该物业的租金中。在这种情况下，税务机关认为提供应被视为财产租赁的一部分。但如果电力、煤气和水是根据实际消费分别收取的，那么提供电煤水就构成了与财产租赁分开的交易。因此，这种提供是应纳税的。这点同样适用在如果承租人经常拖欠付款，并且实际消费时有调整的情况下。

瑞　士 2017年3月17日联邦法令（通过提高增值税以对OASI养老金进行额外资助）以及2017年3月17日联邦法令（关于2020年养老

金改革）都在2017年9月24日的全民公投中被否决。因此，从2018年1月1日起，下列增值税税率调整为：常规税率7.7%（2017年是8%）；提供住宿服务的特别税率3.7%（2017年是3.8%）；低税率2.5%（2017年是2.5%）。

塞浦路斯 2017年12月29日、2018年1月2日，塞浦路斯税务部门先后发布了关于征收出售未开发建筑用地的增值税及商业不动产租赁的E219和E220通告。这些通告提供了关于实施增值税修正案的澄清意见，增值税税法于2018年1月2日生效。根据税法修订条例规定，对未开发建设用地征收增值税，仅在人行使“经济活动”出售土地时进行征税。但不包括对什么构成经济活动的定义。因此，每个案件都将由当局单独审查，以评估一个人是否进行经济活动（例如，通过遗嘱转让或偿还债务的土地出售不是经济活动）。公司拥有的土地销售将被自动视为从事经济活动的人的销售，因此对于个人是否从事经济活动的审查只能通过个人销售土地来进行。不用于开发的土地（如农用地、开发区以外的土地、位于建筑区外的土地或位于环境区内的土地）不受增值税的限制。根据税法修订条例规定，对不动产租赁实行增值税处理，增值税只适用于新规定适用后生效的租赁合同。因此，在2018年1月2日之前签订的租赁协议，无论是否有可能续签，都不受增值税的限制。此外，不动产必须出租给从事经济活动的人。在这种情况下，出租人就租金收入缴纳增值税，或者告知所得税办公室向他们申报增值税。业主的选择对于具体的租约是不可以撤销的，任何新的租赁合同将遵循相同的初始选择。出租人有权在建筑物的建造/维修上申报增值税。

乌克兰 乌克兰国家财政局（State Fiscal Service，SFS）于2017年6月12日发布第581/6/99－99－15－03－02－15号文件，明确规定应纳税义务人在其经营活动范围内，对未用于应税交易购进的货物和劳务，应当征收增值税。于2015年7月1日以后购买增值税货物和服务的，无论应税人员是否将增值税计入增值税抵扣，都应征收增值税。

2017年10月20日，乌克兰国家财政局发布第2321/6/99－99－15－03－02－15号文件明确，国家文化产品的供应按税法规定可以免征增值税。

2017年11月16日，乌克兰国家财政局发布第2626/6/99－99－15－03－02－15号文件中阐明，如果提供下列文件，供应代用燃料的工程车将取得增值税豁免：①在乌克兰生产的工程车，制造商提供的技术文件表明该车辆打算使用替代燃料或生物燃料；②进口到乌克兰的工程车。除上述文件外，还需提供工程车进口协议和由乌克兰经济发展与贸易部签发的确认该进口车在乌克兰没有生产且没有类似产品的确认函。

2018年2月7日，内阁第85号命令自2018年2月21日起正式生效。规定对于为在乌克兰境内生产而进口到乌克兰关税地区的设备，可分2年缴纳增值税。要选择分期缴纳增值税，纳税人必须向乌克兰国家财政局海关提出申请。申请时，必须附有根据《海关法》第335条提供的文件，以及下列文件：①说明技术过程、经济计算和预期业绩的商业计划或其他文件；②如果有国家当局、专家机构、组织、国家标准和企业标准、技术条件、技术文件和确认生产能力和房地可用性的文件。海关在10个工作日内就申请做出决定。如在接获申请当日，应缴的增值税额超过100万元，有关决定将与财务部首长于25个工作天内签订。

2018年2月9日，乌克兰国家财政局公布了2018年1月15日154/6/99-99-15-03-02-15/IPK指导文件，明确了增值税在乌克兰非居民转为居民不动产转租中的应用。具体地，根据税法第185.1条（b）的规定，在乌克兰提供服务应征增值税，与不动产有关的服务提供地就是不动产所在的位置（税法第186.2.2条）。因此，乌克兰国家财政局裁定，在乌克兰由非居民向居民转租不动产的服务被认为是在乌克兰提供的，应征收增值税。

2018年2月15日，乌克兰国家财政局对通过许可协议提供软件的增值税处理进行了确认，声明如果软件的使用条款不受许可协议的限制，那么支付的许可费将被视为特许权使用费，因此不需要缴纳增值税。但是，如果在许可协议下使用、生产或分发软件副本，则不视为特许权使用费，并在2013年1月1日至2023年1月1日期间暂时免征增值税。

2018年2月20日，乌克兰国家财政局明确了使用知识产权的增值税处理办法。在未取得知识产权所有权的情况下使用知识产权获取的报酬，不征收增值税。但是，如果知识产权用于出售、使用或处置，则该交易须缴纳增值税。

2018年2月27日，乌克兰国家财政局明确了非居民向乌克兰居民提供建筑和维修服务的增值税处理办法。根据税法第185.1（b）条，在乌克兰提供的服务须在乌克兰缴纳增值税。建筑工程的准备和执行，以及与不动产有关的其他服务，均视为在该不动产所在地进行（税法第186.2.2条）。因此，国家财政局认为，如果由非乌克兰税收居民（或常设机构）

向乌克兰居民提供建设和维修服务，该服务的居民受益人必须以 20% 的税率计算和汇款增值税（税法第 194. 1. 1 条）。

西班牙 西班牙的税务总局第 V2170 – 17 号约束力裁定于 2017 年 8 月 22 日发布，个人之间通过互联网出售二手货物不应征收增值税，而是应征收转让税。该项裁决基于《转让税和印花税条例》第 4 条（1993 年 9 月 24 日的皇家立法法令 1/1993）。然而，如果是在企业经营过程中被认为是增值税的企业家所经营的话，这些交易将征收增值税。因此，在其经营过程中不作为企业家的个人出售二手货物时应缴纳转让税，由收款人按照适用于物品的实际价值的相应税率支付，即动产的 4%。

希　腊 希腊增值税法律不允许对坏账征收增值税，除非债务人被置于希腊破产法中规定的特殊清算程序之下。过去几年，由于金融危机，很多人要求修改增值税法律，以便在客户违约的情况下可以收回坏账的增值税。因此，2017 年 6 月 9 日，希腊独立公共收入管理局（Independent Public Revenue Authority，IPRA）发出 1080/2017 号通告，对确认无法收回的坏账增值税作出规定：纳税义务人依法注销坏账时，有权扣除相应的所得税税额，也有权扣除与注销的坏账对应的增值税额（作为费用）。

意大利 2017 年 6 月 21 日，意大利议会通过第 96 号法律，作为 2017 年 4 月 24 日颁布的第 50 号法律的修订版。其中关于增值税的具体措施概括如下：

（1）关于分付制：根据法律第 1（1）至（4）条，自 2017 年 7 月 1 日起，分付制公司扩展至：①根据《民法典》第 2359（1）和（2）条的规定，直接或间接由部长和部委主席控制的公司；②根据《民法典》第 2359（1）条的规定，由当地公共机构直接控制的公司；③根据《民法典》第 2359（1）条的规定，由上述公司直接或间接控制的公司；④在富时 MIB 意大利证券交易所上市的公司。

分割支付系统独立于合格买方进行的（机构或商业）活动。唯一的例外是管理国家财产的公共机构，其采购涉及集体使用权的管理。此外，分付制不适用于受逆向收费机制约束的供应品。但是，它的适用范围也扩大到所得税预扣的专业服务的履行。

应供应商的要求，合格的购买者必须出具一份声明，证明他们属于分割支付系统的范围。此外，自 2018 年 1 月 1 日起，将采取其他措施以加快向符合条件的供应商退款。

（2）关于辅助用品：根据增值税条例第 12 条规定，法律第 1 条明确规定，为乘客车辆提供的运输服务，符合作为附属用品的条件。

（3）关于抵扣和退还进项税额：根据增值税条例第2条，修改增值税条例第19（1）条，购进、进口货物和劳务的进项税额，在应缴增值税时可以追缴并可以行使相应的抵扣权，最迟可在产生增值税的年度申报税额中追缴。这一规定适用于2017年1月1日发出的发票和海关单据。同样，发票和海关单据必须在提交与当年有关的年度增值税纳税申报单的截止日期之前记入增值税分类账。

（4）关于教育服务：《法律条例》第2-2条规定，某些区域机构和机构提供的对大学生的食物和住宿规定符合《增值税法案》第10（1）（20）条规定的豁免交易。

（5）增值税税率：根据《法律条例》第9条的规定，如果已实施的开支削减无法提供估计的预算资源，当前22%的标准增值税税率将作如下修改：2018年1月1日起25%；2019年1月1日起25.4%；2020年1月1日起24.9%；2021年1月1日起25%。此外，目前减少的10%的增值税税率将增加到：2018年1月1日起11.5%；2019年1月1日起12%；2020年1月1日起为13%。

意大利税务局（Italian Tax Authorities，ITA）公布了2017年5月3日的第56/E号决议，对含有不同增值税税率的若干产品的单一包装的供应提供适用的增值税税率做出明确说明。在此情况下，应税人员对含有不同食品的单一包装进行供应，同时享受5%的超减增值税税率和22%的标准增值税税率。税务局阐明，在这种情况下，供应必须服从标准的增值税税率，而不考虑包装中包含受超低增值税税率限制的流行商品。

英　国　英国消费者支付的非欧盟境内产生的手机费用自2017年8月1日起缴纳英国增值税，而之前英国消费者在欧盟境外使用手机产生的费用不会被征收英国增值税。这一举措是为了鼓励欧盟境内企业及个人在欧盟境内消费以刺激欧盟整体内需上升。

■ 美洲

巴　西　2017年5月12日，巴西公布了《2017年个人法规》，明确指出，预提税、对净利润的社会缴款、对雇员利润参与计划的缴款和对社会保障融资的缴款不得对如下居民法人实体之间的交易征税：①将“多拷贝”或标准化软件系列中的软件商业化及其更新；②针对特定市场或细分市场的通用和非专有软件的永久许可；③租赁或许可（在特定时间段内使用）用于特定市场或细分市场的通用和非专用软件的副本；④维护和远程技术支持，目的是维护更新后的软件，以便继续服务于被许可方（在此情况下，CSLL 和 PIS/COFINS 是适用的）。

10 月 5 日，政府公告公布了第 106/2017 号国家协议。该协议规定了涉及标准化数字产品的交易规则，如通过电子手段销售和交付打包软件、游戏、应用程序、电子文件及相似产品等。协议的主要内容有：只有涉及最终消费者的交易征收国家增值税；增值税将通过交易的网站或电子平台收集，以利于买方所在国的利益；在进口交易中，征收税款的责任可以由信用/借记卡管理机构或作为外汇中介的金融公司负责。该协议将自 2018 年 4 月 1 日起生效。

哥伦比亚 哥伦比亚 2017 年第 1515 号法令于 9 月 15 日在政府公告上公布并自该日起生效，对《智能设备增值税豁免税法》第 424（6）条作出了规定。2017 年第 1515 号法令的详情如下：①不超过 22 个税项单位的智能设备（手机和平板电脑）免征增值税；②对 2016 年第 1625 号法令相关条款进行修改，规定手机和平板电脑必须遵守的技术要求，以符合增值税豁免的条件。

哥伦比亚国家税务局发布了关于自 2017 年 1 月 1 日起适用于销售无形资产的增值税规定，具体如下：①根据 2016 年第 1819 号法律第 173 条（最近的税务改革）修订的税法第 410（b）条，出售或转让与工业财产有关的无形资产的权利需缴纳增值税。②在国家税务局看来，对于无形资产，增值税应税事项是直接与工业产权相关的权利的出售或转让。为此目的，国家税务局认为工业产权的定义应对应于保护与农业、商业和工业有关的、适用于生产部门任何活动的无形产权。在此情况下，为了保护哥伦比亚的工业产权，必须在工商监督登记。在知识产权（包括工业产权）的情况下，国家税务局认为，它对应的是人类在科学、文学、艺术、工业或商业领域的天赋或创造力的保护。③在版权和工业产权方面，国家税务局认为，虽然两者都是知识产权的类型，但都有不同的特点。由于税法第 420（b）条只涉及工业产权，因此版权的转让或销售不需缴纳增值税。

哥伦比亚国家税务局公布了 2017 年关于军队和国家警察购买软件的增值税的规定。2017 年第 7081 号规定的细节概述如下：①税法第 477 条，根据《2016 年法律》第 188（3）（n）条的修订，提供了增值税专用的零级项目清单，包括武装部队和国家警察所需的软件。②在国家税务局看来，提供软件维护和支持服务被认为是一种单独的服务交易，按照一般规则进行增值税纳税。

哥伦比亚国家税务局公布的2017年第4850条法规宣布，对支付给社保养老基金的费用征收增值税。细节概述如下：①税法第476（3）条规定，除另行规定外，管理公共基金和与社会保障有关的基金的费用不包括在增值税之内。②在国家税务局看来，如果养老基金向集体投资基金支付管理费，那么所涉及的服务被认为与社保基金相关，因此，根据税法第476（3）条，管理费不包含在增值税中。然而，国家税务局认为，在同一家集体投资基金中，投资者支付的费用需要缴纳增值税，除非投资者是一家养老基金。法院撤销了2014年第19120号法令。

秘　鲁　2018年3月3日，秘鲁税务总局在政府公告上公布了第071－2018号决议。该决议修正了第183－2004－SUNAT号决议，规定了适用于增值税交易的增值税提取规则。该决议将已支付的服务费（包括增值税）从10%提高至12%。提取增值税适用于外包服务、动产修理和其他增值税专用服务。该决议于2018年4月1日生效。

■ **非洲**

埃　及　自2017年7月1日起，埃及增值税标准税率上调至14%，且新税率应反映在增值税退税中。

加　纳　2017年10月2日，加纳税务局局长阐明，自2017年7月1日起实施的增值税统一税率计划只适用于零售商和批发商。因此，制造商和服务提供商必须继续以17.5%的标准税率缴纳增值税及国民健康保险税。

■ **大洋洲**

澳大利亚　自2017年4月1日起，澳大利亚政府将向购买作为增值税用途的黄金、白银、铂金的个人或企业征收逆向增值税，税率是10%。购买贵金属时，买方需提交商业活动申明并向澳大利亚税务局（Australion Taxation Office，ATO）报告并支付相应的增值税；卖出贵金属时，卖方不再需要支付增值税（GST），但需在纳税单据上明确表明这是逆向增值税交易，并负责提交商业运作表（BAS）报告交易详情。

同样，自2017年4月1日起施行的规定把贵金属商品排除在二手商品范围之外，以确保增值税注册实体通过购买不同形式的贵金属来获取不正当进项税退税优惠。然而，为保护二手珠宝和收藏品市场的真正参与者，并非所有贵金属商品都被排除在二手商品定义范围外。

2.4.2.2 消费税改革动态

■ **亚洲**

阿联酋 2017年8月22日，阿联酋财政部宣布自2017年10月1日起开征消费税。2017年第7号联邦法令最终在阿联酋落实了海合会（GCC）的消费税框架协议。在该法令下，烟草和能量饮料将以100%的税率被征收消费税，而软饮料将被按照零售价的50%征税。阿联酋境内以及在其机场和免税区销售的商品都包含在税收范围内。

孟加拉国 2017年6月28日，孟加拉国议会通过2017/2018年度预算案，涉及多项税收政策，如提高香烟消费税（又称“补充税”）：低端的国内和国际品牌香烟税率分别提高至52%和55%；对电子香烟按100%税率征收补充税和25%的关税等。

吉尔吉斯斯坦 2017年4月28日，吉尔吉斯斯坦总统签署了第65号法律，公布了2018年1月1日至2023年1月1日期间烟草制品的消费税税率（见表2－22）。

表2－22 吉尔吉斯斯坦烟草制品的消费税税率（2018.1.1—2023.1.1）

单位：索姆

产品类型 \ 年度	2018	2019	2020	2021	2022
含或不含过滤器的香烟、俄罗斯无过滤嘴香烟（每1000支）	1250	1500	1750	2000	2250
小雪茄（每1000支）	920	1060	1220	1400	1610
雪茄（每件）	115	130	150	175	200
松烟草（每千克）	460	530	610	700	800

资料来源：IBFD全球税制数据库 http：//www.ibfd.org。

日　本 从2017年10月1日开始，日本正式针对外国游客在日购买的酒类实施免除酒税和消费税的政策。日本各地获得免税许可的酒窖、葡萄酒庄园、威士忌蒸馏所等地购买的酒类产品都在享受该政策的范围之内。

沙特阿拉伯 2017 年 4 月 16 日，沙特阿拉伯议会通过了对奢侈品和有害产品征收消费税法律草案，并提交国王批准。其中，对烟、酒和功能性饮料的选择性税率为 100%，碳酸饮料的选择性税率为 50%。

乌兹别克斯坦 2017 年 8 月 10 日，乌兹别克斯坦总统签署了第 ПП-3199 号法令，对珠宝业实行免税。即从 2018 年 1 月 1 日起，珠宝首饰零售免征消费税。此外，下列免税条件适用至 2020 年 1 月 1 日：珠宝制造商免除增值税和包括进口在内的首饰销费税（如该法令所述），所省下的资金必须转投到生产重建及现代化、流动资产的增资中；商业银行免征增值税，销售贵金属的收入也免于向国家基金义务上缴款项。

■ 欧洲

爱沙尼亚 2018 年 1 月 16 日，爱沙尼亚议会通过了《酒精、烟草、燃料和电力消费税法案》的修正案，该法案降低了原计划对酒精消费税的提高幅度。从 2018 年 2 月 1 日起，对啤酒、发酵饮料、酒精含量高达 6% 的葡萄酒和其他酒类的消费税增税幅度降低 50%。据此，从 2018 年 2 月 1 日起，啤酒、发酵饮料和酒精含量高达 6% 的葡萄酒的消费税将提高 9%，其他酒类的消费税将提高 5%。消费税税率的降低是爱沙尼亚与拉脱维亚的边境贸易急剧增长造成的，拉脱维亚的酒精消费税税率要低得多。已确定在 2019 年、2020 年对酒精提高消费税的计划目前仍保持不变。发酵饮料和酒精含量超过 6% 的葡萄酒的消费税将在 2019 年、2020 年提高 20%，其他酒类的消费税将提高 10%。

保加利亚 2017 年 8 月 4 日，保加利亚法律公报公布了《消费税和税收仓库法案修正案》。其中对卷烟的从量和从价消费税作如下修改：电子烟所含烟草将按照每公斤 152 列弗的税率缴纳消费税；从价消费税将从目前销售价格的 27% 降至 25%；每千支烟支付的从量消费税将增加至 109 列弗。该修正案于 2018 年 1 月 1 日起生效。

比利时 2018 年 2 月 12 日，比利时政府公告公布了一项关于提高柴油和汽油消费税的通知。修订后的税额自 2018 年 2 月 13 日起生效，具体如下：对于特定汽油产品，每 1000 升的税额为 362 欧元；对于特定柴油产品，每 1000 升的税额为 346 欧元。

俄罗斯 2017 年 3 月 16 日，俄罗斯卫生部公布了一项提案，即根据俄罗斯联邦公共议院在讨论新的反吸烟战略后提出的建议，对烟草制品征收“健康税”。目前，对烟草产品征收的税收总额（即消费税、增值税、营业税）占香烟成本的47.6%。而卫生部提案建议将总税额提高至70%，并在未来进一步增加。而增缴的税收须符合以下条件：征税所得必须用于资助旨在减少烟草消费、促进健康生活方式及体育活动的措施。

2018年3月1日，俄罗斯工业和贸易部公布了2018年1月1日起征收车辆消费税的乘用车名单。根据《税务条例》第362条，按以下税率对价值高于300万卢布（约5万欧元）的乘用车征收车辆消费税（见表2－23）。2018年，该清单涵盖1126款车型，而2017年为909款。

表2－23　俄罗斯车辆消费税税率

汽车价值（卢布）	制造年限	税率（%）
300万～500万	3年以下	1.1
500万～1000万	5年以下	2
1000万～1500万	10年以下	3
1500万以上	20年以下	3

资料来源：IBFD全球税制数据库 http：//www. ibfd. org。

法　国　2018年1月10日，法国海关总署发布通知，要求自2018年1月1日（除非另有说明）起增加酒精和非酒精饮料税。新税率（额）见表2－24。

表2－24　法国酒精和非酒精饮料税税额

产品	税额（欧元/毫升）
葡萄酒	3.78
除葡萄酒和啤酒外的发酵饮料	3.78
汽酒	9.35
苹果酒、蜂蜜酒、梨酒	1.33
浓度低于2.8%的啤酒	3.71
浓度高于2.8%的啤酒	7.42
甜饮料	7.55

资料来源：IBFD全球税制数据库 http：//www. ibfd. org。

摩纳哥 2018年3月2日，摩纳哥官方公布了2018年2月22日第6.810号主权法令，调整了销售贵金属的税率。据此，销售贵金属的税率稳定在11%。以前的税率是10%。新税率自2018年1月1日起生效。

瑞　典 瑞典的飞行税法（LSF）于2018年4月1日生效。该税法同时适用于商业航班和政府航班，对从瑞典机场起飞、承载量超过10人的飞机的乘客征收飞行税。但是，飞行税法第4款规定，属于下列类别的人员不缴飞行税：两岁以下儿童；因技术干扰、天气状况或其他突发事件造成航班取消而未到达目的地的旅客；飞行期间值班的飞行人员；已抵达瑞典机场，并有相关证件载明继续乘坐同一飞机（过境乘客）的乘客；已抵达瑞典机场，并有相关证件载明24小时内继续乘坐另一飞机（换乘乘客）的乘客。依据航班的目的地，飞行税的征税额为每位乘客60瑞典克朗、250瑞典克朗或400瑞典克朗。飞行税的纳税主体是经营航班的航空公司。

塞浦路斯 2017年9月22日，塞浦路斯议会通过了第128/2017号法律，修订了2004年的消费税法律。该法律引入了一种针对电子烟消费的新税，规定用于电子烟的液体须缴纳每毫升液体0.12欧元的消费税。此外，该法还考虑到预计的非燃烧类烟草制品进口情况，规定这类产品每公斤需缴纳消费税150欧元。

乌克兰 2018年2月28日，乌克兰国家财政局（SFS）明确了消费税的适用范围，零售酒精和烟草制品应缴纳消费税。但对于因个人使用而被损坏、销毁、丢失或退回的酒精饮料和烟草制品，免征消费税。

■ 美洲

阿根廷 2017年11月29日，阿根廷官方公告中发布关于减少某些电器和电子产品应税税率的第979/2017号法令。其中，消费税法第70条第2项所列项目的税率降至10.5%。但是，如果这些物品是根据在火地岛建立特别关税区的第19640号法律制定的制度生产的，则税率为0。为了识别税率降低的货物，该法令附有一个附件，内含相关货物对应的统一海关编码。一般来说，这些货物有空调设备、通讯设备（含智能手机）、计算机显示屏、计算机投影仪、记录或复制音像的设备等。该法令于2017年11月29日生效，适用于2017年11月15日至2018年12月31日的应税活动。

2017年12月29日，阿根廷《政府公报》发布第1111/2017号行政部门令，自即日起生效。该法令降低了第24674号法律修正案对汽车、摩托车、船舶和飞机征收的消费税。包括如下几类：①汽车和越野车，不包括公共汽车、救护车等；②带有发动机的裸底盘；③发动机（见表2－25、表2－26、表2－27、表2－28）。

表2－25　　阿根廷汽车和越野车消费税税率

销售价格（阿根廷比索）	税率
不超过900000的部分	0
超过900000的部分	20%

资料来源：IBFD全球税制数据库http：//www. ibfd. orghttp：//www. ibfd. org。

表2－26　　阿根廷摩托车消费税税率

销售价格（阿根廷比索）	税率
不超过140000的部分	0
超过140000的部分	20%

资料来源：IBFD全球税制数据库http：//www. ibfd. orghttp：//www. ibfd. org。

表2－27　　运动和娱乐活动的船舶和舷外马达船舶税率

销售价格（阿根廷比索）	税率
不超过800000的部分	0
超过800000的部分	20%

资料来源：IBFD全球税制数据库http：//www. ibfd. orghttp：//www. ibfd. org。

表2－28　　运动和娱乐活动的飞机税率

销售价格（阿根廷比索）	税率
不超过240000的部分	0
超过240000的部分	20%

注：用于运动和娱乐活动的飞机包括飞机、滑翔机和直升机。
资料来源：IBFD全球税制数据库http：//www. ibfd. org。

在确定税基时，附加项目必须包括在销售价格中。税基包括消费税，但不包括增值税。由于消费税税法第7条增加了相当于进口价格130%的税基，进口货物的有效税率通常较高。此外，法令1111/2017暂时中止了第 24674 号法律修正案第 5 章第 2 条规定的保险合同的消费税。新税率自 2017 年 12 月 29 日起适用于汽车及相关项目的应税事项，并从 2018 年 1 月 1 日起适用于其他类别，包括暂停对保险征税，有效期截至 2018 年 12 月 31 日。

2017 年 12 月 28 日，《政府公报》发布行政部第 1103/2017 号法令，规定自 2018 年 1 月 1 日至 2018 年 12 月 31 日，延长第 24674 号法律修正案第 33 条规定的汽酒消费税的临时废除期。该项措施自公布之日起生效，自 2018 年 1 月 1 日起施行。该措施延长了《政府公报》于 2017 年 1 月 5 日公布的第 19/2017 号法令所规定的临时废除期，该法令已于 2017 年 12 月 31 日到期。

2017 年 12 月 29 日，《政府公报》公布了第 27430 号法律，该法修订了第 24674 号法律规定的消费税法。修正案主要内容概述如下：①烟草：香烟征收 70% 的从价税，但最低每 20 单位包装征收 28 阿根廷比索的定额税。散烟叶征收 25% 的从价税，且最低每 50 克征收 40 阿根廷比索的定额税。②酒精饮料，除葡萄酒外：税率从 20% 提高至 26%。③啤酒：税率从 8% 提高至 14%。不含酒精的啤酒不征税。但小型酿酒商仍适用 8% 的税率。④含咖啡因或牛磺酸的饮料：此种饮料被划入新类别，税率为 10%。⑤蜂窝电话服务：税率提高至 5%。⑥汽车、摩托车、船舶和飞机税率下调至 20%，免税额度更新如下：汽车和全地形车（不包括公共汽车、救护车等）、带有发动机的裸底盘和发动机为 90 万阿根廷比索；摩托车为 14 万阿根廷比索；用于运动和娱乐活动的船舶和舷外马达为 80 万阿根廷比索；用于运动和娱乐活动的飞机（如飞机、滑翔机和直升机）不受限。直接在国外投保的保险须加征 23% 的罚金（最高不超过保费的 25 倍）。

电子产品：电子产品受征税的范围明显缩小。仍须缴税的产品一般有空调设备、固定和移动电话，以及录音、录像设备。

对香烟征收紧急税：修订第 24625 号法律第 1 条，引入第 14/2017 号法令临时设立的 7% 税率，且自 2018 年 1 月 1 日起，该税率永久施行。修正案适用于 2018 年 3 月 1 日起的应税事项。

2018 年 2 月 6 日，行政部门在《政府公报》上公布第 99/2018 号法令，该法令延长了自 2018 年 1 月 1 日至 2018 年 2 月 28 日对香烟消费税加按 75% 征收的有效期。该措施于 2018 年 2 月 7 日起施行，适用于 2018 年 1 月 1 日以后的应税事务。第 24730 条法律规定的对香烟消费税的修订将从 2018 年 3 月 1 日起生效。

2018 年 2 月 6 日，行政部门在《政府公报》上公布第 100/2018 号法令，该法令延长了从 2018 年 1 月 1 日至 2018 年 2 月 28 日对香烟附加消费税减按 7% 征收的有效期。该措施于 2018 年 1 月 1 日生效，自 2018 年 2 月 7 日起施行。在修订后的第 24625 条法律中，作为“紧急税”而设立的香烟附加消费税，最初税率为 21%。随后，根据法律赋予的自由裁量权，行政部门将税率降至 7%。

厄瓜多尔 2017 年 7 月 18 日，国会通过了关于对电力服务征收消费税的提案。而电力服务的最终用户也将需要缴纳消费税。根据用户类型，这些消费税将以不同的税率计算，具体如下：住宅用电 0.50%；商业用电 1.5%；小型企业用电 3%；其他业务用电 6%。

波　黑 2017 年 11 月 6 日，波黑间接税务局管理委员会关于 2018 年香烟适用的特定消费税税率与最低消费税税率的新决定刊载于官方公告。具体的消费税将增加到每千支香烟 75.00 波黑可兑换马克（38.35 欧元），而最低消费税总额将达到每 1000 支香烟 130.00 波黑可兑换马克（66.47 欧元）。此外，细切烟草和其他烟草的特定消费税将增至每千克 104.80 波黑可兑换马克（53.17 欧元）。对于 2017 年 12 月 31 日前签发但在 2018 年 1 月 1 日以后进口的香烟，根据有关间接税务局海关办公室的计算，进口商将支付已支付的消费税与新应纳税额之间的差额。

2017 年 12 月 15 日，波黑议会通过了消费税修正案，于 2018 年 1 月 3 日起生效，自 2018 年 2 月 1 日起施行。主要变化涉及延长生物燃料和液化石油气的税基，增加取暖油的消费税，增加石油衍生品和液化石油气的消费税（见表 2－29）。

表 2－29　　波黑消费税税额（新）

燃料类型	燃料数量	税额（波黑可兑换马克）	税额（欧元）
柴油/生物燃料	1000 升	700	358
无铅汽油	1000 升	750	383
取暖用油	1000 升	450	230
液化石油气	1000 公斤	400	205

资料来源：IBFD 全球税制数据库 http：//www.ibfd.org。

哥伦比亚 在哥伦比亚政府公布的 2017 年第 5311 号裁定中，国家税务局就特许经营商必须遵守的条件发表声明，以使此类经营商符合简化纳税制度。该裁定的具体内容列示如下：

2017 年发布的关于税制改革第 1819 号法律扩大了消费税服务范围，其中包括特许经营的餐馆销售食品和饮料等。特许经营的餐馆可以符合简化消费税制度的条件，只要符合 TC 第 512－13 条规定的要求即可。因此，以下特许经营的餐馆可适用于消费税的简化纳税制度：①上一年度取得的总收入不超过 3500 个税额单位（UVTs）；②该经营活动正在通过单一商业机构、实体空间或企业进行。需注意的是，属于简化纳税制度的纳税人没有义务开具发票或缴纳增值税/消费税。

2018 年 2 月 22 日，哥伦比亚文化部发布了 2018 年第 359 号法令，为了向保护国家文化遗产的项目分配资源，对移动电话服务和互联网浏览征收消费税。根据该法令，上述税款的 30% 将分配如下：促进公共图书馆网络的创建和加强；旨在推动和发展文化与哥伦比亚艺术活动的项目；以及贯彻文化部领导的，旨在推动、创造和发展文化的项目。

哥斯达黎加 2017 年 3 月 30 日，哥斯达黎加第 40299－H 号行政法令在政府公告上发布。该法令规定，根据第 8114 号法律第 9 条，对非酒精饮料和香皂征收的具体税率（额）有所提高，该法令于 2017 年 4 月 1 日起生效（见表 2－30）。

表 2－30 哥斯达黎加非酒精饮料和香皂税额

产品	税额（哥斯达黎加科朗）
软饮及气态浓缩物	18.46/单位
其他瓶装饮料（包括水）	18.46/单位
容量 18 升及以上的水容器	6.37/单位
香皂	0.234/克

资料来源：IBFD 全球税制数据库 http：//www.ibfd.org。

2017 年 12 月 22 日，哥斯达黎加政府发布第 40826－H 号法令，规定根据第 8114 号法律第 9 条，对非酒精饮料和香皂征收的从量税增加 0.97%。该法令自 2018 年 1 月 1 日起生效。

2018 年 1 月 31 日，《政府公报》发布了第 RES－DGH－01－2018 号决议。根据第 7972 号第 1 条规定，对含酒精饮料征收的特定税将提高 1.19%，自 2018 年 2 月 1 日起生效（见表 2－31）。

表 2 - 31　　哥斯达黎加含酒精饮料特定税额

酒精含量	税额（哥斯达黎加科朗/每毫升无水酒精）
不超过15%的部分	3.29
超过15%，不超过30%的部分	3.94
超过30%的部分	4.58

资料来源：IBFD 全球税制数据库 http://www.ibfd.org。

2018 年 2 月 6 日，《政府公报》发布了第 9.518 号法律，规定依据汽车的到岸价格，在不同程度上免除汽车及其零部件、电池配件和用于生产电动汽车的组装机械的增值税、消费税和关税，以此推广电动交通的使用。该法律自 2018 年 2 月 6 日起生效。

2.4.2.3　关税改革动态

■ **亚洲**

阿塞拜疆　2017 年 4 月 20 日，阿塞拜疆第 160 号部长法令修订了 2001 年 4 月 12 日第 80 号部长内阁和 2003 年 12 月 22 日关于进出口关税税率的第 161 号法令。该法令修订了阿塞拜疆对下列产品征收的进口关税：结出可食用的水果（除葡萄）或坚果的灌木树（非幼苗），按 15% 征收关税（目前 0）；烟草种子实行零税率（目前 3%）。

2017 年 11 月 3 日，第 479 号法令修订了 2003 年 12 月 22 日第 161 号关于进出口关税税率的法令。该法令修改了进口下列产品的关税：黄油和其他从牛奶中提取的脂肪和油和乳酱按完税价格的 5%（之前是 15%）征收。该法令于 2017 年 12 月 7 日至 2019 年 12 月 31 日生效。

巴基斯坦　2017 年 1 月 19 日，巴基斯坦国家关税委员会决定对自中国进口的冷轧钢板反倾销调查作出终裁，对中国企业征收 13.17% ~ 19.04% 的反倾销税，自 2016 年 1 月 13 日初裁公布之日起征收，有效期为 5 年。

2017 年 2 月 8 日，巴基斯坦国家关税委员会发布对进口自中国的镀锌钢板反倾销调查终裁，对中国企业征收 6.09% ~ 40.47% 的反倾销税，有效期为 5 年。

2017 年 2 月 18 日，巴基斯坦国家关税委员会对自中国进口的瓷砖反倾销调查做出初裁，决定对中国企业征收 5.21% ~ 59.18% 的临时反倾销税，有效期为4个月。

2017年2月28日，巴基斯坦国家关税委员会对自中国进口的涂布白纸板反倾销调查作出初裁，决定对中国企业征收5.13%～31.62%的临时反倾销税，有效期为4个月。

2017年6月22日，巴基斯坦国家关税委员会对原产于或进口自中国的连铸钢坯作出反倾销肯定性终裁：涉案产品存在倾销且在调查期对巴基斯坦国内产业构成了实质性损害，因此裁定自2017年6月22日起，基于成本加运费对中国的连铸钢坯计征24.04%的反倾销税，有效期为5年。

缅　甸　2017年11月20日，缅甸投资委员会发布第87/2017号通知，将缅甸投资法第77（b）条规定的税收优惠扩大至100%出口导向型投资。这些奖励措施旨在免除关税和进口原材料和部分制成品的其他国内税。

日　本　日本财务省决定2017年9月开始对中国进口高聚合度聚乙烯对苯二甲酸酯征收4个月的反倾销税，关税最高可提高到53%。如果中国出口企业不更改过低价格，最长可增收5年的反倾销税。

沙特阿拉伯　2017年4月16日，沙特阿拉伯协商会议（议会）通过对烟草等三类商品实施选择性关税，其中，烟草和功能性饮料的选择性税率为100%，碳酸饮料的选择性税率为50%。

塔吉克斯坦　2018年1月20日，塔吉克斯坦总统将2018年预算的修正案送交议会下议院。与税收有关的提案规定只要该公司列入政府拟备的正式名单中，那么进口下列货物的公司将按照低于一般税率50%的税率缴纳关税：制药业和医疗诊断新技术；建立汽车生产技术；建立家禽养殖的饲料生产技术；农业机械；缝制校服配件。生产上述货物免征增值税；生产新车仍需缴纳增值税，但税率低于一般税率的50%。

土耳其　2017年10月20日，土耳其经济部发布2017/22号公告，对原产自中国的绗缝面料作出反倾销肯定性终裁：涉案产品的进口存在倾销并对土耳其国内产业构成实质性损害，因此决定对涉案产品以到岸价征收17.29%反倾销税。

乌兹别克斯坦　2017年5月4日，乌兹别克斯坦总统签署了УП－5033号法令，对外商直接投资企业并且提供酒店服务实行免税政策，为酒店建设进口商品实施税收豁免。豁免说明如下：

从2017年6月1日起，接受外商直接投资并提供酒店和旅游服务的公司免缴企业所得税、财产税、基础设施开发税、小型和微型企业统一税以及道路基金强制税。如果外国直接投资额不低于30万美元，则在下列期限内根据投资金额提供豁免：投资在30万~300万美元，豁免期间为三年；投资在300万~1000万美元，豁免期为5年；如果投资在1000万美元以上，豁免期为7年。

豁免还需要满足以下条件：①外国直接投资必须至少占公司股本的33%（股份公司的15%），并且可能不会获得国家担保；②豁免仅适用于在塔什干和塔什干地区以外地区提供酒店和旅游服务的公司（塔什干和塔什干地区的公司无权享受此项免税）；③豁免期间，公司至少有50%的收入必须投资于公司的进一步发展。上述免税已经适用于外商直接投资公司进行其他几项商业活动。

此外，对于不在乌兹别克斯坦生产的设备、机器、部件、备件和备件材料，公司（不一定是外国直接投资）为建造或重建旅馆和汽车而进口商品免除关税（除清关费用外），期限为5年。

以色列 2017年9月17日，以色列税务机关宣布财政部打算暂停对某些进口婴儿用品、镜片和眼镜征收关税。目前税率为12%的奶嘴、奶瓶、高脚椅、秋千、镜片和眼镜架等产品以及目前税率为6%的婴儿车的关税将被取消，该条例实施至2018年12月31日止。

印　度 2017年3月6日，印度商工部对自中国进口的直链烷基苯反倾销调查作出终裁，决定征收23.78~147.11美元/吨的反倾销税。

■ 欧洲

欧　盟 2017年1月24日，欧盟委员会对原产于中国的铝轮毂反倾销日落复审调查作出终裁，决定将反倾销措施实施期限延长5年，反倾销税率继续维持原来的22.3%。

2017年1月27日，欧盟委员会发布对原产于中国的不锈钢管件反倾销调查作出终裁，决定征收30.7%~64.9%的高额反倾销税，为期5年。

2017年2月24日，欧盟委员会发布对自中国进口的高强力聚酯纱反倾销日落复审调查作出终裁，决定继续征收0~9.8%的反倾销税，为期5年。

2017年8月2日，欧盟委员会对从中国进口的钢、铁和钢铁合金轧件征收17.2%~28.5%的临时反倾销税，具体税率根据出口公司情况而定。此次临时反倾销税的征收期限为6个月。

2017年8月9日，欧盟委员会决定对自中国进口的镀锌钢板征收临时反倾销税，税率17.2%～28.5%。

2017年8月10日，欧盟委员会发布对中国耐腐蚀钢产品反倾销初裁公告，决定对中国耐腐蚀钢产品征收17.2%～28.5%的临时反倾销税，为期6个月。

■ **美洲**

阿根廷　阿根廷2017年2月20日发布《政府公告》，通过第117号法令，自本月21日起取消进口电脑零配件平均12%的关税；从2017年4月1日起取消进口笔记本电脑、平板电脑、台式电脑及相关数码电子产品（打印机、绘图仪、数码绘画板等）35%的关税。

2017年9月28日，阿根廷生产部在阿根廷《政府公告》发布第500－E/2017号决议，对原产自中国大陆、中国台湾地区、韩国、印度和泰国的特性黏度在0.7dl/g和0.86dl/g之间的颗粒状聚对苯二甲酸乙二酯做出反倾销情势变迁复审终裁，决定对进口自中国大陆、中国台湾、韩国、印度和泰国的涉案产品分别按其FOB价格的16%、15%、17.61%、12%和9.09%征收反倾销税。

巴　西　2017年7月7日，巴西工贸服务部外贸委员会在《联邦政府公报》上发布对原产于中国的钢绞线产品反倾销终裁公告，决定实施290.11～627.04美元/吨的最终反倾销税措施，为期5年。

秘　鲁　2017年10月25日，秘鲁国家竞争和知识产权保护局倾销、补贴和非关税贸易壁垒委员会在官方日报发布2017年第209号决议，对原产自中国的鞋面为任何材料（除纺织材料）、鞋底为不同材料的所有鞋类产品（除凉鞋、凉拖外）作出反倾销日落复审终裁，决定自2016年11月30日起，延长征收橡胶、塑料鞋面和真皮鞋面的鞋类产品的反倾销税，延长期5年。征税措施如下：①橡胶、塑料鞋面产品：0.22～26.33美元/双；②真皮鞋面产品：0.22～20.66美元/双。对鞋面不是橡胶、塑料和真皮的鞋类产品不再征收反倾销税。

多米尼加　2017年1月20日，多米尼加贸易损害和保障措施调控委员会对原产于中国的螺纹钢反倾销调查做出终裁，决定自1月25日起征收43%的最终反倾销税，为期5年。

厄瓜多尔　厄瓜多尔第一轮进口商品特别关税于2017年4月1日起下调。肉类（新鲜和冷冻牛肉、猪肉等）、糖果、水果（西瓜、木瓜、桃子、番荔枝等）、蔬菜（洋葱、大蒜等）、瓷器、外套和大衣等商品，特别关税税率将由35%降至23.3%，酒类（啤酒、红酒、伏特加等）、女式衬衫、女裙、男士套装、裤装等商品，特别关税由15%降至10%。

哥伦比亚 2017年8月，哥伦比亚贸工旅游部正式确认了8类3400项零关税进口产品清单，主要包括农工业生产原材料及资本品。

加拿大 2017年8月28日，加拿大国际贸易法庭决定对原产于中国的钢桩管反倾销反补贴措施发起日落复审调查。本案于2012年5月4日立案，2012年11月30日开始征收反倾销税（72.9%~96.4%）和反补贴税（10.3%~12.3%）

美 国 2017年9月5日起，美国对产自俄罗斯、白俄罗斯和阿联酋的钢线材征收反倾销税，税率分别高达436.8%~756.93%（针对俄不同生产厂家）、280.02%和84.1%。

墨西哥 2017年9月20日，墨西哥税务管理处（SAT管理局）宣布非居民向受2017年9月19日地震影响的人士提供的捐款将享受以下优惠：①免除关税；②无须填写报关单；③进口货物时不需要使用海关代理人的服务；④捐赠程序将在一天内完成。享受捐献优惠仅限于与食物、衣服、住房、教育、公民保护和健康有关。

文件需要列明要捐赠的商品，以及负责保管和分发此类商品的负责机构，必须在海关前出示。可能被捐献的主要商品包括金枪鱼、沙丁鱼、糖、盐、咖啡、意大利面、汤、蔬菜罐头、个人护理用品、塑料袋、水桶、手提灯、口罩和电池等。对于海关规定以外的商品，海关部门将按照相应部门规定执行。

2017年12月5日，墨西哥经济部发布公告，公布对中国金属膜塑料气球反倾销调查的初裁结果，对涉案产品征收37.8美元/千克的临时反倾销税。

■ 非洲

埃 及 2017年6月，埃及贸工部决定（第874号决定）对来自中国、土耳其和乌克兰的钢制棒、卷和扦产品征收临时性反倾销关税，为期4个月，截止日期为2017年10月6日。此次延长将使整个征收钢产品反倾销关税的时间长达6个月。实行临时性反倾销关税期间，从中国进口的钢产品的关税税率为成本、保险费和运费（CIF）总额的17%，从土耳其进口的钢产品的关税税率为CIF总额的10%~19%，从乌克兰进口的钢产品的关税税率为CIF总额的15%~27%。

安哥拉 2017年11月17日，安哥拉国民议会一致通过新版海关税则草案。根据该草案，2261个海关编码商品将享受零关税，111个编码商品关税调高，400个编码商品关税调低。国产商品的出口将享受零关税，且出口服务费从1%下调至0.5%；非国产商品的出口须征收20%的关税。

莱索托 2017年4月24日，莱索托税务局公布欧盟有资格直接进口莱索托的产品的关税配额，其中猪肉25吨、猪油10吨、黄油3吨、奶酪190吨、小麦10000吨、大麦15吨、谷物食品制剂43吨、冰淇淋4吨、博洛尼亚香肠2吨，这些具体的关税配额分配适用于2017年1月至8月。

加　纳 2017年6月10日，加纳政府宣布对非洲联盟成员以外的所有进口商品征收0.2%的进口税。进口征税旨在资助非盟内部的贸易活动。

6月14日，加纳议会通过了“2017年海关修正法案”。该法案修订了2015年海关法，取消了进口车辆（包括摩托车和自行车）备件的关税。

11月30日，加纳财政部长向议会提交2017年海关（修订第2号）条例草案与2017年所得税（修订第2号）条例草案，以落实2018年预算中的部分税收措施。

2018年2月28日，政府宣布从2018年3月1日开始对进出口熏蒸征税。熏蒸税征收率为：每辆乘用车进口并消毒5美元；所有其他车辆10美元。

利比里亚 2017年8月31日，财政部和发展规划部发布第1.06-1/MFDP/FAD/RTPD/31/08/2017号行政法规，通知企业和个别进口商即时通关的所有税费将由利比里亚税务局按以下比例进行评估并以美元支付给税务局：一般商品美元付款额不少于50%；石油产品美元付款额不少于25%。该条例自公布之日起生效，以前在同一前提下发布的所有条例失效。

马达加斯加 2017年2月，马达加斯加海关总局召开2017年财政预算案宣讲会，介绍预算案中海关条款和关税调整情况。根据与欧盟签署的“经济伙伴关系临时协议”安排，马达加斯加从欧洲进口的1546个税目产品的税率从8%下调至5%，主要涉及半成品，旨在促进马达加斯加工业发展。

2.4.3 财产行为税动态

2.4.3.1 财产税动态

■ 亚洲

新加坡 2017年3月10日，新加坡政府宣布对住宅物业的现有调控措施做出更改，自2017年3月11日生效，具体内容如下：

新的卖方与住宅物业相关的卖方印花税责任现在适用于2017年3月11日及以后购买的所有住宅物业。具体税率为：①如果在收购后一年内出售，税率为12%；②如果在收购后两年内出售，税率为8%；③如果在收购后三年内出售，税率为4%。

如果住宅物业是在2011年1月14日到2017年3月10日期间购买的，则遵照以下税率：①如果在收购后一年内出售，税率为16%；②如果在收购后两年内出售，税率为12%；③如果在收购后三年内出售，税率为8%。

债务总额比率框架（TDSR）将不再适用于抵押贷款余额在50%或以下的抵押贷款。换句话说，如果贷款不超过物业价值的50%，则抵押住宅物业获得额外现金的业主不会受到TDSR的约束。

额外转名印花税是指对通过股权转让进行买卖的住宅交易征收的税费。在附加转让税的范围内，“实体”是指公司、物业信托、合伙、有限合伙或有限责任合伙。

在股权收购中，实体除了需要缴纳现行的0.2%印花税，还需缴纳额外转名印花税。这实际上意味着重大所有人对涉及住宅物业持有实体的股份交易应付的总税额将超过直接进行住宅物业交易的应付税额。

额外转名印花税适用于住宅物业持有实体的重要所有者（持有超过50%），不论所有者是个人还是非个人实体，或所有者是居民还是公民。

■ 欧洲

英　国 英国的许多小店因高额税收被迫关闭，因此政府规定，2017年4月1日以后公司购买低于1.2万英镑的房产，将免收商业地税，购买价值在1.2万~1.5万英镑的房产，需要缴纳的商业地税也会大幅下降。

■ 美洲

巴拿马 巴拿马于2017年10月17日通过的第66号法案对适用于住

宅、工业和商业物业的财产税制定了新的规定，主要有以下方面的内容：①

①对某些符合条件的家庭住宅免征财产税。适用该条豁免规定的家庭住房需要满足包括改建在内的税基不超过12万巴波亚以及构成家庭财产或主要住所两个条件。同时，为了获得这一税收优惠，纳税人必须向经济财政部提交一个简单的申请，财政部将在3个月内处理申请，如果在上述法定期限内没有得到回复，则会被默认为通过申请。除此之外，构成家庭财产或主要住所的房产，不得以任何国家机构非正式评估的评估结果为依据进行物业税的计算。

②建立了新的扣缴义务人规定。新的代理机构包括银行、金融机构、合作社以及其他机构，一般为收购房屋或房地产担保信贷提供融资服务。这些代理机构作为扣缴义务人，必须为纳税家庭申报其应税财产或主要住所，并通知纳税人有关物业税的未结余额，但是扣缴义务人的这项义务并不对其实体产生连带责任。税务总局将对这些实体给予税收抵免优惠，以弥补其作为扣缴义务人所发生的费用。

③法案公布了新的财产税税率（见表2－32、表2－33）。

表2－32　　巴拿马家庭住宅综合累进税率

税基（巴波亚）	税率（%）
不超过120000（含）的部分	0
超过120000不超过700000的部分	0.5
超过700000的部分	0.7

资料来源：https：//home. kpmg. com/pa/es/home/Tendencias/2017/11/ci-se-aprueban-reformas-al-impuesto-de-inmuebles. html。

表2－33　　巴拿马商业、工业及其他土地的综合累进税率

税基（巴波亚）	税率（%）
不超过30000（含）的部分	0
超过30000不超过250000的部分	0.6
超过250000不超过5000000的部分	0.8
超过5000000的部分	1.0

资料来源：https：//home. kpmg. com/pa/es/home/Tendencias/2017/11/ci-se-aprueban-reformas-al-impuesto-de-inmuebles. html。

① https：//home. kpmg. com/pa/es/home/Tendencias/2017/11/ci-se-aprueban-reformas-al-impuesto-de-inmuebles. html.

■ 大洋洲

澳大利亚 2017年5月9日，澳大利亚财政部向议会提交2017/2018年度财政预算案。[①] 该预算案规定，自2017年5月9日起，非澳大利亚居民和临时税务居民在出售自住房的时候不得像以前那样通过“自住房豁免”条例来免除相应的资本利得税，但2017年5月9日前已持有的物业仍沿用旧规（直至2019年6月30日）。自2017年7月1日起，非澳大利亚居民在出售房产时资本利得预提税的税率从10%提高至12.5%；征收资本利得预提税的门槛从200万澳大利亚元下降至75万澳大利亚元；从2017年5月9日起，对在澳大利亚购买房产的海外投资者，若所购买的房产空置时间（非自住、租赁或处于待租状态）达到每年6个月，政府将对这类房产征收房屋空置税。

自2017年5月9日起，新开发物业中的外国人士所有权比例不得超过50%；采取措施鼓励通过管理式投资信托投资廉租房项目引入首次置业养老金储蓄账户计划，允许纳税人支取部分养老金供款用作首次购房的首付。

符合资格的“大房换小房”人士将出售其主要住所的部分或全部收益作为税后养老金供款，这一供款无须符合养老金供款上限规定。因出租住宅类物业产生的相关交通费用（例如验房、维护及收租产生的交通费用）不得用于税务抵扣。与此同时，住宅类物业投资者的折旧抵扣也将限制于所产生的实际开支。

维多利亚州决定，对首次置业人士，自2017年7月1日起签订的合约，60万美元以内免缴印花税，60万～75万美元之间的购买者将享受一项优惠，最高减免3.1万美元；对期房（Off-the-plan），新财产的期房优惠不包括符合首次购房者资格或者享有主要居住地印花税优惠的买方；空置住宅物业税：自2017年度起生效，一个年度内空置6个月及以上的物业将被征收1%的房屋资本税。[②]

北领地州重点印花税变动预案自2017年7月1日起生效，具体如下：

①转让税率：2017年7月1日或之后签订的合同（包括土地所有者）

---

① https：//www. pwc. com. au/publications/assets/federal-budget－2017-analysis-chinese. pdf.

② https：//home. kpmg. com/xx/en/home/insights/2017/05/victorian-northern-territory-budgets-04-may－2017. html.

的最高印花税税率从5.45%上升至5.95%；应课税价值超过300万美元但不超过500万美元的，税率为5.75%；应课税价值超过500万美元的，税率为5.95%。

②豁免：根据《2000可再生能源（电）法》所建立的可再生能源证书的转让将获豁免。

③税务管理：将对《税务管理法》进行修订，以确保领土税务局局长能够收集并向英联邦披露可报告的信息。

④首次置业人士：房屋价值50万美元以内不需缴纳印花税，价值不超过65万美元，最高可获得23928美元的折扣。

2017年6月22日，澳大利亚2017年第57号法得到皇室批准并颁布。该法规定，自2017年7月1日起，从外国居民购买澳大利亚不动产和相关权益，交易价格达到75万澳大利亚元的，按12.5%征收预提税。①

昆士兰州上调海外房产买家土地税，从2017年7月起，若“在外土地业权人”所持有房产的土地，估值超过350000澳大利亚元，则须向昆士兰州政府缴纳1.5%的额外土地税。

澳大利亚联邦议会2017年11月正式通过了针对海外购房者的房产空置税政策。新政规定，海外购房者所拥有的澳洲本地住宅，如果一年内无人居住的时间超过6个月，且未对外出租的话，将强制缴纳房屋空置税。②

2.4.3.2 遗产税动态

■ 欧洲

芬　兰　芬兰税务局决定，废除遗产税中不超过35000欧元人身险的免税额，此决定自2018年1月1日开始生效，也适用于有继承遗产份额的夫妇。

卢森堡　2017年9月20日，卢森堡土地房产登记管理机关发布第784号通告，规定无子女的夫妻一方2017年12月31日后死亡的，存活一方的遗产税可以实行一般减免；已登记的夫妻关系存续3年以上，存活的一方的遗产税可以实行一般减免。该规定自2018年1月1日开始施行。

西班牙　2017年12月30日，西班牙发布第1074/2017号皇家法令。

① http：//www. hitax. gov. cn/ssxc_1_9/2492999. html.

② http：//www. mofcom. gov. cn/article/i/jyjl/l/201711/20171102671721. shtml.

该法令内容包括对涉及遗产赠与税的第1629/1991号皇家法令的修订，具体内容如下：对不动产清算实行新的要求，纳税申报单必须有相关房产的不动产编号，以便于确认，以及房产管理部门与税务机关间的信息交换。该举措在于促进对非居民纳税人和其他纳税人的税务管理，在其他合格材料之外，这些纳税人可以提供从税务机关获得的完税证明来证明其相关遗产税的缴纳。该规定自2017年12月30日开始施行。

2.4.3.3 环境保护税动态

■ 欧洲

德　国　2017年2月15日，德国政府批准修订和澄清《能源税法》与《电力税法》的立法草案，主要目的是调整本国的能源税激励措施，以适应欧盟立法，即《欧盟能源税指令》（2014年修订）。能源税指令在一定程度上协调了欧盟对能源的征税。它规定了哪些应该纳税、纳何种税和何时豁免的规则。同时，还规定了最低税率。该指令经过修订，消除了对内部市场的扭曲，鼓励更多清洁燃料的使用，使立法更符合欧盟的排放交易计划。该草案还旨在澄清德国的能源和电力税收立法。考虑混合动力和电动汽车技术的新发展，草案还规定，从2018年年底至2026年年底，对天然气和液化天然气作为交通运输能源的税收优惠政策进行延长。

瑞　典　瑞典政府表示，2017年将削减对太阳能发电的征税，以期在2040年实现完全使用可再生能源发电的目标。2016年10月，瑞典能源市场监管机构估计，为了实现100%可再生能源的目标，太阳能发电的份额必须上升到5%到10%之间。瑞典财政部在一份声明中表示，自用太阳能发电将完全免税。同时电力供应商每兆瓦时需缴纳500瑞典克朗（51欧元），比目前水平降低98%。政府出台的减税政策及新装机目标，有望拉动瑞典太阳能行业的发展。同时，瑞典决定对某些电子产品征收化学物质税费，该法令将于2017年4月1日正式实施，并将于2017年7月1日开始对进入瑞典市场的受控产品收取税费。此法令要求调查产品中特定有害物质的含有情况，根据有害物质的含有程度，企业可申请50%或90%税费减少的折扣。法令要求调查的有害物质多达140余种，这些物质主要为阻燃剂类化学物质，包括：溴系、氯系和磷系阻燃剂，这些物质中都含有氯、溴或者磷三种元素中的一种或两种。该税将适用于如下两类产品：①“白色家电”；②其他电器产品（如电脑、平板电脑、电视机、电话机、游戏机与路由器）。

法规规定，冰箱、冰柜、洗碗机、洗衣机等白色家电类产品的征税标准为8瑞典克朗/千克（人民币约6.3元/千克），电话机、录音机等其他电子产品的征税标准为120瑞典克朗/千克（人民币约93.8元/千克），每个产品最高征税不超过320瑞典克朗/产品（人民币约250.2元/产品），产品重量的计算不包括产品包装和说明书的重量，应为产品净重。每件产品的最高税额为320瑞典克朗，政府预计每年将收取20亿瑞典克朗的税收。所有带入瑞典的电子产品都需填写六页的税单，并在5日内缴纳税款。①

英　国　英国对2017年4月以后购买新车辆的税率进行调整。按照新规定，第一年购买的车辆税，将继续按二氧化碳排放量征收，税率从没有二氧化碳排放的0英镑，到每公里排放255克的2000英镑。

从第二年开始，纳税人将按照车辆使用的燃料类型，汽油或柴油车，将每年缴税140英镑，选择燃料车（混合动力、生物燃料和液化石油气），每年缴税130英镑，零排放的继续免税。

在第一年后的5年内，售价超过4万英镑的汽车，每年需要额外缴税310英镑。以后年度该种车辆将按照主税率缴纳税款。

■ 美洲

巴　西　巴西政府颁布了新的税法措施，扶植国内的石油、天然气产业发展。相关改革主要聚焦于三个领域：②

（1）新增勘探和生产支出的所得税抵扣规则

税法为石油和天然气项目勘探、开发和生产阶段支出的所得税抵扣设置了新的特殊规则。

勘探和生产阶段：费用支出可在每个公历年度中扣除。开发阶段：可以按照消耗的相关资产的一定比例扣除，纳税人也可以考虑加速折旧（以2.5倍加速）。开发阶段的机器设备：按所得税条例中规定的比率折旧。

（2）豁免特许经营协议的预提税

预提税豁免一般适用于向非居民企业支付款项。但是2015年对于这种

① http：//www.ctax.org.cn/csxw/jwsx/201705/t20170523_1058638.shtml.

② https：//home.kpmg.com/xx/en/home/insights/2017/09/tnf-brazil-tax-incentives-for-oil-and-gas-industry.html.

豁免制定了一项限制措施，即当特许经营协议和提供服务合同同时执行且境外非居民企业和本地服务提供企业是关联方的时候，预提税豁免受到限制。

政府对特许经营协议的预提税豁免规则作了若干修改，并对于在2015年之前的支付制定了豁免计划。

新的限制性措施自2018年开始适用于预提税豁免：具有生产、储存和卸载浮动系统的船舶为70%；有钻井系统钻井和维护的船舶为65%；其他类型的船只为50%；用于液化天然气（Liquefied Natural Gas，LNG）运输、转运、储存和再气化的船舶为60%；海运船舶不受上述限制。

豁免计划：纳税人为了获得预提税豁免，可以选择计算2015年以前签署的合同和协议中超出限额的潜在的预提税。

避税地：预提税豁免相关税法明确规定，将签署特许协议的公司在低税地或享有税收特权的情况排除在外，向在“避税天堂”的公司支付的款项将按照25%的税率征收预提税。

（3）将REPETRO的适用时间延长至2040年，并扩大永久留在巴西的进口货物的范围

REPETRO是巴西油气勘探开发和经济勘察活动中对于进出口货物的特殊利益。授权满足特定要求的在巴西开展这些活动的公司受益于REPETRO系统。税收优惠包括免征进口税和社会缴款。

巴西对石油和天然气行业新制定的一系列税收优惠，有利于吸引外资进入国内的石油、天然气领域，也有助于国内石油、天然气领域节省成本快速发展，是对于国内石油、天然气行业的重大利好。

加拿大 加拿大决定将15%的矿产勘探税收抵免额度再延长一年。该税收抵免额适用于2018年3月31日或之前订立的流通股份协议，原定于2017年3月31日到期，现在决定延长一年。矿产勘探税收抵免可用于投资采矿流通股的个人。相当于加拿大发生的特定矿产勘探费用的15%，并由公司放弃流通股份投资者。①

加拿大不列颠哥伦比亚省财政部长于2017年9月11日交付了2017年度的预算更新报告，其中在税收规定方面的主要变化是，将碳税税率提高5美元每吨二氧化碳当量排放量，至2021年4月1日的价格相当于每

① https：//home. kpmg. com/xx/en/home/insights/2017/03/mineral-exploration-tax-credit-extended-one-year. html.

吨50美元。这项措施自2018年4月1日起生效。[①]

■ 非洲

南　非　南非财政部公布，对轮胎征收环保税将于2017年2月1日前实施，而不是按照原计划的从2016年10月1日开始。推迟征税是为了让南非税务局有时间与所有受影响各方就实施的实际安排进一步磋商。政府曾在2015/2016年度财政预算案中宣布，将以每公斤2.30兰特（0.17美元）的税率，征收鼓励轮胎回收的环境税。

2.4.4 中国税制改革动态

2.4.4.1 中国所得税改革动态

（1）企业所得税

中国内地　为贯彻落实《国务院关于促进外资增长若干措施的通知》（国发〔2017〕39号）要求，发挥外资对优化服务贸易结构的积极作用，引导外资更多投向高技术、高附加值服务业，促进企业技术创新和技术服务能力的提升，增强中国服务业的综合竞争力，2017年11月2日，财政部、税务总局、商务部、科技部、国家发展改革委联合发布《关于将技术先进型服务企业的所得税政策推广至全国实施的通知》（财税〔2017〕79号）。通知规定，自2017年1月1日起，在全国范围内实行以下企业所得税优惠政策：①对经认定的技术先进型服务企业，减按15%的税率征收企业所得税；②经认定的技术先进型服务企业发生的职工教育经费支出，不超过工资薪金总额8%的部分，准予在计算应纳税所得额时扣除；超过部分，准予在以后纳税年度结转扣除。

为贯彻落实《国务院关于促进外资增长若干措施的通知》（国发〔2017〕39号）的有关要求，进一步积极利用外资，促进外资增长，提高外资质量，鼓励境外投资者持续扩大在华投资，2017年12月21日，财政部、税务总局、国家发展改革委、商务部联合发布《关于境外投资者以分配利润直接投资暂不征收预提所得税政策问题的通知》（财税〔2017〕88号）。通知规定，对境外投资者从中国境内居民企业分配的利润，直接投资于鼓励类投资项目，凡符合规定条件的，实行递延纳税政策，暂不征收

---

① https：//home. kpmg. com/xx/en/home/insights/2017/09/highlights-of-the – 2017-british-columbia-budget-update. html.

预提所得税。通知同时明确了境外投资者暂不征收预提所得税须同时满足的条件。该通知自 2017 年 1 月 1 日起执行，即适用于境外投资者在 2017 年1 月1 日（含当日）以后取得的股息、红利等权益性投资收益。

为了进一步完善中国企业境外所得税收抵免政策，2017 年 12 月 28 日，财政部、税务总局联合发布《关于完善企业境外所得税收抵免政策问题的通知》（财税〔2017〕84 号），该通知自 2017 年1 月1 日起执行。具体规定如下：

①企业可以选择按国（地区）分别计算［即“分国（地区）不分项”］，或者不按国（地区）别汇总计算［即“不分国（地区）不分项”］其来源于境外的应纳税所得额，并按照《财政部　国家税务总局关于企业境外所得税收抵免有关问题的通知》（财税〔2009〕125 号，以下简称财税〔2009〕125 号文件）第八条规定的税率，分别计算其可抵免境外所得税税额和抵免限额。上述方式一经选择，5 年内不得改变。企业选择采用不同于以前年度的方式（以下简称新方式）计算可抵免境外所得税税额和抵免限额时，对该企业以前年度按照财税〔2009〕125 号文件规定没有抵免完的余额，可在税法规定结转的剩余年限内，按新方式计算的抵免限额中继续结转抵免。

②企业在境外取得的股息所得，在按规定计算该企业境外股息所得的可抵免所得税额和抵免限额时，由该企业直接或者间接持有 20% 以上股份的外国企业，限于按照财税〔2009〕125 号文件第六条规定的持股方式确定的五层外国企业，即：第一层：企业直接持有 20% 以上股份的外国企业；第二层至第五层：单一上一层外国企业直接持有 20% 以上股份，且由该企业直接持有或通过一个或多个符合财税〔2009〕125 号文件第六条规定持股方式的外国企业间接持有总和达到 20% 以上股份的外国企业。

中国香港　2017 年 10 月 11 日，香港行政长官发表了首份施政报告。根据该施政报告，政府将推出新的税收措施，以减轻中小企业的负担，包括一个双重利润税收体系，该体系下将首笔 200 万港元的利润税税率降至 8.25%，而对盈利超过 200 万港元的，16.5% 的标准利润税率将维持不变。为确保中小企业享受税收优惠，将实行限制措施，例如允许各组企业只提名一家企业从较低的税率中受益。此外，行政长官建议首笔 200 万港元的符合资格的研发开支，将享有 300% 的扣除及其余 200% 的扣除。落实这两项措施的法案将尽快提交立法会。

（2）个人所得税

中国香港　2017 年 5 月 25 日，香港立法会通过了 2017 年税收修订条例草案，以落实2017～2018年财政预算案中建议的税收优惠措施，主要包括：①2016/2017纳税年度的利得税和工薪税减免75%，最高不超过2万港元；②提高工薪税免税额（见表2－22）；③提高自费教育费用扣除上限，2017/2018纳税年度的由8万港元增加至10万港元；从2017/2018纳税年度开始，住房贷款利息扣除期限从15年延长至20年；税阶从40000港元增加到45000万港元。新的个人所得税税率如表2－34所示。

表2－34　　中国香港纳税年度个人所得税税率（2017/2018年）

应税收入（港元）	税率（%）
不超过45000的部分	2
超过45000至90000的部分	7
超过90000至135000的部分	12
超过135000的部分	17

资料来源：IBFD全球税制数据库http：//www.ibfd.org。

2.4.4.2　中国货物劳务税改革动态

（1）增值税

中国大陆　经历了2016年营改增的全面收官，2017年进入后营改增时代，增值税仍处于不断改革之中，改革重点落在简并税率、完善政策、优化征管、修订条例等四个方面。2017年4月19日召开的国务院常务会议共推出6项减税措施，其中之一即是简并增值税税率。从7月1日起将增值税税率从4档降至3档，取消13%的税率。[①] 具体内容包括：纳税人销售或者进口下列货物，税率为11%：农产品（含粮食）、自来水、暖气、石油液化气、天然气、食用植物油、冷气、热水、煤气、居民用煤炭制品、食用盐、农机、饲料、农药、农膜、化肥、沼气、二甲醚、图书、报纸、杂志、音像制品、电子出版物。纳税人购进农产品，除另有规定外，抵扣率11%。纳税人购进用于生产销售或委托加工17%税率的农产品抵扣13%。2018年《政府工作报告》提及2018年要按照三档并两档方向调整税率水平，重点降低制造业、交通运输业等行业税率。

① 《财政部　国家税务总局关于简并增值税税率有关政策的通知》（财税〔2017〕37号）。

另外，小微企业增值税优惠在2017年得以延续。为支持小微企业发展，自2018年1月1日至2020年12月31日，继续对月销售额2万元（含本数）至3万元的增值税小规模纳税人，免征增值税。①

2017年财税部门还陆续发布了一系列文件，明确特定业务、行业的增值税处理和规定，其中最具代表性的是资产管理行业的增值税处理。6月30日，财政部与国家税务总局联合发文明确了资产管理服务缴纳增值税的问题。② 在先前营业税制度下，资产管理服务免征营业税。2016年5月1日自营业税改征增值税后，此类服务需缴增值税。该通知旨在阐明这些服务将如何征税，并从2018年1月1日起实施，以便资产管理代理人有时间做出准备。根据通知，在简易纳税基础上，应税资产管理业务实行3%的增值税。简易纳税意味着不能扣除增值税。资产管理代理包括银行、信托公司、证券公司、私募基金、保险资产管理公司、特种保险资产管理机构和养老基金。通知所涵盖的应税产品，除其他外，包括资产管理产品、信托产品、特殊或集体资产管理计划、开放证券投资基金、综合保险资产管理产品和养老保险产品。未列入本通知的应税资产管理服务，按现行标准增值税规则征收增值税。

2017年11月19日，国务院总理签署了国务院令，公布《国务院关于废止〈中华人民共和国营业税暂行条例〉和修改〈中华人民共和国增值税暂行条例〉的决定》，自公布之日起施行，意味着在中国内地实施了60多年的营业税正式成为历史，中国从此开启增值税新时代。这次增值税暂行条例的修订并没有对正在执行的政策进行重大变更，修订的主要内容包括：①增加销售服务、无形资产、不动产等增值税应税行为；②删除13%税率，增加11%、6%税率；③将已经废止、变化的新规定补充进新条例。

中国台湾 “增值税和非增值营业税”（“增值税”）修正案于2016年12月28日颁布，自2017年5月1日起施行。根据修正案，购买外商企业销售电子商务服务的台湾个人必须通过指定的纳税代理人登记增值税，直接或间接缴纳增值税。为响应电子商务交易增值税的修改，“登记条例”修订稿于2017年3月29日发布。

---

① 《财政部 税务总局关于延续小微企业增值税政策的通知》（财税〔2017〕76号）。

② 《财政部 税务总局关于资管产品增值税有关问题的通知》（财税〔2017〕56号）。

（2）关税

2017 年 11 月 24 日，中国国务院关税税则委员会宣布将从 2017 年 12 月 1 日起，以暂定税率方式降低部分消费品进口关税。这次降低关税，涵盖了食品、保健品、药品、日化用品、衣着鞋帽、家用设备、文化娱乐、日杂百货等各类消费品，共涉及 187 个 8 位税号，平均税率由 17.3% 降至 7.7%。

2017 年 12 月 12 日，国务院关税税则委员会制定了《关于 2018 年关税调整方案的通知》（税委会〔2017〕27 号）对 2018 年海关关税进行调整。该方案主要包括进口关税税率、出口关税税率和税则税目调整三个方面，具体内容如下：

进口关税税率方面。①最惠国税率：自 2018 年 1 月 1 日起对 948 项进口商品实施暂定税率，其中 27 项信息技术产品暂定税率实施至 2018 年 6 月 30 日止；对《中华人民共和国加入世界贸易组织关税减让表修正案》附表所列信息技术产品最惠国税率自 2018 年 1 月 1 日至 2018 年 6 月 30 日继续实施第二次降税，自 2018 年 7 月 1 日起实施第三次降税；自 2018 年 7 月 1 日起，对碎米（税号 10064010、10064090）实施 10% 的最惠国税率。②关税配额税率：继续对小麦等 8 类商品实施关税配额管理，税率不变。其中，对尿素、复合肥、磷酸氢铵 3 种化肥的配额税率继续实施 1% 的暂定税率。继续对配额外进口的一定数量棉花实施滑准税。③协定税率：根据中国与有关国家或地区签署的贸易或关税优惠协定，对中国与格鲁吉亚自贸协定项下的部分产品开始实施协定税率，对中国与东盟、巴基斯坦、韩国、冰岛、瑞士、哥斯达黎加、秘鲁、澳大利亚、新西兰的自贸协定以及内地分别与港澳的更紧密经贸安排（CEPA）项下的部分商品的协定税率进一步降低。

出口关税税率方面。对铬铁等 202 项出口商品征收出口关税或实行出口暂定税率。

税则税目方面。根据国内需要对部分税则税目进行调整。经调整后，2018 年税则税目数共计 8549 个。

以上方案，除另有规定外，自 2018 年 1 月 1 日起实施。

2.4.4.3 中国财产行为税动态

（1）财产税

中国香港 2017 年 4 月 11 日，时任中国香港特区行政长官梁振英宣布收紧印花税条例，如果一份合约购买多于一个住宅物业单位（即“一约多伙”)，一律须按每个物业缴付15%新住宅印花税，新措施自2017年4月12日凌晨起生效。此前，从2016年11月5日起，香港全面提高买卖住宅物业印花税率，无论交易价格，税率统一调高至交易额的15%。交易时无物业的港人，可获豁免新税率。而2017年4月11日的新政则部分取消了该豁免政策。

（2）遗产税

中国台湾 2017年4月25日，台湾通过提高遗产赠与税的税率修正案，根据法案规定，遗产赠与税税率将从现行的10%单一税率改为按10%、15%、20%三档超额累进。此修正案最快于2017年5月中旬予以实施。未来遗产税率将依据下列税率计算：①扣除免税额度后遗产净额5000万新台币以下者，征收10%；②超过5000万~1亿新台币者，课征500万新台币，加征超过5000万新台币部分的15%；③超过1亿新台币者，征收1250万新台币，加征超过1亿新台币部分的20%。

赠与税税率的计算，为每人每年赠与总额，在减除扣除额及免税额后的净额：①在2500万新台币以下者，征收10%；②超过2500万~5000万新台币者，课征250万新台币，加征超过2500万新台币部分的15%；③超过5000万新台币者，课征625万新台币，征收超过5000万新台币部分的20%。

（3）环境保护税

中国财政部、国家税务总局和环境保护部2017年7月26日就《中华人民共和国环境保护税法实施条例（征求意见稿)》公开征求意见。2016年12月25日十二届全国人大常委会第二十五次会议通过了《中华人民共和国环境保护税法》，自2018年1月1日起施行。为保证税法顺利实施，财政部、国家税务总局、环境保护部起草了《中华人民共和国环境保护税法实施条例（征求意见稿)》，公开征求意见，这体现了贯彻落实税收法定原则，提高立法公众参与度。条例征求意见稿共42条，明确了环境保护税法纳税人、征税对象，细化规定了应税污染物排放量的四种计算方法有关具体情形，具体明确了对环境保护税法规定的免税和减税情形，在环境保护税法规定的基础上对环境保护税征管事项作了规定。关于纳税人，条例在税法规定的基础上对环境保护税的纳税人予以细化，明确缴纳环境保护税的其他生产经营者是指个体工商户和其他组织。

环境保护税法规定，环境保护税的征税对象为大气污染物、水污染物、固体废物和噪声等四类。条例对此作了解释和细化。关于环境保护主管部门与税务机关工作如何配合，征求意见稿指出，税务机关应当依据环境保护主管部门传递的排污单位信息进行纳税人识别；各级税务机关、环境保护主管部门应当加强对纳税人的辅导培训，做好纳税咨询服务工作；环境保护主管部门发现纳税人申报的应税污染物排放信息以及适用的排污系数、物料衡算方法不符合相关规范的，应当通知税务机关处理；税务机关依法实施环境保护税的税务检查，环境保护主管部门予以配合。

中国财政部、国家税务总局、水利部 2017 年 11 月 28 日联合发文，宣布水资源税改革试点扩围，并表示试点旨在为全面推开改革积累经验，待条件成熟后择机在全国全面推开改革。根据三部门印发的《扩大水资源税改革试点实施办法》（财税〔2017〕80 号印发），水资源税实行从量计征，征税对象为江、河、湖泊（含水库）等地表水和地下水。水资源税由生产经营所在地的地税主管税务机关征收管理，跨省（区、市）调度的水资源，由调入区域所在地的税务机关征收水资源税。在试点省份内取用水，其纳税地点需要调整的，由省级财政、税务部门决定。

中国财政部、国家税务总局 2017 年 11 月 20 日公布了《中华人民共和国资源税法（征求意见稿）》（以下简称《征求意见稿》），并向社会征集意见，意味着资源税立法进程开始启动。《征求意见稿》充分吸收了近些年资源税改革的有效做法和成功经验，同时在立法理念上又有新的突破。与现行有效的资源税暂行条例和其他规章制度相比，《征求意见稿》在多个方面表现出极其鲜明的亮点。在征税对象上，明确资源税的征税对象为矿产品和盐，其中矿产品又包括原矿和选矿产品。在税目上，细化资源税税目税率表，涵盖了《中华人民共和国矿产资源法实施细则》中列明的能源矿产、金属矿产、非金属矿产和盐等四大类、146 个税目。在地方税收管理权限上，明确了资源税税目税率表中规定幅度税率应税产品的具体适用税率，由地方自行确定。在进一步扩大资源税征收范围的问题上，明确授权国务院可以组织开展水等资源税改革试点，待立法条件成熟后，再通过法律予以规定。

3

世界税收征管发展研究

3.1 BEPS 行动计划成果的国别转化

BEPS 包容性框架和国际同行评审制度框架成为年度 BEPS 行动计划，特别是“最低标准”得以全球快速、一致落实的两大重要推手。

3.1.1 OECD 强力推动 BEPS 行动计划成果全球落地

3.1.1.1 BEPS 包容性框架成为推动 BEPS 行动计划成果落实的重要平台

BEPS 行动计划虽然由 G20 发起，但为了确保 BEPS 行动计划有效与一致落实，2016 年 2 月，OECD 建立了“BEPS 包容性框架”机制，欢迎世界上所有国家和地区平等地参与，让更多的国家和地区通过加入该机制来共同研究、落实、推广和完善 BEPS 成果。这使 OECD 财政事务委员会成为全球税务机构。加入该框架的所有国家和地区，在平等的基础上和 OECD 财政事务委员会共同参与以下工作：开发监督程序，落实 BEPS 项目的 4 项最低要求；评估和实施 BEPS 项目。该框架的所有成员都要履行 OECD 和 G20 倡议的 BEPS 行动计划“最低标准”的承诺，并可以参与未来持续性的标准制定过程。

BEPS 包容性框架国际会议的重要议题都是讨论推动 BEPS 行动计划成果（最低标准）在全球实施。BEPS 包容性框架第一次国际会议于 2016 年 6 月 30 日在日本东京召开，旨在推动 BEPS 项目在全球实施。第二届东欧中亚 BEPS 包容性框架区域会议于 2017 年 4 月在格鲁吉亚举行，来自 14 个国家的 50 名代表参加会议，主要讨论实施 BEPS 项目成果的最低标准要求并开展同行评审，帮助低收入国家加强税收征管能力建设等。

3.1.1.2 BEPS 包容性框架和国际同行评审制度框架为“最低标准”的全球落地保驾护航

BEPS 行动计划的 4 项“最低标准”，指 BEPS 第 5 项行动计划的“透明度框架（税收裁定信息强制性自动交换）”、BEPS 第 6 项行动计划的“防止税收协定优惠的不当授予”、BEPS 第 13 项行动计划的“国别报告”和 BEPS 第 14 项行动计划的“相互协商程序”，它是 BEPS 包容性框架强制全部参与成员必须实施的项目。

BEPS 包容性框架和国际同行评审制度框架为年度 BEPS 行动计划 4 项“最低标准”得以全球快速、一致落实保驾护航。BEPS 包容性框架的职责之一，就是管理 BEPS 行动计划“最低标准”的制度，监督推动 BEPS 行动计划“最低标准”的国别落实。BEPS 行动计划的 4 项“最低标准”都需接受国际同行评审，以确保“最低标准”行动方案能够及时和准确地实施。所有 BEPS 包容性框架的成员国都应致力于执行 BEPS 行动计划的 4 项“最低标准”，并参与全球同行评审工作。

（1）OECD 全面更新 BEPS 的 4 项行动计划“最低标准”实施指南

2017 年，为推动 BEPS 的 4 项行动计划“最低标准”在全球范围内快速、一致实施，OECD 全面更新 BEPS 的 4 项行动计划“最低标准”实施指南，为各经济体落实 BEPS 的 4 项行动计划“最低标准”提供更准确的制度和技术指导。

OECD 更新 BEPS 第 6 项行动计划实施指南。2017 年 1 月 6 日，OECD 发布“基于 BEPS 第 6 项行动计划的税收协定条款与非集合投资工具（Non-CIV）享受税收协定待遇之间相互影响”（征求意见稿），公开征求意见。该征求意见稿是 2016 年 3 月 24 日发布的“非集合投资工具税收优惠授予的征求意见”更新升级版，它涵盖了基于 BEPS 第 6 项行动计划的税收协定条款与非集合投资工具（Non-CIV）享受税收协定待遇之间相互影响的案例分析，向利益相关方提供包括于 2016 年 5 月举办的第一工作组会议中得出的结论，以及关于 BEPS 第 6 项行动计划中涉及非集合投资工具中的常见交易模式在采纳主要目的测试（PPT）后的落地性后续工作。

OECD 除了年内连续 4 次更新《OECD 全球国别报告实施指南》外（详见下文），还与联合国分别基于 BEPS 第 5、6、13 项行动计划成果更新税收协定范本。2017 年 7 月 11 日，OECD 财政事务委员会发布《OECD 税收协定范本草案（2017）》，公开征求意见，但其中经批准引入协定的 BEPS 行动计划成果部分，包括第 6 项行动计划《防止税收协定优惠的不当授予》和第 14 项行动计划《使争议解决机制更有效》之“相互协商程序仲裁样本”，作为 BEPS 行动计划的后续工作，不属于征求意见的部分。同年 12 月 8 日，OECD 发布《OECD 税收协定范本（2017）》精简版，主要反映新引入的 BEPS 行动计划成果相关内容。2017 年 4 月，联合国国际税务合作专家委员会更新升级《联合国税收协定范本（2017）》，引入 BEPS 第 5、6 项和第 14 项行动计划成果相关内容：解决税收协定滥用的新文本，特许权使用费条款如何适用于机器人使用的评注，部分达成对第 25 条相互协商程序指南的评注变动，并批准了修改后的相互协商程序指南。

（2）国际同行评审制度框架的全面建成和启动，催化 BEPS 行动计划“最低标准”的国别落实

2017 年，继 2016 年率先完成 BEPS 第 14 项行动计划“最低标准”的国际同行评审制度构建之后，OECD 加大其余 3 项“最低标准”同行互评制度建设力度，相继完成了 BEPS 行动计划其余 3 项“最低标准”同行评审制度的构建工作，为开展“最低标准”的国际同行评审工作奠定了制度基础。经 BEPS 包容性框架批准，2017 年 2 月，OECD 发布基于 BEPS 第 5 项和第 13 项行动计划“最低标准”的同行评审文件；5 月，又发布了基于 BEPS 第 6 项行动计划“最低标准”的同行评审文件，这些文件制度包括同行评审的职权范围，阐明评估“最低标准”执行情况的标准；评审方法，规定税务管辖部门进行同行评审的程序机制，包括收集相关数据的过程，报告的编制和批准，评审结果的形成以及相关后续进程等内容。

BEPS 行动计划“最低标准”国际同行评审制度框架的全面建成，以及部分项目国际同行评审程序的启动，保证了“最低标准”在全球的及时、准确实施，也保证了各税收管辖地之间的公平竞争。

3.1.1.3 OECD 主推 BEPS 第 13 项行动计划“最低标准”（国别报告）的全球一致执行

执行 BEPS 第 13 项行动计划“最低标准”（国别报告）是应对 BEPS 风险的首要任务。确保国别报告制度在全球范围内一致实施，不仅可以确

保公平的税收竞争环境，同时也为纳税人提供确定性，并增强税务机关在其风险评估工作中使用国别报告的能力。因此，主推 BEPS 第 13 项行动计划“最低标准”（国别报告）的全球一致执行，构成 2017 年 OECD 推进 BEPS 行动计划“最低标准”在全球全面落地的关键。

（1）OECD 连续 4 次更新《OECD 全球国别报告实施指南》

2017 年，OECD 就同一主题连续 4 次更新国别报告实施指南，其频度之高为历史罕见。针对国别报告制度全球实施中产生的问题，OECD 努力通过持续更新共同指南的方式提供创新的制度和工具支持，为税务机关和跨国公司实施国别报告制度提供确定性。

《OECD 全球国别报告实施指南》由 OECD 于 2016 年 6 月 29 日首次发布，并经 2017 年 4 月、7 月、9 月和 11 月 4 次更新补充，制度执行的确定性不断得到强化。①《OECD 全球国别报告实施指南》，2017 年 4 月第 1 次更新。其更新的主要内容如下：a. 国别报告模板项目。明确收入和关联方的定义。收入包括非常规收入和投资收益。关联方应解释为国别报告表 2 中所列的成员实体。b. 报告实体问题。判定是否为集团以及是否为集团所属的会计原则/准则；大股东持股的处理。c. 申报义务。明确合并集团收入总额的定义。d. 共享机制。跨国企业集团的过渡性申报方案即“母公司代理申报”。②《OECD 全球国别报告实施指南》，2017 年 7 月第 2 次更新。其明确了国别报告实务中出现的两个问题：在国别报告问题上，对于由两个或两个以上不相关跨国集团所有或负责经营的实体，该如何处理？各税收管辖区的合并经营数据是否需要在国别报告的表 1 中进行汇报？③《OECD 全球国别报告实施指南》，2017 年 9 月第 3 次更新。其更新国别报告需要披露的三大主要财务指标的定义：“收入”的定义；跨国公司会计期限不足 1 年的处理；“应纳所得税额”与“已纳所得税额”。④《OECD 全球国别报告实施指南》，2017 年 11 月第 4 次更新。其更新的主要内容如下：a. 明确申报数据的依据及申报。如何根据使用公允价值会计编制的财务报表申报数据。b. 明确三种特殊情况的处理。一是处理表 1 中留存收益为负数的问题；二是处理企业兼并、收购和分拆的问题；三是处理不足完整会计期问题。c. 明确合并集团总收入的定义。

（2）OECD 构建规范全球税收辖区合理使用国别报告信息的制度

一个税收辖区获取和使用国别报告的条件之一，是必须具备确保合理使用国别报告信息的（制度）框架和设施。OECD 发布的《合理使用国别报告信息指南》，对满足这一条件和如何确保合理使用作出解释。该指南的主要内容包括：国别报告信息“合理使用”的含义；不合理使用国别报告信息的后果；确保合理使用国别报告信息的方法等。

3.1.2 BEPS 行动计划成果国别转化新进展

3.1.2.1 对接 BEPS 第 13 项行动计划“最低标准”（国别报告）得到全球响应

（1）承诺落实 BEPS 第 13 项行动计划国别报告“最低标准”要求的税收管辖区队伍迅速扩张

全体 OECD 成员和 G20 成员一致承诺，落实 BEPS 第 13 项行动计划国别报告“最低标准”。鉴于国别报告提供税务机关在评估高等级风险转让定价，以及在其他 BEPS 税收风险评估中发挥重要有益作用，以及 BEPS“包容性框架”的建立，发展中国家也纷纷承诺实施国别报告机制。2017 年 5 月 4 日，OECD 发布新闻稿，表示越来越多的国家和地区承诺根据 BEPS 第 13 项行动计划的“最低标准”要求和欧盟 2016/881 号指令要求，从 2018 年 6 月开始自动交换转让定价国别报告（CBC）。

（2）发达国家主导国别报告的国内税法转化

根据 BEPS 第 13 项行动计划“最低标准”要求，各国自 2016 年 1 月 1 日或此后开始的财务年度起，必须在国内税收法律中规定跨国企业实行国别报告。鉴于国别报告属于 BEPS 行动计划的“最低标准”，OECD 对国别报告制度落实情况实施同行评审机制，以确保一国或地区当地的税收法律框架遵循 BEPS 第 13 项行动计划的要求，并被及时地实施。在国别报告国内立法转化的 OECD 同行评审机制压力下，2017 年多数发达国家加快了国别报告国内立法转化的步伐。例如，比利时、丹麦、法国、芬兰、荷兰、捷克、拉脱维亚、瑞典、斯洛伐克、斯洛文尼亚、希腊、匈牙利、英国和意大利等欧洲发达国家，以及美国、加拿大和澳大利亚等美洲及澳洲发达国家，都于 2017 年完成了国别报告的国内税收立法转化工作。

除了 OECD 的国别报告同行评审机制压力外，欧盟成员还要额外承受欧盟国别报告实施指令的压力，这也可视为欧洲国家成为全球国别报告国内税收立法转化最活跃群体的缘由。

（3）全球国别报告自动交换的多边法律和自动交换线网准备快速到位

自动交换国别报告的主管当局多边协议的签订和多边自动交换线网络的建设等相关准备工作得到迅速推进，以配合承诺 2018 年 6 月开始自动交换转让定价国别报告的时间窗。2017 年 1 月 27 日，OECD 发布新闻稿，加蓬、匈牙利、印度尼西亚、立陶宛、马耳他、毛里求斯和俄罗斯等7国已经签署自动交换国别报告信息的多边主管当局间协议（MCAA），使加入该多边主管当局间协议的国家和地区达到57个。截至2017年5月4日，依据全球不同税收管辖区之间签署的自动交换国别报告信息多边主管当局间协议（CBC MCAA），全球已建立了700多条“（国别报告）自动交换线”。法国成为自动交换国别报告的最活跃国家之一，2016年1月1日至2017年7月8日，与法国自动交换国别报告的国家和地区共48个，包括欧盟成员以及14个非欧盟成员国家和地区。

3.1.2.2 BEPS第5项、第14项行动计划“最低标准”的国际同行评审程序率先启动

（1）BEPS第5项行动计划“最低标准”的全球论坛同行评审程序率先启动

基于BEPS第5项行动计划“税收透明度框架”的同行评审在全球论坛的所有成员内进行。当前全球论坛的所有成员共有142个国家和司法管辖区。“税收透明度框架”的全球论坛同行评审，也会涉及某些非全球论坛成员，即被认定为与全球论坛打击偷逃税、提高税收透明度工作相关的税收管辖区。全球论坛同行评审第一阶段同行互评工作已在2010年至2016年间完成。全球论坛审查程序的结果以不同评级的方式呈现，分为“合规”“基本合规”“部分合规”和“不合规”四个等级。中国在第一阶段同行评审中被评为“合规”等级。全球论坛同行评审第二阶段监督整改工作于2017年启动，全球论坛全体成员都要接受同行的整改监督。考虑BEPS第5项行动计划“最低标准”的执行需要完成较多程序性工作，准备工作耗时较长，因此，其全球完成时限给予了5年宽松过渡期，这为全球论坛同行评审第二阶段工作留足时间。

（2）BEPS第14项行动计划“最低标准”的部分发达经济体同行评审程序启动

以先期建立的BEPS第14项行动计划“最低标准”同行评审制度为遵循，BEPS第14项行动计划“最低标准”同行评审和监督程序也于2016年12月在部分发达经济体正式启动。①6个欧美发达经济体首批进入同行评审程序框架。即包容性框架成员的比利时、荷兰、瑞士、英国、加拿大和美国，他们率先接受同行评审。同行评审分为两个阶段进行。第一阶段，依照同行评审程序启动时间表所列顺序，评估这6个经济体实施

BEPS 第 14 项行动计划“最低标准”情况。第二阶段，重点监督这 6 个经济体落实第一阶段同行互评报告建议的行动。②7 个欧洲发达经济体第二批进入同行评审程序框架。即奥地利、法国、德国、意大利、列支敦士登、卢森堡和瑞典也启动了全球同行评审程序。在同行评审第一阶段的资料收集工作中，主要通过发放纳税人调查问卷的方式，就相互协商程序信息获取、相互协商程序指引清晰度及可用性，以及相互协商程序条款的及时执行等具体问题，分别向 7 个税务管辖区的纳税人征集信息。③中国计划于 2018 年末启动 BEPS 行动计划“最低标准”同行评审程序。中国签署了多边征管互助公约，努力推进税收协定的更新，这为中国启动 BEPS 第 6 项和第 14 项行动计划“最低标准”的同行评审程序，做足了行动准备。

3.1.2.3　G20 各国落实 BEPS 行动计划情况

G20 各国落实 BEPS 行动计划情况见表 3－1。

表 3－1　　G20 各国落实 BEPS 行动计划情况

国家	落实 BEPS 行动计划的国内税法规定	BEPS 行动计划项目
美国	美国分别与爱尔兰、丹麦、韩国、拉脱维亚和斯洛伐克共和国签署了关于在 BEPS 包容性框架第三次会议期间交换国别报告的主管当局协议	第 13 项
英国	2017 年 11 月 22 日，英国皇家税务与海关总署（HMRC）发布了关于修改混合和其他错配制度的政策文件	第 2 项
	2017 年 3 月 29 日，英国颁布《2017 年税收（BEPS）（国别报告）（修订）法规》（S. I. 2017/497），于 2017 年 4 月 20 日生效； 2017 年 8 月 15 日，HMRC 发布了《国别报告的准确完成指南和提交标准》	第 13 项
波兰	2017 年 1 月 1 日，有关转让定价报告义务的《公司所得税法修正案》生效	第 13 项
荷兰	荷兰尽快交换所有现有的裁决，并于 2017 年 12 月 31 日前完成	第 5 项
	《2018 年荷兰税收计划》中“股息预提税的提案”，包含主要目的测试（PPT）的实施，即预提税豁免不适用于居民公司或控股合作社的股份出于在其他地方避免股息预提税（主观测试）这一主要目的（或主要目的之一）而持有的情况，并且存在人为结构（客观测试）	第 6 项

续表

国家	落实 BEPS 行动计划的国内税法规定	BEPS 行动计划项目
斯洛伐克	修改“常设机构”的定义，扩大其适用范围，包括没有权力签订合同但在其谈判和结果中反复发挥主要作用的非居民独立代理人；通过数字平台开展业务的代理人，习惯性地签订在斯洛伐克共和国境内提供运输和住宿服务的合同，也被认定为常设机构的独立代理人；引入了数字常设机构的概念	第 7 项
瑞典	关于与第三国的混合错配，引入跨境情况下利息扣除的条款（混合规则）	第 2 项
	引入基于利息税前利润（EBIT）和利息税折旧及摊销前利润（EBITDA）的利息扣除限额，分别为 35% 和 25%	第 4 项
	2017 年 5 月 19 日，瑞典税务机关发布了《关于瑞典实施强制性和自发性裁决信息和预先定价协议的公告》（131 219052 - 17/111）。该公告的主要内容如下：必须交换的裁决；必须提供的信息；将与哪些国家交换裁决；裁决将于公告发布日期后的 3 个月内交换	第 5 项
	2017 年 3 月 27 日，税务机关更新了关于转让定价（TP）文件的一般指导，并于 2017 年 4 月 1 日生效	第 13 项
意大利	2017 年 2 月 23 日，意大利颁布《关于国别报告义务的实施细则》（部长令）；2017 年 11 月 28 日，意大利税务局（ITA）发布了第 275956 号议定书，其主要内容如下：控制跨国企业集团的居民公司在报告期前一个财政年度的综合收入至少 7.5 亿欧元，需要在相关财政年度最后一天后的 12 个月内提交国别报告。但在某些情况下，报告义务也可能转移到跨国企业集团的常驻子公司	第 13 项
俄罗斯	引入受控外国公司规定和公司居民身份的管理测试	第 3 项
	2017 年 5 月 17 日，俄罗斯发布第 CA - 4 - 7/9270 字函，定义受益所有人的概念，认为这一概念普遍适用于各种所得的一般反避税规则，以防止税收协定优惠的滥用	第 6 项
印度	《印度财政法（2017 修订）》规定，在《印度所得税法》中新增第 94B 节，自 2018 年 4 月起生效。其主要内容如下：企业申报向其关联方支付的利息费用，应限制为其未计利息、税项、折旧及摊销前利润（EBITDA）的 30%；或向关联方已付或应付的利息，两者中取其较小者	第 4 项
南非	《南非征税法修订案草案（2017）》修订了受控外国企业的相关规定，扩大受控外国企业（CFC）的认定范围	第 3 项
	对于择协避税，采用主要目的测试法（PPT）	第 6 项
	在其国内税法中引入了“应报告安排”规定	第 12 项
	与美国缔结了双边国别报告主管当局协议（CbC CAA）	第 13 项
	更新本国的协定范本，并引入最低标准	第 14 项

续表

国家	落实 BEPS 行动计划的国内税法规定	BEPS 行动计划项目
墨西哥	外国母公司与墨西哥子公司提交的主文档，确认用于墨西哥税收目的；墨西哥跨国公司集团没有义务提交多份国别报告，但最终母公司会提交一份内容丰富的信息报告	第 13 项
中国	2017 年 3 月 17 日，国家税务总局发布《特别纳税调查调整及相互协商程序管理办法》，于 2017 年 5 月 1 日起施行	第 8 项—第 10 项、第 14 项
	参与制定并签署《BEPS 多边公约》，将 100 个双边税收协定纳入《BEPS 多边公约》涵盖协定范围	第 15 项
	2017 年 5 月 9 日，国家税务总局发布《非居民金融账户涉税信息尽职调查管理办法》，于 2017 年 7 月 1 日起施行，中国实施金融账户涉税信息自动交换标准的国内法已经到位	第 5 项

资料来源：根据 IBFD 数据库 BEPS 专栏信息整理。

3.1.3 BEPS 行动计划成果国别转化的关键问题

3.1.3.1 BEPS 包容性框架扩容步伐放缓

BEPS 包容性框架是发达国家主导的，虽然 BEPS 行动计划成果也考虑了发展中国家的税收立场及其国际税收管理需求，增加了包容性，但更大程度上代表发达国家的国际资本输出国的税收立场和税收利益，因此，发达经济体成为 BEPS 包容性框架中最活跃的群体。发展中国家经济发展水平和税收管理水平相对低端，经济开放度与经济全球化的参与度也不太高，对 BEPS 包容性框架的前景把握难以确定，因此加入 BEPS 包容性框架的意愿不是那么积极。截至 2017 年 11 月 23 日，全球共有 108 个经济体加入 BEPS 包容性框架。其中，2017 年 1 月 6 日至 2017 年 11 月 23 日，全球共有 17 个经济体加入 BEPS 包容性框架，包括百慕大群岛、科特迪瓦、哈萨克斯坦、马来西亚、罗马尼亚、开曼群岛、伯利兹、越南、巴巴多斯、蒙特塞拉特岛、圣基茨和尼维斯、卡塔尔、阿曼、特立尼达和多巴哥等，越南是第 100 个加入 BEPS 包容性框架的国家，特立尼达和多巴哥成为第 108 个加入 BEPS 包容性框架的国家。

2016 年是全球落实 BEPS 行动计划的元年，也是全球各经济体加入 BEPS 包容性框架的高峰年，当年全球约有近 90 个经济体加入 BEPS 包容性框架，有力推动了 BEPS 行动计划在全球实施。2017 年全球各经济体加入 BEPS 包容性框架的步伐开始放缓，步入了常态发展期。

3.1.3.2 BEPS行动计划“最低标准”全球同行评审机制运行的结构性失衡

(1) BEPS行动计划剩余两项“最低标准”全球同行评审运行的集体跛足

与BEPS行动计划剩余两项“最低标准”（第6项和第13项行动计划）的同行评审制度建设相对滞后相对应，两项“最低标准”的同行评审运行相对滞后。制度是行动的依据和指引，并且从制度走向实践也需要时间准备。BEPS行动计划其余两项“最低标准”的同行评审制度建设起步晚，2017年才启动和完成制度建设，因此阻滞了这两项“最低标准”进入全球同行评审运行轨道的步伐。

(2) 发展中国BEPS行动计划4项“最低标准”全球同行评审运行集体缺位

基于发达国家和发展中国家国际征管能力的差距，BEPS包容性框架对BEPS行动计划4项“最低标准”的全球落实虽然限定了时间窗，但也给予了过渡期安排。因此，“最低标准”全球同行评审机制运行，基本按照先发达经济体后发展中经济体的次序安排，留足发展中经济体落实BEPS行动计划4项“最低标准”的时间。这也是BEPS包容性框架的包容性使然。

3.1.4 BEPS行动计划成果国别转化的方向

3.1.4.1 强化BEPS包容性框架对发展中经济体的组织动员力

BEPS包容性框架要通过常态化的南北对话机制，动员更多发展中国家的加入。BEPS包容性框架要更多地关注发展中经济体的国际税收管理诉求，更多地从发展中国经济体的国际税收立场研究、吸收和改进BEPS行动计划成果，强化BEPS包容性框架对发展中经济体的吸引力，使BEPS包容性框架的组织结构更具张力。

3.1.4.2 优化BEPS行动计划“最低标准”全球同行评审机制运行结构

(1) 加大BEPS行动计划剩余两项“最低标准”全球同行评审运行力度

BEPS包容性框架要加快推动BEPS第6项和第13项行动计划“最低标准”的同行评审机制运行。欧盟是BEPS行动计划的积极参与者、积极推动者和积极实践者，更是BEPS行动计划成果的积极贡献者，欧盟成员国理当成为BEPS第6项和第13项行动计划“最低标准”同行评审机制运行的先行者。2017年，BEPS第13项行动计划“最低标准”在全球的落实最活跃，而且要求各国执行的时间大限已近，可考虑作为同行评审机制运行的首选项。BEPS 第 5 项行动计划“最低标准”的全球执行时限给予了 5 年宽松过渡期，可略靠后安排。

（2）关注发展中经济体“最低标准”全球同行评审机制的常态运行

建议 BEPS 包容性框架建立发展中经济体执行 BEPS 行动计划标准的同行评审工作小组，专注发展中经济体执行 BEPS 行动计划标准的同行评审工作。可考虑按照先试点、总结提升、渐次推开的技术路线，选择国际税收管理基础相对较优的金砖国家，在“最低标准”项目上先行先试，取得经验后再分期分批推广之。

3.2 全球转让定价治理的突破性进展

国际组织转让定价规则的指导和世界各国转让定价治理实践，彻底改变了全球转让定价格局，全球转让定价治理取得实质性进展。

3.2.1 多维更新叠加的国际组织转让定价规则强势引领

国际组织转让定价指引的高频多维更新，强势推动全球各国转让定价立法的本土化。2017 年，OECD 和联合国等国际组织分别推出更新升级版的全球转让定价制度或工具指南，提出了更多的转让定价指导意见，提供了更多的转让定价合作合规工具，指引世界各国国内转让定价立法、行政操作和法院审理。

3.2.1.1 国际组织转让定价指引更新关注的重点领域

2017 年，国际组织转让定价指引的更新更多关注 BEPS 行动计划中转让定价规则成果的引入，包括 BEPS 第 8 项—第 10 项行动计划和第 13 项行动计划的成果，保持国际组织转让定价规则与 BEPS 行动计划的转让定价规则成果的一致性，重点讨论 BEPS 行动计划中转让定价制度和发展中国家应用工具需要细化深化、更具操作和达成共识的难点问题。2017 年国际组织转让定价指南的更新是一次很重要的升级，是国际税收领域的又一个具有里程碑意义的事件，特别是 OECD《转让定价指南》更新版提倡非 OECD 成员也遵循这些指南建议，从而增加了其在 OECD 成员范围之外的影响力和相关性。这些修订更新后的指南建议对处理 BEPS 问题及 BEPS 包容性框架的建立都有所帮助。2017 年版国际组织转让定价指南的发布，可能提升其在部分经济体税收转让定价领域的法律地位，为各经济体制定本土化的转让定价指南和实践转让定价规则提供富有操作意义的指引。

3.2.1.2 OECD 转让定价指南更新为“如何划分交易和分配风险”提供新指引

转让定价，即如何在跨国公司子公司之间交易分配价值，这是国际税收政策制定的重要领域。2017 年 7 月 10 日，OECD 正式公布《跨国企业与税务机关转让定价指南（2017）》（以下简称 2017 版 OECD《转让定价指南》)，它是 OECD《跨国企业与税务机关转让定价指南(2013)》的更新升级版。2017 版 OECD《转让定价指南》囊括了 2013 年以来 OECD 有关转让定价规则的修订内容，包括 OECD 理事会对关联企业转让定价的确定相关建议，2013 年批准修改后的指引，引入 BEPS 第 8 项—第 10 项行动计划成果“确保转让定价结果与价值创造相匹配”、第 13 项行动计划成果“转让定价文档和国别报告”等实质性内容，修订第 9 章中企业重组相关指引，其重要变动反映在有关如何划分交易和分配风险的一章中。

3.2.1.3 OECD 基于 BEPS 第 8 项—第 10 项行动计划的转让定价指南为独立交易原则在“定价困难的无形资产”应用提供新指引

2017 年 5 月，OECD 公布《BEPS 第 8 项—第 10 项行动计划中定价困难的无形资产实施指南（草案)》，公开征求意见。该草案根据 BEPS 行动计划第 8 项—第 10 项成果《确保转让定价结果与价值创造相匹配》最终报告要求，进一步完善现行 OECD《转让定价指南》第 6 章第 4 节“难以定价的无形资产转让定价实施指引”。主要变动内容如下：①明确难以定价无形资产转让定价中所应采用的原则方法。并提供了说明这一方法的应用示例。②税收协定框架下，相互协商程序与难以定价的无形资产转让定价方法间的相互作用。

3.2.1.4 发展中国家转让定价制度与工具的最新引领

国际税收合作平台和联合国致力于帮助发展中国家建立强效和可靠的转让定价制度，努力提高发展中国家实施 BEPS 行动计划的能力，以更好保护发展中国家税基免于跨国公司强势的税收筹划侵蚀。作为 BEPS 行动计划的一部分，国际税收合作平台和联合国于2017年分别推出两项针对发展中国家实践转让定价制度的工具指引，指导发展中国家用于转让定价的审查和潜在质询，帮助发展中国家确定跨国企业使用的转让价格是否符合独立第三方交易的预期价格，为解决发展中国家转让定价可比数据难题提供帮助，为发展中国家在国内法落实BEPS转让定价规则提供实质性指导。

（1）联合国为发展中国家提供“有争议的转让定价主题”应用工具指引

2017年4月，联合国国际税务合作专家委员会发布更新的《联合国发展中国家转让定价实务手册（2017）》（以下简称2017版《发展中国家转让定价手册》）；10月，2017版《发展中国家转让定价手册》纸质本发行。它是《联合国发展中国家转让定价实务手册（2013）》的升级版，旨在对发展中国家管理转让定价的国内法律制定给予具体指导。2017版《发展中国家转让定价手册》的主要内容变动如下：①结构进行重大调整，更为清楚明白且易于理解。A部分为全球经济背景下转让定价分析；B部分为对于设计原理和政策考虑的指导意见，对正常交易的重要原则公平交易原则进行了实质性的讨论；C部分为转让定价管理问题，强调了转让定价机制在发展中国家的实际执行问题；D部分为各国的实践，介绍了除俄罗斯外的4个金砖国家和墨西哥的实践。②方案内容更新。吸收BEPS行动计划中转让定价项目成果，新增了“有争议的转让定价主题”应用工具指引，包括集团内服务、成本分摊、无形资产转让定价处理、“第六种方法”（几个拉丁美洲国家实践中适用于商品出口定价），以及修订后的转让定价证明文档、可比性分析的相关指引等。

（2）国际税收合作平台为发展中国家量身定做“转让定价可比数据分析”工具指引

2017年6月22日，应G20发展工作组的请求，由OECD、国际货币基金组织（IMF）、联合国（UN）和世界银行（WB）共同发起的国际税收合作平台，发布了正式的《发展中国家转让定价可比数据分析工具包》。该工具包为发展中国家税务部门评定跨国公司转让定价合理性所面临的获取可比数据的困难提供解决方案，为解决转让定价可比性分析难题提供适用工具。它提供了如何充分利用现有数据的相关建议，如强调准确界定交易内容的重要性，寻求在可能的范围内充分搜集可用于比较的有效数据；要求关注可比较数据的来源，建议运用诸如逐步筛选模板等实用工具。它也提出了缺乏数据条件下监测跨国公司行为可选用的方法，建议运用诸如逐步筛选模板等实用工具。鉴于自然资源产业中的关联交易定价是发展中国家至关重要的问题，它还建议建立通用的产业定价操作方法，解决以中间形态（如浓缩物）出售矿产资源的价格信息差问题，填补了以中间形式销售矿物的定价信息空白。

3.2.2 全球转让定价治理的进展

3.2.2.1 各经济体全力推动转让定价国际新规则的国内税收法律升级转化

符合 BEPS 行动计划中转让定价项目的最新成果规定，各经济体致力于将转让定价的国际新标准纳入本土税法，为转让定价国际新规则在经济体内的应用提供本土税收法律基础。2017 版 OECD《转让定价指南》就如何诠释转让定价原则提供指引，由于它并非国际法，因此，各经济体有必要根据国情有选择地引入本国适用的条款，为本国实践符合国际新标准的转让定价制度提供国内税收法律基础。

遵循转让定价的国际新标准转化升级本国转让定价税制。各经济体政府公布税收法律修正案，依据转让定价的国际新标准修订本国转让定价法律，以进一步落实 BEPS 第 8 项—第 10 和第 13 项行动计划成果。①将 OECD《转让定价指南》所涵盖的独立交易原则纳入国内税法是不可或缺的。独立交易原则是全球转让定价制度的核心要义，为独立交易原则的应用提供指引是 OECD《转让定价指南》存在的价值。②更新转让定价方法。③更新转让定价文档报告制度。更新关联交易信息的报送依据、方式、期限和主体范围等规定，新增转让定价国别报告制度，为提交转让定价同期资料提供实施指南。④引入转让定价不合规的罚则。为使跨国公司切实遵从转让定价新规则，就各关联方因不按照独立交易原则定价而导致报税表数据不合规引入罚则。

3.2.2.2 金砖国家引领发展中国家转让定价的政策立场

2017 版《发展中国家转让定价手册》中的国别实践章节，重点推介了 5 个典型样板国，即巴西、中国、印度、南非金砖四国以及墨西哥的转让定价行政实践和程序。这些国别实践是各国转让定价行政实践的单独声明，而非基于发展中国家共识的立场。然而，巴西和中国的章节除了提供有关转让定价的国别行政实践和程序见解外，都具体描述了转让定价的税收政策立场，一定程度上可视为代表了发展中国家的转让定价政策立场。

3.2.2.3 转让定价同期证明文件治理的成效

安永会计师事务所发布的《2016 年全球转让定价报告》显示，在全球 36 个国家 623 名税务和财务高管的调查样本中，只有 21% 的企业全面遵守了全球转让定价同期证明文件的规则，也有 35% 的跨国公司认为自己在遵守全球转让定价同期证明文件规则方面做的比较好。

3.2.3 全球转让定价治理的关键问题

在一个政治、经济和社会不确定性增加的时代，如何运用独立交易原则，成为全球转让定价领域面临的挑战。

3.2.3.1 国际转让定价规则的国内立法转化的依据选择

转让定价的“OECD 准则”和“联合国实务工具”“国际税收合作平台工具”处理同一主题，但为其目标用户提供不同的用途。“OECD 准则”虽然仍是软法，但反映了 OECD 成员的政治承诺，并被广泛认为是标准制定者，并且其方法中公认包含了一定的灵活性，这些灵活性被认为是涵盖多种形式的商业运作的必要条件，并允许税务当局进行更普遍的解释。“联合国实务工具”是专门为发展中国家量身定做的能力建设工具，“国际税收合作平台工具”也是专门为解决发展中国家可比数据定价难题的技术引导工具。在各国国内转让定价立法和行政指引实践中，决定与哪个转让定价国际准则相关联，选择与哪个国际转让定价规则作为依据，是由主权国家主管税务当局决定，而不是国际组织决定。因此，事实上会导致一些国家对独立交易原则具有差异的界定。

3.2.3.2 跨国公司基于全球价值链的转让定价筹划问题

后金融危机时代，全球经济似乎更加脆弱。在这个大环境下，跨国公司基于全球价值链的转让定价筹划，加剧国际税基被侵蚀的严峻趋势，严重挑战独立交易原则在全球转让定价治理的有效应用，严重挑战全球转让定价治理的智慧。

3.2.3.3 处理与知识产权有关的转让定价事宜普遍困难

由于知识产权性质独特，而且缺乏相关的比较对象，各经济体引入

OECD 转让定价指南的基本规则处理与知识产权有关的转让定价事宜存在实际困难。

3.2.3.4　美国转让定价规则的滞后

美国缺乏对接国际转让定价新规则的理由。美国财政部认为，美国现行税收法规已经完全符合 BEPS 行动计划成果规范，因此，基本无对接国际转让定价新规则的理由，也疏于国内税法对接国际转让定价新规则的行动。

美国国内转让定价规则对比国际标准仍然存在偏差。美国国内转让定价法规中，对照 BEPS 第 8 项—第 10 项行动计划成果，仍缺乏实质性的要求，例如成本分摊协议。这将会对美国及关联国家的无形资产转让定价实践产生重大影响，引发大量的矛盾。而对照 BEPS 第 13 项行动计划成果，美国仅采用国别报告标准。并且，由于美国独自实施《海外账户税收合规法案》，消极应对全球金融账户税收遵从法案，缺乏用于国别报告的全球税收协定网络保障，因此会严重制约其国别报告的有效实施。

3.2.3.5　发展中国家转让定价治理能力的关键问题

征管能力和转让定价公开可比信息的缺乏，是影响发展中国家转让定价治理质效的两大关键。发展中国家转让定价实践中运用独立交易原则不够彻底，倾向把独立交易原则作为反滥用措施，一定程度上扭曲独立交易的中性原则。在 BEPS 行动计划和国际组织转让定价制度框架下，独立交易原则是中性概念，理论上不管是由发达国家还是发展中国家运用，独立交易原则都是中性的。但是，在发展中国家的转让定价实践中，更多倾向于把独立交易原则作为反滥用措施，而非中性措施，导致发展中国与发达国家在转让定价实践上的税收争议趋势。

其实，问题的背后与发展中国家征管能力和转让定价信息缺乏高度相关，是发展中国家不得而为之的次优选择。转让定价可比数据，即以市场为基础的交易价格（可比数据），这些数据需要被用来比对跨国公司报告的内部交易的货物和服务价格，两者是否一致，从而客观评定跨国公司转让定价的合理性。由于信息不对称，发展中国家难以掌握足够的以市场为基础的交易价格进行比对，从而难以客观评定跨国公司转让定价的合理性。

在发展中国家经常面临缺乏可比较的公开数据的情况下，仅仅依靠独立交易原则可能是不够的，例如在复杂的融资结构中，为了解决这个问题，发展中国家只能使用有限的外国可比数据，考虑某些可比性调整。显然，在全球化的背景下，发展中国家因获取跨国公司转让定价可比数据的困难而严重制约其执行 BEPS 第 8 项—第 10 项行动计划的能力。国际组织解决发展中国家征管能力和转让定价信息缺乏难题的顶层设计中，方向上取得较大进展，但技术性措施目前尚未得到实质性突破，因此，要纠正发展中国家在转让定价实践中不够彻底运用独立交易原则的行为，仍需假以时日。

3.2.3.6 跨国企业应对 BEPS 行动计划转让定价治理挑战步履缓慢

《2016 年全球转让定价报告》显示，75% 的跨国企业将税务风险管理作为最重要的转让定价问题；21% 的跨国公司在应对变动的转让定价条件方面缺少操作上的准备；73% 的跨国企业只是按照时间节点监督转让定价同期证明资料报告的结果，未能尽职对同期报告资料的真实性、全面性的监督；49% 的跨国企业缺少应对转让定价同期证明资料自动化操作模式是最强的挑战，依赖手工系统的传统难以短期内获得较大改观。

3.2.4 全球转让定价治理的方向

3.2.4.1 强化国际组织转让定价制度和工具的全球创新包容引领能力

联合国和 OECD 等国际组织在全球转让定价管理上的立场保持一致，顶层设计上使用的是相同的转让定价标准，即 BEPS 行动计划中转让定价工作成果。这对于希望通过执行或进一步改进其转让定价制度的各经济体，具有极其重要的指导意义。因此，国际组织要组织最强的国际税收专家队伍，强化对转让定价领域中的重点、难点和疑点问题研究，重视协调发达国家和发展中国家的转让定价政策立场，创新更具包容性、更具实操性和更具便利性的全球转让定价制度和工具，保持国际组织转让定价制度和工具的全球引领力和吸引力。

3.2.4.2 强力破解跨国公司基于全球价值链的转让定价筹划问题

充分考虑政治、经济和社会不确定性的时代环境，只有更科学地洞见跨国公司的全球价值链税收筹划规律，创造更公平的国际经济税收环境，而后创新破解此规律的、无争议的转让定价国际规则，才可以改善当下转让定价治理效率低下问题。

3.2.4.3 加快全球转让定价新规则的各国税收立法、行政指导转化

全球转让定价治理的实效，最终取决于全球转让定价制度在各国本地税收法律中转化的程度。各国转让定价制度立法是各国转让定价治理的法律基础，而全球转让定价制度指引是各国转让定价制度立法的依据，也是全球转让定价治理的标准。因此，发达经济体和发展中经济体都要继续强化全球转让定价规则的国内立法转化。

各经济体要强化全球转让定价规则指引意识，及时跟进全球顶层设计的转让定价规则的新变化，及时更新升级国内转让定价相关税法，努力推进全球转让定价新规则的本土化。OECD 转让定价指南或会不时更新，为求清晰明确，引入国内税法中要注意 OECD 转让定价指南的适用版本；为求与时俱进，需要适时更新国内税法中转让定价规定。转让定价国内税法修订案获得立法通过后，税务当局要及时制定和公布本国转让定价规则释义及执行指引，让纳税人加深认识这些新规则。

建议在国内税法中引入特定条文，处理与知识产权有关的转让定价事宜。为解决引入 OECD《转让定价指南》的基本规则处理与知识产权有关的转让定价事宜的难题，建议在国内税法中引入特定条文，以确保任何纳税人在本土开发、优化、维护、保护和使用知识产权时，会获得按独立交易原则计算的回报。这个思路与 BEPS 第 8 项—第 10 项行动计划最新成果一致。

3.2.4.4 发展中国家转让定价治理能力建设与包容环境改善

发展中经济体要综合考量自身经济发展水平、税收环境和征管能力等要素，制定全球转让定价新规则的本土化实施战略，分步渐进实施全球转让定价新规则。

(1) 国际组织引导发展中国家征管能力和转让定价可比信息获取能力建设

因此，国际组织要继续走引领发展中国家转让定价工具的技术路线。加快研究解决发展中国家转让定价实践中的技术难题，例如加强研发转让定价可比信息获取的技术工具，研究优化拉丁美洲国家实践中适用于商品出口定价“第六种方法”等，不断优化发展中国家获取转让定价可比信息的环境，引导发展中国家强化自身征管能力和转让定价可比信息获取能力。

（2）国际组织平台下对话协调创立适当一致应用独立交易原则的过渡性工具

依托国际组织平台，在国际组织主导下加强发展中国家和发达国家之间的对话协调，创立一个双方可接受、适当、一致以及应用独立交易原则的工具，规定适用的时间长度，作为过渡性安排。

（3）发达国家的包容很关键

基于发展中国家经济发展水平较低、征管能力较差和转让定价信息缺乏等客观因素，建议发达国家对发展中国家特定发展阶段下应用转让定价独立交易原则不彻底的实践给予理解和包容，给予发展中国家一定时间来提升征管能力和转让定价可比信息获取能力。

3.2.4.5 征纳主体合力全球转让定价同期证明资料合规性治理

全球转让定价同期证明资料合规性治理的有效性，最终取决于征纳双方对全球转让定价同期证明资料合规性的遵循。

（1）税务主管当局要加强对转让定价同期证明资料规则执行的合规性监管

税务机构要履行对跨国公司全球转让定价的合规性监管职责，努力提高对跨国公司全球转让定价的合规性治理能力和治理水平，尽可能减低发展中国家税基被跨国公司非合规的转让定价操作侵蚀，维护发展中国家的转让定价税收权益。

（2）纳税主体需要采取重大的变革来应对

严格执行有效与合规的转让定价同期证明资料规则。跨国企业需要重视收集必要的数据，建立更加清晰且更加优化的转让定价长期战略，设立明确的愿景，这是解决与转让定价同期证明资料规则相关操作问题的最佳方法。

3.3 税收透明度的深度治理

透明度和实质性是 BEPS 行动计划永恒的重点和焦点主题。2017 年是全球范围内提高税收透明度的具有转折意义的一年。税收透明度的全球治理经历过往的轰轰烈烈之后，2017 年开始沉淀于深度的质量治理。

3.3.1 税收透明度治理纵深推进的三大重要力量

3.3.1.1 税收透明度和信息交换全球论坛形成最重要的平台力量

一个经济体加入 OECD 主办的税收透明度和信息交换全球论坛（Global Forum），意味着该经济体承诺当年实施“EOIR 标准”（专项税收信息交换标准）和“AEOI 标准”（金融账户涉税信息自动交换标准），按要求参与全球金融账户信息自动交换。2017 年 9 月 5 日，OECD 在官方网站发布新闻稿称，柬埔寨、格陵兰岛、海地和马达加斯加已加入全球论坛，分别成为全球论坛的第 143 ~ 146 个成员。

3.3.1.2 OECD“识别税收透明度方面不合作的管辖区”机制成为最重要的制度力量战

自 2016 年初二十国集团（G20）财政部长呼吁“识别在税收透明度方面不合作的管辖区”后，OECD 主办的全球论坛启动了“识别税收透明度方面不合作的管辖区”快速通道审查程序，并经由快速通道公布审查程序的审查结果，以此警示那些“识别税收透明度方面不合作的管辖区”。全球论坛审查程序的主要评价考量要素是，管辖区是否有足够的法律和监管框架，以及合适的流程和程序以确保达到“EOIR 标准”和“AEOI 标准”。为了避免进入“识别税收透明度方面不合作的管辖区”名单，或者为了能够早日从“识别税收透明度方面不合作的管辖区”名单中移除，原本消极应对 BEPS 行动计划“透明度标准”建设的经济体也积极转向“透明度标准”建设，使国际税收透明度“两大标准”实施取得巨大进展。

3.3.1.3 基于税收透明度的国际税收确定性治理成为新引领

2017 年 3 月 18 日，OECD 和 IMF 联合发布关于税收确定性的专题报告，主要讨论税收不确定性的性质、成因及其对经营决策的影响，总结了一套具体而实用的方法，帮助税务机构和纳税人创建一个更具确定性的税收环境，引领“税收透明度”建设的新方向。

3.3.2 全球税收透明度治理的进展

3.3.2.1 全球“税收透明度”标准治理的进展

（1）税收透明度“两大标准”实施成效显著

专项信息交换标准（EOIR 标准）实施取得了巨大进展，满足信息自动交换标准（AEOI 标准）实施也成就显著。2017 年 3 月 18 日，OECD 官网发布了《经济合作与发展组织和国际货币基金组织关于税收确定性的报告》，该报告第二部分是全球论坛向 G20 提交的《关于税收透明度与税收信息自动交换的发展报告》。发展报告显示，自 2017 年 9 月起，100 个管辖区成员分二批开展全球金融账户涉税信息自动交换，第一批 53 个管辖区成员，基于“通用报告标准”（CRS）率先开始全球金融账户涉税信息自动交换，第二批 47 个管辖区成员开始全球金融账户涉税信息自动交换。中国也是 CRS 的参与者之一，将于 2018 年 9 月开始，与包括第一批 53 个已进行全球金融账户涉税信息自动交换的管辖区成员，以及第二批 47 个管辖区成员开展金融账户税收信息自动交换。

（2）欧盟领先“税收透明度”标准的实施

欧盟是全球“税收透明度”建设的坚定推动者和参与者。欧盟在“税收透明度”标准实施方面起步早，行动迅速，制度推动引领，2016 年取得重大进展，2017 年进入平稳运行轨道。①立法实施自动交换金融账户信息标准的成员。2017 年，爱沙尼亚、比利时、波兰、瑞士和希腊等成员，相继立法引入自动交换金融账户信息标准。②实施“通用报告标准”的只有为数不多的成员。大部分欧盟成员 2017 年前已引入“通用报告标准”，因此，2017 年实施“通用报告标准”的只有比利时、法国和瑞典等少数几个成员。③公布自动交换（金融账户）税收信息管辖区名单。2017 年，葡萄牙新增了 5 个与之自动交换（金融账户）信息的管辖区，德国与约 50 个国家和地区自动交换（金融账户）信息。意大利修订更新了与其自动交换（金融账户）信息的国家和地区名单（131 个）。比利时分别于 2017 年和 2018 年开展自动交换（金融账户）信息。

3.3.2.2 基于“税收透明度”的全球税收确定性治理的进展

（1）“税收透明度”框架下税收事先裁定制度得到更广泛的实施

税收事先裁定是一项在发达国家运用广泛且相对成熟的机制。实施税收事先裁定机制，有助于提高纳税人的税收确定性，降低税企双方的税收风险，增强一国税制和征管的透明度。在 BEPS 第 5 项行动计划最低标准框架下，BEPS 包容性框架的参与国都自发交换单边预约定价安排等六项税收裁定，以提高税收透明度。中国 2015 年发布的《中华人民共和国税收征收管理法修订草案（征求意见稿）》中首次引入了事先税收裁定的概念。加入 BEPS 包容性框架的发展中经济体也承诺遵循并引入国内法实施，以加强国际税收的确定性管理。①立法实施多边自动交换税收裁定信息。如保加利亚、瑞典、保加利亚、意大利和爱尔兰等发达经济体。②更新预约定价协议指南。如克罗地亚。③签署预约定价协议的税务行政效率明显提升。如金砖国家印度，2017 年首次公开发布预约定价安排报告，预约定价安排的税务行政效率明显提升，2016/2017 财年税务机构办结的预约定价协议占当年申请预约定价安排的比例高达 88.9%，比其 2012—2017 年的平均办结率高出约 70 个百分点。“追溯”条款的引入，有效延长了纳税人转让定价税收确定性的存在期，实质性降低了纳税人转让定价的风险。

（2）欧盟领跑基于税收透明度的国际税收确定性治理

①欧盟实施“跨境税收裁定信息”自动交换制度。2017 年 1 月 1 日起，欧盟成员之间自动交换各成员当期完成的全部跨境税收裁定信息，还将于 2008 年补充交换其 2012 年以来所有跨境税收裁定信息。欧盟成员之间自动交换的跨境税收裁定信息实行集中统一管理，同行交叉评审。

②欧盟引入“中介机构税收透明度制度”。2017 年，针对中介机构的税收筹划业务，欧盟委员会制定并实施“中介机构税收透明度规定”，规定中介机构先于提交企业之前事先向税务机构报告其为企业定做的税收筹划方案，旨在使成员税务机构提前掌握更加充分的企业税收筹划信息，提高税务机构应对企业税收不遵从风险的能力。

3.3.2.3 依托多边工具扩大国际税收信息交换协议网络

国际税收信息交换协议网络的拓宽。各经济体积极努力地通过加入《多边税收征管互助公约》，以扩大自身的信息交换协议网络。2017 年年中，包括中国在内的 100 多个国家签订了 BEPS 多边工具，该多边工具将对超过 2000 份双边税收协定同时进行更新。截至 2017 年，在 1459 个可能建立税收信息自动交换的双边关系中，正式建立起自动交换双边关系的有 1133 个，剩余 326 个尚未建立的主要原因是其中 6 个辖区仍未能提交报告书。

3.3.2.4 税收透明度转化为纳税人对税务机构的高度信心

公开纳税信息。挪威有开放的文化传统，挪威个人资料的公开程度超乎人们想象。每年 10 月，依据挪威税务总局的资料，挪威媒体发布最富有者或收入最高的名人、体育明星和政客的名单。这种做法可以追溯到

19 世纪，当时公民可以去市政厅或当地税务机关咨询税务清单。

挪威统计局研究员托勒森说，自 2001 年税务资料公开以来，挪威国库收入每年增加约 5 亿挪威克朗。税收透明公开之举，让税务机构获了 2015 年信誉最好的单位奖。税收透明之举也填补了挪威的财政收入，遏制了税收欺诈。

3.3.2.5 跨国公司更关注税务合规和税务风险防控

在全球实施 BEPS 行动计划的高压态势下，国际税收透明度持续上升，尤其是在一些跨国企业的激进税务筹划实践卷入几个较大税收管辖区的争议案之后，针对跨国企业的公众监督愈趋严密，全球税务违规的成本迅速上升，跨国公司声誉可能会因为激进的税务策略遭受巨大的损失，因此，跨国企业在选择激进的税务筹划策略方面趋于谨慎。跨国公司在制定企业税务策略时，比以往更关注税务合规和税务风险防控。

3.3.3 全球税收透明度治理的关键问题

3.3.3.1 税收可预见性和一致性对纳税人和税务机构同等重要

税收包括税制和税收征管的可预见性与一致性，既是企业决策特别是投资决策过程中最重要的因素，也是减少税务机构与纳税人之间征纳矛盾和跨境税收冲突的关键因素。跨国公司最看重投资税收环境的确定性，税务机构也越发重视税收环境的确定性。

3.3.3.2 全球税收环境的不确定性依然存在

当前税务环境依然存在不确定性，政府既想创造税收优惠环境吸引投资，同时又想保护本国的课税标准增加税收，这两者之间的冲突导致国家和地区税制的不可预见性。BEPS 行动计划的启动及其国别实施，许多经济体更新了现行国内税法和税务管理制度，并且还推出新的税收政策规定，国内税法和国际税收管理变得更加复杂性，可预见性与一致性更难以确定。2017 年 4 月 25 日，德勤会计师事务所发布的《流沙之境：转型年代的风险与变革——2017 年亚太地区税务复杂性调查（第 3 版）》（以下简称报告）显示，在税务复杂度方面，中国和印度的税务要求在亚太地区所有司法辖区中是最为复杂的，日本、澳大利亚、印度尼西亚和韩国也位列复杂度榜单前列，中国香港、中国澳门、新加坡和毛里求斯的税务复杂度最低。这个结果与这些国家（地区）税制和税收管理的繁简程度直接对接。税收不确定性的表现形式，在过去10年经历了从复杂性到一致性，再到可预见性的发展演变，这也是亚太地区税制和税收管理在过去十年间不断发展成熟的产物。

3.3.3.3 更努力提高税收透明度的诉求

跨国公司对税收可预见性的诉求度上升。由于税收环境越来越难以捉摸，跨国公司越发寻求通过税务的可预见性来保证企业税务管理的顺畅进行。跨国投资者呼吁进一步提高国际税收透明度，促使其能够更好地了解公司的跨境涉税风险。国际投资咨询机构发布报告，呼吁改进围绕涉税事务管理的披露。随着税务环境不确定性的增加，亟需解决税收的可预见性与一致性。

3.3.3.4 转让定价税收裁定的欧盟合法性和税收确定性作用问题

（1）转让定价税收裁定是否符合欧盟国家援助法的问题

自2013年6月起，欧盟一直在紧锣密鼓地调查转让定价税收裁定是否符合欧盟国家援助法的问题。2016年8月，欧盟宣布苹果公司位于爱尔兰的两家子公司所获得的税收裁定构成非法国家援助，判决爱尔兰从苹果公司补缴约130亿欧元的税款和利息。欧盟还对麦当劳、亚马逊和苏伊士环能集团的转让定价税收裁定进行国家援助相关调查。这引发了在欧洲经营的跨国企业对税收不确定性的担忧，转而选择回避事先税收裁定，也引发了相关国家之间的税收争端，有违税收的确定性和便利性原则。

（2）预约定价安排的税收确定性作用空间问题

完成预约定价安排的税务行政效率低下，完成双边预约定价安排的权重更低，与纳税人的需求差距仍然很大，与国际税收高风险对国际税收确定性的依赖度极不对称，跨境纳税人仍然要承受全球转让定价高风险的压力。例如，印度纳税人申请预约定价安排的需求呈几何级数上升，2015/2017财年纳税人预约定价安排的申请数占2012/2017财年的总额高达67.5%，但税务机关的实际办结率平均仅19.1%，已完成的双边预约定价协定仅占已完成的全部预约定价协定的7.2%，已办结的141份单边预约定价安排，每份平均耗时29个月，累计644份未完结的预约定价安排是一个很大的积压。

3.3.3.5 各国税务机关对于国际税收规则理解的差异

各国税务机关对转让定价规则的理解存在不一致或相互矛盾之处，导致各国转让定价管理实践的矛盾。国际税收争端案例中转让定价主题的案例占据主流。

3.3.4 全球税收透明度治理的方向

3.3.4.1 增加税收的可预见性

需要实施相应的改革，提升税收环境的可预见性与一致性，为企业提供更多的税收确定性。BEPS 行动计划的全球实施是各国税制改革和国际税务管理的新方向。BEPS 行动计划带来的国际税收规则变革，给全球各经济体税务发展发出一个积极信号，各经济体需要税制和税务管理更新和现代化，以确保 BEPS 行动计划成果实施的全球一致性，从而增强国际税务的可预见性。

3.3.4.2 税务管理机构优化税收透明度环境的努力

特别是发展经济体大国，如中国和印度在满足投资者税收预期方面有很大的提升空间。优化税收政策设计，降低税法复杂性。加强对税收政策的公众咨询。加强税务人员国际税收管理能力的培训，强化他们对税收政策的理解力，从而提高税收管理可预测性及一致性。

3.3.4.3 要积极应对 BEPS 行动计划的全球实施给跨国公司带来的合规风险

BEPS 行动计划项目的全球全面实施，将推动全球税务格局发生重大变革。跨国企业处理全球税收事务时需要更加谨慎，努力改善企业涉税事务的透明度，更注重税务风险的防范。随着各国政府遵循 BEPS 行动计划标准更新国内税制和国际税务管理制度，跨国企业应当及时跟进这些更新，并且时刻准备调整其公司内部相应文件和协议。同时，跨国企业还应考虑适时对其投资及经营结构进行改变，通过转变业务模式或调整自身资源，应对已经到来或即将到来的变革做好准备，满足更复杂的国际税务合规要求。

3.3.4.4　寻求更有效的预防税收争端和税收争端早期解决方案

（1）相机抉择遵从税收协定相互协商程序

对涉及非欧盟成员引发的国际税收争端，优先考虑启动并严格遵从税收协定相互协商程序解决。但是，对涉及欧盟成员引发的国际税收争端，特别是涉及转让定价、滥用税收协定等 BEPS 行动计划框架下的重点项目，应慎用税收协定相互协商程序解决。因为，在欧盟国家援助调查框架下，税收协定相互协商程序功能几近失灵，非欧盟争端方几乎没有胜诉的可能。非欧盟争端方需结合欧盟开展国家援助调查的方法和结果，密切关注并主动及时地协助本国赴欧投资企业解决涉税争端。

（2）优化预约定价安排结构，应对欧盟转让定价税收争端的风险

在欧盟成员实施事先税收裁定，必须充分考虑欧盟国家援助的相关规定，才能避免欧盟启动国家援助调查带来的国际税收争端风险。

在欧盟国家援助调查框架下引发的转让定价国际争端，如果争端两国启动税收协定相互协商程序解决，很容易被欧盟国家援助调查推翻，从而弱化相互协商程序在解决国际税收争端方面的功能。而优化预约定价安排，可以尽早消除引发与欧盟转让定价争端的可能性，并避免成为欧盟强制性自发信息交换的重点对象。优化预约定价安排，主要加大与欧盟成员双边预约协定的谈签力度，推动更多涉欧的单边预约定价协定转化为双边预约定价协定，通过与欧盟成员谈签双边预约定价协定增进双边税企三方沟通，尽早消除引发涉税争端的可能性，并避免成为强制性自发信息交换的重点对象。

3.3.4.5　在执行连贯一致的国际税收规则与指引方面加强国际协调与合作

在 BEPS 行动计划框架下，由于各经济体的国内税法差异，各国积极实施无形资产转让定价、双边多边税收协定、税收信息自动交换、税收协定滥用、有害税收实践等 BEPS 行动计划的重点领域可能触发的跨境税收争端，在相关国际税收规则未能修改并在全球实施之前，应寻求在 BEPS 框架内协调解决，避免采取单边行动，使国际税收利益的博弈最终处于相对公平合理的范围。

国际组织持续有效的指导和监督。国际组织持续提供有效的指导，满足发展中经济体对税收确定性专业指导的需求。全球各经济体特别是发展

中经济体，越发认识到和重视税收确定性对于促进投资和贸易的益处，也希望国际组织继续开展税收确定性方面的工作，组织专家集中研究全球税收确定性实践中的关键问题，修改完善相关国际税收规则，对全球税收确定性实践，特别是对发展中经济体的税收确定性实践提供更专业的解决方案。

国际组织要建立常态化监督机制。及时跟进各经济体实施 BEPS 行动计划“税收确定性”项目取得的进展，督促 BEPS 行动计划“税收确定性”项目在各经济体的落地。

3.4 国际税收治理下的中国治理行动

近年来，中国积极参加国际组织的税收专题活动，倡导建立国际税收新秩序。特别是中国提出“一带一路”倡议，发展多边税收征管合作，受到国际社会的普遍欢迎，中国国际税收地位显著提升。

3.4.1 国际税收征管的中国治理方案

国际税收征管与合作是国际税收治理的共同需要。加强国际税收合作，通过政策协调和征管协作，消除税收法律本地化给生产要素配置带来的障碍，是促进世界经济增长的重要措施，也是管控分歧，实现世界携手共进、合作共赢的必然选择。国际税收征管与合作，以国家间的互惠互助为基础展开，其依据主要是国际条约，包括避免双重征税协定中的情报交换条款和税收征收协助条款、税收情报交换协定和税收征管互助公约等。

2017 年 7 月 G20 汉堡峰会上，中国国家主席习近平强调要完善全球经济治理，坚持建设开放型世界经济大方向，为世界经济增长发掘新动力，使世界经济增长更加包容，分别从效率、动力、公平等方面为应对共同挑战提出了共赢的解决方案。提出金砖国家要发扬开放包容、合作共赢的伙伴精神，加强团结合作，维护共同利益，谋求联动发展。加强金砖国家税收合作是化解全球经济发展失衡、推动协调发展不可或缺的重要力量。G20 汉堡峰会后，中国国家税务总局在杭州主办了金砖国家税务局长会议。对“推动落实二十国集团（G20）税制改革成果、深化金砖国家多边税收合作、加强税收征管能力建设”等议题展开讨论，各金砖国家税务部门对完善全球税收治理和深化合作形成共识，认为发展是金砖合作的主线，应对税收领域挑战要靠深化合作。

2017 年 6 月 29 日至 7 月 5 日，中国代表在乌克兰基辅召开的欧洲税收管理组织（Intra-European Organisation of Tax Administration，IOTA）第二十一届全体会议上，与各国分享数字经济时代税务部门推行信息化税收征管的经验，并就进一步深化国际税收合作，构建投资友好型的税收环境，提升世界经济发展的信心等达成共识。

3.4.1.1 中国税收征管现代化的联动集成之路

2017 年 9 月 27 日—29 日，第十一届税收征管论坛（FTA）大会在挪威举行。中国国家税务总局局长王军作了“走联动集成的税收征管现代化之路”的发言，阐述了中国实现税收征管现代化必须走联动集成之路的目标及方式。提出要把税收征管作为有机整体，既坚持征管本身要素的集成，又要坚持征管与税制之间的联动；既要坚持将税收征管融入国家治理，又要坚持深度参与国际税收改革，推动全球经济治理，最大限度发挥税收征管聚合效应。

（1）定位国际税收治理的目标选择

自 2016 年 G20 杭州峰会，各国对加强国际税收合作，打击国际逃避税，提高全球经济抗风险能力，以促进世界经济增长已成共识。提出国际税收必须坚定不移地贯彻 G20 倡导的“利润在经济活动发生地和价值创造地征税”总原则，“建立一个全球公平和现代化的国际税收体系并促进增长”。中国随着对外开放战略的推进和深度参与经济全球化的需要，一直致力于把深化国际税收合作，加大力度打击逃避税行为，支持发展中国家税收能力建设，通过税收促进全球投资和经济增长，作为国际税收治理的目标选择。

合作是治理的基础。在 2013 年 G20 圣彼得堡峰会确定的国际税收合作主要包括三项内容：①BEPS 行动计划成果的落实，特别是 4 个“最低标准”的强制执行；②金融账户信息自动交换；③征管公约的执行。之后，把帮助发展中国家和低收入国家提高税收征管能力；加强政策协调，实行增长友好型的税收政策，促进世界经济增长，作为国际税收合作的第四、五项内容。可见合作的深化推进。深化国际税收合作既是经济全球化背景下促进经济增长的重要政策选项之一，也是化解经济全球化与税收法律本土化矛盾的必然选择。

（2）国际税收治理形成联动机制

在 2017 年 9 月第十一届税收征管论坛（FTA）大会上，中国国家税务总局局长王军提出“走联动集成的税收征管现代化之路”的中国税收征管新方式。联动集成的方式就是：①在注重征管要素集成，提升管理和服务效能基础上，依托现代管理手段，实现税收征管理念、制度、软件以及人力资源等要素有机融合的税收征管方式；②在注重坚持征管与税制联动，促进经济平稳健康发展为着力的税收征管方式；③在注重坚持把税收征管融入经济社会管理，不断增进服务国家治理水平的税收征管方式；④在注重坚持深度参与国际税收改革，积极助推全球经济治理与合作的税收征管方式。即以联动集成的方式推进税收征管现代化建设。

近年来，中国税务部门深度参与国际税收改革，积极推动国际税收治理体系建设，致力于构建合作共赢的新型国际税收关系，促进全球经济治理与合作的不断发展。①推进合作机制建立。积极落实 G20 税制改革成果特别是 BEPS 行动计划成果落实，2017 年 6 月，包括中国在内的 67 个国家和地区共同签署了 BEPS 多边公约，加强税收信息交换，在打击国际逃避税等方面进一步形成了与各国税务同行有效合作的机制性措施。②构建和发展合作关系。在积极开展双边及多边税收合作中，与联合国、国际货币基金组织、经济合作与发展组织等 25 个国际组织和区域税收组织保持良好的合作关系，与 116 个国家和地区建立了双边税收合作机制，与“一带一路”沿线 54 个国家和地区签署税收协定或议定书，构建了有效的国际税收治理沟通平台。③提升税收征管效能。在国际税收管理合作中，注重与国际组织和其他国家之间的互学互促、互帮互助，以及体现包容性发展理念的税收管理是中国加强税收征管能力建设，发挥好税收服务国家治理和全球经济治理的作用。通过探索联动集成的现代化税收征管之路，为推动各国经济发展和深化全球经济治理做出更大贡献。[①]

3.4.1.2 国际税收治理的中国贡献

（1）把中国方案融入国际税收新的规则

2017 年 6 月，在中国与 67 个国家和地区共同签署《BEPS 多边公约》时，中国方案被吸纳入其中，成为国际税收治理体系的重要成果。同期，中国作为 BEPS 多边协议工作组第一副主席国，中国积极参加多边税收协调及多边协议的起草、谈判与签署；以联合国国际税务合作专家委员会委

---

① 资料来源：国家税务总局网站（http：//www. chinatax. gov. cn）2017 年 9 月 30 日《走联动集成的税收征管现代化之路》王军在第十一届税收征管论坛（FTA）大会全体会议上发言。

员身份参与《联合国税收协定范本》修订，以及《联合国发展中国家转让定价实务手册》编纂；以副主席国身份参与税收信息交换全球论坛有关工作，2017 年的系列行动表明，中国在国际税收规则体系重塑中持续发挥着重要作用。

2017 年，中国通过全程深度参与 OECD 第 6 工作组转让定价议题、相互协商程序论坛和国别报告最低标准审议监督联合工作组的各项工作，在价值链分析、无形资产、利润分割法、集团内劳务等重要议题中发出中国声音、提出中国方案、贡献中国智慧；以编写小组成员的身份，完成《联合国发展中国家转让定价实务手册》的各项更新和修订，提交的《中国转让定价实践报告》（更新版），受到国际社会的高度重视与好评。在 OECD 和联合国两个重要国际平台发声，提升了中国在国际税收规则制定中的话语权和影响力，表明中国正逐步成为国际规则的制定者。

（2）推动金砖国家税收合作升至制度层面

2017 年，为推进金砖国家税收合作，中国在 2017 年 9 月第十一届税收征管论坛（FTA）大会上，国家税务总局局长王军提出，推动完善全球税收治理体系，积极参与国际税收规则制定，推动构建公平和现代化的国际税收体系，提升发展中国家的代表性和发言权的主张。[①] 通过开展包括税收政策协调、税收征管协作、涉税争端解决、经验交流共享等多层面的合作，深化税收领域的务实合作，增加税收确定性、提升相互协商程序效率，进一步优化营商环境，支持开放型经济建设；与金砖各国研究共同提高征管能力，并帮助其他发展中国家制定能力建设方案。鼓励其他发展中国家参与国际税收合作，共同推动经济全球化和世界经济包容性增长；加强税收合作机制建设，构建全方位的金砖税收合作制度框架，丰富合作内容和方式，减少合作障碍，提升合作效率，促进发挥税收合作在金砖国家整体合作中的作用。这些倡议和主张作为金砖国家税务部门助力联动增长的共同意愿，受到与会各国的积极响应，以金砖国家为代表的税务合作机制建设理念及措施被吸纳进大会公报，推进金砖国家税收合作升至更深的层面。

（3）推进与“一带一路”沿线国家的税务合作

2017 年中国为落实“一带一路”倡议，有针对性地开展了与“一带

① 参见：国家税务总局网站（http：//www.chinatax.gov.cn），中国国家税务总局局长王军在挪威举行的第十一届税收征管论坛（FTA）大会上发言。

一路”沿线国家的税务合作；做好与周边国家的税收合作与交流；深化与金砖国家的税务合作，落实G20税制改革成果，2017年9月中国组织承办了厦门金砖国家领导人峰会；研究如何在亚洲税收管理与研究组织（Study Group on Asian Tax Administration and Research，SGATAR）框架下加强合作，落实G20税制改革成果，为2018年承办SGATAR年会做准备；打击国际逃避税，维护国家税收权益，维护良好的国际税收秩序，促进国际经济合作。税务部门积极扩大中国税收协定网络。截至2017年底，中国税收协定网络已经覆盖全球107个国家和地区，从签署《BEPS多边公约》的国家和地区来看，近半数为“一带一路”沿线国家，为跨境投资和经营企业在东道国享受公平待遇、有效解决纠纷、维护税收权益提供了法律依据。①

3.4.1.3 融入国际税收治理的中国国内税法协同对策

（1）推进国际税改成果转化

2017年，中国吸收借鉴BEPS行动计划成果相关改革建议，结合反避税工作实践，对国内反避税规章制度进一步修订完善，诸如，发布《特别纳税调查调整及相互协商程序管理办法》（国家税务总局公告2017年第6号），对特别纳税调查调整及相互协商程序进行了规范，系统构建了无形资产转让定价分析管理框架，在关联劳务“六项测试”基础上提出了“受益性劳务”的概念，提出了在跨国企业集团价值链分析中，应考虑成本节约、市场溢价等地域特殊因素对价值的贡献及其对定价和利润归属的影响的概念，同时阐明了中国对维护税基安全的态度和决心，对转让定价实践有着重要的作用，也是中国推进国际税改成果转化的有益实践。

（2）提供税收确定性

随着中国对外投资的快速增长以及国际税改成果在各国的转化实施，相互协商案件数量和难度都会提升。2017年，中国在消除或避免重复征税，提供税收确定性方面，借鉴美、英等国普遍适用的工作模式，通过开展转让定价，调整相互协商程序（MAP）和预约定价安排（APA），推进了相互协商案件效率的提升，保证了BEPS行动计划最低标准的落实。2017年，中国分别与日本、韩国、澳大利亚、新西兰、美国、瑞典、丹

① 资料来源：国家税务总局网站（http://www.chinatax.gov.cn），2018年5月7日，人民日报《我国税收协定网络覆盖107个国家和地区》。

麦和德国8个国家主管税务当局开展了特别纳税调整相互协商14次，涉及转让定价相应调整案件35例，双边预约定价安排案件30例。[①]

（3）参与国际税收规则调整，推动税改成果在国内落地

作为国际税收领域重要工作之一的特别纳税调查调整，其工作的重要原则是尊重国际税收规则，以维护国家税收权益，营造公平国际税收秩序，促进跨国投资贸易活动的顺利开展为目的。通过运用相互协商程序为解决税务争议、消除国际双重征税提供重要途径，也是实现国际税收合作的重要体现。

从中国近年完善特别纳税调查调整政策的实践看，在2009年出台《特别纳税调整实施办法（试行）》（国税发〔2009〕2号）后数年实践基础上，结合对外开放及“一带一路”建设的实际，在2017发布的《特别纳税调查调整及相互协商程序管理办法》（国家税务总局公告2017年第6号，以下简称《办法》），就是在对相关调查调整、相互协商等内容进行修订完善基础上发制的，从政策修订背景看，中国政府落实G20税改成果和响应国际税收征管合作共识，采取的实际行动，政策背景体现了中国以尊重“利润在经济活动发生地和价值创造地征税”总原则，维护国家税收权益，营造公平国际税收秩序，促进跨国投资贸易活动顺利开展，为解决税务争议、消除国际双重征税，促进国际税收合作的政策目标导向，体现了中国实施增长友好型税收政策的愿景和目标。

《办法》完善了有关特别纳税调查调整及相互协商程序相关工作。包括：进一步规范明确了特别纳税调查调整程序；增加了无形资产、劳务关联交易的相关规定，如：无形资产交易，强调无形资产的收益分配应当与关联交易各方对无形资产价值的贡献程度相匹配等；明确了特别纳税调查中的重要事项等。《办法》落实了BEPS第14项行动计划争端解决机制的要求，进一步规范了特别纳税调整事项相关的相互协商工作流程，利于推动相互协商案件的及时处理，以及有利于纳税人避免或者消除国际重复征税。同时，吸纳了《国家税务总局关于特别纳税调整监控管理有关问题的公告》（国家税务总局公告2014年第54号）相关内容，强调了税务风险管理，及通过关联申报审核、同期资料管理和利润水平监控等手段，实施特别纳税调整监控管理，发现特别纳税调整风险及进行风险提示，鼓励企业自行调整，树立纳税遵从。居此，成为中国落实G20税改成果的重要

① 资料来源：国家税务总局国际税务司反避税工作总结。

文件。

《办法》进一步规范了特别纳税调查调整及相互协商程序，系统构建了中国无形资产转让定价分析管理框架，在关联劳务“六项测试”基础上提出了“受益性劳务”的概念，即依据跨国企业价值链分析，将企业价值链相关的成本节约、市场溢价等地域特殊因素对价值的贡献及其对定价和利润归属的影响考虑其中，为维护税收权益确定了制度依据。同时，通过大数据和信息自动化等手段协助的监管，为提升反避税管理的质效，奠定了良好的制度基础，也是企业价值链分析运用的具体实践。

3.4.2 国际税收征管融入国家治理（动态挑战）

3.4.2.1 坚持深度参与国际税收改革推动全球经济治理

当前，全球治理机制正面临着深刻调整，新的国际税收规则体系正在国际经济格局的变革以及国际税收合作中逐步形成。中国应顺应发展趋势，通过深度参与国际税收改革，为推动全球经济治理及税收治理发挥中国作用。

（1）开启国际税收协调与合作的新典范

BEPS 包容性框架为《BEPS 多边公约》谈判提供了平台。自 2016 年 6 月，OECD 财政事务委员会在日本东京举行 BEPS 包容性框架成立大会，[①] 经 80 多个国家和地区的代表努力，为全球共同实施 BEPS 行动计划成果提出新的实质性建议，依托 OECD 财政事务委员会已有组织架构建立包容性框架。签署《BEPS 多边公约》目的是为消除混合错配影响、防止协定滥用、解决人为规避常设机构问题和改进争议解决机制等提供快速行动机制，帮助签约国（地区）一揽子修订现有的税收协定网络，并协调一致地实施 BEPS 行动计划中有关跨境所得税收政策的相关措施，打造公平、高效和透明的国际税收环境。

为在全球范围内落实 BEPS 成果的目标，从 2016 年开始，G20 和 OECD 成员在平等的基础上开展 BEPS 项目包容性框架建设等的工作，中国也与国际社会携手完成相关后续工作，致力于公平合理税收环境的建立。2017 年 6 月 7 日，《BEPS 多边公约》首次联合签字仪式在法国巴黎 OECD 总部举行，中国、德国、法国、英国、俄罗斯、日本、印度、阿根

---

① OECD 财政事务委员会在日本东京举行 BEPS 包容性框架成立大会，2016 年 6 月 30 日至 7 月 1 日召开。

廷等67个国家和地区的政府代表共同签署了BEPS多边公约。

中国向OECD提交的清单，表明了中国政府的立场，涵盖中国与主权国家（地区）签订的103个税收协定中的101个税收协定（不包括与智利、印度、中国香港、中国澳门和中国台湾的税收协定或类似安排，但智利和印度提交的被涵盖税收协定中包含与中国的税收协定）。中国将通过《BEPS多边公约》的工具更新49个税收协定，其中涉及中国主要的OECD贸易伙伴以及“一带一路”沿线众多国家。截至2018年3月，共有78个国家和地区签署了《BEPS多边公约》，首批协定的修订将于2018年7月1日起生效。OECD估计，未来将有超过1100多个税收协定受到公约的影响。①

（2）深化合作推进《多边税收征管互助公约》的执行

2017年6月，包括中国在内的67个国家和地区政府代表共同签署的《BEPS多边公约》将中国方案纳入了国际税收治理体系。从国际层面看，是中国积极参与国际税收规则制定，创新中国理念、推介中国方案，表达中国话语权努力的结果。从国内层面看，是中国运用新的国际税收法理、原则与技术，进一步完善国际税收法律与制度体系，推进G20税改成果转化的实践。同时一系列国内国际税收法律法规的出台，为管理跨国关联交易提供了更健全的法律保障，也为中国对外开放和国际经济合作营造了更为中性、公平的国际税收环境。

3.4.2.2　建立公平合理的税收环境的挑战

（1）基于BEPS对税收征管现代化的需要

随着中国在经济全球化格局中地位的变化，即：从资本输入转向资本输出，从世界工厂转向世界市场，从要素驱动转向创新驱动，从生产环节的单一现代化转向全球产业链现代化的转变。尤其是随着“一带一路”建设的全面实施，开放型经济新体制对中国国家治理能力的现代化提出了更高要求，客观要求中国调整国际税收战略，升级国际税收管理体系。

中国把参与国际税收改革作为中国国际税收体系转型升级的一次良机，结合既定的深化国税、地税征管体制改革任务和税收现代化建设目标，借鉴BEPS成果，完善税收立法，改革国际税收管理格局，统筹税收

---

① 柴生伟．执行《BEPS多边公约》的中国方案［N］．中国税务报，2018－06－28.

风险应对，加强信息化建设，提升国际税收管理水平，力争到 2020 年，基本建成与中国对外经济合作格局相适应，且符合中国根本利益和与国际发展趋势基本一致的中国国际税收新体系。

（2）基于 BEPS 对国际税收环境带来的挑战

对启动于价值链高端发达国家的 BEPS 行动计划，由其利益归属决定了 BEPS 行动计划实施，给发展中国家企业跨国运营带来税收风险的存在，以及各国对外来投资企业在税法、税收协定和转让定价规则等政策制度方面存在可变性的发生，诸多的不确定性都可能加深国际税务风险的发生，给国际税收管理带来挑战。

当代国际税收秩序变革的趋势表现为：以 BEPS 行动计划为代表的税收规则的全面变革；围绕国际税收合作平台而展开的权力结构变革。其实质在于，为提高有效性以解决全球化和数字化给传统税收秩序带来的规则挑战，以及为增强代表性以体现新兴经济体重新分配国际税收秩序话语权的诉求。

3.4.2.3 全球化和数字化给传统税收秩序带来的规则挑战

全球化和数字化的背景下，企业经营模式、组织形式和产品形态的变化给传统国际税收管理的有效性带来了挑战。当今全球化和新技术革命带来的数字经济、共享经济等新兴经济业态正迅速、广泛、深刻地改变着人类的生产及生活方式，而传统国际税收规则在很大程度上是基于“物理存在”（presence）的标准划分征税权，新兴虚拟经济极大地冲击着传统的国际税收治理模式。

在 2017 年 6 月欧洲税收管理组织（IOTA）第二十一届全体会议①上，中国代表围绕共享经济时代的纳税遵从、区块链技术给税收征管带来的挑战等问题提出中国观点，认为当前以互联网企业为代表的数字经济强势崛起，深刻改变着人类的生产和生活方式，世界经济正在加速向以网络信息技术产业为重要内容的经济活动转变。这既是全球化背景下世界经济提质增效的新变量新动能，也对基于传统经济构建的国际税收规则形成很大冲击，为国际税收合作与共治带来了新的课题和挑战。

① 欧洲税收管理组织（IOTA）第二十一届全体会议，于 2017 年 6 月 29 日至 7 月 5 日在乌克兰基辅召开，中国国家税务总局王秦丰副局长代表中国参会。

3.4.2.4 基于中国开放发展带来深化国际税收协调与合作的挑战

随着中国深化开放推进“一带一路”建设，越来越多的中国企业“走出去”，在海外市场开展投资、并购等经济活动，融入全球价值链发展，为解决国际避税、国际重复征税等问题，发挥国际税收协定消除重复征税，稳定税收待遇，适当降低税率，分享税收收入，减少管理成本，合理归属利润，防止偷漏税，实行无差别待遇，建立有效争端解决机制等作用，已成为当下中国推进实现国际税收协调与合作的重要内容。

3.4.3 国际税收治理下中国治理的应对策略

当前全球治理机制正面临着深刻调整，新的国际税收规则体系正在国际经济格局的变革以及国际税收合作中逐步形成。为更好地维护国家税收权益，构建公平和现代化的国际税收体系。习近平主席在 G20 杭州峰会阐释了中国倡导的平等、开放、合作、共享的全球经济治理观。2017 年 7 月 G20 汉堡峰会上，习近平主席又强调“要完善全球经济治理，坚持建设开放型世界经济大方向，为世界经济增长发掘新动力，使世界经济增长更加包容，分别从效率、动力、公平等方面为应对共同挑战提出了共赢的解决方案”，为中国参与国际税收治理指明了方向。提出中国国际税收新体系建设中，将国际经济合作与国际税收治理联系起来谋划和发展，深入推进制度以及体制机制建设，力争到 2020 年，基本建成与中国对外经济合作格局相适应、符合中国根本利益、与国际发展趋势基本一致的中国国际税收新体系。

在 2017 年 7 月的金砖国家税务局长会议，各金砖国家税务部门对完善全球税收治理和深化国际税收合作再度形成共识。随着中国“一带一路”倡议的全面实施，开放型经济新体制对中国国家治理能力的现代化提出了更高要求，需要中国调整国际税收战略，升级国际税收管理体系，建立公平合理的税收环境。① 中国是金砖国家合作机制的坚定支持者和积极参与者。中国税务部门将一如既往地与其他金砖国家税务部门一道，共同落实好 G20 领导人峰会共识，共同推动金砖国家领导人厦门会晤取得丰硕成果，为金砖国家以及世界经济繁荣发展做出更多贡献。

① 资料来源：国家税务总局网站（http：//www.chinatax.gov.cn），2017 年 7 月 27 日《税收合作助力金砖联动增长——访国家税务总局国际税务司司长廖体忠》。

3.4.3.1 深化国际税收合作

近年来，中国深入挖掘税收合作的空间和潜力，充分利用 OECD、G20、FTA 等国际合作平台，促进跨国资源的优势互补，建立国家间税收合作制度性机制。推进了税收经验共享机制建设。与各国税务部门建立不同级别的交流研讨机制，分享重大税收改革经验。开展税收政策效应评估合作，深化政策沟通、征管协作、征纳关系协调和争议解决等多层面的合作。与合作各方达成税收信息交换合作的共识。金砖国家税务部门共同承诺，要认真落实 G20 领导人峰会关于提高税收透明度的倡议，于 2018 年 9 月前实施金融账户涉税信息自动交换标准，加强主管当局间信息交换。

加强双边合作，有效降低税收负担。在与其他金砖国家合作中完善彼此间的税收协定，简化协定执行程序，提高协定执行水平。此外，在与金砖国家合作中进一步加大金砖国家税收案件谈判力度，加快跨境税收争议解决速度，作为金砖国家间相互投资提供税收确定性，降低相互投资税收负担的重要内容。

3.4.3.2 提升国际税收全球治理水平

深化多边合作，共同提升税收治理能力。在经济全球化和生产要素全球配置的条件下，多边税收合作对各国家共同应对挑战至关重要。金砖国家联合签署的税务合作备忘录，是落实 G20 领导人共识、深化金砖国家税收合作的重要体现，为金砖国家多边税收合作提供了机制性保障。中国在金砖国家合作框架下开展了务实高效合作，加强税收政策协调及征管多边合作，推动构建公平和现代化的国际税收体系，同时帮助发展中国家加强税收征管能力建设，促进金砖国家经济包容性增长。

从金砖会议对落实国际税改成果共同应对挑战的认识看，中国与其他金砖国家税务部门提出了继续在联合国、G20 和 OECD 等重要国际机构及合作框架下更加积极主动地参与国际税收规则的制定，持续、广泛落实 BEPS 行动计划成果，特别是落实 BEPS 4 项“最低标准”，呼吁尽可能多的税收管辖区加入并平等参与 BEPS 包容性框架，继续推动建立支持数字经济发展的国际税收规则，共同推动国际税收体系向更加公平和现代化的方向发展的倡议。与其他金砖国家税务部门共同承诺要更加积极主动地加强彼此间税收政策协调与征管合作，增强税收中性，减少税收制度负面外溢效应，落实税收协定公平待遇，消除国际重复征税，促进跨境贸易和投资。

3.4.3.3 参与国际税收规则调整推动税改成果落地

2017 年，中国坚持贯彻 G20 倡导的“利润在经济活动发生地和价值创造地征税”原则，通过参加 OECD 工作组会议、联合国国际税务专家委员会会议等国际会议，结合中国实际，研究国际税收热点、难点问题，主动参与国际税收规则制定，推动建立公平和现代化的国际税收体系。

推动国际税改成果在中国落地。为落实 BEPS 行动计划和金融账户信息自动交换，中国还将继续推动法律法规和制度的完善，例如，金融机构与税收管理机关之间的信息共享、个人所得税法的完善、境外所得税抵免制度的完善、受控外国公司制度的细化、所得错配国际规则的引入、资本弱化规则的修订、企业集团成本费用分摊规则的完善，等等。通过参与 BEPS 行动计划后续议程，以及相关成果落实情况的评估和审议等工作，密切关注 BEPS 行动计划成果在全球范围内的实施及其产生的影响。推动《BEPS 多边公约》在中国生效和执行。同时，推动落实防止协定滥用、转让定价国别报告、争端解决机制和有害税收实践 4 项“最低标准”，积极应对审议。推进对反协定滥用、相互协商程序等相关制度与规定的完善。

3.4.3.4 强化国际税收征管能力建设

能力建设是国际税收管理的主题。2017 年中国在落实 G20 税改进程中，积极献言献策，将自身改革的经验和成果介绍给其他国家，推动各国税制设计和征管水平提升。自 2015 年以来，中国国家税务总局共为超过 50 个国家近 400 名税务人员提供了 17 期税收业务培训，内容涵盖风险管理、增值税改革、纳税服务等多个领域，受到广大发展中国家税务同行的好评。2017 年金砖国家税务局长会议，中国与金砖国家税务部门共同制定了税收征管能力建设合作方案，决定构建金砖国家相互援助机制，且在能力建设方面共享经验成果，积极向其他发展中国家提供税收征管能力建设的技术援助，并在 2017 年税收征管论坛（FTA）大会，把金砖各国税务部门对外援助项目的实施情况以及未来 1 ~ 2 年将要实施的援助计划向大会报告，提出中国未来两年将向广大发展中国家提供每年不少于 150 人规模的培训，推动税收征管能力建设项目机制化、常态化的目标。

3.4.3.5 助力经济联动增长

加强国际税收合作的目的是促进世界经济增长。2017年，中国着手优化纳税服务、简化办税程序、降低办税成本、规范税收执法，加大国际涉税争端解决力度，提高税收确定性和透明度，包括为外商投资在内的纳税人营造良好的税收环境。通过与金砖各国税务部门的协商，提出了增加税收确定性的共同倡议，强调在打击逃避税、避免双重征税、提供税收确定性之间力求平衡，促进跨境贸易和投资合规经营，利用金砖国家在新兴市场和广大发展中国家中的代表性，推动全球税收协调的行动方向，以税收的确定性增进国际投资者信心。此外，中国与金砖各国税务部门协商提出了提升相互协商程序效率的承诺，加大金砖国家间及国际税收案件谈判力度，加快跨境税收争议解决速度，为共同促进金砖国家间及国际生产要素流动和经济技术合作，助力金砖国家经济联动增长。

在推进国际税收征管环境建设方面，中国提出将完善国内税制，着力消除税收壁垒，以实现2017年G20峰会共识要求的“实施增长友好型税收政策”，即中国将为增强税收中性与透明度，推进持续、平衡、包容性增长，营造良好的税收环境。

3.5 各国（地区）税收征管治理

3.5.1 全球BEPS行动计划成果转化动态

■ **亚洲**

阿　曼　2017年10月20日，阿曼政府签署加入BEPS包容性框架，成为该框架的第103个成员。阿曼承诺参与BEPS项目。

阿塞拜疆　2017年7月12日，阿塞拜疆2017年第147（7583）号法律公报公布了《阿塞拜疆共和国关于实行优惠税制的避税港名单的决议》（7月11日签发的总统令）。该总统令的主要内容如下：①避税港名单包括40个国家和地区。安道尔、安圭拉、安提瓜和巴布达、阿鲁巴、巴哈马、巴林、巴巴多斯、伯利兹、百慕大群岛、英属维尔京群岛、开曼群岛、库克群岛、哥斯达黎加、多米尼加、直布罗陀、格林纳达、根西岛、中国香港、马恩岛、泽西岛、利比里亚、列支敦士登、中国澳门、马尔代夫、马绍尔群岛、摩纳哥、蒙特塞拉特、瑙鲁、荷属安的列斯群岛、纽埃岛、帕劳、巴拿马、萨摩亚、圣基茨和尼维斯、圣卢西亚、圣文森特和格林纳丁斯、塞舌尔、特克斯和凯科斯群岛、美属维尔京群岛、瓦努阿图。②对来源避税港所得的征税规定。如果阿塞拜疆居民拥有一家外国企业20%以上股权，则这外国企业来自上述避税港的所得，需要按（股权）比例计入居民的应税所得征税。阿塞拜疆居民纳税人和外国企业在阿塞拜疆的常设机构，直接或间接支付给上述避税港境内企业的，视为来源于阿塞拜疆境内所得。

巴基斯坦 2017 年 3 月 21 日，巴基斯坦和瑞士签署了更新升级的《巴基斯坦伊斯兰共和国政府和瑞士联邦政府关于避免双重征税和税收信息交换的协定》。该协定的主要变动内容如下：①对服务费和源于出售合格参股获得资本利得的征税。该项修改是为了促进两国之间的经济交流。②引入确保避免双重征税的一个仲裁条款。③引入与 G20 和 OECD 设立的最低标准相一致的国际标准。④引入反滥用规则的税收信息交换规定。⑤批准与生效。协定签署后，两国将完成相应的批准程序。在文件获批准后，新协定将在 2018 年 7 月 1 日生效。

哈萨克斯坦 2017 年 1 月 6 日，哈萨克斯坦加入 BEPS 包容性框架，使加入该框架的国家和地区增加至 92 个。

柬埔寨 2017 年 10 月 11 日，柬埔寨政府发布《柬埔寨王国转让定价条例（修正）》。该条例主要变动内容如下：①该条例规定了柬埔寨纳税人转让定价方法的新要求。该条例规定可接受的转移定价方法包括可比非受控价格法、成本加价法、转售价格法、利润分配法和交易净额法。②该条例规定，纳税人通过所得税申报表向税务部门报送关联交易信息。③该条例于 2017 年 10 月 10 日生效。

卡塔尔 2017 年 11 月 14 日，卡塔尔签署加入 BEPS 包容性框架，使加入该框架的税收墨守成规区达到 105 个。

马来西亚 2017 年 1 月 27 日，马来西亚加入 BEPS 包容性框架。根据该框架，加入的国家和地区都承诺参与 BEPS 行动计划。

新加坡 2017 年 4 月 13 日，新加坡国内收入局发布《关于转让定价国别报告格式使用指南》。该指南的主要内容如下：①税务机构仅受理符合规定格式的国别报告。符合规定的国别报告格式，指 2016 年 3 月 22 日 OECD 发布的转让定价国别报告格式。税务机构不受理其他格式的国别报告。②关于国别报告资料申报准备的补充说明。③国内收入局计划开发专项信息系统，用于收集和交换国别报告信息。

印　度 2017 年 1 月 8 日，印度直接税中央委员会（Central Board of

Direct Taxes，CBDT）公布年终报告。该报告涉及印度落实 BEPS 行动计划成果的主要内容如下：①宣布成立印度实施 BEPS 行动计划专家委员会（以下简称专家委员会）。②专家委员会已评估 BEPS 行动计划成果建议。③专家委员会已设计落实 BEPS 行动计划成果路线图。

2017 年 5 月 3 日，印度中央直接税委员会首次发布《印度共和国预约定价协议报告》。该报告的主要内容如下：①2012 年引入预约定价制度。2012 年修订的《印度共和国所得税法》提出预约定价计划。②协议有效期和追溯期。税务机关与纳税人在预约定价安排中达成的协议一般延续 5 年时间。2014 年引入“追溯”条款，允许追溯预约定价安排前的 4 年。因此，为纳税人提供有关转让定价问题的确定性可以长达 9 年。③预约定价协议的要素。普遍涉及集团间劳务，最常用的转让定价方法是交易净利润法。④2012 年至 2017 年 5 月 3 日，全国签署预约定价协议的情况。纳税人共提交了 796 份预约定价安排申请书。其中，2014/2015 财年、2015/2016 财年和 2016/2017 财年，纳税人共提交了 537 份预约定价安排申请书。税务机构签署的预约定价协议共 152 份。其中，双边预约定价协议 11 份，6 份涉及英国企业，5 份涉及日本企业；2013/2014 财年和 2014/2015 财年共签署预约定价协议共 9 份，2015/2016 财年签署 55 份，2016/2017 财年签署了 88 份。未完成的预约定价安排 644 份。

■ 欧洲

爱尔兰 2017 年 12 月 4 日，爱尔兰财政部长告诉媒体，爱尔兰政府已与苹果公司达成一项有关托管基金的协议。该协议的主要内容如下：①苹果公司将补缴 2016 年欧盟裁定的 130 亿欧元税款。②补缴方式。由苹果公司向托管基金转账支付。③初级数额及期限。从 2018 年第一季度开始，苹果公司补缴 2016 年欧盟裁定的 130 亿欧元（约 154 亿美元）的税款。④背景。2016 年 8 月 30 日欧盟裁定爱尔兰非法给予苹果公司近 130 亿欧元的税收优惠，要求爱尔兰向苹果公司追回这 130 亿欧元的税款。

安道尔 2017 年 7 月 5 日，安道尔政府批准《安道尔公国公司税法修正草案》。该草案的主要内容如下：①目的。旨在实施应对 BEPS 相关措施。②引入 BEPS 第 5 项行动计划成果，实施专利盒制度，如符合关联法要求。③引入 BEPS 第 13 项行动计划成果，即实施国别报告制度。

保加利亚 2017 年 3 月 21 日，保加利亚财政部公布《保加利亚共和国税收和社会保障程序法典（草案）》，公开征求意见。该草案的主要内容如下：拟落实欧盟 2015/2376 号指令和欧盟 2016/881 号指令，自动交换跨境税收裁定信息和预约定价信息，强制自动交换国别报告。

2017 年 8 月 4 日，保加利亚法律公报公布《保加利亚共和国税收和社会保障程序法典（修正）》。该修正案的主要内容如下：依据欧盟、OECD 基于 BEPS 第 5 项行动计划成果的要求，实施自动交换预先税收裁定信息，取消实施《欧盟储蓄指令》（2003/48 号）的条款等。

比利时 2017 年 5 月 19 日，比利时财政部公布《比利时王国转让定价国别报告实施指南（2017 修正）》。该指南的主要变动内容如下：①引入基于 BEPS 第 13 项行动计划成果要求的转让定价国别报告制度。包括国别报告、当地文档和主文档格式。②国别报告提交时限。2016 年 12 月 31 日以前，符合规定的纳税人必须提交 2016 年度转让定价国别报告，但允许延期一次至 2017 年 9 月 30 日。③处罚豁免。已提交的转让定价国别报告，如果与 2017 年版指南要求不符合的，可免予处罚，但需要对不符合之处予以补充说明。

2017 年 7 月 6 日，比利时议会通过《自动交换国别报告主管当局多边协议（2016）》。①背景。2016 年 1 月 27 日，比利时政府签署加入该协议。②协议最终生效尚需国王批准。

2017 年 10 月 6 日，比利时法律公报公布《比利时王国实施最终受益所有权登记制度法案》，该法案于 7 月 20 日获议会通过。该法案的主要内容：①法律制定依据。依据《欧盟反洗钱指令》（2015 年第 849 号指令）第 30 条的规定，引入最终受益所有权登记制度。②要求居民公司、基金和信托分享其受益所有人的信息。

冰　岛 2017 年 3 月 24 日，冰岛财政部公布《冰岛共和国转让定价国别报告条例（修订）》（2017/245 号）。该条例修订版的主要变动内容如下：修订《冰岛共和国转让定价国别报告条例》（2016/1166 号），以符合 OECD 倡导的 BEPS 第 13 项行动计划第 4 条规定的要求。

2017 年 6 月 1 日，冰岛议会通过《冰岛共和国所得税法修正案》，从 2018 年 1 月 1 日起施行。该修正案的主要内容如下：修订利息扣除限制规则，即，纳税人来自关联企业贷款的利息扣除不能超过“息税折旧摊销前利润”（EBITDA）的 30%。

波　兰 2017 年 7 月 2 日，波兰政府公布“关于一揽子税收新政的草案”，旨在抑制避税和增加额外财政收入。应该草案的主要内容：①修改资本弱化规则。将融资成本限制为不超过营业利润的 30%。②扩大了现有的受控外国公司（CFC）范围。例如增加了属于 CFC 制度的收入类别。③无形资产税前扣除额度限定。将无形服务费用，以及某些知识产权使用费的税前扣除额度，限定为不超过调整后税基的 5%。④生效时间。计划自 2018 年 1 月 1 日起生效。

丹　麦　2017 年 12 月 21 日，丹麦税务和关税局公布“第 17－1975627 号”新闻稿。该新闻稿提醒符合规定条件的美国公司按时提交国别报告：①符合营业规模标准的美国公司。年营业额达到 56 亿美元的跨国公司的美国公司，需要向主管税务当局提交国别报告。②提交的国别报告所属年度。2016 年度的国别报告。③向主管税务当局提交国别报告的期限。截止时间到 2017 年底。

德　国　2017 年 7 月 4 日，德国法律公报公布《德意志联邦共和国限制集团内特许权使用费税前扣除法案》。该法案的主要内容如下：①限制“支付给位于低税区关联企业的特许权使用费”的税前扣除。②低税区的定义。指对特许权使用费收入实施不符合 OECD 关于专利盒制度要求的减免优惠而使实际税负低于 25% 的国家和地区。③禁止“已享受低税区税收优惠的特许权使用费收入”税前扣除。低税区对特许权使用费收入实施免税优惠的，支付方支付的特许权使用费不能税前扣除。④允许有限额的税收扣除。低税区对特许权使用费收入征收所得税的实际税负因享受优惠而低于 25% 的，只允许就实际税负占 25% 的比例部分税收扣除。⑤实施时间。从 2018 年 1 月 1 日起实施。⑥背景。该法案于 2016 年 12 月 20 日由德国财政部提出，并于 2017 年 4 月 27 日和 6 月 2 日分别获下议院和上议院通过。

俄罗斯　2017 年 7 月 12 日，俄罗斯联邦委员会（上议院）通过《俄罗斯联邦知识产权税收法律修正草案》。该草案的主要变动内容如下：①符合规定条件的智力活动取得的产权收益免征公司所得税。符合规定的时间条件为 2018 年 1 月 1 日至 2019 年 12 月 31 日期间发生的相关活动；需经资格认定通过。②扩大研发费用税前扣除优惠政策的适用范围。研发费用按 1.5 倍系数税前扣除；适用范围扩大至给研发活动人员的奖励及缴纳的社保费，以及 2020 年底以前取得发明专利权、工业样品、模型或专利许可使用权的成本等。

2017 年 7 月 18 日，俄罗斯财政部公布《俄罗斯联邦调整低税区名单（黑名单）决议草案》，公开征求意见。该草案的主要变动内容如下：①建议将中国香港从黑名单中移除。理由：《中国香港特别行政区政府与俄罗斯联邦政府关于避免所得双重征税和税收信息自动交换的协议》，已于2017年1月1日生效。②避税港黑名单。指实行低税和/或不披露、不提供金融账户信息的国家和地区名单；2007年11月13日，俄罗斯首次公布黑名单，并不断更新调整，最近调整是2014年10月；黑名单主要用于转让定价目的和俄罗斯母公司收到国外子公司股息免税的判定依据。

法　国　2017年2月2日，法国税务局公布《法兰西共和国转让定价国别报告表样（第2258-SD表）》。其主要内容如下：①符合规定纳税人必须申报年度国别报告。根据《法兰西共和国税收总法典》第223章的规定，跨国公司自2016年1月1日起开始的年度，必须申报年度国别报告。②第2258-SD表的提交时间。遵循OECD和欧盟的转让定价国别报告相差规定，要求年度终了后12个月内提交。

2017年7月8日，法国法律公报公布《法兰西共和国关于已与法兰西共和国签署交换转让定价国别报告主管当局协议的国家或地区名单的决议》。该决议的主要内容如下：①列入名单的国家和地区必须按协定要求，自动与法国交换转让定价国别报告。②2016年1月1日起自动与法国交换国别报告的国家和地区共48个，包括欧盟成员以及澳大利亚、百慕大群岛、巴西、加拿大、智利、中国、根西岛、印度尼西亚、泽西岛、墨西哥、新西兰、挪威、南非和韩国14个非欧盟成员国家和地区。③2016年4月1日起，增加印度和日本两国自动与法国交换国别报告。④免于提交国别报告的纳税人资格。由上述列入名单的国家和地区居民企业拥有或控制的法国公司，无须提交国别报告。

2017年7月12日，法国巴黎行政法院（TAP）就“法国税务局诉谷歌补交11亿欧元税款案”作出判决。①判决结果。谷歌胜诉，即谷歌无须补交11亿欧元税款。②判决理由。谷歌法国公司（GF）不构成谷歌爱尔兰公司（GIL）在法国的常设机构，因此，2005—2010年期间GIL在法国取得的搜索插入广告业务收入，无须在法国交税。③提出上诉或谈判。法国财政部长表示将对判决结果提出上诉，但同时表示与谷歌通过谈判解决争端之门是敞开的。

芬　兰　2017年3月8日，芬兰法律公报公布《芬兰共和国财政部关于交换转让定价国别报告的声明》。该声明的主要内容如下：①同意遵守OECD倡导的《自动交换国别报告主管当局多边协议》。②视同于2016年1月27日签署加入《自动交换国别报告主管当局多边协议》。该协议于2016年1月17日由31个国家和地区率先签署，此后签署加入的国家和地区不断增加。

2017 年 5 月 9 日，芬兰政府发布新闻稿（2017 年第 221 号）。该新闻稿的主要内容如下：①对逃税、激进型税收筹划的立场。坚决打击逃税、激进型税收筹划行为。强调国际税收合作的重要性。特别是与欧盟和 OECD 税收合作的重要性。②对税收信息申报的立场。政府认为公司利润应在创造地征税，这需要通过税收信息和公司信息的公开透明度来实现。

荷　兰　2017 年 1 月 17 日，荷兰政府向议会提交《荷兰王国公司税法修正案（草案）》（第 34651 号），4 月 18 日荷兰下议院批准了荷兰公司税法（国际税收援助）和第 9 号修正案，第 10 号和第 11 号修正案未获批。该草案的主要内容如下：①修订荷兰公司税法（国际税收援助），实施欧盟成员之间转让定价证明资料国别报告制度。OECD 根据《多边税收征管互助公约》、荷兰《双边税收协定》或荷兰《双边税务信息交换自动交换协定》，在荷兰公司税法“国际税收援助”章节中增加一个新的第 6e 条款，落实欧盟 2016 年第 881 号指令关于“国别报告制度”的相关规定。跨国公司纳税人在财务年度终了后 18 个月内必须向主管税务当局提交其在欧盟成员国关联企业的国别报告。2016 年 1 月 1 日至 2017 年 7 月 1 日，为跨国公司纳税人首次提交国别报告期限。②修订荷兰公司税法（第 9 号修正案），加大对转让定价证明资料违规的处罚力度。增加“荷兰税务居民集团实体的国别报告信息告知义务及未尽告知义务的处罚”规定。违反转让定价证明文件新规定的最高罚金，从 2.05 万欧元增加到 825 万欧元。③修订荷兰公司税法（第 10 号修正案）。规定荷兰纳税人在向本国税务局填报转让定价证明文件国别报告的 8 天后，还必须在商业贸易注册机构上公布其国别报告。

2017 年 4 月 18 日，荷兰下议院通过《荷兰王国公司税法修正案》。该修正案引入欧盟 2016 年第 881 号指令关于“国别报告制度”的相关规定，将欧盟 2016 年第 881 号指令关于“国别报告制度”的相关规定转为国内法。欧盟 2016 年第 881 号指令于 2016 年 5 月 2 日通过，是对欧盟 2011/16 号关于强制自动交换税收信息指令的修订，增加实施国别报告的要求。

捷　克　2017 年 8 月 17 日，捷克参议院通过《捷克共和国税收管理国际合作法修正案》，该法案需经总统签署并在法律公报公布后才能实施。该修正案的主要变动内容如下：实施“欧盟自动交换国别报告的指令”（2016/881 号）。

克罗地亚 2017年5月3日，克罗地亚“2017年第47/15号法律公报”公布《克罗地亚共和国预约定价协议（APAs）指南》。该指南的主要内容如下：①预约定价协议有效期为5年。②申报及缴费。纳税人向税务局提出APA申请，需要缴纳申请费，申报费标准依据纳税人经营规模在1.5万~5万福林。

拉脱维亚 2017年6月8日，拉脱维亚议会批准《拉脱维亚共和国税法修正案》。该修正案更新的主要内容如下：①引入国别报告制度。落实欧盟2016/881号指令，符合规定的纳税人必须按要求提交国别报告。②生效实施时间。从6月23日生效。

2017年7月4日，拉脱维亚部长理事会通过了《拉脱维亚共和国国别报告实施条例》（2017年第397号）。该条例的主要内容如下：①实施国别报告制度。②自动交换国别报告。

卢森堡 2017年8月4日，卢森堡政府向议会提交《卢森堡大公国专利盒税收优惠制度法律修正草案》（2017年第7163号法案）。该草案的主要变动内容如下：①立法宗旨。落实BEPS第5项行动计划报告要求的“关联法”。②符合条件的净专利所得免征80%的公司所得税和100%净财富税。③专利税收优惠的“关联度”，符合条件的支出占总支出的比例标准提高了30%。

罗马尼亚 2017年3月2日，罗马尼亚通过税收立法批准加入OECD倡导的BEPS包容性框架。

葡萄牙 2017年5月3日，葡萄牙法律公报公布“2017/14号法律”。该法律的主要内容如下：①规定葡萄牙税务局将按年在线公布“纳税人向避税港转移的总金额”，以打击逃税和税务欺诈。②生效日期。该法律5月4日生效。

瑞　典 2017年10月19日，瑞典税务局公布《瑞典王国国别报告指南（修正）》。该指南更新的主要内容如下：扩大国别报告申报义务的适用范围。①明确将特别收入和投资收益纳入国别报告申报义务范围。②明确将集团公司的少数权益和合资企业也纳入国别报告申报范围等。

斯洛伐克 2017年2月1日，斯洛伐克议会通过《斯洛伐克共和国实施转让定价国别报告法案》，从3月1日起生效。该法案的主要内容如下：①报告申报人。年合并营业额超过7.5亿欧元的跨国公司。②纳税人按照OECD的转让定价国别报告要求提交国别报告。③法案正式生效。该法案尚待总统签署并纳入征管法公布以后，才能正式成为法律。

斯洛文尼亚 2017年1月12日，斯洛文尼亚税务局公布《斯洛文尼亚共和国实施转让定价文档指南》。该指南的主要内容如下：①指南实施目的。落实BEPS第13项行动计划和《欧盟关于强制实施税收信息自动交换的指令》（2016/881号）的要求。②税务局要求提交的转让定价文档包括三个层次：主文档、地方文档和国别报告。③需要报告的转让定价文档所属报告期。纳税人首次需要提交2016年度的转让定价文档资料。④纳税人提交转让定价文档资料的时间。2018年1月1日以前提交。

2017年4月19日，斯洛文尼亚财政部公布《斯洛文尼亚共和国转让定价国别报告条例草案》，公开征求意见。该草案对实施转让定价国别报告制度作出具体规定。

希　腊 2017年7月21日，希腊政府向议会提交《希腊共和国关于实施“欧盟2016/881号指令”的法律草案》。该草案的主要内容如下：①相关法律解释。欧盟2016/881号指令指《欧盟转让定价国别报告制度》；欧盟2016/16号指令指《欧盟强制自动交换税收信息制度》；欧盟2016/881号指令指修正后的欧盟2016/16号指令。②《欧盟转让定价国别报告制度》实施时间。该法律草案若获通过，《欧盟转让定价国别报告制度》将追溯从2017年6月5日开始实施。

2017年7月28日，希腊议会通过《希腊共和国关于实施“欧盟2016/881号指令”的法案》。①欧盟2016/881号指令要求成员实施国别报告制度。②与《希腊共和国关于实施“欧盟2016/881号指令”的法律草案》相比，该法案主要变动内容如下：提高了未依法提交国别报告的处罚标准。未依法申报国别报告的，处罚标准由草案的1万欧元提高至2万欧元；未及时或错误申报国别报告的，处罚标准由草案的5000欧元提高至1万欧元。

2017年8月1日，希腊法律公报公布“2017年第4484号税收法律”。该法律的主要内容如下：①该法律A部分规定了实施《欧盟转让定价国别报告制度的指令》（2016/881号）。②实施时间。追溯至2017年6月15日起实施。

2017年8月24日，希腊税务局发布《希腊共和国关于实施国别报告制度的公告》（2017年第1131号）。该公告的主要内容如下：①介绍《希腊税收程序法典（修正）》中国别报告新条款的内容和目的。《希腊税收程序法典（修正）》是依据2017年第4484号法律修订的。②计划发布关于“国别报告制度实施指南”的第二份公告，为国别报告新条款的实施提供进一步指引。

匈牙利 2017 年 5 月 15 日，《匈牙利共和国国别报告制度法案》生效。该法案的主要内容如下：①纳税人范围。符合条件的跨国公司必须提交国别报告。②国别报告的内容时限。跨国公司 2016 财务年度发生的国别涉税事项。③提交时限。2017 年 12 月 31 日以前，跨国公司应向主管税务当局提交国别报告。

2017 年 6 月，匈牙利政府公布《匈牙利共和国税收法律草案》，该草案包括了修订升级的《转让定价文档报告制度》。该制度更新的主要内容如下：①纳税人范围。符合规定的居民公司和非居民公司的常设机构。②转让定价文档的范围及时限。转让定价文档包括 2017 财年的转让定价主文档和本地文档。③提交时间。2018 年 1 月 1 日或之后开始的财政年度开始，除按原要求提交国别报告以外，纳税人还必须提交 2017 财年的转让定价文档。④选择性安排。在现行税法规定的 2017 财年申报转让定价文档期限以前，如果该草案获得通过，则纳税人可以选择按上述草案规定的要求申报 2017 财年转让定价文档。⑤该草案将于 2017 年秋季提交议会。

英　国 2017 年 8 月 15 日，英国皇家税务与海关总署（HMRC）发布《大不列颠及北爱尔兰联合王国转让定价国别报告实施指南》。该指南根据 OECD 转让定价指南中国别报告制度的要求，在英国引入转让定价国别报告制度。

2017 年 8 月 21 日，英国税务与海关总署（HMRC）公布《2016/2017 财年大不列颠及北爱尔兰联合王国反避税诉讼案》，共 26 件，其中 HMRC 胜诉 22 件，败诉 3 件（比 2015/2016 年度多 1 件），部分胜诉 1 件。

马恩岛 2017 年 3 月 24 日，马恩岛实施《2017 年所得税（国别报告）条例》。该条例主要内容如下：①国别报告制度实施依据。按照 BEPS 第 13 项行动计划的要求。②需要申报国别报告的纳税人。全球合并营业收入达到 7.5 亿欧元的大型跨国公司。③国别报告实施时间。从 2017 年 1 月 1 日起实施。④纳税人提交国别报告时间。在财务年度终了以后 12 个月以内，符合规定的纳税人向税务机关提交国别报告。⑤自愿申报时间。从 2016 年 1 月 1 日起，符合规定的纳税人自愿申报转让定价国别报告。

意大利 2017 年 3 月 8 日，意大利 2017 年第 56 号法律公报公布《意大利共和国转让定价国别报告制度》（2017 年 2 月 23 日经济财政部签发的部长令）。该制度的主要内容如下：①实施转让定价国别报告制度。根据 OECD 倡导的 BEPS 第 13 项行动计划的要求，实施转让定价国别报告制度。②强制自动交换税收信息。将欧盟 2016/881 号指令关于“强制自动交换税收信息”的规定转化为国内税收法律。

2017 年 4 月 24 日，意大利法律公报（2017 年第 95 号）公布《意大利共和国稳定法修正案》（2017 年第 50 号税收法令）。该法令的主要变动内容如下：①该法令第 56 条规定，按照 BEPS 第 5 项行动计划要求，修订现行专利盒制度，特别是将商标剔除出享受专利盒优惠的知识产权目录。②专利盒制度引入的背景。根据《意大利共和国稳定法（2015）》（2014 年 12 月 23 日第 190 号），引入专利盒制度。该制度规定开发或使用符合条件的知识产权实现的所得，50% 部分可以免征公司所得税和地区生产经营税。③法令生效时间。自该法令公布之日起生效。但需要议会在 60 天以内转化为法律，才正式生效。

欧　盟　2017 年 1 月 5 日，欧盟宣布对“苏伊士集团获得的卢森堡税务裁定问题”展开正式调查。①调查内容。正式调查涉及 2008—2013 年卢森堡与卢森堡苏伊士集团的若干税收裁定及其涉及的某些免息可兑换工具的税务处理。②欧盟委员会怀疑这些税收裁定违反欧盟国家援助规定。卢森堡公布的金融交易税收裁决，给予该集团可选择性的税收优惠，对于其他公司不公平，这是违反欧盟国家援助规定的。这些金融交易是零利息可转换为权益的贷款，借款虽然实际未支付任何利息，但可在账簿中记载相应利息并在税前扣除，这大大减少了借款人在卢森堡的税收。对于出借人，如果收到了利息收入将依照卢森堡的法律被征收企业税。然而，贷款随后被转化成有利于出借人的公司股份，股份中包含预付利息的价值成为出借人的利润。因为卢森堡税法对权益投资收入免税，出借方可以免于对此项交易产生的利润缴纳任何税款。最终结果是这部分该集团的实际利润，通过这两个安排达到了双重不征税的效果。③调查结果确认的后果。这个调查结果一经欧盟委员会确认，将被认定为是违法的国家援助，欧洲法院可能进一步提起诉讼，卢森堡将被要求向纳税人追缴税款。④卢森堡相信本案中的国家援助指控是不成立的。坚信他们没有给予特别的税收待遇或选择优势。

2017 年 2 月 21 日，欧盟财政部长们公布“打击避税规则”。欧盟财政部长们已经就制定新规则，制裁逃避公平税负的大型跨国企业达成一致。同意去除与第三国税收体系间“混合错配”的提议，这是打击大型企业避税行为众多举措中最新的一项，旨在防止大型企业利用两个或更多税收辖区的规则差异，即“混合错配”来降低整体税负。在定义“税收天堂”、制定一般国别清单问题上取得了进展。

2017 年 12 月 5 日，欧盟理事会通过并公布“欧盟不合作税收管辖区名单”。①不合作税收管辖区名单即通常称的避税港“黑名单”。②不合作税收管辖区具体名单。包括美属萨摩亚群岛、巴林、巴巴多斯、格林纳达、关岛、韩国、中国澳门、马绍尔群岛、蒙古国、纳米比亚、帕劳、巴拿马、圣卢西亚、萨摩亚、特立尼达和多巴哥、突尼斯和阿联酋等 17 个税收管辖区。③确定和监控“灰名单”。“灰名单”指有潜在避税港“黑名单”上榜风险的税收管辖区，包括中国香港和中国台湾在内的 47 个管辖区。要求密切监控灰名单管辖区的下一步行动。④要采取进一步措施，对列入“黑名单”的管辖区实施“防卫”措施。

■ 美洲

阿根廷　2017 年 9 月 20 日，阿根廷法律公报公布阿根廷联邦税务局（AFIP）第 4130 – E 号决议。该决议的主要内容如下：①引入国别报告制度。②规定履行国别报告义务的纳税人条件。上一年度营业收入达到 7.5 亿欧元的阿根廷境内的跨国公司最终母公司，负有国别报告义务。③国别报告的内容。与 OECD 的国别报告指南相一致。④生效时间。决议自公布之日起生效。⑤适用时间。适用于 2017 年 1 月 1 日开始的财务年度。

巴巴多斯　2017 年 7 月 4 日，巴巴多斯已加入 BEPS 包容性框架，成为该框架的第 101 个成员。

百慕大　2017 年 1 月 6 日，百慕大群岛加入 BEPS 包容性框架，使加入该框架的国家和地区增加至 94 个。

巴　西　2017 年 5 月 25 日，巴西法律公报公布《巴西共和国转让定价国别报告实施规则（2017 修正）》（2017 年第 1709 号规范说明）。该修正案的主要变动内容如下：①修正案是《巴西共和国转让定价国别报告实施规则》（2016 年第 1681 号规范说明）的修订。②2017 年 12 月 31 日以前，如果国别报告申报企业所在国家或地区未与巴西签署主管当局协议的，则巴西公司需要在 60 天内调整会计核算，以申报 2016 公历年度的国别报告或者指定下属企业代表集团公司申报国别报告。

2017 年 12 月 26 日，巴西国内收入局（IRS）公布 2017 年第 1773 号规范性指令，对 2010 年 1037 号规范性指令进行修订。新指令的主要内容如下：①修订了避税港“黑名单”和“灰名单”。②“黑名单”剔除了新加坡、哥斯达黎加和马德拉岛等国家和地区。③确定了“拥有优惠税制”

的国家和地区名单（“灰名单”）。

伯利兹 2017年5月15日，伯利兹同意作为准成员加入BEPS包容性框架，这使得加入该框架的国家和地区总数增加至96个。作为BEPS包容性框架的新成员，伯利兹承诺执行BEPS行动计划最低标准。即在有害税务竞争，税收协定滥用，国别报告，以及完善税收争端解决机制等方面，执行BEPS行动计划最低标准。

玻利维亚 2017年1月13日，玻利维亚法律公报公布《玻利维亚共和国关于确定低税或者不征税的国家和地区名单的决议》（101700000001号）。该决议的主要内容如下：①确定低税或者不征税的国家和地区名单共69个。具体名单如下：奥尔德尼、美属萨摩亚、安道尔、安哥拉、安圭拉、安提瓜和巴布达、阿鲁巴、阿森松岛、巴哈马、巴林、巴巴多斯、伯利兹、百慕大群岛、英属维尔京群岛、文莱、意大利坎皮诺、佛得角、开曼群岛、库克群岛、塞浦路斯、多米尼加、法属波利尼西亚、直布罗陀、格拉纳达、大萨克、危地马拉、根西岛、圭亚那、中国香港、马恩岛、泽西岛、约旦、基里巴斯、科威特、纳闽、黎巴嫩、利比里亚、马尔代夫、马耳他、马绍尔群岛、毛里求斯、密克罗尼西亚、摩纳哥、蒙特塞拉特岛、瑙鲁、荷属安的列斯群岛、纽埃岛、诺福克群岛、阿曼、巴拿马、皮特凯恩群岛、克塞姆岛、圣赫勒拿岛、圣基茨和尼维斯、圣卢西亚、圣皮埃尔和密克隆、圣文森特和格林纳丁斯、萨摩亚、圣马力诺、塞舌尔、所罗门群岛、斯瓦尔巴群岛、斯威士兰、汤加、特立尼达和多巴哥、特里斯坦－达库尼亚群岛、特克斯和凯科斯群岛、美属维尔京群岛、瓦努阿图和也门。②生效时期。自公布之日起生效。

开曼群岛 2017年5月15日，开曼群岛同意作为准成员加入BEPS包容性框架，这使得加入该框架的国家和地区总数增加至95个。作为BEPS包容性框架的新成员，开曼群岛承诺执行BEPS行动计划最低标准。即在有害税务竞争，税收协定滥用，国别报告，以及完善税收争端解决机制等方面，执行BEPS行动计划最低标准。

厄瓜多尔 2017年8月17日，厄瓜多尔法律公报公布由国内收入局发布的NAC－DGERCGC17－00000433号决议。该决议的主要内容如下：①更新了符合低税辖区或优惠税制条件的避税港名单。②认定避税港“黑名单”的主要条件：有效税率低于厄瓜多尔同等条件下的适用税率；没有实质性经济活动。③提交“转让定价附件”。与列入“黑名单”的避税港发生的交易将视同关联交易，需要额外提供所要求的交易信息。④适用高税率预提税。避税港企业来自厄瓜多尔的所得，将按所得全额和适用35%税率的征收预提税（一般预提税税率为22%）。⑤生效时间。决议自公布之日起生效。

哥斯达黎加 2017年3月21日，哥斯达黎加财政部公布《关于“A避税港文件”调查初步报告》。该报告的主要内容如下：①哥斯达黎加有79家居民公司和41名居民个人，与“A避税港文件”有关。②这79家公司正在被调查中。

墨西哥 2017年10月31日，墨西哥税务局和保护纳税人检察办公室联合发布新闻稿，宣布从2017年11月1日起在税务局网站开通转让定价资料申报平台。该新闻稿的主要内容如下：①转让定价资料。包括主文档、本地文档和国别报告。②平台提供电子表格。③提交转让定价资料的义务。纳税人有义务向主管税务当局提交关联企业转让定价资料相关信息。④2016年度转让定价资料相关信息提交期限。提交期限为2017年11—12月。⑤平台提供交换国别报告主管当局协议相关信息、填报相关表格说明和常见问题的问答指南。

蒙特塞拉特 2017年7月6日，蒙特塞拉特已加入BEPS包容性框架，成为该框架的第102个成员。

加拿大 2017年3月2日，加拿大税务局公布新的《加拿大转让定价国别报告指南》。该指南的主要内容如下：①需要在加拿大提交国别报告的纳税人。②母公司代理人的申报义务。申报主体有义务确保转让定价国别报告的完整和准确，并确保已从集团中其他企业处获得充分必要的信息。③需在国别报告中披露的信息。④申报要求。申报主体应采取合理、一致和务实的方法，完成国别报告的申报。⑤报告适用期限。适用于跨国公司2016年1月1日及之后的会计年度。⑥截止日期。⑦违规惩戒措施。⑧多边税务机构自动交换纳税人国别报告。加拿大税务局将与其他税务管辖地自动交换其获取的国别报告信息。⑨国别报告初次信息交换时间。2018年6月开展初次信息交换。

2017年7月18日，加拿大财政部公布“关于利用私营公司进行税收筹划问题的征求意见稿”，公开征求意见。“利用私营公司进行的税收筹划策略”可能导致高收入者获得其他加拿大人无法获得的税收优惠，因此，《2017财年加拿大预算案》计划对此采取应对措施。

美　国 2017年1月19日，美国国内收入局发布《美利坚合众国转让定价国别报告早期申报指南》（征税程序2017年第23号）。该指南的主要内容如下：①纳税人。美国跨国企业集团的最终母公司。②实施国别报告早期申报期限。自 2016 年 1 月 1 日起，至财政部规定的国别报告申报日期以前。财政部规定的国别报告申报日期，指“财政部条例 1.6038－4 节”规定：转让定价国别报告申报的日期为最终母公司在 2016 年 6 月 30 日以后开始的税收年度第一天起。③填报国别报告申报表。纳税人填报 8975 号申报表（国别报告）和附表 A（集团成员及所在税收管辖区的相关信息）。

2017 年 3 月，美国国内收入局在与在线零售商亚马逊的税收争议案中败诉。①法庭裁定。亚马逊不必补缴 15 亿美元的企业所得税，在未来也不就此负有纳税义务。②争议焦点。亚马逊美国公司与其位于卢森堡的欧洲子公司之间签署的成本分摊协议中的转让定价内容。协议要求子公司预付一笔“购置款”，以补偿美国母公司转让无形资产给子公司的损失。③三方争论。美国国内收入局认为，这笔“购置款”的金额并不符合公平交易原则，导致亚马逊集团在美国的税收负担低于合理水平。亚马逊则辩称，美国国内收入局的裁定武断、反复无常且并不合理，可比非受控交易法是计算“购置款”的必需方法。美国联邦税务法庭对这一点也表示认同。认为美国国内收入局专员滥用自由裁量权，武断地将技术和产品内容成本百分百计入无形开发成本，夸大了子公司应该付给母公司的无形资产成本。而亚马逊使用的经调整的成本分摊方法，可充分合理地将成本分摊进无形开发成本。

2017 年 3 月 27 日，美国国内收入局发布《2016 年度预约定价协议报告》。该报告的主要内容如下：①2016 年，美国生效的 APA 共 86 个。②其中单边 APA 21 个，双边 APA 65 个。③更新 APA 49 个。其中，单边 17 个，双边 32 个。

2017 年 7 月 27 日，美国财政部、国家经济委员会、众议院、众议院筹款委员会、参议院、参议院财政委员会发布《税制改革联合申明》。该申明的主要内容如下：确信对税制改革存在共同愿景，强调要尽可能降低家庭和企业（包括小型和大型企业）的税率、鼓励美国公司从海外汇回利润和为美国创造就业岗位。申明表示为推进税改进程，已决定搁置边境调节税。申明还表示，将按正常立法程序推动税改立法，即将由众议院筹款委员会和参议院财政委员会着手起草税改法案，预计该法案将在今年秋季通过各委员会审阅，随后提交众议院和参议院进行审议。

2017 年 7 月 27 日，美国财政部、国家经济委员会、众议院、众议院筹款委员会、参议院、参议院财政委员会发布《税制改革联合申明》。该申明涉及利润转移征税的主要内容如下：①鼓励美国公司从海外汇回利润，为就业创造机会。②对离岸利润征税。美国政府提出对跨国公司未汇回的利润存量征收一次性税收，作为全面税制改革方案的一部分是值得支持的。对这样的利润征税，应该按照比现行公司所得税税率适度低一些的税率征收，提供仅仅适度的税收减免是有效的。因为这是对过去利润的征税，特别是因为现在的税收递延制度，已经为那些选择将利润汇回美国的纳税人输送了重大好处。这样的政策将会导致美国财政收入的临时性增长，由此导致税款分成几年内缴纳，从而解决了受影响的公司对流动性的担忧。对于向美国本届政府建议属地原则的税制转型，应该对在那些避税地国家和地区获得利润适用最低的税率，这样才能限制利润转移的规模。

2017 年 8 月 11 日，美国国内收入局发布《美利坚合众国实施转让定价国别报告制度的公报》（2017 年第 2 号）。该公报的主要内容如下：①美国年度所得税申报表和国别报告申报表（IRS8975 号申报表）可一并填报。②履行国别报告申报义务的纳税人。即跨国集团美国母公司。

圣基茨和尼维斯 2017 年 11 月 14 日，圣基茨和尼维斯签署加入 BEPS 包容性框架，使加入该框架的税收墨守成规区达到 106 个。

特立尼达和多巴哥 2017 年 11 月 23 日，特立尼达和多巴哥签署加入 BEPS 包容性框架，成为该框架的第 108 个成员。

乌拉圭 2017 年 2 月 13 日，乌拉圭财政部发布一项税收法令，修订低税区标准。该法令的主要变动内容如下：①修订《乌拉圭东岸共和国财政透明度法》（第 19484 号法律）中关于“确定低税或无税管辖区的标准”。②提出低税区的新标准。符合下列标准的国家和地区将被判定为“低税区”：所得的有效税率低于 12%；未与乌拉圭签署税收信息自动交换协议或者包含税收信息自动交换条款的税收协定；虽然签署了上述协议或协定，但未有效进行税收信息自动交换。③税务部门将根据上述标准发布具体的低税区名单。④该法令实施时间。从 2017 年 1 月 1 日起实施。

2017 年 3 月 14 日，乌拉圭税务局发布《乌拉圭东岸共和国关于公布低税或无税国家和地区名单的决议》（2017 年第 1315 号）。该决议的主要内容如下：①根据第 19484 号法律和第 40/017 号法令，制定“低税或无税的国家和地区名单”。②只要符合乌拉圭的税收信息交换规定和自动交换金融账户信息的国家和地区，都不会列入该“黑名单”。③确定低税或无税的国家和地区名单。具体是：安道尔、安哥拉、安圭拉、安提瓜和巴布达、阿鲁巴、阿森松岛、巴哈马、巴林、巴巴多斯、伯利兹、百慕大群岛、英属维尔京群岛、文莱、开曼群岛、圣诞岛、科科斯群岛（基林群岛）、库克群岛、塞浦路斯、吉布提、多米尼克、福克兰群岛、法属波利尼西亚、斐济、直布罗陀、格林纳达、关岛、根西岛、圭亚那、洪都拉斯、中国香港、马恩岛、牙买加、泽西岛、约旦、基里巴斯、纳闽、黎巴嫩、利比里亚、中国澳门、马尔代夫、马绍尔群岛、毛里求斯、摩纳哥、蒙特塞拉特岛、瑙鲁、荷属安的列斯群岛、纽埃、诺福克岛、阿曼、帕劳、巴拿马、皮特凯恩群岛、波多黎各、圣赫勒拿岛、圣基茨和尼维斯、圣卢西亚、圣皮埃尔和密克隆、圣文森特和格林纳丁斯、萨摩亚、圣马力诺、所罗门群岛、塞舌尔、斯瓦尔巴德、斯威士兰、特里斯坦－达库尼亚群岛、托克劳、汤加、特克斯和凯科斯群岛、图瓦卢、瓦努阿图、美属维尔京群岛和也门。

智　利　2017 年 6 月 5 日，智利税务局在官方网站公布了“2017 年第 1225 号行政法令”。该法令的主要内容如下：①明确智利签署的税收协定，不排除或限制《智利共和国所得税法》第 41 F 条款规定的“资本弱化规则”的适用。②2015 年 1 月 1 日生效的《智利共和国所得税法》，其第 41 F 条款规定的“资本弱化规则”，对债务/权益比超过 3∶1 的利息支付作出限制。

2017 年 11 月 8 日，智利税务局在官方网站发布官方声明。该声明的主要内容如下：已依法采取行动，识别“天堂文件”中涉及的公司是否违反智利税法。

2017 年 11 月 20 日，智利税务局在其官方网站上发布 2017 年第 124 号决议。该决议的主要内容：①公布“低税区”经济体名单。“低税区”包括拥有优惠税制、零税率或低税的国家和地区，列入“低税区”的经济体共计 150 多个。②列入上述名单的经济体适用特定所得税制。包括海外投资承担特定的非税申报资义务，受控外国公司积极所得的税收政策等。

2017 年 11 月 24 日，智利税务局在官方网站第二次公布了“16 个新的激进型税收筹划案例”。①案例类型。包括利用人寿保险转让财产，通过购置股权形成亏损，通过家属公司改变投资结构。②公布目的。旨在让纳税人更好地了解一般反避税规则和特别反避税规则的运用。2016 年 11 月 30 日，第 1 次公布了“12 个激进型税收筹划案例”。

■ 非洲

科特迪瓦 2017 年 1 月 6 日，科特迪瓦加入 BEPS 包容性框架，使加入该框架的国家和地区增加至 93 个。

马拉维 2017 年 7 月 3 日，马拉维法律公报公布《2017 马拉维共和国税收（转让定价）条例》和《2017 马拉维共和国税收（转让定价文档）条例》。上述 2 项条例的主要内容如下：①转让定价条例的主要内容。规定关联交易包括无形资产交易和服务提供符合正常交易原则（ALP）的实施措施。②转让定价文档条例的主要内容。规定提交转让定价同期资料的实施措施。

南　非 2017 年 2 月 22 日，南非财政部部长向议会提交《2017/2018 财年南非共和国预算草案》。该草案涉及国际税收管理的主要内容如下：2017 年，南非签署《BEPS 多边公约》，与税收协定缔约方共同落实 BEPS 行动计划。

2017 年 6 月 23 日，南非税务局发布《南非共和国转让定价国别报告指南》和《境外业务（申报）要求说明》。该指南和说明具体指引跨国企业申报国别报告和财务数据的实务流程和要求。

■ 大洋洲

澳大利亚 2017 年 3 月 3 日，澳大利亚税务局公布《澳大利亚联邦关于提供基于转让定价国别报告的国际关联方协议指南》。该指南的主要内容如下：①要求跨国企业提供“国际关联方协议”。②“国际关联方协议”作为转让定价国别报告地方文档的 B 部分内容之一。

2017 年 4 月 1 日，澳大利亚参议院通过了引入《澳大利亚联邦转移利润税法》，从 7 月 1 日生效实施。该法的主要内容如下：①转移利润税的定义。对那些被认定为由跨国公司从澳大利亚“人为转移出境”的利润，征收惩罚性税收。②跨国公司纳税人的定义。全球营业额达到 10 亿澳大利亚元（约 7.693 亿美元）；来自澳大利亚境内所得超过 2500 万澳大利亚元；存在“人为地”（artificially）向境外转移利润。③税率。就转移的利润按 40% 税率征收转移利润税。④这种惩罚税必须要马上缴纳。政府预计 2018/2019 财年，可能征收约 1 亿澳元的转移利润税。

2017 年 8 月 15 日，雪佛龙澳大利亚控股有限公司（CAHPL）宣布，对澳大利亚税务局起诉补征 3.4 亿澳元税款案撤回上诉。①案由。2004—

2008 财年，CAHPL 根据 2003 年签署的协议向其美国子公司雪佛龙·德士古融资公司支付利息。澳大利亚税务局认定这笔利息远高于独立交易原则下的支付水平。②初审判决结果。2017 年 4 月，澳大利亚联邦法院判决澳大利亚税务局胜诉。③争议。CAHPL 认为，它在澳大利亚的融资行为是合法的商业安排，这与税务局“只在对适用利率的选择”上有所分歧。④上诉。CAHPL 随后决定上诉至高等法院。⑤撤诉。8 月，CAHPL 声称已同澳大利亚税务局达成协议，并撤回了向高等法院提交的上诉申请。

2017 年 11 月 24 日，澳大利亚财政部公布《澳大利亚联邦反混合错配制度草案》，公开征求意见。该草案的主要内容如下：引入 OECD 倡导的反混合错配规则。

新西兰 2017 年 7 月 18 日，新西兰主要反对党工党表示如果当选执政，将对跨国公司征收“转移利润税”。①跨国公司“逃避其应公平承担的税收份额”，因此主张引入“转移利润税”。②英国的经验是积极有效的。英国于 2015 年 4 月 1 日开征 25% 的“转移利润税”，像亚马逊这样的公司现在已将利润留在英国（纳税），而不是转移到避税港卢森堡。

3.5.2 全球转让定价动态

■ **亚洲**

新加坡 2017 年 4 月 13 日，新加坡国内收入局发布《关于转让定价国别报告格式使用指南》。该指南的主要内容如下：①税务机构仅受理符合规定格式的国别报告。②关于国别报告资料申报准备的补充说明。

印　度 2017 年 5 月 3 日，印度中央直接税委员会首次发布《印度共和国预约定价协议报告》。该报告的主要内容如下：①2012 年修订的《印度共和国所得税法》提出预约定价计划。②协议有效期和追溯期。为纳税人提供有关转让定价问题的确定性可以长达 9 年。③2012 年至 2017 年 5 月 3 日，全国签署预约定价协议的情况。纳税人共提交了 796 份预约定价安排申请书。其中，2014/2015 财年、2015/2016 财年和 2016/2017 财年，纳税人共提交了 537 份预约定价安排申请书。税务机构签署的预约定价协议共 152 份。其中，双边预约定价协议 11 份，6 份涉及英国企业，5 份涉及日本企业；2013/2014 财年和 2014/2015 财年共签署预约定价协议共 9 份，2015/2016 财年签署 55 份，2016/2017 财年签署了 88 份。未完成的预约定价安排 644 份。④预约定价协议的要素。

■ 欧洲

比利时 2017年5月19日，比利时财政部公布《比利时王国转让定价国别报告实施指南（2017修正）》。该指南的主要变动内容如下：引入基于BEPS第13项行动计划成果要求的转让定价国别报告制度。

冰 岛 2017年3月24日，冰岛财政部公布《冰岛共和国转让定价国别报告条例（修订）》（2017/245号）。该条例修订版的主要变动内容如下：修订《冰岛共和国转让定价国别报告条例》（2016/1166号）。

丹 麦 2017年12月21日，丹麦税务和关税局公布第17-1975627号新闻稿。该新闻稿提醒符合规定条件的美国公司按时提交国别报告。

法 国 2017年6月14日，法国税务局公布《法兰西共和国通用报告指南草案》，公开征求意见。该草案的主要内容如下：①指南草案制定的法律依据。根据《法兰西共和国税收总法典》第1649章和2016年第1683号法令的相关规定，制定指南草案。②制定指南草案的目的。旨在实施欧盟互助指令（2011年）和OECD《自动交换税收信息协议（2014）》。③指南草案的主要内容。指南草案规定了金融机构及其顾问按"通用报告标准"（CRS）的要求履行申报义务。

马恩岛 2017年7月19日，马恩岛与根西岛签署《马恩岛政府与根西岛政府交换国别报告主管当局协议》。

瑞 典 2017年6月19日，瑞典税务局公布《瑞典皇国自动交换税收裁定信息指南（修订）》。该指南主要内容如下：①明确自动交换税收裁定信息的类别范围。包括跨境预先税收裁定和预约定价安排（APA）。②明确自动交换税收裁定信息的申报义务。③更新项目。欧盟关于自动交换预先税收裁定信息指令（2015/2376号）概要及实施指南。瑞典税务局向欧盟成员等交换的信息。自动交换信息时间表等。

■ 美洲

美 国 2017年7月14日和8月1日，美国和澳大利亚签署了《美利坚合众国政府和澳大利亚联邦政府关于交换转让定价国别报告主管当局协议》。该协议根据两国政府1982年签署、经2001年议定书修订的《美利坚合众国政府和澳大利亚联邦政府关于避免所得税双重征税的协定》第25条（信息交换）的规定签署。

2017年8月4日，美国与马恩岛签署《美利坚合众国政府和马恩岛政府交换转让定价国别报告主管当局协议》。

2017 年 8 月 8 日，美国国内收入局宣布，已与爱沙尼亚签署《美利坚合众国政府和爱沙尼亚共和国政府交换转让定价国别报告主管当局协议（2017）》。该主管当局协议是根据双方 1998 年签署的《美利坚合众国政府和爱沙尼亚共和国政府关于避免所得税双重征税的协定》第 26 条关于“交换信息和管理协助条款”的规定签署。

2017 年 8 月 16 日，美国和英国签署了《美利坚合众国政府与大不列颠及北爱尔兰联合王国政府关于交换转让定价国别报告主管当局协议》。

3.5.3 全球税收透明度动态

■ 亚洲

阿联酋 2017 年 1 月 15 日，阿联酋分别批准与 7 个国家和地区签署的《阿拉伯联合酋长国税收信息交换协议》。7 个国家和地区分别是瑞典、挪威、冰岛、芬兰、法罗群岛、哥伦比亚和阿根廷。

2017 年 4 月 21 日，在 OECD 总部巴黎，阿联酋驻法大使签署加入《多边税收征管互助公约》（经 2010 年议定书修订），成为第 109 个加入该公约的税收管辖区。

巴基斯坦 2017 年 2 月 17 日，巴基斯坦联邦税收委员会公布《巴基斯坦伊斯兰共和国所得税条例（修正草案）》。该草案的主要内容如下：（1）计划实施 OECD“通用报告标准”（CRS）。与 OECD 成员自动交换金融账户信息。

（2）授权。将授予联邦税收委员会下列权限：①从金融机构获取在巴基斯坦拥有金融账户的非居民信息。②处罚。根据《巴基斯坦伊斯兰共和国所得税法令（2001）》，对未向银行提供规定信息的非居民实施处罚。③自动交换税收信息开始时间。从 2018 年 9 月开始，向 OECD 成员提供非居民账户信息。④非居民账户信息所属年限。2017 年 7 月 1 日至 12 月 31 日期间开户的非居民账户信息。⑤自动交换税收信息的依据。根据《多边税收管理互助公约》的要求交换信息等。

2017 年 3 月 15 日，巴基斯坦联邦税收委员会发布“关于修订《巴基斯坦伊斯兰共和国 2012 年所得税条例（修正）》的通知”［2017 年第 SRO166（1）号］。该通知的主要内容如下：①增加实施自动交换金融账户信息“通用报告标准”的条款。②巴基斯坦伊斯兰共和国 2012 年所得税条例修正草案已于 2017 年 2 月 17 日公开征求意见。

柬埔寨 2017年10月11日，柬埔寨政府发布了《柬埔寨王国转让定价条例（修正）》。该条例主要变动内容如下：规定关联交易信息的报送。该条例规定，纳税人通过所得税申报表向税务部门报送关联交易信息。

日 本 2017年3月27日，俄罗斯和日本政府代表在东京举行会议，就两国之间的全面税收协定升级问题开始谈判。谈判的主要内容如下：①更新升级1986年两国政府缔结的《俄罗斯联邦政府和日本国政府关于避税所得双重征税和防止偷漏税的协定》。②更新内容。很可能引入OECD倡导的BEPS行动计划成果，使协定与BEPS行动计划的自动信息交换标准、通用报告标准等相一致；也可能会降低预提税税率。

泰 国 2017年1月26日，泰国加入税收透明度和信息交换论坛，承诺按国际标准参与全球账户信息自动交换。至此加入该论坛的国家和地区已达139个。

新加坡 2017年4月13日，新加坡国内收入局发布《关于转让定价国别报告格式使用指南》。该指南的主要内容如下：国内收入局计划开发专项信息系统，用于收集和交换国别报告信息。

印 度 2017年4月21日，印度直接税中央委员会宣布“放松税收大赦期限的规定”。其主要内容如下：①将延长原计划于2017年3月末结束的税收大赦期限。印度“税收大赦计划”于2016年12月启动，计划2017年3月末结束，旨在鼓励纳税人将在印度银行账户的未申报资产向税务局进行公开披露。现在决定延期。②延期适用于“按照税收大赦项目给出押金的时间期限”。③延期理由。“税收大赦计划”已经取得卓有成效的成就，2016/2017财年税务机构收到的所得税申报表数量增加了21.7%；毛征收额增长了16%，创近5年最高；净征收额增长14%，创近3年来最高。印度的个人所得税、常规核定税和自我核定税分别增长了18%、25%和22%。

2017年7月28日，印度法律公报公布“印度共和国加入《自动交换国别报告的多边主管当局协议》的通知书”。该通知书由财政部税务司发布。

印度尼西亚 2017年3月3日，印度尼西亚财政部发布《印度尼西亚税收信息自动交换条例》（2017年第39/PMK03号）。该条例的主要内容如下：①根据政府签署的相关国际税收协议，落实税收信息自动交换。②相关国际税收协议的定义。包括双边税收协定、《税收信息自动交换协议》《税收征管多边互助公约》和《政府间投资协议》等。③自动交换的税收信息范围。包括纳入披露和交换的信息范围。④税收信息披露的条件。⑤税收信息申报要求等。

■ 欧洲

爱尔兰　2017 年 2 月 2 日，爱尔兰税务局公布《爱尔兰自动交换税收裁定信息手册》（2017 年第 12 号电子版简报）。该手册的主要内容如下：①依据。根据《爱尔兰财政法》（2016）的相关规定制定。②解释和更新实施 OECD 和欧盟“关于税收协定信息自动交换”的内容。

爱沙尼亚　2017 年 3 月 15 日，爱沙尼亚议会通过《爱沙尼亚共和国税收信息交换法（修正）》。该修正案的主要内容如下：①目的。该法修订旨在落实欧盟关于税收裁定信息自动交换指令和税收管理合作指令的要求。②生效时间。从 2017 年 4 月 1 日起生效。

2017 年 4 月 12 日，巴拿马外交部发布新闻稿。该新闻稿的主要内容如下：已获知保加利亚政府的决定，将巴拿马从低税或不进行税收信息交换的国家名单中移除。其原因是巴拿马已批准加入《多边税收征管互助公约》。

比利时　2017 年 3 月 1 日，比利时财政部公布《比利时王国实施自动交换金融账户税收信息“通用报告标准”指南》。该指南的主要内容如下：①税收信息申报格式。②案例。③常规问题。

2017 年 6 月 19 日，比利时法律公报公布《比利时王国关于自动交换金融账户信息税收辖区名单的决议》（2017 年 6 月 14 日法令）。该法令列出了 2017 年、2018 年与比利时进行自动交换金融账户信息的国家和地区名单。

2017 年 7 月 20 日，比利时议会通过《比利时王国关于实施自动交换税收信息指令的法律草案》。该草案的主要内容如下：①实施《欧盟关于强制自动交换税收信息的指令》（2014/107 号）（2015/2376 号）。②部分实施《欧盟关于自动交换国别报告的指令》（2016/881 号）。

波　兰　2017 年 2 月 10 日，波兰下议院通过《波兰共和国税收信息自动交换法案》。该法案的主要内容如下：①立法实施税收信息自动交换制度。规定波兰与其他国家进行自动交换税收信息。②生效时间。法案若得到上议院通过，将在总统签署并正式公布 7 天后生效。

丹　麦　2017 年 9 月 6 日，丹麦政府计划近几年内实施税务机构改革。其改革计划如下：政府投资新的税务信息系统。

德　国　2017年5月10日，德国北莱茵－威斯特法伦州（NRW，简称北威州）财政部宣布获得“马耳他泄密”数据。其主要内容如下：①获得一个匿名来源的闪存。②该闪存的信息内容包括近7万户马耳他公司信息，涉及的个人几乎遍布全球。③与德国纳税人相关的公司数额。北威州财政部初步评估，有1600～1700户公司与德国纳税人相关。④北威州财政部透露已追缴税款。2010年以来，北威州从举报人取得的德国纳税人海外逃避税电子信息中，已追缴税款约24亿欧元，而整个德国因此追缴税款约在达70亿欧元。

2017年7月12日，德国财政部公布《德意志联邦共和国关于参与自动交换税收信息辖区名单的决议》。其主要内容如下：①该名单的范围定义。指自2017年9月30日起，将与德国开展自动交换税务信息的国家和地区名单。②该名单包括安圭拉等50个国家和地区。

法罗群岛　2017年1月16日，法罗群岛加入税收透明度和信息交换全球论坛，成为该论坛的第138个成员。

直布罗陀　2017年1月1日，2016制定的《直布罗陀所得税法实施条例》生效实施。①该条例的依据。根据《直布罗陀2010年所得税法（修订）》制定实施条例。②该条例的主要内容。实施《欧盟自动交换税收裁定信息指令》（欧盟2015/2376号）。

2017年6月22日，《直布罗陀国际合作（促进国际税收遵从）条例（2017修订）》实施。该条例的主要内容如下：①它是《直布罗陀国际合作（促进国际税收遵从）条例（2016）》的更新升级版。②旨在实施的税收信息交换国际协议包括：欧盟2014/107号指令；直布罗陀2014年10月29日签署的《自动交换金融账户信息的多边主管当局协议》；直布罗陀与根西岛签署的《直布罗陀政府与根本岛政府关于自动交换金融账户信息的主管当局双边协议》等。

荷　兰　2017年11月29日，荷兰中央银行要求所有银行审查“天堂文件”泄露的资料中涉及的荷兰客户，对存在的任何疑点开展调查。调查的主要内容如下：①了解其客户为何以及如何出现在泄露的资料中。②与其提供的服务存在何种关系等。③就调查结果向前监管部门报告。

拉脱维亚　2017年11月7日，拉脱维亚内阁通过《拉脱维亚共和国避税港黑名单条例（修正）》。该修正案更新的主要内容如下：①新名单剔除了按国际标准参与税收信息自动交换的管辖区。②实施时间。从2018年1月1日起实施。

摩纳哥　2017年4月1日，《摩纳哥公国实施多边税收征管互助公约》生效。该公约于2016年12月16日获批准。摩纳哥承诺从2018年开始，落实金融账户税收信息自动交换，使其成为首批按照《多边税收征管互助公约》第6条创立的《通用报告标准主管当局协议》的缔约方。

葡萄牙　2017年8月14日，葡萄牙法律公报公布《关于与葡萄牙实施自动交换金融账户税收信息的税收辖区名单的决议（修订）》（2017年第255号法令）。该决议的主要内容如下：①名单更新依据。根据OECD“通用报告标准”（CRS）要求，修订与葡萄牙实施自动交换税收信息的税收辖区名单。②新增成员名单。包括中国香港、黎巴嫩、巴基斯坦、新加坡和阿联酋等5个国家和地区。③法令生效时间。该法令自8月25日生效。

2017年8月18日和21日，葡萄牙法律公报分别公布2017年第83号和2017年第89号法律。两部法律的主要内容如下：将欧盟有关反洗钱（AML）指令的内容转换为国内法。①2017年第83号法律。实施《欧盟税收征管互助指令（2011修订）》（2011/16号）和《欧盟反洗钱指令（第4次修订）》（2015/849号指令，简称AML指令）引入的“关于税务机关获取反洗钱信息的规定”。该法律于9月19日生效。②2017年第83号法律。落实AML指令“关于受益所有权信息”的规定，批准实施“受益所有权中央登记制度”，提高受益所有权信息透明度。该法律于11月19日生效。

瑞　典　2017年6月19日，瑞典税务局公布《瑞典皇国自动交换税收裁定信息指南（修订）》。该指南主要内容如下：①明确自动交换税收裁定信息的类别范围。包括跨境预先税收裁定和预约定价协议（APA）。②明确自动交换税收裁定信息的申报义务。③更新项目。《欧盟关于自动交换预先税收裁定信息指令（2015/2376号）概要及实施指南；瑞典税务局向欧盟成员等交换的信息；自动交换信息时间表等。

2017年7月19日，瑞典税务局发布“实施通用报告标准”的规定。该规定的主要内容如下：①规定的依据。根据《欧盟关于强制自动交换税务信息的指令》（2014/107号）。②明确“通用报告标准”（CRS）资料的收存要求。

瑞　士　2017年1月1日，《多边税收征管互助公约》（2010年议定书修订）在瑞士生效，并从2018年1月1日起执行。瑞士于2013年10月15日签署加入《多边税收征管互助公约》（2010年议定书修订），2015年6月5日获联邦议会批准。

2017 年 1 月 18 日，瑞士联邦财政部公布《瑞士联邦自动信息交换在线指南》。该指南的主要内容如下：①从 2017 年开始按要求收集信息。②2018 年开始信息交换。③指南实施时间。从 2017 年 1 月 1 日起实施。

塞浦路斯 2017 年 4 月 5 日，塞浦路斯部长理事会批准“塞浦路斯共和国加入《实施税收协定相关措施以防止税基侵蚀和利润转移的多边公约》的决定”，计划于 6 月签署加入征管互助公约。

2017 年 11 月 14 日，塞浦路斯税务部发布“关于实施《欧盟反避税指令》（欧盟 2016/1164 号指令）征求意见稿”，公开征求意见。

斯洛文尼亚 2017 年 2 月 20 日，希腊财政部公布“2016 年度不合作管辖区名单”。具体名单如下：安哥拉、安提瓜和巴布达、巴哈马、巴林、巴巴多斯、文莱、库克群岛、多米尼加、格林纳达、危地马拉、中国香港、黎巴嫩、利比里亚、列支敦士登、前南斯拉夫马其顿共和国、马来西亚、马绍尔群岛、摩纳哥、纽埃、菲律宾、圣基茨和尼维斯、圣卢西亚、圣文森特和格林纳丁斯、萨摩亚、乌拉圭、美属维尔京群岛和瓦努阿图。

2017 年 4 月 11 日，斯洛文尼亚财政部发布《斯洛文尼亚共和国关于将列支敦士登移除不合作管辖区黑名单的决议草案》，公开征求意见。不合作管辖区名单指不进行税收信息交换的国家或地区。

希　腊 2017 年 2 月 3 日，希腊税务局发布《希腊共和国税收信息交换格式》的通知。该通知的主要内容如下：①税收信息自动交换格式适用《美国海外账户税收遵从法案主管当局协议》和 OECD“通用报告标准”（CRS）要求的税收信息自动交换所使用的格式。②明确首批税收信息自动交换涉及 2014—2016 年度的税收信息。

2017 年 9 月 4 日，希腊税务局发布《希腊共和国关于自动交换金融账户信息指南》（2017 年 1030 号公告）。①背景。2013 年第 4170 号法律将欧盟 2011/16 号指令转为国内法。希腊 2016 年第 4428 号法律批准实施《OECD 自动交换金融账户信息多边主管当局协议》。②指南依据。实施《OECD 自动交换金融账户信息多边主管当局协议》和《欧盟税收征管互助指令》（2011/16 号指令）。③主要内容。规定自动交换金融账户信息的程序。明确要求申报的信息等。

英　国 2017 年 4 月 25 日，英国公布《国际税收遵从条例（修订）》。该条例的主要内容如下：①对《国际税收遵从条例（2015）》修订。②增加和修订的项目。国际信息交换安排和处罚规定；金融机构通报客户国际税收信息，要求金融机构和其他代理机构，向客户通报税务海关总署根据国际税收协议获取的信息，以提高税收遵从度。提醒客户税收义务。③生效日期。于2017年5月17日生效。

意大利 2017年1月9日，意大利税务局公布2016年度反避税税收收入。①2016年意大利通过反避税措施，增加税收收入190亿欧元（约203亿美元），比2015年增长28%。②2015年11月到期的“自愿披露计划”，增加税收收入43亿欧元，涉及13万纳税人。

2017年3月23日，意大利“2017年第69号法律公报”公布“2017年第32号税收法令”。该法令的主要内容如下：①实施《欧盟预先税收裁定信息自动交换指令》（欧盟2015/2376号指令），特别是在欧盟成员之间交换跨境税收裁定和预约定价协议信息。②实施时间。从2017年1月1日起实施。

2017年4月3日，意大利2017年78号法律公报公布《意大利共和国修订更新与意大利进行税收信息自动交换的国家和地区名单》（经济财政部3月27日部长令）。该部长令的主要内容如下：①修订更新允许与意大利进行充分的信息交换的国家和地区名单（白名单）。②建立税收信息交换白名单制度的背景。根据1996年9月4日经济财政部部长令设立。③更新后公布的新白名单包括以下131个国家和地区：阿尔巴尼亚、阿尔及利亚、阿尔及利亚、安道尔、安圭拉、阿根廷、亚美尼亚、阿鲁巴、澳大利亚、奥地利、阿塞拜疆、孟加拉国、巴巴多斯、白俄罗斯、比利时、伯利兹、百慕大群岛、波斯尼亚和黑塞哥维那、巴西、英属维尔京群岛、保加利亚、喀麦隆、开曼群岛、智利、中国、哥伦比亚、刚果、库克群岛、哥斯达黎加、克罗地亚、库拉索、塞浦路斯、捷克、丹麦、厄瓜多尔、埃及、爱沙尼亚、埃塞俄比亚、法罗群岛、芬兰、法国、格鲁吉亚、德国、加纳、直布罗陀、希腊、格陵兰岛、根西岛、赫尔、教廷（梵蒂冈城）、中国香港、匈牙利、冰岛、印度、印度尼西亚、爱尔兰、马恩岛、以色列、泽西岛、约旦、哈萨克斯坦、吉尔吉斯斯坦、韩国、科威特、拉脱维亚、黎巴嫩、列支敦士登、立陶宛、卢森堡、马其顿、马来西亚、马耳他、毛里求斯、墨西哥、摩尔多瓦、摩纳哥、黑山、蒙特塞拉特岛、摩洛哥、莫桑比克、瑙鲁、荷兰、新西兰、尼日利亚、纽埃、挪威、阿曼、巴基斯坦、菲律宾、波兰、葡萄牙、卡塔尔、罗马尼亚阿尼亚、俄罗斯、萨摩亚、圣马力诺、沙特阿拉伯、塞内加尔、塞尔维亚、塞舌尔、新加坡、斯洛伐克、斯洛文尼亚、南非、西班牙、斯里兰卡、圣基茨和尼维斯、圣马丁岛、圣文森特和格林纳丁斯、瑞典、瑞士、叙利亚、中国台湾、塔吉克斯坦、坦桑尼亚、泰国、特立尼达和多巴哥、突尼斯、土耳其、土库曼斯坦、特克斯和凯科斯群岛、乌干达、乌克兰、阿拉伯联合酋长国、英国、美国、乌拉圭、乌兹别克斯坦、委内瑞拉、越南和赞比亚。

2017 年 9 月 17 日，意大利税务局发布《意大利共和国居民海外就业所得税收指南》。该指南的主要内容如下：管理纳税人状况所需要的税收信息自愿披露等。

欧　盟　2017 年 1 月 1 日起，欧盟实施《跨境税收裁定信息自动交换制度（修订）》。该制度的主要变动内容如下：①欧盟成员必须自动交换新完成的全部跨境税收裁定信息。②设立中央存管处。专门负责管理成员自动交换的这些跨境税收裁定信息。③所有欧盟成员均可通过中央存管处获取这些信息。④定期自动提交信息。各成员税收监管部门每 6 个月，自动向中央存管处提交所在国的跨境税收裁定信息，列明全部的跨境税收裁定安排。⑤成员之间可以互相交叉检查这些信息。⑥成员有权要求其他成员就某些税收裁定提供更详细的信息。⑦2017 年信息首次自动提交时间。截至 2017 年 9 月 1 日。⑧历史信息提交时间。2018 年 1 月 1 日前，所有成员还要提交 2012 年以来所有跨境税收裁定信息。

2017 年 6 月 21 日，欧盟委员会发布“中介机构税收透明度规定”。该规定的主要内容如下：①规定符合条件的中介机构事先报告企业税收筹划安排义务。从事规定条件的中介机构，在向企业提供税收筹划方案之前，应先向税务主管当局报告相关的企业税收筹划安排。②符合条件的中介机构的定义。指从事税收筹划业务的税务咨询公司、会计师事务所和银行和律师事务所等。③实施时间。从 2019 年 1 月 1 日起实施。

■ 美洲

巴拿马　2017 年 2 月 2 日，巴拿马总统签署并公布《巴拿马共和国财政透明度遵从政策》（2017 年第 10 号行政法令）。该政策的主要内容如下：①加入《OECD 自动交换信息协议（2014）》。②执行 OECD 制定的通用报告标准，自动交换全球金融账户税收信息。③建立和完善信息自动交换国内监管机制。

2017 年 2 月 14 日，巴拿马国民议会批准加入《多边税收征管互助公约》（经 2010 年议定书修订）。

2017 年 6 月 8 日，巴拿马经济和财政部官方网站发布《巴拿马与加拿大等八国谈签税务信息交换主管当局协议》新闻稿。该新闻稿的主要内容如下：①巴拿马已分别与八国谈签《税务信息自动交换主管当局协议》。八国指加拿大、德国、意大利、日本、挪威、西班牙、瑞士和英国。②依据。以 OECD“通用报告标准”（CRS）落实 OECD 自动交换信息协议要求。③目的。加强反避税和促进税收遵从。

加拿大 2017 年 2 月 3 日，加拿大税务局发布“遗失 2.8 万户纳税人税收信息”的声明。该声明的主要内容如下：①2.8 万户纳税人。指归属育空地区管辖的 2014 纳税申报年度的纳税人。②遗失原因。加密存储该 2.8 万户纳税人信息的 DVD 盘，通过快递公司寄送育空地区政府的过程中遗失。③税务机构有严格的保护纳税人信息措施。使用加密的 CD、DVD 盘传递税务信息也是常规方式，加密方式经信息安全部门认证，税务信息被暴露的风险很低。④后果尚未确定。目前遗失的税务信息未见被破解或使用。⑤后续措施。税务局已通知相关纳税人，并开通电话热线；加拿大隐私保护专员办也已获知该事件；相关快递公司仍在查找遗失 DVD。

美　国 2017 年 2 月 15 日，美国国内收入局公布“《海外账户税收合规法案（修正）》（FATCA）问答录”。该问答录的主要内容如下：①以“问答”形式解答有关 FATCA 被经常提问的问题。②不定期整理更新公布。

2017 年 4 月 3 日，美国国内收入局发布《美利坚合众国收入程序》（2017 年第 31 号）。该程序的主要内容如下：①更新白名单。白名单指充分自动交换非居民个人储蓄账户信息的国家和地区。②白名单由财政部和国内收入局确定。

2017 年 4 月 25 日，美国司法部发布“3 位美国人因未申报海外金融账户被判入狱”的新闻稿。该新闻稿的主要内容如下：①罪名。3 名美国人故意未申报在瑞士和以色列境内秘密金融账户。②处罚。3 人分别被判处不等期限的监禁，其中 1 人被判 12 个月零 1 天，另外两人被判 8 个月。

2017 年 7 月 14 日和 8 月 1 日，美国和澳大利亚签署了《美利坚合众国政府和澳大利亚联邦政府关于交换转让定价国别报告主管当局协议》。该协议根据两国政府 1982 年签署、经 2001 年议定书修订的《美利坚合众国政府和澳大利亚联邦政府关于避免所得税双重征税的协定》第 25 条（信息交换）的规定签署。

2017 年 8 月 4 日，美国与马恩岛签署《美利坚合众国政府和马恩岛政府交换转让定价国别报告主管当局协议》。

2017 年 8 月 8 日，美国国内收入局宣布，已与爱沙尼亚签署《美利坚合众国政府和爱沙尼亚共和国政府交换转让定价国别报告主管当局协议(2017)》。该主管当局协议是根据双方1998年签署的《美利坚合众国政府和爱沙尼亚共和国政府关于避免所得双重征税的协定》第26条关于“交换信息和管理协助条款”的规定签署。

2017年8月15日，美国司法部公布了美国检察署与瑞士资产管理公司主要合伙人签署的一项“不起诉协议”。该协议的主要内容：①该公司将支付50亿美元罚款，换取免于被起诉。②背景。该公司被控在2001—2010年期间，协助美国纳税人开立和维护未申报的外国银行账户。

危地马拉 2017年2月13日，危地马拉税务局宣布“税务局有权获取金融账户信息”。①税务局就获取金融账户信息获得法院授权。②税务局有权获取金融账户信息的范围。包括境内外的账户余额、金融投资交易、资产等信息。③2017年2月23日以后，如果税务审计发现可疑线索的，税务部门也可以要求取得纳税人的上述账户信息。④信息保密义务。税务机关对获取的纳税信息需有严格的保密措施。

智　利 2017年7月5日，智利法律公报公布《智利共和国实施通用报告标准的法令》(2017年第418号)。该法令的主要内容如下：①规定金融机构的识别和报告义务。根据OECD“通用报告标准”(CRS)，金融机构要承担识别和报告非居民在智利的金融账户信息的义务。②生效实施时间。从2017年6月30日起实施。

■ 非洲

喀麦隆 2017年7月11日，喀麦隆签署《喀麦隆共和国实施税收协定相关措施以防止税基侵蚀和利润转移(BEPS)的多边公约》，成为加入该公约的第70个成员。

南　非 2017年2月27日，南非税务局发布“将与50至100多个国家和地区自动交换税收信息”的新闻稿。该新闻稿的主要内容如下：①2017年9月，将根据OECD的“通用报告标准”(CRS)与50多个税收管辖区开展税收信息自动交换。②到2018年9月，与南非开展税收信息自动交换的国家将增加至100多个。③从2017年5月31日起，南非金融机构将按“通用报告标准”向主管税务局申报信息。

尼日利亚 2017年8月17日，在OECD总部巴黎，尼日利亚联邦税务局执行主席签署了两项多边税收文书：《实施税收协定相关措施以防止税基侵蚀和利润转移的多边公约》(《BEPS多边公约》)和《金融账户涉税信息自动交换多边主管当局协议》。尼日利亚分别是第71个和第94个签署加入《BEPS多边公约》及《金融账户涉税信息自动交换多边主管当局协议》的税收辖区。

■ 大洋洲

澳大利亚 2017年11月6日，澳大利亚税务局发布“调查天堂文件”的声明。该声明的主要内容如下：根据国际调查记者联盟（ICIJ）公布的“天堂文件”泄露事件，澳大利亚税务局将对泄露的“天堂文件”中涉及澳大利亚居民和企业的相关税收信息开展调查。

新西兰 2017年2月21日，皇家批准《新西兰（企业税、信息交换和补救措施）税收法案》生效。该法案主要内容如下：①规定了外国信托新的信息披露要求，信托企业需要在税务局注册，按年申报，缴纳注册费；居民受托人必须按规定履行信息披露要求，才能取得国外信托所得免税资格；取消原居民受托人比外国受托人享受从轻处罚的安全港措施等。②规定了自动交换税收信息和其他措施。

2017年9月，新西兰税务局公布其《自动交换信息通用报告准则指南》（IR 1048）。该指南旨在为金融机构实施OECD“通用报告标准”（CRS）和美国《海外账户税收遵从法案》（FATCA）提供操作建议。

3.5.4 中国国际税收动态

■ 中国内地

2017年3月17日，中国国家税务总局发布了《特别纳税调查调整及相互协商程序管理办法》（国家税务总局公告2017年第6号发布）。该办法的主要变动内容如下：①无形资产交易的规定，与BEPS行动计划中的规则趋同。相较于OECD指南认定的五个相关功能，增加了第6个功能即推广“DEMPEP功能”；明确中国税务机关应当如何审核关联方之间特许权使用费的方法。②关联服务交易的规定。采纳了国际普遍接受的也是OECD建议的“受益性测试”标准。对不允许税前列支服务费的范围仅限于服务费支付不符合独立交易原则的情形。明确规定了关联服务的条款既适用于中国企业作为关联服务的提供方也适用于其作为关联服务接受方的情况。③地域特殊优势的规定。与后BEPS时代OECD指南的规定更为一致。针对地域特殊优势的调整只有在可比公司来自不同的“经济环境”时才需要进行；地域特殊优势是转让定价分析中的可比性因素，而非无形资产。④转让定价方法的规定与 OECD 指南基本保持一致。也允许在适当的时候使用其他符合独立交易原则的 3 种方法。没有引入在其他符合独立交易原则的方法中提出价值贡献分配法。⑤程序管理的规定：企业自查调整补税时，应当填报《特别纳税调整自行缴纳税款表》；企业可以暂不作为特别纳税调整的调查对象的例外。在预约定价安排申请或续签申请期间；如果企业在预约定价安排的预备会谈中与税务机关就以前年度交易安排处理达成一致，并已提交《预约定价安排谈签意向书》；明确税务机关的调查权利涵盖非居民企业，税务机关可以直接调查非居民企业或间接通过境内关联企业开展调查。

2017 年 3 月 30 日，国家税务总局发布《千户集团名册管理办法》（国家税务总局公告 2017 年第 7 号发布）。该办法的主要变动内容如下：①千户集团定义。指年度缴纳税额达到国家税务总局管理服务标准的企业集团。全部中央企业、中央金融企业不论年度缴纳税额多少，均纳入千户集团范围。单一的法人企业，如果年度缴纳税额达到国家税务总局管理服务标准的，也可纳入千户集团范围。②千户集团名单由国家税务总局确定，按年度发布。③千户集团名册管理范围。内资企业集团、外资企业集团。外资企业集团为全球总部控股并在中国境内办理了工商或税务登记的各级分公司和子公司以及其他涉税组织机构。④千户集团名册信息包括项目。包括企业名称、纳税人识别号、统一社会信用代码、集团名称、上一级企业名称及其他涉税信息等项目。⑤处罚。对应报未报、提供虚假名册信息或拒绝报送名册信息的企业集团，省税务机关应及时上报国家税务总局。情节严重的，按照《中华人民共和国税收征收管理法》及其实施细则等有关规定对集团总部及相应成员企业进行处理。对存在上述情形的集团总部及成员企业，税务机关记录相关纳税信用信息，用于纳税信用评价。

2017 年 5 月 19 日，国家税务总局、财政部、中国人民银行、银监会、证监会以及保监会联合发布《非居民金融账户涉税信息尽职调查管理办法》（国家税务总局公告 2017 年第 14 号发布）。该办法的主要变动内容如下：①明确相关定义。包括金融机构、金融资产、金融账户、非居民、账户持有人、消极非金融机构和企业的“控制人”等。②账户尽职调查。规定新开个人账户、存量个人低净值和高净值账户、新开机构和存量机构账户尽职调查程序。③金融机构其他合规要求。④金融机构进行尽职调查的时间表。金融机构在税务总局网站首次注册登记时限。最晚时限为 2017 年 12 月 31 日；相关账户涉税信息需报送时限。每年 5 月 31 日前按要求进行报送。⑤对金融机构未履行合规义务的处罚。在税务机关管理范围内，对违反规定的金融机构进行税务信用等级的重新评估。对于更严重的违规行为，由有关金融主管部门采取规定和行动。⑥实施时间。自2017年7月1日起实施。

2017年6月7日，在法国巴黎OECD总部，中国等67个经济体共同签署了《实施税收协定相关措施以防止税基侵蚀和利润转移（BEPS）的多边公约》。国家税务总局局长王军代表中国政府签署《BEPS多边公约》。

2017年6月28日，中国商务部与中国香港特别行政区人民政府财政司签订了《〈内地与香港关于建立更紧密经贸关系的安排〉投资协议》（以下简称CEPA投资协议）及《〈内地与香港关于建立更紧密经贸关系的安排〉经济技术合作协议》（以下简称CEPA经济技术合作协议）。两份协议的主要内容如下：①CEPA投资协议。内地在投资领域将继续给予香港最惠待遇，仅保留了26项不符措施。最惠待遇条款，内地对其他国家或地区提供较CEPA更优惠的待遇时，有关待遇也将自动延伸至香港。生效日期。自2018年1月1日生效。②CEPA经济技术合作协议。包括对CEPA及其补充协议中有关经济技术合作内容的全面梳理和更新。设置了有关内地及香港就“一带一路”建设相关的经济贸易合作，鼓励香港企业积极参与“一带一路”建设，自2017年6月28日起生效。

2017年7月7日，国家税务总局发布《关于明确〈中华人民共和国企业年度关联业务往来报告表（2016年版）〉填报口径的公告》（国家税务总局公告2017年第26号）。该“关联申报表”的主要变动内容如下：①明确国别报告中跨国企业集团的“关联方”。根据OECD最新发布的填报口径，明确“关联方”的认定应与其“成员实体”的认定保持一致。因此，附表G114010及G114011第3列“收入－关联方”，填报跨国企业集团在第1列填报的国家（地区）每个成员实体与该跨国企业集团在附表G114020及G114021中填报的其他成员实体发生交易取得的收入，并按第1列填报的国家（地区）汇总之和。②补充修改“关联申报表”的时间安排，2017年12月31日之前，需修改国别报告的居民企业，可以在对已经填报的2016年度“关联申报表”通过申报更正流程进行补充修改。③生效时间。2017年7月7日起生效。

2017年9月21日，中国和肯尼亚签订的《中华人民共和国政府和肯尼亚共和国政府对所得避免双重征税和防止逃避税的协定》及其议定书。该协定主要内容如下：①工程型常设机构。指建筑工地，建筑、装配或安装工程，或者与其有关的监督管理活动，但仅以该工地、工程或活动的持续时间，从承包商开始工作（包括在缔约国一方的准备工作）之日起超过12个月的为限。②技术费。技术服务费也可以在其发生的缔约国一方，按照该国的法律征税。但是，如果技术服务费的受益所有人是缔约国另一方居民，则所征税款不应超过技术服务费总额的10%。③该协定目前尚未生效。

2017年10月8日，国家税务总局以中英文形式对外发布了《中国预约定价安排年度报告（2016)》。该报告的主要变动内容如下：①预约定价安排概念。预约定价安排适用于主管税务机关向企业送达接收其谈签意向的《税务事项通知书》之日所属纳税年度起3~5个年度的关联交易。②依据的法律法规。国家税务总局公告2017年第6号和2016年第64号。③申请资格。简化了申请资格条件。只要申请人在以前3个年度关联交易稳定在一定量以上就有资格申请。鼓励优质案例谈签。提交的申请若有创新方法，有高质量的无形资产、成本节约或市场溢价的量化分析，则会得到优先处理。④操作流程。增加了谈签意向。把审核评估改为分析评估。⑤续签。强调各年加权平均值低于四分位区间中位值，且未调整至中位值的，税务机关不再受理续签申请。⑥谈签数量。2005年至2016年12月31日，中国税务机关已经累计签署84例单边预约定价安排和55例双边预约定价安排。2016年内，签署8例单边预约定价安排，6例双边预约定价安排，后者3例为与亚洲国家签署，3例为与欧洲国家签署。

2017年10月17日，国家税务总局发布了《关于非居民企业所得税源泉扣缴有关问题的公告》（国家税务总局公告2017年第37号）。该公告的主要变动内容如下：①公告废除了《非居民企业所得税源泉扣缴管理暂行办法》（国税发〔2009〕3号印发）、《关于加强非居民企业股权转让所得企业所得税管理的通知》（国税函〔2009〕698号）的全部内容，以及《关于非居民企业所得税管理若干问题的公告》（国家税务总局公告2011年第24号）和《关于非居民企业间接转让财产企业所得税若干问题的公告》（国家税务总局公告2015年第7号）等文件的部分条款。②股权转让成本的计算。股权在持有期间发生减值或者增值，按照国务院财政、税务主管部门规定可以确认损益的，股权净值应进行相应调整。引入了一个新的成本收回概念，适用于非居民企业采取分期收款方式取得同一项转让财产所得情形。③股息红利所得扣缴义务发生时间的改动。明确为股息、红利等权益性投资收益实际支付之日，而不再是作出股息、红利分配决定之日。④申报期限。自扣缴义务人应当自扣缴义务发生之日起7日内向扣缴义务人所在地主管税务机关申报和解缴代扣税款。⑤非居民企业自行申报纳税时间。应在税务机关责令限期内进行申报纳税。⑥主管税务机关。扣缴义务人所在地主管税务机关为扣缴义务人所得税主管税务机关。⑦生效时间。自2017年12月1日起生效。

2017年10月30日，国家税务总局发布《关于〈中华人民共和国和罗马尼亚对所得消除双重征税和防止逃避税的协定〉生效执行的公告》（国家税务总局公告2017年第38号）。该公告的主要变动内容如下：①下调股息和利息的预提所得税税率。增加股息和利息的免税。②将特许权使用费的预提所得税税率由7%降为3%。③适用范围。适用于2018年1月1日及以后取得的所得。④生效时间。自2017年6月17日起生效。

■ **中国香港**

2017年2月17日，中国香港特别行政区与巴基斯坦签订《中国香港特别行政区政府与巴基斯坦政府关于避免所得双重征税和税收信息交换的协定》。应该协定的主要内容如下：①阐明双方的征税权。待双方完成有关的批准程序后便开始生效。②提供税务宽免安排。巴基斯坦向香港居民征收特许权使用费及技术服务费的预扣税税率，由现行15%分别降至10%及12.5%。巴基斯坦向中国香港居民征收股息和利息收入的预扣税税率一律降至10%；中国香港航空公司如经营往来巴基斯坦的航线，只需就有关利润按中国香港税率缴纳利得税，无须在巴基斯坦课税；中国香港居民如在巴基斯坦就国际航运赚取利润，须在当地课税，但巴基斯坦将豁免该等利润50%的税项。③双方交换国际税收数据交换。

3.6 典型税收案例

3.6.1 雪佛龙案件①

3.6.1.1 案件基本情况

（1）事件背景

雪佛龙集团于2002年开始对其澳洲控股公司（以下简称CAHPL）开展资本结构调整。该控股公司是雪佛龙集团与美国德士古集团（Texaco）

① 参见中国国际税收研究会网站《国际税收参考》2017年第8期。

合并后在澳大利亚设立的。为了实现调整目的，CAHPL 与其全资子公司，即位于美国的雪佛龙德士古融资公司（以下简称 CFC）签订了信贷融通协议，经由 CFC 在美国外部市场中筹措资金后通过关联贷款的方式向 CAHPL 提供资金。

案例涉及的重要事实主要有：

①CFC 主要从外部商业票据市场筹集资金，共计约 25 亿美元，其资金利率成本不超过美元伦敦同业拆借利率（LIBOR）。在该案例发生期间，CFC 取得的美元 LIBOR 约维持在 1% ~2% 的水平；

②CFC 在上述筹资过程中获得了雪佛龙集团最终控股母公司的担保；

③CFC 共向 CAHPL 提供了约等值 25 亿美元的澳大利亚元关联贷款，利率达到澳大利亚元 LIBOR +4.14%，CFC 提供的贷款以澳大利亚元作为本金并相应计提利息；

④CFC 与 CAHPL 之间的关联借贷交易没有任何形式担保、财务和运营保障性条款或其他资产保全条款；

⑤根据澳大利亚国内税法、澳大利亚与美国签订的双边税收协定，以及 CAHPL 在澳大利亚作出的相关申请，CAHPL 在向 CFC 支付上述关联贷款利息时无须在澳大利亚缴纳任何预提所得税；

⑥与此同时，根据美国国内税法以及 CFC 在美国的税务安排，CFC 从 CAHPL 收到的利息收入无须在美国作为应纳税所得；

⑦基于 CFC 是 CAHPL 全资子公司的控股关系，CFC 在融资活动中产生的利润以股息的形式向 CAHPL 分派；

⑧CAHPL 就 CFC 分派而来的股息可享受在澳大利亚免税的待遇。

（2）由离岸融资结构引发税务争议

2003 年，由于西北大陆架油气项目，CFC 向其澳大利亚母公司提供了无担保贷款。CFC 公司以 1.2% 的利率从商业票据市场融资 25 亿美元，预计利息支出 1.1 亿美元，再以约 9% 的利率借给澳大利亚雪佛龙公司，预计利息收入 18.4 亿美元。扣除成本，CFC 从其澳大利亚母公司赚取高额利润，CFC 公司的利润在 2004—2008 年增长了 11 亿美元。而这些利润在美国和澳大利亚均无须纳税。对澳大利亚雪佛龙公司而言，支出的巨额利息可以在公司所得税税前扣除，而从 CFC 公司分回的股息红利则属于不征税收入，从而大幅减少了其应纳税款。

澳大利亚税务局拒绝了澳大利亚雪佛龙公司申请的巨额贷款利息税前扣除，并签发了针对澳大利亚雪佛龙公司 2004—2008 年应缴税款的修正评估，将其应纳税额提高了3.4亿澳元。澳大利亚雪佛龙公司拒绝执行澳大利亚税务局的修正评估。2014年9月29日，澳大利亚这一税收史上“史无前例”的转让定价案在法院开庭审理，双方辩论僵持达5周之久。

最终，初审法院一审做出了有利于澳大利亚税务局的判决。澳大利亚雪佛龙公司不服一审判决，向澳大利亚联邦法院提起上诉。联邦法院支持了初审法院的判决。联邦法院的判决意味着澳大利亚税务局取得了里程碑式的胜利，但是澳大利亚雪佛龙公司表示将向高等法院提起再审申请。

该案的税收争议涉及澳大利亚税务局对澳大利亚雪佛龙公司纳税情况的评估，即：将其2004—2008年的应纳税额提高了3.4亿澳大利亚元。联邦法院认为，澳大利亚雪佛龙公司设立CFC公司的目标就是为了以1.2%的利率融入资金，再以大约9%的利率借给其澳大利亚母公司。

案件争议焦点在于，贷款条款是否符合转让定价规则中的公平交易原则。初审法院发现，澳大利亚雪佛龙公司25亿澳大利亚元的债务水平是其财务部门决定的，因为这是最节税的企业资本结构，并能给澳大利亚雪佛龙公司带来最多的税后利润。联邦法院詹姆斯·阿尔索普法官同意初审法官的意见，认为如果关联方之间的贷款交易是独立且公平的，澳大利亚雪佛龙公司应当设法让贷款利率“远低于9%”。他在判决中写道：“由于利息支出的税前扣除和不征税的股息红利收入，原本应当是应税收入的营业收入转变成了不征税收入。”

澳大利亚雪佛龙公司的发言人表示对法院的判决非常失望。他称，初审法院已经认可涉案融资行为是正当业务安排，原被告双方只是在利率的适用上存在分歧。发言人还强调，澳大利亚雪佛龙公司“在澳大利亚税收贡献巨大”。说：“2009年以来，我们已经缴纳了将近40亿澳大利亚元的工资税、附加福利税、消费税和利息预提税。我们将研究判决从而决定下一步举措，可能会向澳大利亚高等法院提起上诉。”

3.6.1.2 案件处理

这是一场涉税诉讼缘起于澳大利亚税务局对雪佛龙澳大利亚公司启动的转让定价调查。雪佛龙集团被指通过离案融资运作的手段将企业利润转移出澳大利亚，逃避纳税义务。于是在过去7个纳税年度里，公司有5年没有缴纳公司所得税。澳大利亚税务局就雪佛龙公司进行了调查，要求雪佛龙补税3.4亿澳大利亚元。这是澳大利亚的转让定价法规第一次应用于跨境关联方之间的融资交易。雪佛龙则拒不接受澳大利亚税务局的纳税评估结果。

从2014年9月起，税企之间的这场纠纷开始进入司法审判程序。初审法院于2015年作出一审判决，支持澳大利亚税务局的要求。雪佛龙公司不服一审判决，向澳大利亚联邦法院提起上诉。而在2017年4月，联邦法院判定维持原判决。雪佛龙在此次败诉后，扬言还将继续上诉至澳大利亚高等法院提请再审。

2017年，雪佛龙方面宣布撤诉。雪佛龙没有公布撤诉的详细原因，公司发言人称，与澳大利亚税务局达成的和解协议是解决问题的最合理方案，并预计该和解事项不会对该公司今年的财报造成重大影响。撤诉后，雪佛龙将面临随之而来的巨额税款和罚金。除了这场税务诉讼涉及的3.4亿澳大利亚元外，雪佛龙还正在接受澳大利亚参议院针对企业逃税行为进行的调查，据悉涉及税款金额超过10亿澳大利亚元。

3.6.1.3 税务考量

澳大利亚税务机关基于一系列考量，认为上述转让定价安排不符合澳现行转让定价法规，CAHPL承担了过高的利率定价，并且交易的税务目的和税务利益可以被论证，因此该交易不符合独立交易原则。雪佛龙集团则围绕澳大利亚国内法规进行抗辩，试图采用独立交易安排下的可比交易论证案例中的关联交易，并引用先前判例。

最终，澳大利亚法院基于一系列文件证据和考量，基本否决了雪佛龙集团引用的判例在本案中的适用性，并认为其提供的分析不足以证明案例中的关联交易充分遵循了独立交易原则，因此判决税务机关胜诉。倘若雪佛龙集团不再上诉，将面临大额的转让定价调整金额和随之而来的罚金。

3.6.1.4 启示：纳税人应重新审视其转让定价方法

调查表明，跨国企业的利润转移每年让澳大利亚损失60亿澳大利亚元税收。澳大利亚税务局局长克里斯·乔丹表示，此案光是聘请专家证人、法律顾问等就花费了1000万澳大利亚元。基于澳大利亚雪佛龙公司案的判决，澳大利亚税务局将继续打击通过一系列复杂的离岸贷款安排转移利润的行为。

税收正义联盟发言人贾森·沃德表示：“法院判决是澳大利亚税务局和澳大利亚人民的重大胜利。它明确告知澳大利亚雪佛龙公司和其他跨国企业，澳大利亚税务局对跨国避税将不再容忍。希望判决能够迫使澳大利亚雪佛龙公司重新安排其目前的420亿美元的贷款计划（该计划比案件中的贷款安排破坏性更大），从而使澳大利亚不会在将来损失更多的税收。”他还说：“法院的判决应当刺激政府对石油资源租金税进行改革，因为若证实澳大利亚雪佛龙公司确实人为控制其所得税税额，那他们为何不在以利润为基础的石油资源租金税上故技重施呢？”

毕马威会计师事务所的税务合伙人格兰特认为，该判决将影响跨国企业的转让定价分析。他说：“法院认为，对跨国企业适用公平交易原则时，不能直接假设子公司完全独立于母公司，也就是不能自欺欺人地认为子公司是个‘孤儿’。共同所有权必须在因素分析时纳入考虑。这是税务部门的巨大胜利，也意味着许多纳税人将要重新审视其转让定价方法。”①

3.6.2 麦当劳补税案例②

3.6.2.1 案件基本情况

2017年，在欧盟对苹果公司开出145亿美元创纪录的税单后，英国《金融时报》报道，经过对欧盟调查成员支持免税案例的分析，在向苹果公司开出最大税单1个月后，欧盟委员会可能要对美国的麦当劳和亚马逊动手。麦当劳称，自2009年其设在卢森堡的欧洲总部改组以来，麦当劳对18亿美元欧盟市场盈利的平均纳税税率仅有1.49%，卢森堡对这些利润实行的标准税率是29.2%。根据欧盟判定苹果公司补税的原则，麦当劳将要向卢森堡补缴将近5亿美元税款。

据法国《回声报》2017年4月19日报道，法国税务局于当地时间4月19日要求麦当劳法国分公司补交3亿欧元（约合人民币22亿元）的税金，其中1亿欧元为罚款。两年多来，麦当劳法国分公司涉嫌以向位于布鲁塞尔的欧洲母公司支付提成的手段，人为隐瞒收益。2013年10月，法国税务局检查位于该国Guyancourt的麦当劳，认为需缴税的收入额为22亿欧元。③

麦当劳此前已否认受到任何税收方面的优待，指出：“2011—2015年，麦当劳在欧盟仅缴纳的公司所得税就共计25亿美元，平均税率接近27%。”

---

① 参见：澳大利亚史上最大税案落幕［J］. 大企业税收评论，2017-09-15；刘英．转让定价案诉讼　澳税务局赢得重大胜利［N］. 中国税务报，2017-07-11.

② 参见中国国际税收研究会网站《国际税收参考》2017年第10期。

③ 麦当劳补税22亿元［EB/OL］. 中金网，2017-04-21.

2014 年 10 月欧盟委员会宣布，对于卢森堡免征亚马逊卢森堡子公司的公司所得税，将深入调查这种做法是否违反欧盟的国家援助法规。调查员当时表示，亚马逊在欧洲市场的“大部分”利润都来自其卢森堡子公司，该公司是因组织结构免于缴税。

2016 年 12 月欧盟委员会启动了对麦当劳与卢森堡政府税收协议的调查。欧盟宣布启动调查后，亚马逊和麦当劳均表示，已经缴纳了欧洲国家的应缴税款，但都在年报中警告，如果欧盟的调查结果未如公司所愿，可能最终会缴纳更多税款。

3.6.2.2 案件争议：税款之争背后的欧美博弈

在欧盟公布对苹果补税的裁定之前，美国财政部就罕见地发布了“声色俱厉”的白皮书。指欧盟是世界税收警察，并警告美国财政部将考虑“报复措施”。华尔街见闻提到欧、美税收之争的重点，归根结底根本不在于税款是否应该追回，而是税款落到谁的手里。因为美国允许其跨国公司在将境外收入调回境内之前可以延迟报税。一旦欧盟认定某家美国公司应补交税款，该企业补交的税金可抵扣其应缴美国政府的税款。所以，如果苹果等美国公司需要向欧盟“补税”，最终买单的将是美国纳税人。

另一个耐人寻味的最新进展是在欧盟对美国市值最大公司苹果开出 145 亿美元天价追税单后，美国财政部几乎“立即”向欧洲第一大行德意志银行（德银）开出了 140 亿美元的民事索赔和解金。对坐拥 1800 多亿美元海外收益的苹果来说，补缴 140 多亿美元还负担得起。但对于已经面临负利率、严格监管和股价重挫的德银而言，再掏 140 亿美元简直是天方夜谭。德银自己的法务拨备只有约 61 亿美元。更重要的是，德银的问题已经跨越单纯的经济账，德银的性质已经从追逐股东价值的上市公司，变成了捍卫德国和欧洲金融稳定的央行合作伙伴。这也是德银诞生 145 年来反复扮演过的角色。

华尔街见闻预计，德银的和解金事件可能直接上升至欧美政治层面，成为与苹果佰亿罚单讨价还价的筹码。出于巨额和解金对欧洲金融系统的威胁，德国政府很可能直接干预，有望降低罚单金额。但就算德国政府出面，德银的前景也未必乐观。之前法国政府也为避免巴黎银行被美国处以天价罚款而施压，美国还是创纪录地罚了法国最大银行 90 亿美元。

税收大战或引发内斗升级，卢森堡会不会上诉。在欧盟宣布苹果需要补税裁定的报道中，华尔街见闻已提到，如果对苹果的避税惩罚成为先例，欧盟后续可能还会要求几十家美国公司补缴过去数年在爱尔兰、荷兰、比利时、卢森堡等“避税国家”逃避的税款。在欧盟决定对亚马逊和麦当劳涉嫌在卢森堡违法避税进行调查后，卢森堡政府先后否认给予了亚马逊和麦当劳税收优待。有了爱尔兰上诉的榜样，一旦欧盟对亚马逊或者麦当劳“开刀”，卢森堡政府未必不会以捍卫自身主权和权益为由进行“反击”。

3.6.3 谷歌逃避税案例[①]

谷歌利用欧洲税收漏洞避税。[②] 美国互联网巨头谷歌公司发布声明称，已和意大利政府就税收争议达成和解。根据和解内容，谷歌公司将向意大利支付 3.06 亿欧元的拖欠税款。此举为结束谷歌与意大利税务部门长达一年半的争端。

据媒体报道，意大利税务部门此前指控谷歌公司在 2009 年到 2013 年间，有大约 10 亿欧元的收入没有向意大利政府缴纳相应税款。“这些收入均被谷歌公司以不当手段转移到爱尔兰，从而逃避了本应在意大利支付的相应税收。”相比欧洲大陆国家普遍超过 20% 的公司税，爱尔兰的公司税税率仅为 12.5%。因此，爱尔兰吸引了包括谷歌、苹果等众多大型跨国企业的入驻。

谷歌公司发言人在一份声明中称，谷歌已与意大利税务局达成和解，在不通过诉讼的情况下，解决 2002—2015 年期间的税收问题。谷歌公司除了期间已缴纳的税款外，还将向意大利税务部门补交 3.06 亿欧元。意大利税务局随后证实，未来将启动相关机制，确保谷歌公司在意大利缴纳该笔税款。

尽管谷歌公司与意大利税务部门此次达成和解，但谷歌公司仍需处理来自法国政府的指控。法国政府称，谷歌公司通过瞒报在法国取得的收入逃避纳税责任，特别是公司税和增值税。法国政府据此要求谷歌公司补缴大约 16 亿欧元的税款。法国经济和财政部长萨潘曾表示，法国税务机关不会与谷歌公司就税款进行协商，而是会采取法律行动。

OECD 的报告显示，一些企业特别是大型跨国企业，存在通过向低税率国家汇款等手段转移利润。企业通过构建复杂的公司架构与财务结构，

---

① 参见中国国际税收研究会网站《国际税收参考》2017 年第 10 期。

② 吴刚. 逃避税款，谷歌在欧洲麻烦不断 [N]. 人民日报，2017-05-11.

将一些本应在税率较高国家或地区缴税的收入转移至税率较低的国家，以实现避税的目的。

为了堵住跨国企业在避税问题上的漏洞，欧盟去年针对跨国企业出台了新的规定。要求年营业收入超过7.5亿欧元，并且在欧盟范围内注册的大型跨国企业，必须每年向欧盟报告该企业当年在欧盟各成员的营业收入，以及缴税情况。此外，这些企业还需向欧盟告知在其他国家的纳税情况。新规从2018年开始正式生效。

4

国际税收协调与合作研究

4.1 国际税收在合作与竞争交织中发展

2017 年，世界国际税收舞台发生了诸多具有重大影响的事件，如美国税改法案落地、印度全面实施“货物劳务税”（GST）改革，67 个国家（地区）的政府代表共同签署《实施税收协定相关措施以防止税基侵蚀和利润转移的多边公约》，联合国发布 2017 版《发展中国家转让定价实务手册》，经济合作与发展组织（OECD）发布新税收协定范本，欧盟公布“不合作税收管辖区”名单和启动欧盟国家援助调查“利剑”，“天堂文件”曝光助推打击国际逃避税。在风云变幻的国际税收格局中，中国积极作为，深度参与国际税收改革合作，在国际税收舞台上的作用持续增强。

4.1.1 国际税收协调向纵深发展

4.1.1.1 国际税收征管合作平台日益丰富

（1）“税收合作平台”搭建跨组织税收协调新舞台

税收合作平台的建立，标志着四大国际组织在税收征管能力建设领域进一步深化务实合作的开始。首届税收合作平台全球会议于 2018 年 2 月 14 日—16 日在纽约联合国总部召开，大会的主题是“税收与可持续发展目标”，围绕如何把税收作为政策工具，实现可持续发展目标进行深入探讨。

（2）开启国际税收协定政策多边协调新时代

《实施税收协定相关措施以防止税基侵蚀和利润转移（BEPS）的多边公约》的顺利签署在国际税收协调领域具有里程碑意义。这是第一个在全球范围内就税收协定政策进行多边协调的法律文件，旨在一揽子修订全球现有的3000多个双边税收协定，并且为各国打击逃避税提供一个多边的税收合作法律框架。2018年7月1日，《BEPS多边公约》正式生效，改变了之前大多数税收协定不包含一般反避税规则的情况。各签约国将通过包括主要目的测试在内的反滥用条款，防止在不适当情况下给予跨国集团条约利益。

（3）CRS开启全球税收透明度新篇章

截至2017年9月14日，已有102个国家（地区）承诺实施金融账户涉税信息自动交换标准（CRS）。49个国家（地区）依承诺正式启动了首次信息交换，为全球税收透明度的显著提升开启了新的篇章。欧盟关于税收管理透明度的新规2017年1月开始实施，各成员必须自动交换其作出的所有新的跨境税收裁定信息，不晚于2017年9月1日首次实施信息交换；2018年1月1日前，所有成员还要提供2012年以来所有跨境税收裁定信息。

4.1.1.2 反避税依然是国际税收的主旋律

（1）反避税成果斐然

2017年，欧盟在对苹果公司要求偿还130亿欧元非法税收利益之后，又对跨国巨头亚马逊和宜家公司开展调查，认定卢森堡已给予亚马逊的2.5亿欧元税收优惠属非法，以及荷兰税务当局2006年和2011年向国际宜家作出的两项税收裁定，大幅降低国际宜家在荷兰的应税利润。同时，欧盟将美属萨摩亚、巴林、韩国等17个未达到国际税收有效治理标准和对欧盟成员税基形成威胁的国家和地区列入了不合作税收管辖区名单，提供了一份措施清单供欧盟成员参考适用。

（2）数字经济增值税成为反避税的热点

为了加强跨境数字贸易的增值税管理，2017年10月24日，OECD发布了《对境外供应商有效征收增值税/货物劳务税机制的实施指南》，强化各国税务机关应对数字经济挑战的能力。欧盟成员经济和财政部部长会议对于电子商务增值税改革提案达成了一致意见，从2019年1月1日起，将简化初创企业、微型企业和中小企业通过网络向成员销售商品的增值税缴纳规则；并且从 2021 年 1 月 1 日起，将扩大“迷你一站式征税机制”的适用范围，废止从非欧盟国家进口到欧盟国家单价低于 22 欧元商品免征进口增值税的税收优惠，以及要求电子商务平台对于非欧盟电商在该平台销售的商品和服务应承担代扣代缴增值税义务。

（3）纳税人确定性保障将在国际税收协调中越来越重要

2018 年 1 月，税收征管论坛（FTA）推出的“国际税收遵从保障计划”（ICAP）开始试点，根据 ICAP 计划，相关国家税务部门将与纳税人共同审核一系列相关文件，若进展顺利，企业将得到确定性保障，两年之内不会收到来自其中任一国税务部门的进一步合规干预。ICAP 通过创新的方法来提高跨国企业集团税收确定性，为纳税人提供更高层次的确定性和保障。

4.1.2 国际税收合作盘旋推进更加强调务实

4.1.2.1 逆全球化势力抬头，多边分裂力量严重影响区域经济一体化进程

长期以来，“顺全球化”是大趋势、大背景，是大逻辑。但近年来，“逆全球化”已经逐步强势崛起。随着世界经济复苏乏力与曲折发展趋势的演化，以英国“脱欧”、美国总统大选、意大利宪法公投等国际事件为代表的逆全球化现象乃至进程事实上已经抬头。同时，以美国为首的多国降税潮，“蝴蝶效应”般地搅动了国际税收格局，给国际税收规则体系、合作进程和治理带来了不可低估的影响。

4.1.2.2 国际税收合作规范、有序向纵深推进

联合国发布了 2017 版《发展中国家转让定价实务手册》，参照 BEPS 行动计划的成果，增加了“集团内劳务”“成本分摊安排”和“无形资产处理”三个篇章，并且将墨西哥转让定价实践纳入了“国别实践”一章。随后，OECD 发布新税收协定范本。这次更新内容主要是借鉴了 BEPS 行动计划的一些成果，将通过 OECD/G20 BEPS 项目发展出来的变动加入 OECD 税收协定范本中，特别是第 2 项行动计划（消除混合错配安排的影响）、第 6 项行动计划（防止税收协定优惠的不当授予）、第 7 项行动计划（防止人为规避构成常设机构）和第 14 项行动计划（使争议解决机制更有效）的成果。国际税收组织对国际税收合作的积极推动，减轻了纳税人的遵从负担，大幅降低全球贸易成本，有力推动多边贸易体制

改革。

4.1.2.3 国际税收合作对标落地和成效

一是国际税收合作领域最具有里程碑意义的《BEPS 多边公约》顺利签署，为各国打击逃避税提供一个多边的税收合作法律框架。二是在 G20 的大力推动下，2017 年已有 100 多个国家（地区）承诺实施 CRS。这对于 CRS 在全球范围内成功落地具有里程碑式的意义，为全球税收透明度的显著提升开启了新的篇章。三是欧盟在推进 BEPS 成果落地方面不断取得新进展，其中欧盟国家援助调查制度成为欧盟解决侵蚀税基问题的有力法律武器，在对苹果公司要求偿还 130 亿欧元非法税收利益之后，又对跨国巨头亚马逊和宜家公司开展调查，成效斐然。

4.1.3 国际税收会议谋求合作助力全球经济复苏

国际税收管理是全球经济治理的重要组成部分。党的十八大以来，习近平总书记多次就做好国际税收工作发表重要讲话、作出重要指示。李克强总理也持续对加强税收合作提出明确要求。按照党中央、国务院决策部署，中国税务部门深度参与国际税收改革合作，加强税收征管能力建设，为推动构建全球税收新秩序、促进国际税改成果落实，积极贡献智慧、提供方案。

回顾 2017 年的国际税收会议，国际合作仍然是各大经济体和国际组织强调的重点和提高税收管理水平的重要手段；强化国际税收管理和反避税工作仍列入重点工作任务；税收管理制度的完善和改革，以及维护纳税人权益，降低税负负担，成为国际税收的另外一个主题。2017 年，中国积极参与国际税收工作，并在多个国际税收会议中发表讲话，分享中国的税收管理工作经验，推动国际税改进程，积极引领国际税收合作。一方面，中国成为首批签署《BEPS 多边公约》的 67 个辖区之一，而且作为公约特别工作组第一副主席国，积极参与组织公约的研究制定工作，为公约的制定做出了重要贡献；另一方面，中国在参与联合国国际税务合作专家委员会、G20 财税方面会议等全球性国际税收会议，OECD 税收征管论坛与工作小组会议，以及大型区域性国际税收会议中，成为国际税收合作的推动者和引领者，进一步发挥中国在国际税收合作中的作用，加强中国在国际事务中的影响力和地位。中国税务部门积极落实习近平总书记要求，帮助发展中国家提高税收征管能力，通过政策和制度输出为企业“走出去”创造稳定的税收环境。

总而言之，2017 年国际税收合作在各大经济体和各大国际组织的推动和积极参与下，得到了进一步的深化和发展。展望未来，中国在国际范围内应该继续加强以下方面的工作安排：加强多边合作，促进国际间税收透明度和各国情报交换；加大反避税调查力度，对国际逃税避税进行重点打击；增加国际税收管理经验分享，推进国内税制改革。

4.1.4 中国国际税收协调与合作作用日益凸显

4.1.4.1 “一带一路”税收合作取得新突破

2017 年 5 月 14 日—15 日，“一带一路”国际合作高峰论坛在北京举行，峰会联合公报重申“发挥税收和财政政策作用，将增长和生产性投资作为优先方向”。2018 年 5 月 16 日，由哈萨克斯坦国家收入委员会、中国国家税务总局、经济合作与发展组织有关机构共同主办的“一带一路”税收合作会议在哈萨克斯坦首都阿斯塔纳闭幕。这是首次以“一带一路”税收合作为主题举办的国际税收会议，参会各方就税收法治、纳税服务、争端解决和能力建设等议题深入讨论并达成广泛共识，联合发布了《阿斯塔纳“一带一路”税收合作倡议》，取得了重要成果。会议针对“一带一路”沿线国家和地区实际需要，着眼于为现有多边税收合作体系提供有益补充，初步形成了构建税收合作长效机制的框架性构想，推动营商环境优化，增进投资者信心。

4.1.4.2 “金砖国家”税收合作进入新时期

2017 年 7 月 27 日，金砖国家税务局长会议在杭州举行，中国国家税务总局局长王军主持会议。会议围绕落实二十国集团（G20）税制改革成果、深化金砖国家多边税收合作、加强税收征管能力建设等议题深入讨论并达成共识，并且联合签署了金砖国家税务合作的第一份机制性文件——《金砖国家税务合作备忘录》，首次以官方文件形式将金砖国家在税收领域的合作上升至制度层面，标志着金砖国家税务合作进入了机制性建设的新时期。2017 年 9 月 4 日，《金砖国家领导人厦门宣言》提出了“我们重申努力建立公平、现代化的全球税收体系，营造更加公正、有利于增长和高效的国际税收环境，包括深化应对税基侵蚀和利润转移合作，推进税收信息交换，加强发展中国家能力建设。我们将加强金砖国家税收合作，为国际税收规则制定做出更大贡献，同时向其他发展中国家提供有针对性的、有效、可持续的技术援助”。

4.1.4.3 国际税收协调与合作中发挥中国作用

2017年，中国不仅成为首批签署《BEPS多边公约》的67个辖区之一，而且作为公约特别工作组第一副主席国，积极参与组织公约的研究制定工作，与其他100多个国家（地区）进行了为期一年的集体谈判与磋商，为公约的制定做出了重要贡献。中国在加快税收协定谈签、优化境外投资纳税服务、防范跨境投资涉税风险以及加强发展中国家税收能力建设等方面多措并举，成为“一带一路”税收合作的骨干力量。

4.2 国际税收协调

4.2.1 国际组织主导的国际税收协调

4.2.1.1 税收合作平台

（1）召开首次合作平台全球大会

2016年年初，国际货币基金组织（IMF）、经济合作与发展组织（OECD）、联合国（UN）和世界银行（WB）携手启动了“税务合作平台”，这一联合倡议旨在加强税务方面的合作。该平台旨在通过上述四大国际组织之间开展的定期讨论，加大对发展中国家税务能力建设的支持。税收合作平台的建立，标志着四大国际组织在税收征管能力建设领域进一步深化务实合作的开始。该平台每两年组织一次全球会议，对上述问题进行更广泛的讨论。

首届税收合作平台全球会议于2018年2月14日—16日在纽约联合国总部召开。400多名来自世界各国税收政策与征管部门的高级官员及重要国际组织、学术界、经济界和民间组织代表，围绕如何把税收作为政策工具，实现可持续发展目标进行深入探讨。本次大会的主题是“税收与可持续发展目标”。中国国家税务总局局长王军应邀出席会议并作主旨发言。王军介绍了中国税务部门支持和推动可持续发展的做法和经验，包括打造绿色税制、支持创新驱动、推动协调均衡、坚持开放包容、促进成果共享、优化营商环境，并提出三点倡议：一是协调更多组织、国家和地区开展国际税收合作；二是共同制定公平合理、普遍适用的国际税收规则；三是借助税收合作平台促进可持续发展惠及更多国家和地区。

通过税收支持脱贫和打造“智慧型税收”是当天会议关注的热点问

题。国际货币基金组织财政事务部主任加斯帕指出，落后的征管手段是导致一些国家税基严重侵蚀的重要原因，各国有必要借鉴中国运用信息化手段提升税收能力的成功做法。他认为，除了通过信息化建设提高税收征管能力，各国还应更加重视国际税收合作，重构国际税收规则。

“中国做法”得到了与会代表的积极评价和响应。非洲税收论坛执行秘书沃特认为，在扶贫过程中，中国的税收政策得到较好运用，值得很多发展中国家学习借鉴。近年来，中国税务部门不断创新税收征管手段，“智慧型税收”建设走在了世界前列。国际货币基金组织财政事务部主任加斯帕尔表示，落后的征管手段是导致一些国家税基严重侵蚀的重要原因，各国有必要借鉴中国运用信息化手段提升税收能力的成功做法。

（2）*发布工具手册*

税收合作平台（Platform for Collaboration on Tax）于2017年6月22日发布了一项工具手册（以下简称《工具手册》），旨在针对转让定价分析中难以获得可比数据的难题，为发展中国家提供指导建议。《工具手册》包括以下主要部分：

概述——简要介绍了在分析关联交易转让定价问题时，国际上广泛采用的独立交易原则，以及该原则与可比性分析的关系。可比性分析——此部分列举了可比性分析常用的数据库、筛选过程示例，同时也介绍了常见的可比性调整方法，如运营资本调整（又称资本密度调整）、会计科目差异调整，以及因无法获得本地可比数据而进行的国家风险调整等。难以获得可比数据的情况及其解决方法——此部分探讨了在缺乏可比数据的情况下，发展中国家可以考虑的应对措施，具体包括：建立完善的安全港条款；对于大宗商品交易使用可比非受控价格法或市场价格法；使用包括交易净利润法在内的单向测试方法（one-sided method）；使用利润分割法；采用其他反避税措施或保护性措施，如OECD/G20税基侵蚀和利润转移第4项行动计划所提出的限制利息扣除措施。

编写《工具手册》属于税基侵蚀和利润转移（BEPS）项目的任务之一，旨在协助发展中国家的税务机关解决转让定价调查和分析中难以获得可比数据的难题。《工具手册》虽然没有为税务机关和纳税人提供解决或预防税收争议的方法，但其建言有利于税务机关，特别是发展中国家的税务机关，提高税收管理透明度，节省税收管理成本；同时也有利于纳税人遵从当地转让定价的合规性要求。

《工具手册》的发布体现了发展中国家想要加强跨国转让定价管理的

迫切需求。近年来，包括发展中国家在内的各地税务机关不断加强转让定价专业队伍的培养、完善转让定价管理制度，并努力提高转让定价调查的成效。

《工具手册》同时介绍了部分国家的转让定价管理实践，并根据各商业数据库提供的信息，对各国可比数据的充分程度进行了比较。其中，中国与德国、日本、韩国、英国和美国等 OECD 成员同属于可比数据最充分国家的第二档。这说明通过数据库，可以获取较为充分的中国公司的可比数据。需要注意的是，中国税务机关近年来多次强调成本节约和市场溢价等地域特殊因素分析的重要性，并将地域特殊因素分析列入转让定价同期资料要求。对此，纳税人在进行转让定价分析时，如果需要选取海外公司作为可比对象，应当深入研究地域特殊因素可能对可比性分析结果造成的潜在影响。

4.2.1.2 联合国（UN）

（1）发布新版手册

2017 年 4 月 7 日，在纽约举行的联合国经济和社会理事会国际税务合作特别会议上，2017 年版《转让定价手册》被正式发布，借鉴 BEPS 行动计划的成果，增加了集团内劳务、成本分摊安排和无形资产处理三个篇章，并且将墨西哥转让定价实践纳入了国别实践一章。新版本的《转让定价手册》采用了新的格式，为了更清楚明白且易于理解，新手册被划分为四个部分。A 部分，涉及全球背景下的转让定价；B 部分，载有对于设计原理和政策考虑的指导意见，包括对于转让定价分析中的重要原则——公平交易原则的指导意见；C 部分，强调了转让定价机制在发展中国家的实际执行问题；D 部分，涉及各国实践。新版《转让定价手册》也参考了税基侵蚀和利润转移项目的研究结果，修订了文档、可比性分析的相关指引，并在“方法”一章中，针对发展中国家实践中商品交易所谓的“第六种方法”，新增了一节。联合国经济和社会理事会指出，最新的《转让定价手册》“对于希望通过、执行或进一步改进其转让定价条例的发展中国家来说具有极其重要的意义”。

（2）总结本届委员会主要工作，展望未来

2017 年 4 月 7 日，联合国经济和社会理事会举行了国际税务合作特别会议。该会议紧随国际税务合作专家委员会（以下简称委员会）第十四届会议之后，旨在促进委员会与理事会间的对话，并为联合国政府间审议税务问题提供资料。发展中国家要想调动资源进行投资，征税是最重要的途径之一。然而，发达国家和发展中国家在税收收入上一直存在很大差距。在这方面，加强税收体系（包括税收政策和税务管理）成为《2030议程》及《亚的斯议程》的优先发展要务。由于商业与金融的全球化，各国利用国内政策，仅凭一己之力所发挥的作用有限。因此，《亚的斯议程》也强调了国际税收合作的重要性和打击非法资金流动的必要性。这一会议被视为讨论这些重要问题的对话平台。

委员会第十四届会议是现任成员任期内最后一届会议。因此，联合国经济和社会理事会特别会议的早会强调了委员会的主要成就：①更新了《联合国发达国家和发展中国家避免双重征税范本》（联合国模式）的更新；②更新、强化了《联合国发展中国家转让定价实务手册》；③即将出版有关发展中国家采掘业税收问题的手册。

会议讨论了促进国际合作，以打击非法资金流动（IFF），继而促进可持续发展。会议聚焦于以下具体见解：①非法资金流动如何影响促进国家可持续发展的工作；②可能有助于减少非法资金流动的措施；③可能解决非法资金流动背后深层次行为的政策和行动。小组成员探讨了旨在遏制非法资金流动的国内、区域和国际倡议。当天最后一场对话聚焦在机构间税务合作平台（平台）的工作。

4.2.1.3 经济合作与发展组织（OECD）

（1）签署BEPS多边公约深化国际税收合作

2017年，国际税收合作领域最具有里程碑意义的，莫过于《实施税收协定相关措施以防止税基侵蚀和利润转移（BEPS）的多边公约》的顺利签署。这是第一个在全球范围内就税收协定政策进行多边协调的法律文件，旨在一揽子修订全球现有的3000多个双边税收协定，并且为各国打击逃避税提供一个多边的税收合作法律框架。

2017年6月7日，67个国家（地区）的政府代表在巴黎共同签署了《BEPS多边公约》，旨在遏制和打击跨国企业的避税行为。实施《BEPS多边公约》将有利于促进主要经济体之间的协调合作和构建公平的国际税收体系，进一步促进世界经济包容性增长。尽管多边公约规定了部分最低标准，但其中79%的反利润转移措施是选择性适用条款。各国（地区）可以自主决定遵从多边公约的哪些条款以及如何根据多边公约修订现有的税收协定，凸显了多边公约的灵活性和包容性。这个多边公约将快速地落实一系列税收协定的措施，以更新既有的双边租税协议网络，并减少跨国企业避税的机会。这个新公约也将强化关于解决协议争议的规定，包括透过强制而有约束力的仲裁，从而减少双重课税及增加税务确定性。落实税收协定相关措施以避免税基侵蚀和利润移转多边公约之签署仪式在年度的 OECD 周活动期间举行，签署里程碑式协定强化租税协议，国际税务合作向前迈进重要的一步。

2018 年 1 月 24 日，巴巴多斯、科特迪瓦、牙买加、马来西亚、巴拿马、突尼斯等国的部长及高阶官员共同签署《BEPS 多边公约》，110 多个司法管辖区已承诺将执行税收协定滥用“最低标准”，78 个国家（地区）已经签署该公约。2018 年 7 月 1 日，《BEPS 多边公约》正式生效，这是国际税收史上具有里程碑意义的一个重要时刻。在此之前，大多数税收协定遵循的是 OECD 五十多年前发布的税收协定范本，该范本不包含一般反避税规则（GAAR）。《BEPS 多边公约》让这一情况发生了根本改变，签约国将通过包括主要目的测试在内的反滥用条款，防止在不适当情况下给予跨国集团条约利益。主要目的测试是国际税收体系中提升公平的重要工具。过去数十年来，有许多跨国公司实施复杂的安排和交易，并非基于合理商业目的，而是为了税负最小化甚至到零。主要目的测试的引入就是为了应对这类恶意税收筹划行为，并进而提升税务部门实现公平的能力。

（2）增值税和所得税领域的协调

OECD 一直致力于加强增值税和所得税领域的政策协调与征管协作，2017 年在两个领域内的不懈努力相继开花结果。

OECD 在 2017 年 7 月 10 日发布 2017 版《跨国企业与税务机关转让定价指南》，纳入 BEPS 项目成果，并且加入了关于安全港的指引，旨在减轻纳税人的遵从负担和提供更高的确定性。这将大幅降低全球贸易成本，有力推动多边贸易体制改革。

为了加强跨境数字贸易的增值税管理，2017 年 10 月 24 日，OECD 发布了《对境外供应商有效征收增值税/货物劳务税机制的实施指南》，希望以此提高跨境供应商的遵从水平，降低其遵从成本，强化各国税务机关应对数字经济挑战的能力。

在所得税方面，2017 年 11 月 21 日，OECD 理事会批准了 2014 年《OECD 税收协定范本》的 2017 年更新内容。此次更新主要是将 BEPS 第 6 项、第 7 项和第 14 项行动计划成果吸纳进协定范本的相关条款中，并对居民、国际运输和股息等条款作了补充明确。这将对各国税收协定的谈签和执行，特别是BEPS项目成果在各国的落地和转化带来显著的提升。

2017年12月18日，OECD发布新税收协定范本。该范本借鉴了BEPS行动计划的一些成果，特别是第2项行动计划（消除混合错配安排的影响）、第6项行动计划（防止税收协定优惠的不当授予）、第7项行动计划（防止人为规避构成常设机构）和第14项行动计划（使争议解决机制更有效）的成果。

（3）推动CRS实施

借助G20的背书，在OECD大力推动下，截至2017年9月14日，已有102个国家（地区）承诺实施金融账户涉税信息自动交换标准（CRS）。其中，49个国家（地区）依承诺于2017年9月正式启动了首次信息交换，这对于CRS在全球范围内成功落地具有里程碑式的意义，为全球税收透明度的显著提升开启了新的篇章。

（4）FTA发布国别报告应用手册

税收征管论坛（FTA）是OECD于2002年发起成立的高级别税收论坛，目前共有包括OECD成员和G20成员在内的50个经济体税务管理机构参加。第十一届税收征管论坛大会有来自美、英、法、中、俄等46个世界主要经济体税务管理机构负责人，以及国际货币基金组织、世界银行、世界海关组织等7个国际或区域性组织代表130余人参加。与会代表围绕增强税收确定性、打击逃避税、提高税收遵从、未来税收征管等议题进行了深入交流研讨。会后发布了《第十一届税收征管论坛大会公报》。

2017年，FTA发布了两本国别报告应用手册，即《国别报告：有效实施手册》和《国别报告：有效税务风险评估手册》。这两本手册旨在为税务部门提供操作指南，以便税务部门实施国别报告规定和应用国别报告成果，帮助税务部门在国内立法层面落实BEPS项目第13项行动计划有关国别报告的具体要求，并建立相应的风险评估机制以及会面临的挑战，比如处理误判。

（5）国际税收遵从保障计划进行试点

2018年1月，FTA推出的“国际税收遵从保障计划”（ICAP）开始试点，该项目将持续18个月左右。参与国包括澳大利亚、加拿大、意大利、日本、荷兰、西班牙、英国和美国8个国家，法国和德国两国以观察员身份参加该项目。根据ICAP计划，相关国家税务部门将与纳税人共同审核一系列相关文件，包括纳税人的国别报告，若进展顺利，这些报告没有实质性改变，企业将得到确定性保障，两年之内不会收到来自其中任一国税务部门的进一步合规干预。ICAP 通过创新的方法来提高跨国企业集团税收确定性。虽然联合或同步税务审计本质上可以说是多边性质的，但 ICAP 是第一个正式的、高瞻远瞩的多国税收确定性计划。它的目标之一就是为纳税人提供更高层次的确定性和保障，而另一个目标则是鼓励纳税人改变其行为，从而更平缓地过渡到后 BEPS 时代。

4.2.1.4 世界银行（WB）

2017 年 11 月 21 日世界银行（WB）联合普华永道共同发布《世界纳税指数 2018》报告（Paying Taxes 2018），对《2018 年营商环境报告》中的“纳税”指标进行了详细解读和分析。“世界纳税指数”通过四项关键指标评估全球 190 个经济体的中型私营企业纳税环境。四项指标分别为“纳税次数”“纳税时间”“总税率和社会缴纳费率”“税后流程指标”。《世界纳税指数 2018》是该系列的第 12 本报告，展现的是各国 2016 年度的纳税环境。

《世界纳税指数》的主要目的是在统一假设的基础上，从一个虚拟企业“样本公司”的视角横向比较世界各国的税率和税务合规负担。该虚拟企业为中等规模的传统制造业，为了简化研究，全部经济体使用同一样本公司，不考虑各经济体在历史背景、社会体制、经济发展阶段和税费制度设计等方面的差异。

《世界纳税指数 2018》报告研究发现，2016 年度，中国的“纳税时间”指标表现亮眼，相较于前一年大幅缩短了 52 小时，即 20%，反映了近年来中国税务机关在不断推进、落实纳税便利化改革方面的成效。例如，重点打造的“互联网 + 税务”“便民办税春风行动”等，引入一系列便利纳税人的措施，取消大部分纳税人的增值税发票扫描认证，减少办税环节，降低增值税纳税人准备、申报、缴税的时间。此外，中国还在各地区逐步推广增值税纳税申报一表集成服务，将增值税申报表“一主表、九附表”汇总简化为一张“基础数据表”，力求让九成以上一般纳税人申报实现“零录入”，尚未纳入“改革”范围的企业也可拭目以待。为了让精简报表更有“底气”，中国还致力于健全数据共享共用机制，加快金税三期系统与增值税发票管理新系统、网上办税系统的集成步伐，实现三大系统功能整合、数据自动传递，一处录入多处使用，进一步便利纳税人办税。

此前，世界银行于10月发布《2018年营商环境报告：改革以创造就业》（Doing Business 2018：Reforming to Create Jobs），报告以电力供应、获得信贷、纳税等十项指标对全球190个经济体2016年度的营商环境进行评估。其中，中国营商环境便利度列第78位，并在“开办企业便利度”及“纳税”两项指标上取得可喜进步。

业内指出，《世界纳税指数2018》报告称赞了中国的“互联网+税务”行动，指出中国的一系列措施充分释放了大数据的潜力，促进了政府各部门的信息共享、发票便利、纳税人在线学习，以及其他纳税服务。

4.2.1.5 国际货币基金组织（IMF）

（1）发布年度财政监测报告

2017年10月11日，国际货币基金组织（IMF）发布了全球《财政监测报告》，具体分析了全球经济增长、财政再分配和贫富差距等问题。在报告中，该组织建议增加富人纳税以遏制贫富差距问题。

根据国际货币基金组织强调，“逐步”改进税收方式，包括收入较高的纳税人实行税收增加再分配措施。智利为全球六大贫富差距过大国家之一。OECD此前开展的调查问卷，主要以家庭计算相比，有关薪酬水平，收入来源，家庭分配等十个问题，在进行调查后结果显示，智利是全球贫富差距及不平等地位最为严重的国家，其他国家的不平等差距也在不断上升。在全球范围内实行“逐步”增加富人纳税是遏制贫富差距的最主要措施。

在报告中，国际货币基金组织还高度评价了中国在促进发展和解决贫困等问题上取得的成果。

（2）为成员提出针对性建议

卢森堡。国际货币基金组织（IMF）表示，如果卢森堡想在各国纷纷推出税收优惠政策之时依旧保有其投资吸引力的话，卢森堡的企业税税制可能会需要进一步改革。IMF认为，经济合作与发展组织、二十国集团和欧盟不断演变的国际税收透明度和反避税法规，以及欧盟委员会开展的国家援助调查，可能会降低卢森堡对于跨国公司的吸引力。然而，IMF认为，尽管国际上努力倡导“公平竞争”，但卢森堡因其“低税率、可预测的税收环境，以及有利于企业的管理条例”，将继续保持吸引力。IMF建议卢森堡，扩大企业税税收基础，通过确保使特别税收制度和转让定价安排与国际和欧盟标准、规则相一致，并建议卢森堡政府根据税收中性原则降低法定税率。

撒哈拉以南的非洲国家。撒哈拉以南的非洲国家还面临着种种因素，制约了其税收潜力的实现。IMF（包括通过其地区技术援助中心）正与各国开展合作，制定“中期收入战略”。这一概念由税收协调平台提出，是各国可用于在4年至6年期间开展税收体制改革的高级别路线图。该方法将税收视为一个包含了税收政策、法律、行政管理的体系。中期收入战略依托于社会各界及政治层面在税制改革方面做出的广泛承诺。国际货币基金组织将与各国紧密合作来制定这些战略，其将明确制定出定量的中期税收目标。乌干达、印度尼西亚等国已经开始制定它们的战略。增加收入往往在政治上困难重重。但考虑到撒哈拉以南非洲的当前经济形势，加之存在可持续发展的需要，增加收入已势在必行。

尼日利亚。国际货币基金组织（IMF）在其尼日利亚版的《第四条款磋商》报告中提出了如下8项重要建议：①需要一次有前瞻性的，基于收入水平的财政整顿，将联邦政府的利息支付与收入比率降低到可持续水平。②通过诸如提高增值税和消费税，加强税收合理性，弥补税收漏洞和豁免等措施来着重增加非石油收入。③形成独立的燃油定价机制以消除燃料补贴并加强公共财政管理，以及通过建立有针对性的社会安全网一同助力经济转型。④通过加强财政透明度和监测制度来遏制国家和地方政府财政赤字的需求，通过更严厉的货币政策和财政整顿来主导通胀预期并限制汇率上涨的风险以及通过结构性改革提高经济竞争力。⑤建议进一步加大银行监管力度，完善应急预案，加强决策框架机制以应对资产质量下降的风险。⑥鼓励资金不足的银行快速增加资本并给予一定时间的监管放松期。⑦以经济结构性改革为中心是向具有竞争性的投资驱动型经济转型并摆脱石油经济的关键。⑧优先发展基础设施，改善经营环境，优化小企业融资渠道，提升政府治理水平并持续反腐。

4.2.1.6 世界贸易组织（WTO）

（1）裁定巴西信息技术与汽车等税收政策违反规定

世界贸易组织（WTO）2017年8月30日分别就欧盟和日本诉巴西税收政策案发布专家组报告，裁定巴西针对信息技术、汽车等行业实施的一系列税收政策违反WTO相关规定，建议巴西在未来90天内尽快取消相关政策。报告说，巴西在实施本国产业刺激措施的过程中，针对在巴西研发或生产的信息技术产品及在巴西生产的汽车实施税收优惠政策，此举对同类进口产品构成了税收歧视和不公平竞争。

欧盟委员会主管贸易的委员塞西莉亚·马尔姆斯特伦表示，这一裁决结果是欧盟的“重大胜利”。欧盟和日本分别于2013年12月和2015年7月向WTO提起诉讼，指出巴西对本土汽车、信息技术企业与进口企业实施的税收差别待遇妨碍了公平竞争。

（2）稳步推进贸易便利化

世界贸易组织（WTO）推动贸易便利化的努力也在2017年取得突破。2017年2月22日，随着卢旺达、阿曼、乍得和约旦4个成员向WTO提交批准书，已有包括中国在内的112个成员接受《贸易便利化协定》，超过了《世界贸易组织协定》规定的2/3成员接受的生效条件，协定正式生效。这将大幅降低全球贸易成本，有力推动多边贸易体制改革。

（3）修订知识产权协定

2017年1月23日，随着列支敦士登、阿联酋、越南的同意，世界贸易组织（WTO）对《与贸易有关的知识产权协定》（Agreementation Trade-Related Aspects of Intellectual Property Rights，TRIPS）修正正式生效。这是WTO成立21年来，首次经WTO三分之二以上成员同意，成功修改的现有协定。修正案的通过，有利于平衡医药专利权人与社会公共健康之间的利益，有利于促进我药品进出口贸易，有利于缓解发展中国家和最不发达国家面临的公共健康危机。

《与贸易有关的知识产权协定》（TRIPS）是世界贸易组织体系下的多边贸易协定，于1994年由各成员代表在摩洛哥马拉喀什签字，并于1995年1月1日起生效。2001年为应对发展中和最不发达国家面临的公共健康危机，在多哈召开的WTO第四届部长级会议上通过《TRIPS与公共健康多哈宣言》，要求WTO成员就公共健康议题进行谈判。2003年WTO总理事会通过了《关于TRIPS协议和公共健康多哈宣言第六段的执行决议》。同意豁免TRIPS协议第31条（f）项义务，使强制许可豁免本国供应限制。2005年WTO总理事会决定将此项决议作为一项正式修正案，得到三分之二的成员同意后生效。

此修正案同意在面临公共健康危机且医药生产能力不足的情况下，有生产能力的成员不仅可以强制本国企业在国内销售药品，也可以出口至有需求的成员境内。同时修正案对进出口成员定义、进出口医药范围、数量、强制许可的补偿金等内容作出规定。

4.2.2 区域税收协调

4.2.2.1 欧盟

（1）推动 BEPS 落地取得新进展

对苹果公司开出“天价”税单，就是后 BEPS 时代最具有典型性的税收事件。苹果公司运用“爱尔兰－荷兰三明治”架构，将自己旗下一间公司的实际有效税率降低至 0.005%，引起全球舆论哗然。2016 年 8 月，欧盟宣布，爱尔兰的两份税收裁定给予苹果公司优于其他企业的突出优势，构成非法国家援助，命令爱尔兰向苹果追缴 130 亿欧元的税款并另外加收利息，刷新了国家援助法下单笔最高补税金额的纪录。2017 年 12 月 4 日，爱尔兰财政部长表示：爱尔兰政府已与苹果公司达成托管基金协议，苹果公司将从 2018 年第一季度开始向托管基金转账支付 2016 年欧盟裁定补缴的 130 亿欧元税款。至此，欧盟在推进 BEPS 成果落地方面取得了阶段性胜利，非法国家援助制度将成为欧盟解决“苹果们”侵蚀税基问题的有力法律武器。

2017 年，欧盟在推进 BEPS 成果落地方面不断取得新进展，其中欧盟国家援助调查制度成为欧盟解决侵蚀税基问题的有力法律武器。欧盟国家援助调查成效明显，在对苹果公司要求偿还 130 亿欧元非法税收利益之后，又对跨国巨头亚马逊和宜家公司开展调查。欧盟委员会 2017 年 10 月 4 日认定，卢森堡已给予亚马逊的 2.5 亿欧元税收优惠属非法。2017 年 12 月，欧盟委员会开始正式调查荷兰税务当局 2006 年和 2011 年向国际宜家作出的两项税收裁定，认为上述裁决大幅降低国际宜家在荷兰的应税利润，给其带来了不正当的竞争优势。

（2）电子商务增值税改革

2017 年 12 月 5 日，欧盟成员经济和财政部长会议对于电子商务增值税改革提案达成了一致意见，从 2019 年 1 月 1 日起，将简化初创企业、微型企业和中小企业通过网络向成员销售商品的增值税缴纳规则；并且从 2021 年 1 月 1 日起，将扩大“迷你一站式征税机制”的适用范围，废止从非欧盟国家进口到欧盟国家单价低于 22 欧元商品免征进口增值税的税收优惠，以及要求电子商务平台对于非欧盟电商在该平台销售的商品和服务应承担代扣代缴增值税义务。

在目前国际社会还未就数字经济的来源标准和征税规则达成一致时，有些国家已经捷足先登，采取单边措施进行征税。例如，法国对网页广告了工作组会议。各方按照2017年11月首次RCEP领导人会议和2018年3月3日部长会议的指示，继续就货物、服务、投资和规则领域议题展开深入磋商，谈判取得积极进展。会议强调各方将按照《RCEP谈判指导原则》，齐心协力，务实突破，推动尽早结束谈判。

2018年7月底举行的区域全面经济伙伴关系协定（RCEP）第23轮谈判成果显著：不仅就货物、服务、投资、原产地规则、海关程序与贸易便利化等具体问题进行了全面磋商，还在海关程序与贸易便利化、政府采购章节，在技术法规与合格评定程序、卫生与植物卫生措施等问题的谈判中取得了重要进展。加之谈判各方在不同场合先后表达了加快推进谈判的意愿，RCEP年内“撞线”的预期正越来越强。RCEP一揽子成果一旦在年底成形，无疑将为全球多边体制和自由贸易再添注脚，同时也将对以美国为代表的逆全球化思潮予以打击。

东盟2018年明显加快了RCEP谈判的节奏，一方面，RCEP谈判尽快达成有利于参与国加快产业升级，促进经济可持续健康增长，有利于社会的稳定，特别是有助于整合和优化东盟与中、日、韩等6国已签署的自由贸易协定，密切东盟经济关系和提升凝聚力，增强地区的稳定性。另一方面，在美国掀起的逆全球化思潮下，尽快达成RCEP谈判有利于改善世界贸易环境，维护多边体制和自由贸易，促进全球经济更趋稳定。RCEP谈判如果年内能够“撞线”成功，客观上一定会给美国单边主义以打击，并形成示范效应，给众多坚持多边体制和自由贸易的国家以信心，毕竟只有坚持多边体制才可以保证资源有效流动和优化配置，实现自身经济的可持续健康发展。

4.2.2.4 西非国家经济共同体

几内亚预算部2017年1月3日发布公告，根据西非国家经济共同体（以下简称西共体）成员首脑会议达成的协议，几内亚自2017年1月1日起实施“共同关税”（TEC）制度。“共同关税”是指两个或两个以上国家缔结关税同盟，成为统一的关境，相互之间取消关税和贸易限制，对来自非同盟国家进口的产品实行统一的共同对外关税。西共体共同关税政策规定：根据进口商品的不同类型，统一关税将分为0、5%、10%、20%和35%五个档次。

西共体共同关税协定于2015年1月正式签署。当时，贝宁、布基纳法索、科特迪瓦、几内亚比绍、马里、尼日尔、塞内加尔和多哥西非经济货币联盟8国，此前已实行共同关税制度。根据协议规定，相关缔约国可享受为期5年的过渡期，在此期间内，可根据实际情况自行决定制度实行时机。2016年9月12日西非经济共同体内最大经济体尼日利亚和第二大经济体加纳宣布开始实施“共同关税”（TEC）制度。

4.2.2.5 欧亚经济联盟

欧亚经济联盟（以下简称联盟）成立于2015年，目前成员有俄罗斯、哈萨克斯坦、白俄罗斯、吉尔吉斯斯坦和亚美尼亚，均是“一带一路”建设重要合作伙伴。2015年5月，中国国家主席习近平与俄罗斯总统普京在莫斯科签署《关于丝绸之路经济带建设和欧亚经济联盟建设对接合作的联合声明》，宣布启动中国与联盟经贸合作方面的协定谈判。中国与联盟成员经济互补性强，贸易合作潜力大，2017年中国与联盟成员贸易额达1094亿美元。

自2016年10月首轮谈判以来，双方通过五轮谈判、三次工作组会和两次部长级磋商，于2017年10月1日顺利实质性结束谈判。2018年5月17日哈萨克斯坦阿斯塔纳经济论坛期间，中国商务部国际贸易谈判代表兼副部长傅自应与欧亚经济委员会执委会主席萨尔基相及欧亚经济联盟各成员国代表共同签署了《中华人民共和国与欧亚经济联盟经贸合作协定》（以下简称《经贸合作协定》）。《经贸合作协定》范围涵盖海关合作和贸易便利化、知识产权、部门合作以及政府采购等13个章节，包含了电子商务和竞争等新议题。双方同意通过加强合作、信息交换、经验交流等方式，进一步简化通关手续，降低货物贸易成本。《经贸合作协定》旨在进一步减少非关税贸易壁垒，提高贸易便利化水平，为产业发展营造良好的环境，促进中国与联盟及其成员经贸关系深入发展，为双方企业和人民带来实惠，为双边经贸合作提供制度性保障。

《经贸合作协定》是中国与联盟首次达成的经贸方面重要制度性安排，标志着中国与联盟及其成员经贸合作从项目带动进入制度引领的新阶段，对于推动“一带一路”建设与欧亚经济联盟建设对接合作具有里程碑意义。《经贸合作协定》正式签署后，双方将抓紧履行国内程序，力争2018年生效实施。

4.2.2.6 “一带一路”

2017年上半年，利用OECD多边税务中心，中国举办了4期税收业务培训，众多学员来自印度、柬埔寨、马尔代夫等“一带一路”沿线国家；同时成功在12366上海（国际）纳税服务中心举办主题为“增值税管理”的第一期发展中国家税务官员研修班，为增进“一带一路”沿线国家税务人员合作交流提供渠道和平台。

2017年5月14日—15日，“一带一路”国际合作高峰论坛在北京举行，包括29位外国元首和政府首脑在内的来自130多个国家和70多个国际组织约1500名代表出席会议，围绕“加强国际合作，共建‘一带一路’，实现共赢发展”的主题，就对接发展战略、推动互联互通、促进人文交流等议题交换意见，达成广泛共识。中国国家主席习近平作题为《携手推进“一带一路”建设》的主旨演讲。峰会联合公报重申“发挥税收和财政政策作用，将增长和生产性投资作为优先方向”。

2018年5月16日，由哈萨克斯坦国家收入委员会、中国国家税务总局、经济合作与发展组织有关机构共同主办的“一带一路”税收合作会议在中亚最大的国际论坛——阿斯塔纳经济论坛框架下召开，会期两天半。来自49个国家（地区）税务部门、国际货币基金组织（IMF）、世界银行（WB）、国际财税文献局（IBFD）、维也纳经济大学等9个国际组织和学术机构以及部分中外企业和中介机构的200多名代表出席了合作会议，参会各方围绕会议主题就税收合作机制、税收法治、纳税服务、税收争端解决和税收能力建设等议题进行了深入讨论。参加这次合作会议的国家（地区），既有英国、法国、荷兰、加拿大、澳大利亚等发达经济体，韩国、越南、巴西、土耳其等新兴市场国家，也有阿富汗、柬埔寨、埃塞俄比亚等最不发达国家。各国代表不分贫富强弱，在“一带一路”倡议下共聚一堂，围绕税收法治、争端解决等共同关心的话题交流看法、分享经验，推动国际税收合作机制创新发展，对联合国政府间税收合作机制形成有益补充。经过代表充分讨论，合作会议取得了六项具体成果：一是发布了《阿斯塔纳“一带一路”税收合作倡议》，二是构建了税收合作长效机制的框架，三是形成了强化税收法治的共识，四是做出了提高税收争端解决效率的承诺，五是丰富了优化纳税服务的途径，六是作出了共同提高税收征管能力的决定。“一带一路”有力地推动全球税收体系向更加公平、透明和现代化的方向发展。

4.2.3 以协定为依托的双边税收协调

2017年1月1日，日本与智利的双边税收协定生效。（由于给予日本的税率更优惠，根据2009年1月1日签署的爱尔兰智利双边税收协定，优惠税率同样要适用于爱尔兰，因此爱尔兰智利的税率至2017年1月1日也将降至与日本智利间一样）

2017年2月27日，印度与新加坡双边税收协定第三方协议生效。

2017年3月6日，日本与印度签署第五个双边预约定价协议。

2017年3月21日，巴基斯坦与瑞士签署了新的双边税收协定。

2017年3月24日，法国和瑞士签署了适用于巴塞尔机场集团的国际税收协议。

2017年3月31日，日本与加纳签署新的双边税收协定。

2017年4月28日，俄罗斯与日本签署新的双边税收协定。

2017年5月20日，俄罗斯宣布签署《BEPS多边公约》。

2017年6月7日，美国与新西兰同意互换国别报告。

2017年7月5日，毛里求斯签署《BEPS多边公约》。

2017年7月11日，喀麦隆签署《BEPS多边公约》。

2017年8月17日，尼日利亚签署《BEPS多边公约》。

2017年8月30日，日本与爱沙尼亚签署双边税收协定。

2017年9月1日，南非与喀麦隆双边税收协定（2015年2月签署）生效。

2017年9月21日，欧盟与加拿大的自由贸易协定生效。

2017年10月11日，日本与丹麦签署新的税收双边协定。

2017年10月26日，欧盟与挪威签署行政合作协议支持增值税执行行动。

2017年11月14日，加拿大公布了10月31日与安提瓜和巴布达岛签署的税收信息交换协议。

2017年11月26日，瑞士与科索沃新的双边协定生效。

2017年12月1日，百慕大群岛与英国签署协议自动交换国别报告。

2017年12月8日，欧盟与日本签署自由贸易协定。

2017年12月13日，百慕大群岛与美国签署协议同意交换国别报告。

2017年12月26日，泽西岛批准《BEPS多边公约》。

4.2.4 中国相关的税收方面文件

2017年1月1日，《多边税收征管互助公约》执行。

2017年1月1日，中国与俄罗斯新双边税收协定执行。

2017 年 1 月 1 日，中国与德国新双边税收协定执行。

2017 年 1 月 1 日，中国与智利新双边税收协定执行。

2017 年 1 月 1 日，中国与津巴布韦新双边税收协定执行。

2017 年 1 月 23 日，中国香港同意与韩国自动交换税收金融账户信息。

2017 年 2 月 17 日，中国香港与巴基斯坦签署两个司法管辖区的税收协定。

2017 年 3 月 17 日，中国香港同意 6 个司法管辖区自动交换税收金融账户信息。

2017 年 6 月 7 日，签署《BEPS 多边公约》。

2017 年 6 月 17 日，中国与罗马尼亚双边税收协定生效，2018 年 1 月 1 日执行。

2017 年 9 月 21 日，中国与肯尼亚签署双边税收协定执行。

2017 年 11 月 17 日，中国与巴拿马签署自由贸易协定。

2017 年 11 月 28 日，中国与格鲁吉亚签署自由贸易协定，2018 年 1 月 1 日生效。

2017 年 12 月 7 日，中国与马尔代夫签署自由贸易协定。

2018 年 1 月 26 日，中国与柬埔寨双边税收协定生效。

4.3 国际税收合作

4.3.1 国际组织引导的全球性税收合作

4.3.1.1 OECD 细化 BEPS 行动计划

2017 年 2 月 1 日，经济合作与发展组织（OECD）针对防止税基侵蚀和利润转移（BEPS）第 5 项和第 13 项行动计划发布重要文档，这些文档将构成这两项行动计划同行互审的基础。本次发布的文件涉及 BEPS 第 13 项行动计划——国别报告的最低标准，以及第 5 项行动计划——税收裁定信息强制性自动交换的最低标准。各国将就这两项最低标准的执行情况接受国际同行互审，以保证这一标准能及时、准确地落实，同时保证各税收管辖区间的公平竞争。

4.3.1.2 OECD 和 IMF 递交 BEPS 行动计划落实调查报告

2017 年 3 月 18 日，在德国巴登举行的 G20 财长和央行行长会议上，OECD 和 IMF 向 G20 成员各国财长和央行行长递交一份调查报告。该报告基于对700多家大型跨国企业展开的全球调查，以及对25个发达国家税收征管情况的调查。报告强调了企业界高度关注税收不确定性的几点原因。报告强调，在国际税收中，制造税收不确定性的重要原因之一，是各国税务机关对于国际税收规则（如转让定价）的理解存在不一致或相矛盾之处。此外，报告还指出，税收争端解决机制的相关问题，以及BEPS行动计划落实过程中的前后不一致也是导致税收不确定性的重要原因。就如何提高国际涉税事务的税收确定性，报告概述了多点解决措施，其中包括以下内容：预防争端和争端早期解决方案，例如税收遵从合作协议（cooperative compliance）和预约定价安排，以及酌情同时进行联合审计；有效的国际争端解决程序，例如相互协商程序，包括充分执行BEPS第14项行动计划所建议的最低标准，以及各国可选择运用仲裁手段；依据《BEPS多边公约》更新税收协定；进一步推动简明有效的预提所得税征管，以及双重征税免除程序（treaty relief procedures）的进步。报告还呼吁各国在制定和执行连贯一致的国际税收规则和指引方面进行协调合作。

4.3.1.3 OECD发布BEPS第13项行动计划指引

2017年4月6日，OECD针对BEPS第13项行动计划下如何落实国别报告规定发布附加指引。该指引明确了若干国别报告中的信息应如何解读定义，以及第13项行动计划中示范立法的适用情况，以协助各税收管辖区制定一致的本土法规。该附加指引中强调了以下问题：收入的定义；判定是否为集团以及是否为集团所属的会计原则/准则；合并集团收入总额的定义；重要持股的处理；大股东持股的处理；以及对国别报告表1中的“关联方”如何解读。

4.3.1.4 OECD召开第四届增值税全球论坛

4月12日—14日，OECD在法国巴黎召开第四届增值税全球论坛。中国国家税务总局局长王军应邀出席并代表中国税务部门做主旨发言，介绍中国推行“营改增”的做法和经验。OECD主办的增值税全球论坛是国际上参与国家最多、合作范围最广的税收专题论坛，是各国税务官员和专业人士就增值税问题加强交流、分享经验、促成共识的重要平台。此次论坛共有来自世界各国（地区）税务部门及国际机构的100多个代表团出席。

4.3.1.5 “一带一路”国际合作高峰论坛举行

2017 年 5 月 14 日—15 日，“一带一路”国际合作高峰论坛在北京举行，包括 29 位外国元首和政府首脑在内的来自 130 多个国家和 70 多个国际组织约 1500 名代表出席会议，围绕“加强国际合作，共建‘一带一路’，实现共赢发展”的主题，就对接发展战略、推动互联互通、促进人文交流等议题交换意见，达成广泛共识。峰会联合公报重申“发挥税收和财政政策作用，将增长和生产性投资作为优先方向”。税收服务“一带一路”建设，成为论坛平行主题会议“推动贸易畅通”的重要主题。中国国家税务总局局长王军参加了会议，呼吁“一带一路”沿线国家深化税收合作，并提出了“完善国内税制，着力消除税收壁垒；加强双边合作，有效降低税收负担；深化多边合作，共同提升税收治理能力”三项倡议。

4.3.1.6 多国签订实施税收协定相关措施以防止 BEPS 的多边公约

2017 年 6 月 7 日，67 个国家和地区的政府代表在巴黎共同签署了《实施税收协定相关措施以防止税基侵蚀和利润转移（BEPS）的多边公约》。中国作为工作组第一副主席国参与该公约的制定，并且作为首批签署方由国家税务总局局长王军签署了该公约。《BEPS 多边公约》是第一个在全球范围内就税收协定政策进行多边协调的法律文件，旨在一揽子修订全球现有的 3000 多个双边税收协定，并且为各国打击逃避税提供一个多边的税收合作法律框架。该公约由 OECD 根据 BEPS 的第 15 项行动计划报告制定，强调解决税收争端问题，将通过有较强约束力的仲裁（已由 25 个签署国通过）等手段，来减少双重征税并增加企业的税收确定性。实施该公约将有利于促进世界主要经济体之间的协调合作和构建公平的国际税收体系，进一步促进世界经济包容性增长。

4.3.1.7 金砖国家税务局长会议召开

2017 年 7 月 27 日，金砖国家税务局长会议在杭州举行。金砖五国税务部门负责人围绕落实二十国集团（G20）税制改革成果、深化金砖国家多边税收合作、加强税收征管能力建设等议题深入讨论并达成共识。会议期间，金砖各国税务部门负责人联合签署了金砖国家税务合作的第一份机制性文件——《金砖国家税务合作备忘录》，首次以官方文件形式将金砖国家税收领域合作上升至制度层面，标志着金砖国家税务合作机制建设进入了一个新的时期。会后，发布了金砖国家税务局长会议公报，规划了金砖国家税收合作路线图，承诺推动落实 G20 税制改革成果，支持建立公平和现代化的国际税收体系，倡议金砖国家深化多边税收合作，加强税收征管能力建设并向发展中国家提供能力建设援助，鼓励发展中国家深度参与国际税收合作。本次会议取得了八项成果：一是建立了金砖国家税务合作制度性机制；二是深化了落实国际税改成果、共同应对挑战的认识；三是达成了税收信息交换合作的共识；四是作出了提升相互协商程序效率的承诺；五是制定了税收征管能力建设合作方案；六是规划了税收政策与征管协调的路径；七是发出了增加税收确定性的共同倡议；八是推进了税收经验共享机制建设。

4.3.1.8 金砖国家领导人公布《厦门宣言》

2017 年 9 月 4 日，金砖国家领导人第九次会晤在厦门举行。会议通过《金砖国家领导人厦门宣言》，提出“我们重申努力建立公平、现代化的全球税收体系，营造更加公正、有利于增长和高效的国际税收环境，包括深化应对税基侵蚀和利润转移合作，推进税收信息交换，加强发展中国家能力建设。我们将加强金砖国家税收合作，为国际税收规则制定做出更大贡献，同时向其他发展中国家提供有针对性的、有效、可持续的技术援助”。

4.3.1.9 OECD 发布《对境外供应商有效征收增值税/货物劳务税机制的实施指南》

2017 年 10 月 24 日，OECD 发布了《对境外供应商有效征收增值税/货物劳务税机制的实施指南》，希望以此提高跨境供应商的遵从水平，降低其遵从成本，强化各国税务机关应对数字经济挑战的能力。

4.3.1.10 OECD 发布新税收协定范本

2017 年 12 月 18 日，OECD 发布新税收协定范本。新 OECD 范本借鉴了 BEPS 行动计划的一些成果，特别是第 2 项行动计划（消除混合错配安排的影响）、第 6 项行动计划（防止税收协定优惠的不当授予）、第 7 项行动计划（防止人为规避构成常设机构）和第 14 项行动计划（使争议解决机制更有效）的成果。

4.3.1.11 112个成员接受《贸易便利化协定》

世界贸易组织（WTO）推动贸易便利化的努力在2017年取得突破。2017年2月22日，随着卢旺达、阿曼、乍得和约旦4个成员向WTO提交批准书，已有包括中国在内的112个成员接受《贸易便利化协定》，超过了《世界贸易组织协定》规定的2/3成员接受的生效条件，协定正式生效。这将大幅降低全球贸易成本，有力推动多边贸易体制改革。

4.3.1.12 国际调查记者联盟公布“天堂文件”

2017年11月5日，国际调查记者联盟（ICIJ）公布了包括1340万份文件的海量“天堂文件”，令全球权贵隐藏在离岸避税天堂的数万亿美元资产曝光。“天堂文件”引发了全球震动，更引起了相关国家税务部门的关注。澳大利亚、新西兰、希腊、印度和墨西哥等国税务局纷纷于次日发布声明，坚决彻查“天堂文件”中牵涉的本国居民纳税人，并在必要情况下与协定缔约国通过情报交换获取案件信息。

4.3.1.13 IMF要求斯洛伐克应该努力解决逃税问题

国际货币基金组织（IMF）表示斯洛伐克应该努力解决增值税和公司所得税逃税问题，督促斯洛伐克加倍打击逃税。IMF在其针对斯洛伐克的年度报告中表示，斯洛伐克打击偷逃税和税务违规的措施，使得税收缺口减小。然而，特别是在建筑业、贸易业以及运输业中，逃税、避税行为依旧高发。IMF表示，确立一个定义清晰的公司所得税税基，专注于逃税高发行业的税务合规问题，将十分有助于斯洛伐克当局在2019年平衡财政开支。IMF总结到，在住宅房产税、资本利得税、环保税方面，斯洛伐克有进行税改扩大税收的余地。目前，斯洛伐克税制中，住宅房产税，按房产市场估值征收；持有五年以上的房产转让资本利得税税率为零；环保税税率偏低，为欧盟地区倒数第三。

4.3.2 欧盟和欧洲区域税收合作

欧盟努力跟随OECD的步伐，不仅制定税收征管透明度新规、达成税收争端协定争端协议，而且启动新一轮电子商务增值税改革，实施非法国家援助制度初见成效。

4.3.2.1 欧盟税收征管透明度新规生效

欧盟税收征管透明度新规生效。2017 年 1 月 1 日起，欧盟关于税收管理透明度的新规开始实施。欧盟各成员必须自动交换其作出的所有新的跨境税收裁定信息，所有欧盟成员均可通过一个中央存管处获取这些信息。各成员税收监管部门每 6 个月向中央存管处提交报告，列明其作出的所有跨境税收裁定。其他成员可以检查这些信息，并要求主办国就某些裁定提供更详细的信息。首次信息交换最晚不迟于 2017 年 9 月 1 日。2018 年 1 月 1 日前，所有成员国还要提供 2012 年以来所有跨境税收裁定信息。

4.3.2.2 欧盟就税收争端协定争端达成协议

欧盟就税收协定争端达成协议。欧洲理事会就一份旨在解决欧盟内部双重征税争端的条例草案达成一致。该条例草案要求解决争端的机制必须具有强制性和约束力，并在明确时限内达成结果。欧洲理事会就以下问题达成一致：条例适用范围——条例应涵盖的争端类型。欧洲议会就大体范围达成一致，但对于不涉及双重征税的税收争端，有可能按个案处理；保证独立仲裁员独立性的标准。与会者同意，仲裁员不能成为税务咨询公司的雇员，或在专业基础上提供税务咨询；若欧盟成员同意，有可能设立一个常设机构以解决税收争端案件。一旦欧洲议会给出意见，理事会将通过该条例。欧盟成员将在 2019 年 6 月 30 日之前，将该条例纳入本国法律法规体系。条例将适用于 2018 年 1 月 1 日及之后纳税年度提交的税收争端投诉。成员也可同意将这一条例适用于之前纳税年度的相关投诉案件。

4.3.2.3 欧盟启动新一轮电子商务增值税改革

2017 年 12 月 5 日，欧盟成员经济和财政部长会议对于电子商务增值税改革提案达成了一致意见，从 2019 年 1 月 1 日起，将简化初创企业、微型企业和中小企业通过网络向成员销售商品的增值税缴纳规则。从 2021 年 1 月 1 日起，将扩大“迷你一站式征税机制”的适用范围，废止从非欧盟国家进口到欧盟国家单价低于 22 欧元商品免征进口增值税的税收优惠，以及要求电子商务平台对非欧盟电商在该平台销售的商品和服务应承担代扣代缴增值税义务。

4.3.2.4 欧盟非法国家援助制度初见成效

2017 年 12 月 4 日，爱尔兰财政部长表示：爱尔兰政府已与苹果公司达成托管基金协议，苹果公司将从 2018 年第一季度开始向托管基金转账支付 2016 年欧盟裁定补缴的 130 亿欧元税款。至此，欧盟在推进 BEPS 成果落地方面取得了阶段性胜利，非法国家援助制度将成为欧盟解决“苹果们”侵蚀税基问题的有力法律武器。

4.3.2.5 卢森堡挑战欧盟裁决

卢森堡就苹果公司一案表示支持爱尔兰。卢森堡将和一些欧盟成员一道，支持爱尔兰就欧盟委员会在苹果公司国家补贴案中的裁决提出上诉。卢森堡财政部发言人已向爱尔兰时报证实，卢森堡计划在欧盟普通法院审理此上诉时进行第三方干预，以支持爱尔兰。2017 年 8 月，欧盟委员会得出结论，爱尔兰向苹果公司发出的两项税收裁定大大降低了苹果公司自 1991 年以来在爱尔兰的税负。欧盟委员会命令爱尔兰根据欧盟国家补贴规定，向苹果公司补征自 2003—2014 年的“未缴纳税款”（141 亿美元），附加利息。爱尔兰政府已要求欧盟普通法院废除委员会的决定。苹果公司也对这一裁决提出上诉。随着欧盟更加广泛地调查成员的企业税务裁定情况，卢森堡已被要求收回给予菲亚特金融的国家援助。欧盟委员会还指控卢森堡向亚马逊和麦当劳提供选择性税收优惠并就卢森堡对 Engie（原名为法国燃气苏伊士集团）的税务裁定展开深入调查。

4.3.3 其他区域税收合作

海湾合作委员会（GCC）有必要引入个人所得税。据国际货币基金组织（IMF）财政事务官员表示，海合会国家最终可能被迫引入个人所得税以及其他税种来平衡未来财政预算。而 IMF 此前曾建议海合会国家在明年实施增值税后，研究推出包括房地产税等不动产税在内的其他税种。

4.4 国际税收会议

国际税收会议为各国各地区之间加强国际税收协作搭建了平台，为参与方提供了互相分享和交流税收管理经验的机会，既是促进国际税收领域的合作，也是主办方国际影响力的展现。随着国际税收新体系改革步伐的迈进，国际税收组织的影响和作用日益强大，国际间的协调合作日益紧密，国际税收会议对各国的税收政策和征管实践的引领和约束作用也越来越明显。本节重点介绍2017年度召开的主要国际税收会议。

4.4.1 全球性国际税收会议

全球性国际税收会议一般是由世界性国际组织召开的、面向全球各国、具有全球性影响的税收主题会议。会议讨论的主题一般是世界各国税务当局面临的共同问题。

4.4.1.1 联合国税收国际合作专家委员会会议

（1）联合国国际税务合作专家委员会第十四次会议

联合国国际税务合作专家委员会第十四次会议于2017年4月3日—6日在美国纽约举行。委员会成员在此次会议上就专家委员会此前会议的主要内容详细讨论，最终敲定《发展中国家与发达国家税收协定范本》（以下简称《联合国税收协定范本》）2017年版更新的具体内容。《联合国税收协定范本》2017年版吸收了税基侵蚀与利润转移（BEPS）项目的研究成果，并纳入了体现发展中国家利益的一些其他内容，包容技术服务费条款等。

中国国家税务总局、国际商会中国国家委员会税收委员会、中石油集团和阳光保险集团等相关代表参加了会议。会后，委员会发布了更新后的《联合国发展中国家转让定价实务手册》（2017）。

（2）联合国国际税务合作专家委员会第十五次会议

联合国国际税务专家合作委员会第十五次会议于2017年10月17日—20日在瑞士日内瓦召开。来自世界贸易组织（WTO）、经济合作与发展组织（OECD）、世界银行（WB）、国际货币基金组织（IMF）、国际商会（International Chamber of Commerce，ICC）等国际组织代表及工商界、学术界观察员等100余人参加。

本次会议主要内容为对委员会工作机制进行建设与完善，换届产生新一届国际税务专家合作委员会委员，成立次委会以及设置议程，并讨论数字经济领域税收监管、环境相关税收问题、联合国《发展中国家转移定价实务手册》《发达国家和发展中国家双边税收条约协商手册》等文件的修订等议题。

会上，委员会秘书长迈克尔·雷纳德主持了委员会的换届与主席选举。新一届委员会委员共25人，分别来自不同国家。其中，中国国家税务总局国际司协定处处长熊艳被任命为委员；来自新西兰的卡梅尔·皮特斯（新西兰国内收入局政策主管）和来自加纳的埃里克·门萨（加纳收入局条法司副司长）当选为委员会联合主席。新任主席与委员的任期为4年。

会议还根据工作重点成立了七个次委会，包括：①联合国税收协定范本修订次委会，将聚焦与发展中国家最为相关的问题，根据全球经济形态、商业模式的变化和国际税收研究的进展考虑联合国税收协定范本的修订、提出建议和修订草案；②数字经济次委会，分析数字经济相关的经济和技术问题，描述数字经济为发展中国家带来的挑战和机会，关注全球研究进展，研究数字经济的征税权划分和利润归属，结合公司所得税、税收协定、增值税和税收征管问题，提出应对措施和建议；③转让定价次委会，研究《转让定价手册》的应用，并持续更新《转让定价手册》，就国别报告等 BEPS 新规则探索实践经验，特别关注发展中国家在当前阶段面临的问题；④相互协商次委会，在前期成果的基础上，重点研究提高相互协商程序效率的方法，在国内层面避免和解决争议的机制，以及发展中国家如果与发达国家在协定中纳入仲裁条款会有何利弊；⑤采掘业税收问题次委会，考虑发展中国家面临的采掘业税收问题，并修订《发展中国家采掘业税收问题手册》；⑥环境税收问题次委会，将明确环境税收方面亟待解决、对发展中国家最为重要的问题，尤其将关注碳排放税的实施，就各国当前做法、政策考量和征管问题进行报告，并给出指导建议；⑦专家委员会运行程序次委会，旨在优化程序，提高工作效率。此外，本届专家委员会将能力建设次委会改为能力建设顾问小组，旨在就帮助发展中国家进行税收能力建设、向其提供技术支持等提出意见和建议。

中国委员加入了联合国税收协定范本修订、数字经济、转让定价及相互协商次委会，并应邀加入能力建设顾问小组。

4.4.1.2 联合国相互协商次委会会议

联合国相互协商次委会于 2015 年成立，致力于为发展中国家避免或消除涉税争议提供帮助。该次委会于 2018 年 1 月和 7 月举办了两次会议，会议研究讨论了《联合国跨境争议解决手册》（草案），特别重点讨论了其中相互协商程序有关的章节。该手册旨在为缺乏争议解决经验的发展中国家提供指导。中国国家税务总局派员出席了这两次会议并参与研究讨论。

4.4.1.3 G20 财税方面会议

（1）2017 年首次金砖国家财长和央行行长会议

2017 年首次金砖国家财长和央行行长会议于 3 月 17—18 日在德国巴登－巴登举行。时任中国财政部部长肖捷和时任中国人民银行行长周小川共同主持会议，其他金砖国家财长和央行行长以及金砖国家新开发银行行长出席会议。

会议围绕金砖国家领导人第九次会晤关于“深化金砖伙伴关系，开辟更加光明未来”的主题，就宏观经济形势和政策、二十国集团（G20）财金议程协调以及务实财金合作等议题进行了讨论，并通过了全年工作安排。

肖捷指出，近年来，金砖国家在财金领域不断加强协调、深化合作，为促进金砖国家和世界经济增长、完善全球经济治理做出了重要贡献。2017 年，中方将与各方一道积极推进金砖国家财金合作进程并争取收获更多成果，为 9 月在中国厦门举行的金砖国家领导人第九次会晤做好财金政策和成果准备。肖捷表示，当前世界经济呈复苏态势，新兴市场国家经济形势整体改善，仍是世界经济复苏的重要推动力量。但贸易保护主义和去全球化思潮、地缘政治等因素使得全球和新兴经济体仍面临复杂的经济环境。部分国家受自身经济结构性问题影响下行压力依然较大。在这一背景下，金砖国家应加强宏观经济协调，共同促进经济增长。同时，坚定不移支持自由贸易和投资，旗帜鲜明反对保护主义。金砖国家应继续加强在 G20 框架下的合作，共同推动 G20 各方积极落实 G20 杭州峰会成果，引导 G20 进程朝着有利于新兴市场国家方向发展。肖捷强调，务实合作是金砖财金合作的基础。近年来，金砖国家取得了新开发银行、应急储备安排等具有里程碑意义的务实成果，为巩固和深化金砖国家财金合作提供了重要平台。2017 年，中国将积极推动新开发银行等现有合作机制继续取得积极进展，同时探讨在加强政府和社会资本合作、推动债券发行领域会计准则趋同和审计监管等效以及加强税收合作等领域取得新成果，将金砖国家财金合作提升到新水平。

周小川介绍了中国经济形势与政策。他表示，中国经济增长速度总体比较稳定，增长前景有所改善。在宏观经济政策上，中国目前注重经济结构调整，推动供给侧结构性改革，包括产业结构调整。此外，中国将继续实施积极的财政政策，货币政策强调“稳健中性”。随着国内经济形势进一步向好，前期稳定市场预期的各项政策初步见效以及国际市场对美元看法出现分歧，中国跨境资本双向流动、人民币汇率双向浮动趋于均衡。中国金融体系总体健康，但也存在总体杠杆率偏高、债市房市风险和跨市场影子银行业务活跃等风险。周小川强调，金砖国家应继续在 G20 框架下加强合作，特别是在国际金融架构、普惠金融和绿色金融领域。

关于推进金砖国家财金领域务实合作、为厦门金砖国家领导人会晤做好财金政策和成果准备、进一步推动金砖国家之间贸易和投资，周小川说，各方可探讨推动金融机构和金融服务网络化布局以及加强货币互换和本币结算领域合作等举措。各国代表赞赏中方作为主席国发挥的引领作用，欢迎中方提出的加强金砖国家财金合作相关倡议，支持中方办好 2017 年金砖国家财长和央行行长会议，愿为领导人厦门会晤成功举办做出贡献。

（2）2017 年第二次金砖国家财长和央行行长会议

中国担任金砖国家主席国期间的第二次金砖国家财长和央行行长会议于 2017 年 6 月 19 日在上海成功举行。会议由时任财政部部长肖捷和人民银行副行长陈雨露共同主持，其他金砖国家财政和央行高级官员以及新开发银行行长出席会议。会议对全球和金砖各国宏观经济形势、G20 财金议题协调以及务实财金合作等议题进行了讨论，并就财金合作成果文件达成共识，为金砖国家领导人厦门会晤做好了财金领域政策和成果准备。

会上，各方强调应进一步加强宏观经济政策协调，促进金砖国家和世界经济增长，并承诺深化 G20 财金渠道下合作，力争形成共同声音。各方认为应进一步加强以下领域合作：一是推动新开发银行取得新发展，积极发挥金砖国家重要合作平台作用。二是强调推动金砖国家本币债券市场发展的重要性，一致同意促进相关领域合作。三是建立政府和社会资本合作（PPP）领域合作框架，为金砖国家开展 PPP 合作打下坚实基础。四是推动金融机构和金融服务网络化布局，加强金融监管合作，进一步加强金砖国家金融市场融合与合作。五是同意就会计准则趋同和审计监管等效开展合作，为金砖国家债券市场互联互通提供制度保障。六是发展和完善金砖国家应急储备安排机制（CRA），提高 CRA 的研究能力。七是进一步就开展货币互换、本币清算和本币直接投资等货币合作加强沟通与协调。八是完善国际税收协调机制，提高政策协调的及时性和有效性。九是加强反洗钱和反恐融资合作，维护金砖国家金融体系安全。

（3）G20 第十二次领导人峰会

G20 每年举行一到两次峰会，会议通过一系列重要决定，为应对金融危机、促进世界经济复苏、推动国际金融货币体系改革发挥了重要作用。G20 迄今已举行 12 次峰会，第十二次峰会于 2017 年 7 月 7 日—8 日在德国汉堡举行。

当前世界面临诸多危机，而解决危机的时间紧迫，各方只有愿意作出妥协才能找到解决危机的办法。但妥协是在不违反各方原则的基础上。此次会议的重点在于气候和贸易问题。非洲发展问题也是关注重点，包括促进对非投资和改善非洲地区卫生条件等。此外，妇女权益和未成年人保护问题也在会议讨论范围之内。此次峰会以“塑造联动世界”为主题，有三大议题：构筑经济恢复能力、促进可持续性和承担责任。具体话题包括全球经济形势、贸易金融和税收、气候变化、数字化技术、难民和移民事务以及反恐合作等。与会人员除 G20 成员领导人，国际货币基金组织、世界银行、世界贸易组织等国际组织负责人或代表外，主席国德国还邀请了西班牙、挪威、荷兰、新加坡四国和亚太经合组织、非洲联盟等国际组织的相关代表。

中国国家主席习近平出席并发表讲话，表示当前世界经济出现向好势头，有关国际组织预计，2017 年世界经济有望增长 3.5%。这是近年来最好的经济形势。有这样的局面，同二十国集团的努力分不开。同时，世界经济中的深层次问题尚未解决，仍然面临诸多不稳定不确定因素。面对挑战，去年的杭州峰会提出了二十国集团方案：建设创新、活力、联动、包容的世界经济。汉堡峰会把“塑造联动世界”作为主题，同杭州峰会一脉相承。在把峰会理念化为行动上，主席提出了四点建议，第一，建设开放型世界经济；第二，为世界经济增长发掘新动力；第三，使世界经济增长更加包容；第四，继续完善全球经济治理。

4.4.1.4 国际货币基金组织和世界银行年会

（1）2017 年国际货币基金组织和世界银行春季年会

2017 年国际货币基金组织（IMF）和世界银行（WB）春季联合年会于 4 月 18 日—23 日在美国华盛顿举行。本次年会的核心内容是世界银行—国际货币基金组织发展委员会以及 IMF 货币和金融委员会的联合会议，讨论世界银行和 IMF 的工作进程。此外还有研讨会、区域简报、新闻发布会以及其他关注全球经济、金融市场的活动。

4月21日“50年发展：国际货币体系下的特别提款权”专题讨论中，时任中国人民银行副行长易纲与其他嘉宾一起探讨特别提款权（Special Drawing Right，SDR，亦称纸黄金）作为官方储备改善国际货币金融体系的巨大潜力。新兴市场也是IMF的关注重点之一，国际货币基金组织IMF副总裁张涛将作为嘉宾参与“国际发展中新兴市场的经济韧性”的专题讨论。

会议还将从多个议题入手，探讨全球如何取得更具弹性和包容性的增长，具体议题包括增长与公平、妇女平权、科技技术发展对经济金融影响、税收对发展至关重要等。

（2）2017年国际货币基金组织和世界银行秋季年会

2017年国际货币基金组织（IMF）和世界银行（WBG）秋季联合年会于10月10—15日在美国华盛顿举行。在全球经济逐渐摆脱全球金融危机阴影，进入复苏换挡关键期的当下，全球开始寻求更稳妥、惠及万众的经济复苏，亚洲力量正成为全球焦点。

自2008年全球金融危机以来，IMF对全球复苏一直持悲观态度，诸如“艰难复苏”“蹒跚的全球经济”等屡见于IMF报告。不过，在欧美经济同步复苏、中国经济超预期等因素带动下，IMF的态度也开始转向，其10月10日发布的《世界经济展望》标题为“寻找可持续增长”，表明IMF认为此次增长将是可持续的过程。根据IMF的预测，2018年，全球经济有望实现3.71%的经济增长，增速不仅高于2008—2017年危机期间年均的3.33%，还高于1980—2017年历史平均的3.48%。工银国际首席经济学家、董事总经理、研究部主管程实认为，一方面，换挡过程强劲有力，2018年的全球经济增速预期值较2016年提升0.49个百分点，两年间的再加速力度为近7年最强，并远高于0.08个百分点的历史均值。另一方面，换挡前景值得期待。根据IMF的预测，若复苏换挡按基准情景有序推进，则全球经济2018—2022年的预期增长均速为3.73%，明显高于历史趋势水平和此前5年水平，增长中枢有望上升至全新挡位。

虽然全球经济正在更快速、可持续、基础广泛地增长，但不可否认，可持续的复苏并非触手可得。IMF决策机构国际货币与金融委员会第三十六次会议公报第一段直言：“复苏过程尚未完成，因为多数发达经济体的通胀低于目标水平，许多国家的潜在增长依然疲软。近期风险大体平衡，但不能掉以轻心，因为中期经济风险偏于下行，地缘政治紧张局势在加剧。”当前，全球经济不仅面临潜在增长率下滑、结构性分化加剧等长期内生性问题，还面临贸易保护主义、货币竞争性贬值、地缘政治冲突等短期摩擦性风险，需要全球政策从割裂转向协同才能有效应对。当然，全球经济回升提供了机遇窗口，让世界各国能应对主要的政策挑战和防范下行风险，实现包容性增长。

会议还讨论了 IMF 在国内国际税收中的作用、发展中国家税制改革等税收相关议题。

与此同时，中国正以更加积极的姿态参与到全球化中。此次年会期间，中国财政部与世界银行在美国共同举办“一带一路”高级别研讨会，这是年会首次聚焦“一带一路”倡议。

4.4.1.5 第五次金砖国家税务局长会议

金砖国家由全球经济发展较快的五个国家组成，分别为俄罗斯、中国、巴西、印度和南非。2017 年 7 月 27 日—28 日，中国国家税务总局在杭州主办了第五次金砖国家税务局长会议，国家税务总局局长王军主持本次会议。

此次会议紧紧围绕 2017 年金砖国家领导人厦门会晤“深化金砖伙伴关系，开辟更加光明未来”的主题，针对“推动落实二十国集团（G20）税制改革成果、深化金砖国家多边税收合作、加强税收征管能力建设”等议题展开讨论，努力为金砖国家税收合作注入新动力、拓展新空间，取得了丰硕成果，受到了广泛关注。

这次会议的重要意义，国家税务总局局长王军从三个方面予以了概括：第一，将对深化金砖国家税收合作产生积极影响。金砖五国联合签署了税务合作的第一份机制性文件——《金砖国家税务合作备忘录》，首次以官方文件形式建立了金砖国家税收合作制度性机制，标志着金砖国家税务合作机制建设进入了一个新的时期。第二，将对完善金砖国家乃至全球经济治理产生积极影响。金砖国家通过税收合作促进资源和要素的优化配置，将各方优势结合起来，实现增长联动，提升金砖国家经济发展的潜力和空间，共同推动构建公平和现代化的国际税收体系。第三，将对今年 9 月的金砖国家领导人厦门会晤产生积极影响。作为厦门会晤的税收专业部长级会议，这次会议自始至终贯彻了厦门会晤“深化金砖伙伴关系、开辟更加光明未来”的主题，按照金砖国家领导人汉堡非正式会晤达成的共识，为应对共同挑战找寻包容、共赢的解决方案，充分体现了开放、包容、合作、共赢的金砖精神，从税收领域为金砖国家领导人厦门会晤做好有关准备。

此次会议取得八项成果，可以概括为四个方面：第一，深化国际税收合作；第二，完善全球税收治理；第三，加强征管能力建设；第四，助力经济联动增长。金砖国家下一步合作重点就是要把共识化为行动，全面落实会议成果，主要体现在三个层面：一是完善国内税制，着力消除税收壁垒；二是加强双边合作，有效降低税收负担；三是深化多边合作，共同提升税收治理能力。

4.4.1.6 国际财政协会第71届年会

国际财政协会（International Fiscal Association，IFA）成立于1938年，总部位于荷兰，是国际间研究财政问题的著名民间团体，主要致力于从财政学角度研究和推动国际比较法的发展，着重于国际比较财政法以及税收对金融和经济的影响。国际财政协会第71届年会于2017年8月27日—9月1日在巴西里约热内卢召开，参加年会的包括政府机构的财税官员、OECD等国际组织代表、跨国企业经理人、知名出版社代表以及知名律师、会计师事务所代表等。

本届年会依照惯例包含两项主要议题会议以及其他专题会议。主要议题会议包括评估BEPS的起源、标准和行动以及转让定价的未来这两个方面，而专题会议的讨论内容包括合同与税收的分割、信息自动交换的新标准、成本分摊及其安排、高级定价协议和国际税收影响、经济危机和纳税人的权利保护、服务类型企业的国际间接征税、国际税收的新发展和国际税收对外汇的影响等。

经讨论，针对有关于BEPS的议题，将根据最新的发展情况，为会议参与者提供在各个地区实施BEPS的比较分析。讨论将先从内部市场开始，并讨论BEPS对OECD和第三世界国家的影响，最后会议将评估北大西洋公约组织是否遵守承诺，为未来的多边倡议制定建议。针对转让定价相关议题，专家组主要对以下问题进行讨论：当前制度的形成及问题；转让定价方面的最新发展；实际中有争议的问题；对于不同地区问题的不同解决方法。

4.4.1.7 全球环境税年会（GCET）

自2000年起，全球环境税年会（Global Conference on Environmental Taxation，GCET）每年召开一次。该会议汇聚全球各方面专家，旨在就全球环境税收的经验和有效手段进行交流，促进环境保护和可持续发展。2017 年 9 月 28 日，第十八届全球环境税年会在美国亚利桑那召开。超过 50 个国家、来自法律、经济、会计、环境管理和公共管理等学科以及学术、政府、私营部门和非政府组织等部门的代表参加了本次会议。

会议着重于探讨如何通过开明的税收政策来促进环境可持续化发展的目标。通过讨论世界范围内存在的环境税收事项，可以将实践中有效的税收方式和税收手段进行推广，在各国环境可持续发展中发挥效用。

4.4.2　OECD 税收会议

4.4.2.1　OECD 税收论坛

（1）第四届增值税全球论坛

OECD 增值税全球论坛首次会议于 2012 年 11 月在巴黎举行，旨在于建立国际上普遍认可的 OECD 国际增值税指南（“国际增值税指南”，部分国家称之为“货物劳务税指南”）。2017 年 4 月 12 日—14 日，第四届增值税全球论坛在法国巴黎举办，共有来自不同国家、地区和国际机构的 100 余个代表团的成员，以及商界和学术界人士代表，共约 300 名参与者参会。

中国国家税务总局局长王军应邀出席并代表中国税务部门作主旨发言，介绍中国推行营改增的做法和经验。王军表示，作为世界第二大经济体，中国全面推开营改增试点既是当前大力推进供给侧结构性改革的战略举措，又是立足长远打造增长友好型税收体系的重大实践，彰显了中国推进国家治理体系和治理能力现代化的决心和成效。

王军指出，中国增值税的改革历程始终与中国改革开放的关键节点紧密契合，可谓“好雨知时节，当春乃发生”。特别是 2012 年以来，在中国加快转变经济发展方式、促进产业结构转型升级的关键时刻，中国决策层从战略高度做出了实施营业税改征增值税的重大部署，按照试点先行、循序渐进的改革原则，以强有力的组织领导和决策执行，以精细化的政策操作和管理服务，在 2016 年 5 月实现营改增试点的全面推开，基本建成了在世界范围内具有先导意义的现代增值税制度。

王军在演讲中介绍了中国自 1979 年以来增值税政策法规的发展，分享近年来关于中国营改增试点的八点认识，包括：①覆盖范围全；②实施时间紧；③复杂程度高；④制度设计稳；⑤组织实施细；⑥信息管税严；⑦减税力度大；⑧多重效应显。此外，王军还对发挥税收对世界经济发展的推动作用提出了三点倡议，具体为：①加快完善现代增值税制度；②继续深化国际税收改革；③不断加强国际税收合作。

（2）第十一届税收征管论坛（FTA）大会

税收征管论坛（FTA）成立于2002年，是经济合作与发展组织（OECD）财政事务委员会（CFA）下设机构，共有包括OECD成员和G20成员在内的50个经济体税务管理机构参加。目前，FTA已发展成为世界主要经济体税务部门在局长层面进行沟通对话和协调合作的高级别平台。第十一届税收征管论坛大会于2017年9月27日—29日在挪威美丽的“山麓平原”奥斯陆举行，有来自美、英、法、中、俄等46个世界主要经济体税务管理机构负责人，以及国际货币基金组织、世界银行、世界海关组织等7个国际或区域性组织代表130余人参加。

FTA现任主席爱德华·楚普（Edward Troup）主持了会议，阿根廷财政部长尼古拉斯·杜乔夫恩（Nicolas Dujovne）先生，以及挪威财政部长西芙·延森（Siv Jensen）女士发表了主题演讲。

本次会议主要讨论了三个主题，具体如下：①BEPS项目成果落实。各方认为BEPS行动计划是协调全球国际税收政策的重要努力，遵循全球统一原则和指导思想，即“利润在经济活动发生地和价值创造地征税”。BEPS项目包括四个阶段：第一个阶段是集体协商和谈判，以确定指导原则和国际税收规则；第二个阶段是各国立法或通过国内法程序批准有关协议；第三个阶段是在日常税收征管中具体执行规则；第四个阶段是回头看，即审议与评估，并在此基础上加以改进。目前，多数国家已经走完第二个阶段，步入第三个阶段。G20和OECD希望通过包容性框架协调行动，使新的国际税收原则、法理和规则能步调一致地执行，从而增强协调性，减少不确定性。②税收透明度建设及争端解决。与会各方认为，世界经济的复苏需要良好的国际税收环境，国际税收争端的发生与久拖不决妨碍了跨国企业的运营。因此，BEPS第14项行动计划，即争端解决，是G20和OECD最为关注的行动计划之一，并且该项行动成果是四项必须执行的“最低标准”之一，BEPS包容性框架成员都必须予以执行，并接受统一审议和监督。③FTA当前及未来重点工作。与会者认为，当前税收征管面临诸多挑战，但最为严峻的挑战来自三方面：经济数字化、经济全球化和企业跨国经营带来的国际税收风险管理以及高端人才的招募和挽留。关于应对经济数字化的挑战，会议建议各国早日开始启用区块链技术建设现代化征管体系。关于应对经济全球化和企业跨国经营带来的风险，会议督促各国尽快落实 BEPS 成果，提高管理的有效性，减少检查的对抗性，在提高企业遵从率的同时努力创造条件促进世界经济复苏。

本次会议还欢迎了税收征管论坛大会的新任主席，挪威税务局局长汉斯·克里斯蒂安·霍尔特（Hans Christian Holte）先生，并发布了下列出版物：《税收征管 2017》《税收征管环境变迁与审计发挥作用》《透视影子经济：机遇与威胁》《国别报告：有效实施手册（BEPS 第 13 项行动计划）》和《国别报告：有效税务风险评估手册（BEPS 第 13 项行动计划）》。

中国国家税务总局局长王军率中国税务代表团出席了会议，并在全体会议上作了题为“走联动集成的税收征管现代化之路”的发言，介绍了中国近年来推进税收征管体制改革的做法及成效，讲述了具有中国特色的“税收征管故事”，得到了与会代表的广泛好评。

（3）税收征管论坛大企业与国际税收项目转让定价国别报告专题会议

2017 年，中国国家税务总局派出相关代表参加了 OECD 税收征管论坛大企业与国际税收项目转让定价国别报告专题会议。与会代表们对国别报告信息的合理使用、国别报告信息的有效使用进行了广泛讨论。

针对国别报告信息的合理使用，代表们一致认为，各国应确保国别报告信息仅用于高层次转让定价、其他税基侵蚀和利润转移（BEPS）相关风险的评估或者经济及统计分析。各国还需要从以下五个方面完善国内征管系统：第一，制定国别报告信息使用（包括合理使用）的书面工作规程。第二，将该工作规程周知有权接触与使用国别报告信息的工作人员。第三，通过设置权限或者要求工作人员记录使用国别报告信息的相关情况监控国别报告信息的合理使用。第四，向税务主管当局授权代表提供指引或培训，确保其能及时告知 OECD 秘书处或者其他税务主管当局关于本辖区内不合理使用国别报告信息的情形。如果发生仅依据国别报告信息对跨国企业集团全球所得进行调整的情况，税务主管当局应在双边协商中就该调整结果予以主动退让。第五，对以上措施进行持续的回顾与更新。

针对国别报告信息的有效使用，税务机关可以通过国别报告了解跨国企业集团在各国经营及纳税概况，确认跨国企业集团价值创造的驱动因素，发现集团架构或者经济活动发生地的变化等。同时，国别报告为按照标准格式填报的信息，也便于税务机关设置相关的风险指标，利用国别报告信息进行行业内或集团内的可比分析，识别高风险企业。各国代表一致同意，不仅是税务主管当局及其授权代表，基层税务机关从事转让定价调查的工作人员也应有权接触和使用从其他国家交换来的国别报告信息，以更好地发挥国别报告信息的作用。

同时，与会代表们也听取了税务中介和纳税人代表提出的意见及建议。

（4）第六次税收征管论坛相互协商程序会议

2017 年，中国国家税务总局派出相关代表参加了 OECD 第六次税收征管论坛相互协商程序会议。会议主要目的是促进各国优化相互协商程序（MAP）流程，改进实践操作，更好地预防或者解决涉税争议。

会议审议的内容主要是各国税收协定、国内操作指引、具体实践操作等是否符合最低标准要求，以及数据报送是否合规。若现阶段税收协定和国内立法有不符合要求的内容，那么审议还会包括各国未来计划修订的内容，主要体现各国在预防或者解决涉税争议方面的原则立场或倾向性意见。

审议流程分为两步。第一步，被审议国家和同行国家分别填写被审议问卷和同行问卷，由秘书处结合问卷和纳税人建议撰写初步审议报告，对被审议国家的 MAP 工作是否符合最低标准逐项做出描述，对需要进一步改进的地方提出整改意见，并通过 MAP 论坛集体讨论后对外发布。第二步，审查被审议国家是否有针对性地对 MAP 工作进行了整改，以及整改是否到位等。

本次会议讨论通过了第一批被审议国家的初步审议报告，并在会后对外发布。会前，OECD 秘书处征求了各同行国家的意见，平均每个被审议国家收到 20 份左右的同行问卷。其中，中国代表已按要求填写并报送了美国、英国、荷兰和瑞士的同行问卷。

4.4.2.2 OECD 工作小组会议

（1）关于 BEPS 的区域会议

①OECD 举行第三次关于 BEPS 的包容性框架会议

来自 83 个国家和区域的超过 200 名代表，以及 12 个国际和区域组织于 2017 年 6 月 21—22 日在荷兰诺德韦克举行了关于税基侵蚀和利润转移（BEPS）的包容性框架的第三次会议。

会议欢迎越南成为第 100 位成员，讨论并批准了其第一份监测报告，该报告将提交给 2017 年 7 月 7 日—8 日在德国汉堡举行的二十国集团（G20）领导人峰会。该报告强调了自 2016 年 6 月 30 日至 7 月 1 日在日本东京首次达成包容框架以来取得的进展。会议还批准了关于常设机构利润归属和交易利润分配的讨论草案。

此外，作为继续努力提高跨国企业透明度的工作的一部分，伯利兹、开曼群岛、哥伦比亚、海地、巴基斯坦、新加坡和土耳其和凯科斯群岛签署了《国别报告多边主管当局间协议》（CbC MCAA），使协定签署国家总数达到 64 个。

CbC MCAA 是一种促进签署方自由地相互交换国别报告有效的机制。正如 BEPS 第 13 项行动计划所设想的那样，这将有助于确保税务机关更好地了解跨国公司如何组织其业务，同时也确保其适当使用此类信息，使信息能够保密。目前，已经有 800 多个双边交换关系被用于国家间报告的交换。

与此同时，美国还缔结了另一套以自动交换国家报告为目的的主管当局双边安排。现在，美国已经与加拿大、丹麦、英属格恩西岛、冰岛、爱尔兰、韩国、拉脱维亚、荷兰、新西兰、挪威、斯洛伐克和南非进行了双边安排的合作，从而重申美国对启动国家间自动交换报告的坚定承诺。2018 年，美国主管当局继续与许多司法管辖区谈判，并预期在不久的将来缔结额外的主管当局安排。

在签字仪式上，新加坡也签署了金融账户涉税信息自动交换的主管当局多边协议（CRS MCAA），重新确认了按照 OECD/G20 通用报告准则（CRS）实施金融账户信息自动交换的承诺，及时开始在 2018 进行交流。新加坡是签署 CRS MCAA 的第 92 个司法管辖区。

②OECD 在格鲁吉亚举行 BEPS 包容性框架东欧和中亚区域会议（4 月）

本次会议是 2017 年 1 月 26—27 日在法国巴黎举行的第二次全体会议之后召开的区域性会议之一，为来自世界不同地区的参加者提供了表达观点和融入 BEPS 包容性框架的机会。该会议由经济合作与发展组织（OECD）和欧洲税收管理组织（IOTA）合作举办，于 2017 年 4 月 5 日—7 日在格鲁吉亚的第比利斯举行。

会议将在此前区域性会议基础上讨论 BEPS 方案的实施，并将重点讨论在转让定价和税收条约领域的最新发展，内容包括国别报告和与税收协定相关的最低标准。会议将特别关注作为迅速实施税收协定相关措施的手段之一的多边文书，还将讨论对于现有成员和新成员的同行评审机制和时间表。

③OECD 在斯洛伐克举行 BEPS 包容性框架东欧和中亚区域会议（10 月）

本次会议为东欧和中亚国家基础侵蚀和利润转移（BEPS）的第三次区域会议，由斯洛伐克财政部、经济合作与发展组织（OECD）和欧洲税收管理组织（IOTA）合作举办。该会议于2017年10月18日—20日在斯洛伐克布拉迪斯拉发举行。

本次会议是在2017年6月21日—22日在荷兰诺德韦克举行的BEPS框架会议后召开的会议，是包容性框架会议的重要组成部分，使各国能够讨论BEPS方案的实施，特别是以区域为基础的四个“最低标准”（有害税收实践、防止条约滥用、国别报告以及改进税收争端解决方式），并将其观点纳入全球对话。在布拉迪斯拉发举行的第三次区域会议提供了一个机会和平台，去展示诺德韦克会议的成果，以及讨论与包容性框架有关的议题，包括在完善BEPS措施中经济合作与发展组织和其他国际组织支持发展中国家发展的新举措。

④OECD在贝宁举行BEPS包容性框架法语国家区域会议

这是继2016年11月在突尼斯举行第一次法语国家BEPS框架区域会议之后，OECD第二次举办的关于法语国家BEPS包容性框架的区域性会议，由经济合作与发展组织（OECD）、联合国行政管理中心、法国财政部以及与贝宁税务局合作举办。该会议于2017年7月3日—5日在贝宁科特努举行。

这些区域会议是包容性框架的组成部分，使所有国家和司法管辖区都能在区域基础上讨论BEPS方案的实施，包括开发实用工具，并将其观点纳入全球对话。本次区域会议强调了转让定价和税收条约的最新发展，以及国别报告和税收协定相关的最低标准。它还提供了一个机会，审查BEPS多边公约，执行与税收协定相关的措施，以防止税基侵蚀和利润转移。

会议召集了来自法语国家的财政部门和税务部门的官员，以及OECD和其他国际组织的相关代表。2017年7月3日，大会邀请了私营部门、公民社会组织和大学的代表参加。

（2）OECD在巴黎举办BEPS多边公约签署仪式

为落实二十国集团（G20）领导人在2013年9月圣彼得堡峰会公报中关于应对税基侵蚀和利润转移的决定，防范跨国公司通过税收协定避税，堵塞国际税收规则漏洞，维护各国税基安全，经济合作与发展组织（OECD）受G20委托牵头制订了BEPS多边公约，并于2016年11月24日在法国巴黎获正式通过，2018年7月1日生效。

2017年6月7日，67个国家和地区的代表出席了由OECD在巴黎举行的首次多边公约签署仪式。中国国家税务总局局长王军代表中国政府签署了《BEPS 多边公约》，并发表致辞。王军表示，《BEPS 多边公约》实现了税收协定历史上规模最大、范围最广的一次多边合作与协调，标志着 G20 国际税改取得重大成果，必将成为打开国际税收协调之门的“金钥匙”。中国将努力落实好《BEPS 多边公约》，积极推动经济全球化和包容发展。

签署公约，对中国有着重大意义：①签署《BEPS 多边公约》是中国履行二十国集团承诺，落实习近平主席指示的必然要求，将奠定国际税收合作和防止国际逃避税的多边法律基础。②签署《BEPS 多边公约》将对中国的国际税收合作产生积极影响，有利于巩固和提升中国在国际税收领域的影响力，有助于推动人类命运共同体的构建。③《BEPS 多边公约》作为一种创新性的解决方案，能够快速落实税基侵蚀和利润转移项目成果建议，更加有效地应对国际避税行为，维护中国税收权益。

2017 年 9 月，国家税务总局派员参加了《BEPS 多边公约》工作组会议。工作组秘书处介绍了《BEPS 多边公约》相关最新进展，各国履行批准程序的基本情况；各国代表就整合文本的制作、多边公约工作组的工作方案以及《BEPS 多边公约》文本的部分技术性解释问题进行了讨论。另外，对拟于近期签署《BEPS 多边公约》的十余个国家，秘书处特别安排了一天的会议对其进行培训。

国家税务总局还派相关代表参加了 2017 年 9 月第一工作组会议，会议主要讨论了第一工作组未来工作重点和工作机制、数字经济的工作方向、OECD 税收协定范本未来需更新的内容，OECD 秘书处及相关工作组人员还向参会代表通报了 2017 年 OECD 税收协定范本的更新、争议解决机制最低标准的审议、《BEPS 多边公约》的工作进展以及数字经济工作组的工作进展等情况。

（3）OECD 第六工作组会议

①OECD 第六工作组第 96 次会议

2017 年，中国国家税务总局派出相关代表出席了 OECD 第六工作组第 96 次会议。本次会议上，与会代表主要讨论了常设机构利润归属、利润分割法、融资交易三个议题。

常设机构利润归属，一直是国际税收征管的难点问题之一。本次会议重点讨论了常设机构利润归属分析的思路。2016 年 7 月，OECD 发布了《常设机构利润归属》的公众评论稿，但各方意见较大。OECD 在吸收各方意见的基础上，经过 2017 年 11 月第六工作组会议的讨论，形成了本次会议的讨论稿。和2016年发布的公众评论稿相比，本次会议的讨论稿在篇幅上进行了大幅度的删减，在案例分析中，也仅是对案例进行了原则性的分析，删去了原先案例中的具体计算过程和计算结果。由于本次会议讨论稿仅是对常设机构利润归属进行了原则性的概述，所举例子引用的原则也与BEPS第7项行动计划的相关内容保持一致，因此在此次会议上，各国代表仅是对讨论稿中的文字表述进行了修改。在经过一天的讨论后，各国代表一致同意将修改后的讨论稿提交包容性框架会议，通过后再次提交公众讨论。

利润分割法是OECD《转让定价指南》第2章转让定价方法中提到的方法之一，目前在实践中应用相对较少。和传统的基于可比企业进行可比性分析的转让定价方法不同，利润分割法是在无法寻找到可靠可比物的情况下，设想独立企业在相同情况下如何对与价值链相关的利润进行分割。本次讨论稿主要包括三个部分。第一部分是利润分割法的适用前提条件，如果关联交易符合以下三个条件之一，就可以使用利润分割法。一是交易各方都做出了独特而且有价值的贡献；二是集团内经营高度整合；三是交易各方共担风险。第二部分是利润分割法的使用指南，包括如何确定利润分割的利润总额、分割因素等技术问题。第三部分是通过10个范例，来说明利润分割法在实际案例中如何应用。中国也曾经在多个国际场合，提倡和建议在今后的转让定价分析中，可以更多地考虑利润分割法。

融资交易转让定价问题是一个较新的议题，2015年OECD秘书处开始起草融资交易的转让定价问题讨论稿，经过2015年11月的会议讨论后，形成了本次会议讨论稿。《融资交易》讨论稿共包括四个方面的内容，分别是商业中融资的作用、融资管理活动、资金交易的相关经济特点和特殊事项分析（包括现金池、关联自保、担保、履约保函、衍生工具等）。鉴于金融交易的特性和复杂性，讨论稿在对融资交易的分析中，提出了以下原则：一是有必要对交易的经济相关特性进行分析，从而能更准确地界定实际发生的交易；二是在考虑不同类型融资的经济相关特性时，需要从资金方和融资方的两个角度同时出发进行分析；三是在对融资交易进行分析时，应当考虑独立第三方处在与受控交易相同的事实和情况下，会达成怎样的交易条件；四是在书面合同中进行约定的交易条款和条件，应该和交易双方的实际行为进行比对、判定，以确保合同与实际行为保持一致。

②OECD 第六工作组第 97 次会议

2017 年，中国国家税务总局派出相关代表出席了 OECD 第六工作组第 97 次会议。本次会议包括两个部分，第一部分为公众咨询会（11 月 6—7 日），听取公众代表对 OECD 在 2017 年 6 月发布的《利润分割法指南讨论稿》和《常设机构利润归属补充指南讨论稿》两个文件的意见；第二部分是各国参会代表结合公众咨询会上公众的意见，继续讨论《利润分割法指南讨论稿》《难以估值无形资产指南讨论稿》《常设机构利润归属补充指南讨论稿》《融资交易的转让定价问题指南讨论稿》四个文件，以及 OECD 计划更新的《集团内劳务转让定价指南》章节的框架。

会后，OECD 结合会上各国的意见，对讨论稿进行了进一步的修订，并分别于 2017 年 12 月 15 日、12 月 20 日和 12 月 22 日发来了《难以估值无形资产指南》《利润分割法指南》和《常设机构利润归属补充指南》的修改稿。OECD 原计划将修改后的《利润分割法指南》《难以估值无形资产指南》和《常设机构利润归属补充指南》三份文件报请 2018 年 1 月 24 日—25 日召开的包容性框架会议通过。但从目前的工作进展情况看，《常设机构利润归属补充指南》已完成全部工作，《难以估值无形资产指南》征求代表意见的截止日期为 1 月 8 日，如果代表们没有实质性反对意见，将报请包容性框架会议通过。但《利润分割法指南》征求代表意见的日期截止到 1 月 30 日，已不可能提交即将召开的包容性框架会议通过。

此次会议中，秘书处还邀请了相关部门和项目的负责人分别介绍了第一工作组、国别报告工作组、BEPS 区域会议、转让定价全球论坛、联合国转让定价次委会、OECD 工具盒项目的工作进展情况。

（4）OECD 有害税收实践论坛第 48 次会议

BEPS 第 5 项行动计划旨在提高税收透明度，打击有害税收实践，是 BEPS 行动计划的四项最低标准之一。有害税收实践论坛为推动第 5 项行动计划，建立了透明度框架，即税收裁定类的强制自发情报交换工作机制，要求各国对依据各自国内法作出的税收裁定进行信息交换，包括与优惠税制有关的裁定、转让定价单边裁定（如单边预约定价安排）、税收调减裁定、常设机构裁定、导管关联方裁定等。自 2017 年开始，论坛每年将对各国的执行情况进行审议。目前，中国接受审议的税收裁定为单边预约定价安排（APA）。

2017 年 6 月 28 日 OECD 召开有害税收实践论坛第 48 次会议，中国国家税务总局派出相关代表出席了会议。本次会议为首次审议，涉及 44 个税收辖区，涵盖了所有 OECD 成员和 G20 成员；会议就 2016 年度各国（地区）在税收裁定信息收集、自发交换、保密性、数据统计等方面的执行情况逐一进行审议讨论。审议范围包括 2010 年 1 月 1 日之后签订的税收裁定（“旧裁定”）以及 2016 年 4 月 1 日之后签订的税收裁定（“新裁定”）。审议素材来自各国（地区）自我评定问卷调查、同行评定问卷调查等。审议结果不作评分，但会对各国（地区）执行情况进行客观描述和反映，主要分为四类：“较受关注”“完成较快”“进度适中”和“尚未执行”。

会议认为，从总体上看，各国对透明度框架均比较重视，从立法和实践上保障相关工作的执行。其中，中国的审议结果为“进度适中”。

4.4.3 区域性国际税收会议

区域性国际税收会议以地理边界为参考，一般以大洲为界，主要指由各个地区性组织召开、面向特定地区的税收会议。

4.4.3.1 美洲税收管理组织（CIAT）

美洲税收管理组织（CIAT）是目前国际上最具规模及官方色彩的税务组织，成立于 1967 年，该组织现拥有来自四大洲的 40 个成员，每年分别于上、下半年举办年会及技术会议，提供会员国及国际间的经验交流的机会。CIAT 第 51 届年会于 2017 年 4 月 25 日—27 日在巴拉圭的亚松森举行，成员国的税务官员代表、高级官员，以及 IMF、OECD 和其他国际组织的代表出席了本次会议。

本届年会主题为“提高税收管理效率，维护纳税人权益”，会议总共举行了三天，围绕以下三大主题进行探讨：促进税收政策落实的工具；关注税收管理的效率、服务和透明度；税务机关与公民和纳税人的关系。

本次会议与会各国经济发展、社会环境、商业形态都不尽相同，但是通过跨国界的数据分析以及经验分享实现互相借鉴和合作，就促进全球资源共享以及国际税收透明度达成高度共识，以遏制利润转移及税源流失。

4.4.3.2 欧洲税收管理组织（IOTA）

欧洲税收管理组织（IOTA）第 21 届年度会议，于 2017 年 6 月 28 日—30 日由乌克兰在基辅举行。OECD、IMF、欧盟委员会、世界银行、CIAT、世界海关组织等国际组织及学术界的代表参与了此次会议，中国国家税务总局受邀作为观察员参加会议。

本次会议以“颠覆性趋势和新的商业模式——21 世纪税收管理的挑战和启示”为主题，与会代表们共同分享了颠覆性趋势和新商业模式所带来的挑战和影响，强调了税务管理的重要性，并达成共识：完善国内立法，应对新经济模式的挑战；加大人才吸引力，降低人才流失风险；关注数字经济的流动性特征，加强数据管控；加强税企沟通，应对纳税人涉税诉求。

与会代表在会上共同发布了会议公报，承诺在互惠互利的基础上继续推进在 IOTA 框架内的合作；充分发挥 IOTA 作为成员国分享税收领域最佳实践和应对方案的核心平台作用；精诚合作，共同应对突破性趋势和新经济模式给税收征管带来的挑战。

4.4.3.3 亚洲税收管理与研究组织（SGATAR）

亚洲税收管理与研究组织（SGATAR）成立于 1971 年，是亚洲、大洋洲地区唯一官方税收组织，现有成员 17 个，中国国家税务总局于 1996 年加入该组织。2017 年 11 月 27 日—30 日，第 47 届 SGATAR 年会在菲律宾召开，出席本次大会的有作为 SGATAR 成员的 16 个国家和地区的代表。中国国家税务总局副局长汪康率中国税务代表团参加了本次大会。

本届 SGATAR 年会主要讨论了 SGATAR 改革相关工作进展情况及未来发展规划，探讨了税务部门如何适应数字经济时代的国际税收工作以及税务部门人力资源管理等问题。汪康就中国税制改革做了“共享改革发展 携手跨越前行”的主题演讲，重点介绍了中国增值税改革进展及成就，获得与会各方积极评价。会议期间，汪康还应约分别与新西兰、澳大利亚和蒙古国三国税务局负责人就税收协定和能力建设等问题举行了双边会谈。

经国务院批准，受国家税务总局局长王军委托，汪康在本届大会上正式宣布，中国将于 2018 年举办第 48 届 SGATAR 年会。会后，汪康率团访问中国香港特别行政区税务局，就有关议题进行了深入交流，并就税收服务“走出去”与在港部分中资企业进行了座谈。

4.4.3.4 其他

（1）联合国经济和社会理事会国际税务合作特别会议

联合国经济和社会理事会国际税务合作特别会议于 2017 年 4 月 3 日

至7日在美国纽约举行。国际商会中国委员会以及中国石油天然气股份有限公司的有关代表参加了此次会议。

此次会议主要为了研究更新联合国转让定价实用手册，税基侵蚀和利润转移、相互协商程序等问题，在避免双重征税以及打击双重不征税方面强化国际税收风险管理，深化国际税收合作。在会议上，联合国正式发布了2017年版《发展中国家转让定价实务手册》（以下简称《转让定价手册》）。

（2）“一带一路”国际合作高峰论坛

“一带一路”国际合作高峰论坛是“一带一路”提出3年多来最高规格的论坛活动，主要包括开幕式、圆桌峰会和高级别会议三个部分。第一届“一带一路”国际合作高峰论坛于2017年5月14日—15日在北京举行，是2017年中国重要的主场外交活动，对推动国际和地区合作具有重要意义。

29位外国元首、政府首脑及联合国秘书长、红十字国际委员会主席等3位重要国际组织负责人出席高峰论坛，来自130多个国家的约1500名各界贵宾作为正式代表出席论坛，来自全球的4000余名记者已注册报道此次论坛。

中国国家税务总局局长王军参加“一带一路”国际合作高峰论坛“推动贸易畅通”平行主题会议，并作了题为“深化税收合作，促进经贸畅通”的发言。他强调，“一带一路”沿线国家和地区要深化税收合作，促进经贸畅通，努力消除税收壁垒，有效降低税收负担，共同提升税收治理能力，进一步服务和推进“一带一路”建设。为进一步发挥税收合作在“一带一路”建设中的重要作用，王军提出以下三点建议：第一，完善国内税制，着力消除税收壁垒；第二，加强双边合作，有效降低税收负担；第三，深化多边合作，共同提升税收治理能力。

（3）亚洲高级别税收会议

亚洲高级别税收会议，作为国际货币基金组织（IMF）举办的亚洲税收领域的研讨会议，自2010年迄今已举办八届。会议邀请亚洲地区主要国家税收政策、税收征管方面的专家，就当前税收领域的问题、趋势开展讨论交流，旨在增强与会各国对于税收若干新兴领域方面的认识，交流各国在税收理论和实践的经验。

2017年3月22日—23日，第八届会议在日本东京举行，来自中国、印度、马来西亚等18个国家和地区的代表参会，IMF财政事务部、经济合作与发展组织税收政策中心、联合国亚太经社理事会、亚洲开发银行研究院等多个国际组织也参加了本届会议。此外，包括日本东京大学、一桥大学等学界以及日本多个跨国公司的商界代表也参与会议，这是历届会议参会人数最多、涵盖领域最广的会议。

本届会议主题是“亚洲新兴税收议题”，涉及鼓励创新发展的税收政策、国际税收领域的趋势、数字经济下税收选择等方面的议题，与会代表就相关议题进行讨论交流。

应 IMF 邀请，中国国家税务总局派员参加了本次会议。在会上，中国国家税务总局代表介绍了当前中国对外投资下税收政策和管理事项，重点介绍了中国就对外投资在境外所得、税收抵免、协定待遇等方面的税收政策和管理，得到了与会代表的认可。

附录1

2017 年度世界税收十件大事

一、“一带一路”国际合作高峰论坛重申发挥税收和财政政策作用，将增长和生产性投资作为优先方向

二、美国税改法案签署

三、67 个国家和地区的政府代表共同签署《实施税收协定相关措施以防止税基侵蚀和利润转移（BPES）的多边公约》

四、《金砖国家领导人厦门宣言》提出努力建立公平、现代化的全球税收体系

五、联合国发布新版转让定价指南

六、经济合作与发展组织（OECD）发布新税收协定范本

七、欧盟启动新一轮电子商务增值税改革

八、金砖国家税务局长签署金砖国家税务合作的第一份机制性文件——《金砖国家税务合作备忘录》

九、印度全面实施“货物劳务税”（GST）改革

十、澳大利亚对跨国公司正式开征转移利润税

（由中国国际税收研究会、中国税务杂志社和中国税务报社共同评选）

附录2

“一带一路”国际合作高峰论坛成果清单

中国国家主席习近平在2013年提出共建丝绸之路经济带和21世纪海上丝绸之路的重要合作倡议。3年多来，“一带一路”建设进展顺利，成果丰硕，受到国际社会的广泛欢迎和高度评价。2017年5月14日—15日，中国在北京主办“一带一路”国际合作高峰论坛。这是各方共商、共建“一带一路”，共享互利合作成果的国际盛会，也是加强国际合作，对接彼此发展战略的重要合作平台。高峰论坛期间及前夕，各国政府、地方、企业等达成一系列合作共识、重要举措及务实成果，中方对其中具有代表性的一些成果进行了梳理和汇总，形成高峰论坛成果清单。清单主要涵盖政策沟通、设施联通、贸易畅通、资金融通、民心相通5大类，共76大项、270多项具体成果。

一、推进战略对接，密切政策沟通

（一）中国政府与有关国家政府签署政府间“一带一路”合作谅解备忘录，包括蒙古国、巴基斯坦、尼泊尔、克罗地亚、黑山、波黑、阿尔巴尼亚、东帝汶、新加坡、缅甸、马来西亚。

（二）中国政府与有关国际组织签署“一带一路”合作文件，包括联合国开发计划署、联合国工业发展组织、联合国人类住区规划署、联合国儿童基金会、联合国人口基金、联合国贸易与发展会议、世界卫生组织、世界知识产权组织、国际刑警组织。

（三）中国政府与匈牙利政府签署关于共同编制中匈合作规划纲要的

谅解备忘录，与老挝、柬埔寨政府签署共建“一带一路”政府间双边合作规划。

（四）中国政府部门与有关国际组织签署“一带一路”合作文件，包括联合国欧洲经济委员会、世界经济论坛、国际道路运输联盟、国际贸易中心、国际电信联盟、国际民航组织、联合国文明联盟、国际发展法律组织、世界气象组织、国际海事组织。

（五）中国国家发展和改革委员会与希腊经济发展部签署《中希重点领域2017—2019年合作计划》。

（六）中国国家发展和改革委员会与捷克工业和贸易部签署关于共同协调推进“一带一路”倡议框架下合作规划及项目实施的谅解备忘录。

（七）中国财政部与相关国家财政部共同核准《“一带一路”融资指导原则》。

（八）中国政府有关部门发布《共建“一带一路”：理念、实践与中国的贡献》《推动“一带一路”能源合作的愿景与行动》《共同推进“一带一路”建设农业合作的愿景与行动》《关于推进绿色“一带一路”建设的指导意见》和《“一带一路”建设海上合作设想》等文件。

（九）“一带一路”国际合作高峰论坛将定期举办，并成立论坛咨询委员会、论坛联络办公室等。

（十）中国国家发展和改革委员会成立“一带一路”建设促进中心，正式开通“一带一路”官方网站，发布海上丝路贸易指数。

二、深化项目合作，促进设施联通

（一）中国政府与乌兹别克斯坦、土耳其、白俄罗斯等国政府签署国际运输及战略对接协定。

（二）中国政府与泰国政府签署政府间和平利用核能协定。

（三）中国政府与马来西亚政府签署水资源领域谅解备忘录。

（四）中国国家发展和改革委员会与巴基斯坦规划发展和改革部签署关于中巴经济走廊项下开展巴基斯坦1号铁路干线升级改造和新建哈维连陆港项目合作的谅解备忘录。中国国家铁路局与巴基斯坦伊斯兰共和国铁道部签署关于实施巴基斯坦1号铁路干线升级改造和哈维连陆港项目建设的框架协议。

（五）中国商务部与柬埔寨公共工程与运输部签署关于加强基础设施领域合作的谅解备忘录。

（六）中国工业和信息化部与阿富汗通信和信息技术部签署《信息技术合作谅解备忘录》。

（七）中国交通运输部与柬埔寨、巴基斯坦、缅甸等国有关部门签署“一带一路”交通运输领域合作文件。

（八）中国水利部与波兰环境部签署水资源领域合作谅解备忘录。

（九）中国国家能源局与瑞士环境、交通、能源和电信部瑞士联邦能源办公室签署能源合作路线图，与巴基斯坦水电部签署关于巴沙项目及巴基斯坦北部水电规划研究路线图的谅解备忘录和关于中巴经济走廊能源项目清单调整的协议。

（十）中国国家海洋局与柬埔寨环境部签署关于建立中柬联合海洋观测站的议定书。

（十一）中国铁路总公司与有关国家铁路公司签署《中国、白俄罗斯、德国、哈萨克斯坦、蒙古国、波兰、俄罗斯铁路关于深化中欧班列合作协议》。

（十二）中国国家开发银行与印度尼西亚－中国高铁有限公司签署雅万高铁项目融资协议，与斯里兰卡、巴基斯坦、老挝、埃及等国有关机构签署港口、电力、工业园区等领域基础设施融资合作协议。

（十三）中国进出口银行与塞尔维亚财政部签署匈塞铁路贝尔格莱德至旧帕佐瓦段贷款协议，与柬埔寨经济财政部、埃塞俄比亚财政部、哈萨克斯坦国家公路公司签署公路项目贷款协议，与越南财政部签署轻轨项目贷款协议，与塞尔维亚电信公司签署电信项目贷款协议，与蒙古国财政部签署桥梁项目贷款协议，与缅甸仰光机场公司签署机场扩改建项目贷款协议，与肯尼亚财政部签署内陆集装箱港堆场项目贷款协议。

（十四）全球能源互联网发展合作组织与联合国经济和社会事务部、联合国亚洲及太平洋经济社会委员会、阿拉伯国家联盟、非洲联盟、海湾合作委员会互联电网管理局签署能源领域合作备忘录。

三、扩大产业投资，实现贸易畅通

（一）中国政府与巴基斯坦、越南、柬埔寨、老挝、菲律宾、印度尼西亚、乌兹别克斯坦、白俄罗斯、蒙古国、肯尼亚、埃塞俄比亚、斐济、孟加拉国、斯里兰卡、缅甸、马尔代夫、阿塞拜疆、格鲁吉亚、亚美尼亚、阿富汗、阿尔巴尼亚、伊拉克、巴勒斯坦、黎巴嫩、波黑、黑山、叙利亚、塔吉克斯坦、尼泊尔、塞尔维亚等 30 个国家政府签署经贸合作协议。

（二）中国政府与格鲁吉亚政府签署中国－格鲁吉亚自贸协定文件。

（三）中国政府与斯里兰卡政府签署关于促进投资与经济合作框架协议。

（四）中国政府与阿富汗政府签署关于海关事务的合作与互助协定。

（五）中国商务部与60多个国家相关部门及国际组织共同发布推进“一带一路”贸易畅通合作倡议。

（六）中国商务部与摩尔多瓦经济部签署关于结束中国－摩尔多瓦自贸协定联合可研的谅解备忘录，与蒙古国对外关系部签署关于启动中国－蒙古国自由贸易协定联合可行性研究谅解备忘录。

（七）中国商务部与尼泊尔工业部签署关于建设中尼跨境经济合作区的谅解备忘录，与缅甸商务部签署关于建设中缅边境经济合作区的谅解备忘录。

（八）中国商务部与斯里兰卡发展战略与国际贸易部签署投资与经济技术合作发展中长期规划纲要，与蒙古国对外关系部签署关于加强贸易投资和经济合作谅解备忘录，与吉尔吉斯斯坦经济部签署关于促进中小企业发展的合作规划，与捷克工贸部、匈牙利外交与对外经济部签署关于中小企业合作的谅解备忘录，与越南工业贸易部签署关于电子商务合作的谅解备忘录。

（九）中国国家发展和改革委员会与吉尔吉斯斯坦经济部签署关于共同推动产能与投资合作重点项目的谅解备忘录，与阿联酋经济部签署关于加强产能与投资合作的框架协议。

（十）中国农业部与塞尔维亚农业与环境保护部签署关于制定农业经贸投资行动计划的备忘录，与阿根廷农业产业部签署农业合作战略行动计划，与智利农业部签署关于提升农业合作水平的五年规划（2017—2021年），与埃及农业和土地改良部签署农业合作三年行动计划（2018—2020年）。

（十一）中国海关总署与哈萨克斯坦、荷兰、波兰等国海关部门签署海关合作文件，深化沿线海关“信息互换、监管互认、执法互助”合作。

（十二）中国海关总署与国际道路运输联盟签署促进国际物流大通道建设及实施《国际公路运输公约》的合作文件。

（十三）中国国家质量监督检验检疫总局与蒙古国、哈萨克斯坦、吉尔吉斯斯坦、乌兹别克斯坦、挪威、爱尔兰、塞尔维亚、荷兰、阿根廷、智利、坦桑尼亚等国相关部门签署检验检疫合作协议，与联合国工业发展组织、乌克兰和阿塞拜疆相关部门签署标准、计量、认证认可等国家质量技术基础领域合作协议，与俄罗斯、白俄罗斯、塞尔维亚、蒙古国、柬埔寨、马来西亚、哈萨克斯坦、埃塞俄比亚、希腊、瑞士、土耳其等国有关部门签署《关于加强标准合作，助推“一带一路”建设联合倡议》。

（十四）中国进出口银行与白俄罗斯、柬埔寨、埃塞俄比亚、老挝、肯尼亚、蒙古国、巴基斯坦财政部门签署工业园、输变电、风电、水坝、卫星、液压器厂等项目贷款协议，与埃及、孟加拉国、乌兹别克斯坦、沙特有关企业签署电网升级改造、燃煤电站、煤矿改造、轮胎厂等项目贷款协议，与菲律宾首都银行及信托公司签署融资授信额度战略合作框架协议。

（十五）中国国家开发银行与哈萨克斯坦、阿塞拜疆、印尼、马来西亚等国有关机构签署化工、冶金、石化等领域产能合作融资合作协议。

（十六）中国将从2018年起举办中国国际进口博览会。

四、加强金融合作，促进资金融通

（一）丝路基金新增资金1000亿元人民币。

（二）中国鼓励金融机构开展人民币海外基金业务，规模初步预计约3000亿元人民币，为“一带一路”提供资金支持。

（三）中国国家发展和改革委员会将设立中俄地区合作发展投资基金，总规模1000亿元人民币，首期100亿元人民币，推动中国东北地区与俄罗斯远东开发合作。

（四）中国财政部与亚洲开发银行、亚洲基础设施投资银行、欧洲复兴开发银行、欧洲投资银行、新开发银行、世界银行集团6家多边开发机构签署关于加强在“一带一路”倡议下相关领域合作的谅解备忘录。

（五）中国财政部联合多边开发银行将设立多边开发融资合作中心。

（六）中哈产能合作基金投入实际运作，签署支持中国电信企业参与“数字哈萨克斯坦2020”规划合作框架协议。

（七）丝路基金与上海合作组织银联体同意签署关于伙伴关系基础的备忘录。丝路基金与乌兹别克斯坦国家对外经济银行签署合作协议。

（八）中国国家开发银行设立“一带一路”基础设施专项贷款（1000亿元等值人民币）、“一带一路”产能合作专项贷款（1000亿元等值人民币）、“一带一路”金融合作专项贷款（500亿元等值人民币）。

（九）中国进出口银行设立“一带一路”专项贷款额度（1000亿元

等值人民币）、“一带一路”基础设施专项贷款额度（300 亿元等值人民币）。

（十）中国国家开发银行与法国国家投资银行共同投资中国－法国中小企业基金（二期），并签署《股权认购协议》；与意大利存贷款公司签署《设立中意联合投资基金谅解备忘录》；与伊朗商业银行、埃及银行、匈牙利开发银行、菲律宾首都银行、土耳其农业银行、奥地利奥合国际银行、柬埔寨加华银行、马来西亚马来亚银行开展融资、债券承销等领域务实合作。

（十一）中国进出口银行与马来西亚进出口银行、泰国进出口银行等“亚洲进出口银行论坛”成员机构签署授信额度框架协议，开展转贷款、贸易融资等领域务实合作。

（十二）中国出口信用保险公司同白俄罗斯、塞尔维亚、波兰、斯里兰卡、埃及等国同行机构签署合作协议，与埃及投资和国际合作部、老挝财政部、柬埔寨财政部、印尼投资协调委员会、波兰投资贸易局、肯尼亚财政部、伊朗中央银行、伊朗财政与经济事务部等有关国家政府部门及沙特阿拉伯发展基金、土耳其实业银行、土耳其担保银行、巴基斯坦联合银行等有关国家金融机构签署框架合作协议。

（十三）中国人民银行与国际货币基金组织合作建立基金组织－中国能力建设中心，为“一带一路”沿线国家提供培训。

（十四）中国进出口银行与联合国工业发展组织签署关于促进“一带一路”沿线国家可持续工业发展有关合作的联合声明。

（十五）亚洲金融合作协会正式成立。

（十六）中国工商银行与巴基斯坦、乌兹别克斯坦、奥地利等国家主要银行共同发起“一带一路”银行合作行动计划，建立“一带一路”银行常态化合作交流机制。

五、增强民生投入，深化民心相通

（一）中国政府将加大对沿线发展中国家的援助力度，未来 3 年总体援助规模不少于 600 亿元人民币。

（二）中国政府将向沿线发展中国家提供 20 亿元人民币紧急粮食援助。向南南合作援助基金增资 10 亿美元，用于发起中国－联合国 2030 年可持续发展议程合作倡议，支持在沿线国家实施 100 个“幸福家园”、100 个“爱心助困”、100 个“康复助医”等项目。向有关国际组织提供 10 亿美元，共同推动落实一批惠及沿线国家的国际合作项目，包括向沿线国家提供100个食品、帐篷、活动板房等难民援助项目，设立难民奖学金，为500名青少年难民提供受教育机会，资助100名难民运动员参加国际和区域赛事活动。

（三）中国政府与黎巴嫩政府签署《中华人民共和国政府和黎巴嫩共和国政府文化协定2017—2020年执行计划》，与突尼斯政府签署《中华人民共和国政府和突尼斯共和国政府关于互设文化中心的协定》，与土耳其政府签署《中华人民共和国政府和土耳其共和国政府关于互设文化中心的协定》。

（四）中国政府与联合国教科文组织签署《中国－联合国教科文组织合作谅解备忘录（2017—2020年）》。

（五）中国政府与波兰政府签署政府间旅游合作协议。

（六）中国政府倡议启动《“一带一路”科技创新合作行动计划》，实施科技人文交流、共建联合实验室、科技园区合作、技术转移等四项行动。

（七）中国政府与世界粮食计划署、联合国国际移民组织、联合国儿童基金会、联合国难民署、世界卫生组织、红十字国际委员会、联合国开发计划署、联合国工业发展组织、世界贸易组织、国际民航组织、联合国人口基金会、联合国贸易和发展会议、国际贸易中心、联合国教科文组织等国际组织签署援助协议。

（八）中国教育部与俄罗斯、哈萨克斯坦、波黑、爱沙尼亚、老挝等国教育部门签署教育领域合作文件，与塞浦路斯签署相互承认高等教育学历和学位协议，与沿线国家建立音乐教育联盟。

（九）中国科技部与蒙古国教育文化科学体育部签署关于共同实施中蒙青年科学家交流计划的谅解备忘录，与蒙古国教育文化科学体育部签署关于在蒙古国建立科技园区和创新基础设施发展合作的谅解备忘录，与匈牙利国家研发与创新署签署关于联合资助中匈科研合作项目的谅解备忘录。

（十）中国环境保护部发布《“一带一路”生态环境保护合作规划》，建设“一带一路”生态环保大数据服务平台，与联合国环境规划署共同发布建立“一带一路”绿色发展国际联盟的倡议。

（十一）中国财政部将设立“一带一路”财经发展研究中心。

（十二）中国国家卫生和计划生育委员会与捷克、挪威等国卫生部签署卫生领域合作文件。

（十三）中国国家旅游局与乌兹别克斯坦国家旅游发展委员会签署旅游合作协议，与智利经济、发展与旅游部签署旅游合作备忘录，与柬埔寨旅游部签署旅游合作备忘录实施方案。

（十四）中国国家新闻出版广电总局与土耳其广播电视最高委员会、沙特阿拉伯视听管理总局签署合作文件。中国中央电视台与有关国家主流媒体成立“一带一路”新闻合作联盟。

（十五）中国国务院新闻办公室与柬埔寨新闻部、文莱首相府新闻局、阿联酋国家媒体委员会、巴勒斯坦新闻部、阿尔巴尼亚部长会议传媒和公民关系局签署媒体交流合作谅解备忘录。

（十六）中国国务院新闻办公室与柬埔寨外交与国际合作部、文莱外交与贸易部政策与战略研究所、以色列外交部、巴勒斯坦外交部、阿尔巴尼亚外交部签署智库合作促进计划谅解备忘录。

（十七）中国国家开发银行将举办“一带一路”专项双多边交流培训，设立“一带一路”专项奖学金。

（十八）中国民间组织国际交流促进会联合80多家中国民间组织启动《中国社会组织推动“一带一路”民心相通行动计划（2017—2020）》，中国民间组织国际交流促进会和150多家中外民间组织共同成立“丝路沿线民间组织合作网络”。“一带一路”智库合作联盟启动“增进‘一带一路’民心相通国际智库合作项目”。

（十九）中国国务院发展研究中心与联合国工业发展组织签署关于共建“一带一路”等合作的谅解备忘录。丝路国际智库网络50多家国际成员和伙伴与中方共同发布《丝路国际智库网络北京共同行动宣言》。

（二十）中国国际城市发展联盟与联合国人类住区规划署、世界卫生组织、世界城市和地方政府组织亚太区签署合作意向书。

（来源：新华网）

附录3

金砖国家领导人厦门宣言

（中国厦门　2017 年 9 月 4 日）

一、序　　言

1. 我们，中华人民共和国、巴西联邦共和国、俄罗斯联邦、印度共和国和南非共和国领导人于 2017 年 9 月 4 日在中国厦门举行金砖国家领导人第九次会晤。围绕“深化金砖伙伴关系，开辟更加光明未来”主题，我们致力于本着未来共同发展的愿景，在金砖国家合作已有进展的基础上更进一步。我们还讨论了共同关心的国际和地区问题，协商一致通过《金砖国家领导人厦门宣言》。

2. 我们重申，追求和平、安全、发展和合作的宏伟目标和愿望使金砖国家在 10 年前走到了一起。从此，金砖国家矢志发展经济，改善民生，沿着符合本国国情的发展道路共同走过了一段非凡历程。在历次领导人会晤的推动下，我们致力于协调行动，构建起全方位、多层次的合作势头。我们坚持发展事业，秉持多边主义，共同推动建立更加公正、平等、公平、民主和有代表性的国际政治、经济秩序。

3. 我们始于 2006 年的合作进程已经培育出互尊互谅、平等相待、团结互助、开放包容、互惠互利的金砖精神，这是我们的宝贵财富和金砖国家合作不竭的力量源泉。我们尊重各自选择的发展道路，理解和支持彼此利益。我们一直坚持平等团结，坚持开放包容，建设开放型世界经济，深化同新兴市场和发展中国家的合作。我们坚持互利合作，谋求共同发展，不断深化金砖务实合作，造福世界。

4. 我们对合作取得的丰硕成果感到满意，包括成立新开发银行（NDB）和应急储备安排（CRA），制定《金砖国家经济伙伴战略》，通过安全事务高级代表会议、外长会晤等加强政治安全合作，深化五国人民的传统友谊等。

5. 我们回顾乌法和果阿会晤成果，将共同努力深化金砖国家战略伙伴关系，造福五国人民。我们将本着坚定信念，在历次领导人会晤成果和共识的基础上，开辟金砖国家团结合作的第二个“金色十年”。

6. 我们相信，金砖国家发展前景广阔，合作潜力巨大，我们对金砖国家的未来满怀信心。我们致力于加强如下合作：

——深化务实合作，促进金砖国家发展。我们将加强发展经验交流，打造贸易投资大市场，促进基础设施联通、货币金融流通，实现联动发展。我们致力于同其他新兴市场和发展中国家建立广泛的伙伴关系。为此，我们将采取平等和灵活的方式同其他国家开展对话与合作，包括“金砖 +”合作模式。

——加强沟通协调，完善经济治理，建立更加公正合理的国际经济秩序。我们将努力提高金砖国家及新兴市场和发展中国家在全球经济治理中的发言权和代表性，推动建设开放、包容、均衡的经济全球化，以促进新兴市场和发展中国家发展，为解决南北发展失衡、促进世界经济增长提供强劲动力。

——倡导公平正义，维护国际与地区和平稳定。我们将坚定维护以联合国为核心的公正合理的国际秩序，维护《联合国宪章》的宗旨和原则，尊重国际法，推动国际关系民主化法治化，共同应对传统和非传统安全挑战，为人类命运共同体开辟更加光明的未来。

——弘扬多元文化，促进人文交流，深化传统友谊，为金砖合作奠定更广泛的民意支持基础。我们将拓展全方位人文交流，鼓励社会各界广泛参与金砖合作，促进各国文化和文明的互学互鉴，增进各国人民之间的沟通和理解，深化传统友谊，让金砖伙伴关系的理念深植于民心。

二、金砖经济务实合作

7. 我们注意到，世界经济增长更加稳固，抗风险能力增强，新动能继续显现，金砖国家继续发挥作为全球增长引擎的重要作用。同时，我们也注意到世界经济中的不确定性和下行风险依然存在，强调有必要警惕防范内顾政策和倾向。这种政策和倾向正在对世界经济增长前景和市场信心带来负面影响。我们呼吁各国谨慎制定宏观经济政策和结构性政策，加强政策沟通与协调。

8. 我们注意到，经济务实合作一直是金砖合作的基础，特别是落实《金砖国家经济伙伴战略》以及在贸易投资、制造业和矿业加工、基础设施互联互通、资金融通、科技创新、信息通信技术合作等优先领域的倡议。我们欢迎落实该经济伙伴战略的首份报告，欢迎各领域专业部长会取得的系列成果。我们承诺使用所有政策工具，包括财政、货币和结构性改革措施，实施创新驱动战略，增强经济韧性和潜力，为促进强劲、可持续、平衡和包容增长做出贡献。

9. 我们强调加强贸易投资合作有助于释放金砖国家经济潜力，同意完善并扩展贸易投资合作机制和范围，以加强金砖国家经济互补性和多样性。我们欢迎金砖国家第七次经贸部长会议在贸易投资便利化及互联互通合作框架、路线图和概要方面取得积极成果，包括通过加强贸易投资便利化、服务贸易、电子商务、与金砖国家知识产权管理部门合作活动相协调的知识产权合作、经济技术合作、中小企业和妇女经济赋权等领域合作，加强政策分享、信息交流和能力建设。我们欢迎建立自愿参与的金砖国家示范电子口岸网络和电子商务工作组。我们欢迎中国在2018年举办国际进口博览会并鼓励金砖国家工商界积极参与。

10. 我们强调加强金砖国家财金合作的重要性，以更好地服务实体经济，满足金砖国家发展需要。我们注意到金砖国家财政部长和央行行长就政府和社会资本合作（PPP）达成共识，包括分享PPP经验，开展金砖国家PPP框架良好实践等。我们认识到金砖国家成立临时工作组，就通过多种途径开展PPP合作进行技术性讨论，包括如何根据各国经验利用多边开发银行现有资源、探讨成立一个新的PPP项目准备基金的可能性等。我们鼓励金砖国家会计准则制定机构和审计机关加强协调与合作，同意在充分考虑各国法律和政策的同时，探讨债券发行领域的会计准则趋同和审计监管领域的合作，为金砖国家债券市场互联互通奠定基础。我们同意促进金砖国家本币债券市场发展，致力于共同设立金砖国家本币债券基金，作为维护金砖国家融资资本可持续性的一种手段，通过吸引更多外国私人部门参与，促进各国国内和区域债券市场发展并加强金砖国家财政韧性。

11. 为满足金砖国家贸易投资快速增长带来的需求，我们同意在遵守各国现有监管框架和世贸组织义务的基础上，通过促进金融机构和金融服务网络化布局，为金砖国家金融市场整合提供便利，同时确保金融监管部门更好地交流与合作。我们同意通过金砖国家反洗钱/打击恐怖融资代表团团长合作，以及在金砖国家反恐工作组工作框架下，并利用其他平台来维护各国金融系统廉洁，为落实和改善金融行动特别工作组关于反洗钱、打击恐怖融资和防止大规模杀伤性武器扩散的国际标准发挥积极作用。我们同意在符合各国央行法律授权的前提下，通过货币互换、本币结算、本币直接投资等适当方式，就加强货币合作保持密切沟通，并探索更多货币合作方式。我们鼓励金砖国家银行间合作机制继续在支持金砖国家经贸合作方面发挥重要作用。我们赞赏金砖国家成员国的开发银行签署关于银行间本币授信和信用评级合作的谅解备忘录。

12. 我们强调创新是经济中长期增长和全球可持续发展的重要驱动力。我们致力于推动科技创新合作，发挥协同效应，挖掘金砖国家增长新动能，继续应对我们面临的发展挑战。我们对金砖国家科技创新框架计划下选择的研发项目感到满意，并注意到第二轮项目征集。我们欢迎金砖国家科技创新合作谅解备忘录，支持通过技术转移转化、科技园区和企业合作以及研究人员、企业家、专业人士和学生流动等方式加强创新创业合作。我们鼓励学术界、工商界、民间社会以及其他利益攸关方加大参与，支持通过新开发银行等现有基金、机构和平台促进科技创新投资以及跨境投资。我们同意继续就创新创业合作平台开展工作，支持落实《金砖国家创新合作行动计划（2017—2020）》。

13. 我们重申致力于工业领域合作，包括产能和产业政策、新型工业基础设施与标准、中小微企业等，共同抓住新工业革命带来的机遇，加速金砖国家工业化进程。我们鼓励探讨建立金砖国家未来网络研究机构。我们将加强金砖国家在物联网、云计算、大数据、数据分析、纳米技术、人工智能、5G及其创新应用等信息通信技术的联合研发和创新，提升五国信息通信技术基础设施建设和互联互通水平。我们倡导在基础设施安全、数据保护、互联网空间领域制定国际通行的规则，共建和平、安全的网络空间。我们将增加信息通信技术投资，确认有必要进一步提升信息通信技术研发投资，在提供产品和服务方面释放创新活力。我们鼓励研究机构、组织、企业在概念论证和试点项目方面建立认证和便利化伙伴关系，通过智慧城市、卫生保健、能效设施等领域的下一代创新举措，发挥在信息通信技术软硬件和技能方面的互补优势。我们支持就落实金砖信息通信技术发展议程和行动计划积极开展合作。

14. 我们重申致力于全面落实2030年可持续发展议程。我们将倡导公平、开放、全面、创新、包容发展，平衡协调推进经济、社会和环境可持续发展。我们支持联合国，包括其可持续发展高级别政治论坛，在协调、评估全球落实2030年可持续发展议程方面发挥重要作用，认为有必要通过改革联合国发展系统增强其支持成员国落实可持续发展议程的能力。我们敦促发达国家按时、足额履行官方发展援助承诺，为发展中国家提供更多发展资源。

15. 我们强调能源对经济发展的战略重要性，致力于加强金砖国家能源合作。我们认识到可持续发展、能源获取、能源安全对世界的共同繁荣和未来发展至关重要。我们承认清洁和可再生能源应让所有人负担得起。我们将建设开放、灵活和透明的能源大宗商品和技术市场。我们将携手推动化石能源的更高效利用及天然气、水电和核能的更广泛应用，为低排放经济、更好的能源获取及可持续发展作出贡献。为此，我们强调，提高用以扩大民用核能能力的技术和资金的可预测性十分重要，这有利于金砖国家的可持续发展。我们鼓励就设立金砖国家能源研究平台继续开展对话，要求相关机构继续推进能源合作与能效领域联合研究。

16. 我们致力于在可持续发展和消除贫困的框架内继续推动发展绿色和低碳经济，加强金砖国家应对气候变化合作，扩大绿色融资。我们呼吁各国根据共同但有区别的责任原则、各自能力原则等《联合国气候变化框架公约》有关原则，全面落实《巴黎协定》，并敦促发达国家向发展中国家提供资金、技术和能力建设支持，增强发展中国家减缓和适应气候变化的能力。

17. 我们强调环境合作对金砖国家可持续发展和人民福祉的重要性，同意在预防空气和水污染、废弃物管理、保护生物多样性等领域采取具体行动，推进成果导向型合作。我们认识到构建环境友好型技术平台和提高城市环境可持续发展能力的重要性，支持金砖国家在此方面的共同努力。巴西、俄罗斯、印度和南非赞赏并支持中国承办2020年《生物多样性公约》缔约方大会。

18. 我们注意到过去几年金砖国家农业合作成果丰硕，认为各国农业发展各具特色，互补性强，合作潜力巨大。为此，我们同意在粮食安全与营养、农业适应气候变化、农业技术合作与创新、农业投资贸易以及农业信息技术应用等五大重点领域加强合作，为推动全球农业稳定增长、实现可持续发展目标作出贡献。我们欢迎建立金砖国家农业研究平台协调中心，这一虚拟网络将有助于推进上述优先领域合作。

19. 我们关注非洲大陆在自主和可持续发展、野生动物保护等方面面临的挑战。我们重申将致力于加强对非合作，通过促进互联互通和发展领域的倡议与项目，帮助非洲大陆打击非法野生动物买卖，促进就业、粮食安全、基础设施发展与工业化。我们重申坚定支持非盟落实《2063 年议程》框架下的各项计划，实现非洲大陆和平与经济社会发展。

20. 腐败对可持续发展带来负面影响。我们支持加强金砖国家反腐败合作，重申致力于加强对话与经验交流，支持编纂金砖国家反腐败图册。腐败资产非法流动危害金砖国家经济发展和金融稳定，我们支持加强资产追回合作。我们支持包括通过金砖国家反腐败工作组机制加强国际反腐败合作和追逃追赃工作。非法资金流动、藏匿在国外的非法所得等腐败活动是全球性挑战，将对经济增长和可持续发展造成负面影响。我们将努力加强这方面的协调行动，依据《联合国反腐败公约》和其他有关国际法，鼓励在全球范围内更有力地预防和打击腐败。

21. 我们生活在数字经济时代，已准备好利用数字经济为全球增长带来的机遇，并应对有关挑战。我们将基于创新、伙伴、协同、灵活、开放和利于营商、注重信任和安全，保护消费者权益等原则，采取行动为数字经济繁荣和蓬勃发展创造条件，促进世界经济发展并惠及所有人。

22. 我们赞赏金砖国家工商理事会和金砖国家工商论坛在基础设施、制造业、能源、农业、金融服务、电子商务、技术标准校准、技能开发等方面为加强金砖国家经济合作所做的努力和贡献。我们欢迎在工商理事会框架下建立区域航空工作组，注意到巴西关于建立区域航空伙伴关系谅解备忘录的提议。我们鼓励工商界和商业协会积极参与金砖国家合作，充分发挥贸易投资促进机构作用，推动互利共赢合作。

23. 我们认识到劳动市场经历的重大变革及其为各国带来的机遇和挑战。我们满意地看到金砖国家在人力资源、就业、社会保障、加强劳动市场信息系统、培育金砖国家劳动研究机构网络和金砖国家社会保障合作框架等领域取得的进展。我们欢迎金砖国家就未来劳动治理取得共识，同意进一步加强合作与交流，确保充分就业和体面劳动，通过技能开发减少和消除贫困，构建普遍、可持续的社会保障体系。

24. 我们认识到，保护竞争对确保五国社会和经济高效发展、鼓励创新、为消费者提供高品质产品都有重要意义。我们注意到五国竞争管理部门互动的重要意义，特别是识别和抑制跨境限制性商业行为。

25. 我们满意地注意到，通过金砖国家海关合作委员会和海关工作组等机制，五国海关部门在贸易便利化、安全与执法、能力建设和其他共同关心的事务方面取得的合作进展。我们鼓励以信息互换、监管互认、执法互助为指导原则扩大合作，促进经济增长和人民福祉。为加强海关事务相互合作，我们重申致力于尽快完成《金砖国家海关行政互助协定》。

26. 我们秉持和平利用外空原则，强调有必要加强空间活动国际合作，利用空间技术应对全球气候变化、环境保护、防灾救灾以及其他人类面临的挑战。

27. 我们忆及金砖国家灾害管理部长会圣彼得堡和乌代布尔宣言，以及建立金砖国家灾害风险管理联合工作组的决定，强调在金砖国家应急服务方面携手合作非常重要。我们着眼于通过灾害风险管理最佳实践信息交流和自然、人为灾害预报预警及有效应对等领域的合作，减少灾害风险，构建更加安全的未来。

28. 我们对金砖国家在审计、统计、出口信贷等领域合作取得积极进展表示满意，同意继续推进相关合作。

三、全球经济治理

29. 我们决心构建一个更加高效、反映当前世界经济版图的全球经济治理架构，增加新兴市场和发展中国家的发言权和代表性。我们重申致力于推动国际货币基金组织于2019年春会、不迟于2019年年会前完成第15轮份额总检查，包括形成一个新的份额公式。我们将继续推动落实世界银行股权审议。

30. 我们强调开放、韧性的金融体系对可持续增长和发展非常重要，同意更好地利用资本流动带来的益处，管理过度跨境资本流动与波动带来的风险。应急储备安排（CRA）是金砖国家金融合作和发展的一个里程碑，为全球金融稳定作出了贡献。我们欢迎建立CRA宏观经济信息交换机制，以及进一步提高CRA研究能力、同IMF开展更紧密合作的共识。

31. 我们欢迎在南非设立新开发银行（NDB）第一个区域办公室——非洲区域中心。我们欢迎NDB设立项目准备基金以及批准第二批项目，祝贺NDB总部大楼破土动工。我们强调基础设施互联互通对培育更密切的经济联系与伙伴关系至关重要。我们鼓励NDB充分发挥作用，加强同世界银行、亚洲基础设施投资银行等多边开发机构以及金砖国家工商理事会的合作，以协调调动资源，促进金砖国家基础设施建设和可持续发展。

32. 我们强调，建设开放包容的世界经济对于让所有国家和人民分享经济全球化的益处具有重要作用。我们继续坚定维护以世贸组织为代表、以规则为基础、透明、非歧视、开放和包容的多边贸易体制，重申确保全面实施和执行现有世贸组织规则，进一步加强世贸组织作用。我们呼吁加快落实世贸组织巴厘和内罗毕部长级会议成果，期待今年在阿根廷举行的世贸组织部长级会议取得积极成果。我们将继续坚决反对保护主义。我们重申不采取新的贸易保护主义措施的既有承诺，呼吁其他国家加入这一承诺。

33. 我们重视二十国集团继续作为国际经济合作主要论坛的作用，重申落实包括杭州峰会和汉堡峰会在内的历届峰会成果。我们呼吁二十国集团进一步加强宏观经济政策协调，将对新兴市场和发展中国家造成的负面外溢效应和冲击降至最低。我们同意在 2018 年阿根廷担任二十国集团主席国期间加强协调合作，使二十国集团进程与成果反映新兴市场和发展中国家的利益和关切。

34. 我们重申努力建立公平、现代化的全球税收体系，营造更加公正、有利于增长和高效的国际税收环境，包括深化应对税基侵蚀和利润转移合作，推进税收信息交换，加强发展中国家能力建设。我们将加强金砖国家税收合作，为国际税收规则制定作出更大贡献，同时向其他发展中国家提供有针对性的、有效、可持续的技术援助。

四、国际和平与安全

35. 我们注意到世界正在经历深刻变革，国际社会面临全球性安全威胁和挑战。我们承诺在国际场合就事关国际和平与安全的问题加强沟通与合作，重申维护世界和平与安全，捍卫国际法基本准则及《联合国宪章》宗旨和原则，包括坚持主权平等、不干涉别国内政。

36. 我们欢迎 2017 年 7 月 27 日至 28 日在北京举行的第七次金砖国家安全事务高级代表会议，赞赏会议就全球治理、反恐、网络安全、能源安全、重大国际和地区热点及国家安全和发展等问题进行探讨并深化了共识。我们注意到巴西提议设立金砖国家情报论坛。我们欢迎中方作为安代会主席国向领导人会晤汇报会议成果，鼓励今后主席国延续这一做法。我们期待在上述领域加强安全领域务实合作。

37. 我们欢迎在中国的倡议下于 2017 年 6 月 18 日至 19 日在北京举办金砖国家外长会晤。外长们就全球政治、安全、经济和金融等领域重大和共同关心的问题及加强金砖国家合作等交换意见。我们期待即将在联合国大会期间举办的外长会晤，欢迎南非在2018年举行下次金砖国家外长单独会晤。

38. 发展和安全密切相关、相互促进，对实现可持续和平至关重要。我们重申在互信、互利、平等、合作的基础上，采取共同、综合、坚定的方式构建可持续和平，解决冲突的政治、经济及社会根源。我们谴责单边军事干预、经济制裁及任意采取单边胁迫措施，这违反了国际法和公认的国际关系准则。我们强调，任何国家都不应以牺牲别国安全为代价加强自身安全。

39. 我们重申对联合国的支持。联合国作为具有普遍代表性的多边组织，肩负维护国际和平与安全，推动全球发展、促进和保护人权的授权。

40. 我们回顾2005年世界首脑会议成果文件，重申需要对联合国包括其安理会进行全面改革，使之更具代表性、效力和效率，增强发展中国家代表性，以应对全球挑战。中国和俄罗斯重申重视巴西、印度和南非在国际事务中的地位和作用，支持其希望在联合国发挥更大作用的愿望。

41. 我们重申达成叙利亚问题持久解决办法的唯一出路是推进“叙人主导、叙人所有”的包容性政治进程，根据联合国安理会第2254（2015）号决议要求，维护叙利亚主权、独立和领土完整，顺应叙利亚人民的合理诉求。我们坚定支持日内瓦和谈与阿斯塔纳进程，欢迎在叙利亚设立冲突降级区，降低冲突程度，为在联合国框架下开展和谈取得有意义进展积聚积极势头，创造良好条件。我们反对任何人、在任何情况下、出于任何目的使用化学武器。

42. 我们重申应在联合国相关决议、马德里原则、“阿拉伯和平倡议”以及此前双方达成的协议基础上，通过谈判实现巴以冲突的公正、持久和全面解决，建立一个与以色列和平共处，独立自主、经济上自立、领土完整的巴勒斯坦国，以实现中东地区和平稳定。我们承诺为解决巴以问题做出更大贡献，愿为实现中东问题的公正、持久解决做出更多贡献，支持国际社会促进该地区和平稳定的努力。

43. 我们祝贺伊拉克人民和政府收复摩苏尔以及在打击恐怖主义方面取得进展，重申致力于维护伊拉克的主权、领土完整、政治独立，支持伊拉克政府和人民。我们关注也门局势，敦促各方停止敌对状态，在联合国支持下恢复谈判。我们呼吁海湾地区外交危机当事方通过对话解决纷争，欢迎科威特的斡旋努力。

44. 我们十分遗憾朝鲜进行核试验。我们对朝鲜半岛紧张局势和长期存在的核问题深表关切，强调这个问题只能通过所有相关方直接对话，以和平方式解决。

45. 我们坚定支持伊朗核问题全面协议，呼吁所有相关方全面履行义务，确保协议得到完整、有效执行，促进国际和地区和平与稳定。

46. 我们赞赏非洲国家、非洲联盟和次区域组织为解决地区问题和维护地区和平安全所做出的努力，强调联合国和非盟根据《联合国宪章》进行合作的重要性。我们支持全面解决刚果民主共和国、利比亚、南苏丹、索马里、中非共和国、西撒哈拉地区有关问题的努力。

47. 我们强烈谴责导致阿富汗无辜平民死亡的恐怖袭击。暴力需要立即停止。我们重申支持阿富汗人民实现“阿人主导、阿人所有”的和平与民族和解进程的努力，支持在莫斯科举行的阿富汗问题磋商、伊斯坦布尔进程、多式联运项目等促进和平与稳定的国际努力，支持打击恐怖主义和应对毒品威胁，支持阿富汗国家重建努力。我们支持阿富汗国防和安全部队打击恐怖组织的努力。

48. 为此，我们对地区安全形势以及塔利班、“伊拉克和黎凡特伊斯兰国/达阿什”、基地组织及其附属的东突厥斯坦伊斯兰运动、乌兹别克斯坦伊斯兰运动、哈卡尼网络、虔诚军、穆罕默德军、巴基斯坦塔利班运动、伊扎布特引发的暴力表示关切。

49. 我们谴责在金砖国家乃至世界各地发生的恐怖袭击，无论在何地、由何人实施。我们谴责一切形式和表现的恐怖主义，强调任何原因都不能作为为恐怖主义正名的理由。我们重申实施、组织或支持恐怖主义行为的人都将被绳之以法。我们回顾各国在预防和打击恐怖主义方面发挥了主导作用并承担了相应责任，强调有必要根据主权平等、不干涉别国内政等国际法原则开展国际合作。我们重申团结一致打击恐怖主义，重视2017年5月18日在北京举行的反恐工作组第二次会议，同意加强合作。

50. 我们呼吁所有国家综合施策打击恐怖主义，包括打击极端化以及包括外国恐怖作战人员在内的恐怖分子的招募与流动；切断恐怖主义融资渠道，例如包括通过洗钱、武器供应、贩毒、刑事犯罪等方式的有组织犯罪；摧毁恐怖组织基地；打击恐怖主义实体滥用包括社交媒体在内的最新信息通信技术。我们致力于预防和打击日益蔓延的恐怖主义言论，打击恐怖主义融资的一切来源、技术和渠道。我们呼吁在全球范围内迅速、有效地执行联合国安理会相关决议以及金融行动特别工作组相关国际标准。我们寻求加强在金融行动特别工作组以及类似区域机制框架下加强合作，重申所有国家都有责任阻止恐怖主义网络在其领土上筹措资金和从事恐怖活动。

51. 我们呼吁国际社会建立一个真正广泛的全球反恐联盟，支持联合国在这方面的中心协调作用。我们强调打击恐怖主义必须依据包括《联合国宪章》、国际难民和人道主义法在内的国际法，尊重人权和基本自由。我们重申致力于加强联合国反恐体系的有效性，包括加强联合国相关机构的协调合作、将恐怖分子和恐怖组织列名以及向成员国提供技术援助等。我们呼吁联合国大会加快达成并通过《全面反恐公约》。

52. 我们认识到金砖国家对联合国维和行动的重要贡献，以及联合国维和行动为维护国际和平与安全发挥的重要作用。我们强调金砖国家有必要就维和事务进一步加强沟通。

53. 我们重申致力于按照联合国毒品控制公约，通过整体、全面、平衡的方式制定减少毒品供需的战略，解决国际毒品问题。我们强调第30届世界毒品问题特别联大成果文件的重要性，呼吁加强国际和地区协调合作，应对非法生产和贩运毒品，特别是鸦片制剂对国际社会造成的威胁。我们深为关切地注意到，在世界有些地区，贩毒、洗钱、有组织犯罪和恐怖主义之间的关联日益紧密。

54. 我们重申各国应本着平等相待和相互尊重的原则开展合作，促进和保护人权与基本自由。我们同意继续以公平、平等的方式对待包括发展权在内的各类人权，承认其相同地位及同等重要性。我们认为需要以非选择性、非政治性和建设性方式促进、保障及实现各国人权，避免双重标准。我们将在金砖国家及联合国人权理事会等多边框架下就共同关心的问题加强合作。

55. 我们充分意识到国际社会在国际移民领域面临的全球性安全挑战，强调有效移民管理为促进国际安全和社会发展发挥日益重要的作用。

56. 我们支持联合国在制定各方普遍接受的网络空间负责任国家行为规范方面发挥中心作用，以确保建设和平、安全、开放、合作、稳定、有序、可获得、公平的信息通信技术环境。我们强调《联合国宪章》确立的国际法原则至关重要，特别是国家主权、政治独立、领土完整和国家主权平等、不干涉别国内政、尊重人权和基本自由。我们强调应加强国际合作，打击滥用信息通信技术的恐怖主义和犯罪活动，重申德班宣言、福塔莱萨宣言、乌法宣言和果阿宣言为此提出的建议。正如乌法宣言提及，应在联合国主导下制定国际法律文书以打击使用信息通信技术的犯罪行为。

我们满意地注意到金砖国家关于信息通信技术使用安全性专家工作组取得的进展。我们决定根据《金砖国家确保信息通信技术安全使用务实合作路线图》或者任何其他达成共识的机制推进合作，注意到俄罗斯关于金砖国家达成确保信息通信技术安全使用的政府间合作协议的倡议。

57. 我们相信所有国家应平等参与互联网及其治理的演进和运行，并考虑相关利益攸关方根据其各自作用和职责参与其中的必需性。互联网核心资源的管控架构需更具代表性和包容性。我们满意地注意到金砖国家信息通信技术合作工作组取得进展，认识到加强该领域合作的必要性。为此，金砖国家将继续通过现有机制共同努力，在国际社会平等参与互联网管理的基础上，促进安全、开放、和平、合作使用信息通信技术。

58. 我们重申外空应由各国根据国际法并在平等基础上，自由地进行和平开发和利用。我们重申外空不应出现任何武器或使用武力，强调缔结一项或多项旨在防止外空军备竞赛的国际协定是联合国裁军谈判会议的一项优先任务，并支持以中国和俄罗斯提交的“防止在外空放置武器、对外空物体使用或威胁使用武力条约”更新草案为基础，开始实质性工作。我们也注意到关于不首先在外空部署武器政治义务的国际倡议。

59. 我们优先考虑确保外空活动长期可持续性，以及为子孙后代保护外空的方式方法。我们注意到这是联合国和平利用外空委员会当前重要目标。为此，我们欢迎联合国和平利用外空委员会科技小组委员会外空活动长期可持续性工作组决定到2018年就外空活动长期可持续性整套指南结束磋商并达成共识，以纪念首届联合国探索及和平利用外空大会召开50周年。

五、加强人文交流合作

60. 我们强调人文交流合作对促进发展并增进金砖国家人民相互了解、友谊与合作具有重要意义。我们同意深化文化、教育、科技、体育、卫生、媒体机构、地方政府等领域合作，打造金砖国家合作的第三支柱，巩固金砖国家伙伴关系的民意基础。

61. 我们珍视文化多样性是金砖合作的宝贵财富，强调文化和文化多样性对促进可持续发展的作用，鼓励金砖国家加强文明交流互鉴，在多元共享基础上培育共同价值理念。我们欢迎金砖国家制定一份推进文化务实合作行动计划的有关构想，欢迎成立金砖国家图书馆联盟、博物馆联盟、美术馆联盟和青少年儿童戏剧联盟。我们期待2017年9月中旬在厦门举行的金砖国家文化节取得圆满成功，将继续为建立金砖国家文化理事会开展工作，为金砖国家加强文化合作提供必要平台。

62. 我们强调教育对促进经济社会可持续发展、加强金砖国家伙伴关系的重要意义，赞赏金砖国家教育合作取得的积极进展。我们支持金砖国家大学联盟和金砖国家网络大学开展教育和研究合作，欢迎推动教育智库合作的有关努力，以及包括组织青少年夏令营、提供更多奖学金机会等方式的青年交流。我们同意就实现教育领域可持续发展目标分享经验和实践。

63. 我们相信金砖国家体育合作对推广五国传统运动项目、增进人民友谊具有重要意义。我们忆及金砖国家 17 岁以下少年足球赛于 2016 年在印度果阿成功举行，祝贺中国成功举办首届金砖国家运动会并成为今年人文交流合作的一大亮点。我们鼓励相关部门签署体育合作谅解备忘录，为促进五国体育合作提供更大助力。

64. 我们同意加强金砖国家在全球卫生治理中的作用，特别是在世界卫生组织和联合国机构中的作用，通过研发提高创新型医疗产品的普及性，并通过促进卫生系统与卫生融资，提高可负担的、有质量的、有效的、安全的药物、疫苗、诊断和其他医药产品和技术及医疗服务的可及性。我们同意完善应对埃博拉、艾滋病、结核病、疟疾等传染病以及非传染性疾病的监控能力和医疗服务，鼓励更多利用信息通信技术来提高公共卫生服务水平。我们欢迎金砖国家卫生部长会暨传统医药高级别会议取得积极成果，赞赏建立传统医药交流合作长效机制，以促进传统医药互学互鉴和传承。我们欢迎建立结核病研究网络的决定，并向将于 2017 年 11 月 16 日至 17 日在俄罗斯莫斯科举办的“在可持续发展时代开展多部门遏制结核病行动首届世界卫生组织全球部长级会议”提交。我们支持上述会议和 2018 年联合国大会结核病高级别会议。我们承诺在二十国集团等国际论坛就卫生事务加强合作。

65. 我们重申促进长期、平衡的人口发展，继续根据《2015—2020 年金砖国家人口问题合作议程》开展人口合作。

66. 我们满意地注意到，金砖国家在治国理政、电影、媒体、智库、青年、议会、地方、工会等各领域交流合作取得进展，同意继续推进相关交流合作。我们赞赏金砖国家首次联合拍摄电影，祝贺金砖国家电影节、媒体高端论坛、友好城市暨地方政府合作论坛、青年论坛、青年外交官论坛、青年科学家论坛等活动取得成功。我们赞赏中国成功举办金砖国家政党、智库和民间社会组织论坛以及治国理政研讨会，将在未来继续采取类似行动。我们注意到中方倡议建立金砖国家研究与交流基金。

67. 我们赞赏金砖合作机制建设取得的重要进展，重申将继续加强机制建设，确保金砖合作适应形势变化。我们赞赏中方担任主席国期间采取积极举措，加强协调人在金砖合作中的统筹协调职能。我们指示协调人继续讨论金砖合作机制建设问题。

68. 我们重申坚定支持多边主义和联合国在国际事务中的中心作用，致力于推动金砖国家在联合国及其他多边机构中就涉及彼此共同利益的领域加强协调合作，包括通过金砖国家常驻纽约、日内瓦和维也纳代表定期会晤的方式，进一步增强国际舞台上的金砖声音。

69. 我们将在厦门会晤期间，延续德班会晤以来的外围对话做法，围绕“深化互利合作，促进共同发展”主题举行新兴市场国家与发展中国家对话会，讨论落实2030年可持续发展议程和构建广泛的发展伙伴关系，推进“金砖+”合作。

70. 南非、巴西、俄罗斯和印度称赞中国作为2017年金砖国家主席国所做工作，对中国政府和人民在厦门主办金砖国家领导人第九次会晤致以诚挚谢意。

71. 中国、巴西、俄罗斯和印度将全力支持南非于2018年举办金砖国家领导人第十次会晤。

（来源：新华社）

附录4

中国签订的税收条约

表 1　　中国签订的多边税收条约

名称	签署日期	生效日期	执行日期
多边税收征管互助公约	2013－08－27	2016－02－01	2017－01－01
金融账户涉税信息自动交换多边主管当局间协议（CRS 专题网页）	2015－12－16		
实施税收协定相关措施以防止税基侵蚀和利润转移的多边公约	2017－06－07		

表 2　　中国签订的避免双重征税协定

序号 Serial No.	国家或地区 Jurisdiction	签署日期 Signed on	生效日期 Effective from	执行日期 Applicable since
1	日本 JAPAN	1983－09－06	1984－06－26	1985－01－01
2	美国 U. S. A.	1984－04－30	1986－11－21	1987－01－01
3	法国 FRANCE	1984－05－30	1985－02－21	1986－01－01
	法国 FRANCE	2013－11－26	2014－12－28	2015－01－01
4	英国 U. K.	1984－07－26	1984－12－23	1985－01－01
	英国 U. K.	2011－06－27	2013－12－13	中（China）：2014－01－01 英（UK）：所得税和财产收益税（Income Tax and Capital Gains Tax）：2014－04－06； 公司税（Corporation Tax）：2014－04－01

续表

序号 Serial No.	国家或地区 Jurisdiction	签署日期 Signed on	生效日期 Effective from	执行日期 Applicable since
5	比利时 BELGIUM	1985－04－18	1987－09－11	1988－01－01
	比利时 BELGIUM	2009－10－07	2013－12－29	2014－01－01
6	①德国 GERMANY	1985－06－10	1986－05－14	1985－01－01/07－01
	德国 GERMANY	2014－03－28	2016－04－06	2017－01－01
7	马来西亚 MALAYSIA	1985－11－23	1986－09－14	1987－01－01
8	挪威 NORWAY	1986－02－25	1986－12－21	1987－01－01
9	丹麦 DENMARK	1986－03－26	1986－10－22	1987－01－01
	丹麦 DENMARK	2012－06－16	2012－12－27	2013－01－01
10	新加坡 SINGAPORE	1986－04－18	1986－12－11	1987－01－01
	新加坡 SINGAPORE	2007－07－11	2007－09－18	2008－01－01
11	加拿大 CANADA	1986－05－12	1986－12－29	1987－01－01
12	芬兰 FINLAND	1986－05－12	1987－12－18	1988－01－01
	芬兰 FINLAND	2010－05－25	2010－11－25	2011－01－01
13	瑞典 SWEDEN	1986－05－16	1987－01－03	1987－01－01
14	新西兰 NEW ZEALAND	1986－09－16	1986－12－17	1987－01－01
15	泰国 THAILAND	1986. 10. 27	1986－12－29	1987－01－01
16	意大利 ITALY	1986－10－31	1989－11－14	1990－01－01
17	荷兰 THE NETHERLANDS	1987－05－13	1988－03－05	1989－01－01
	荷兰 THE NETHERLANDS	2013－05－31	2014－08－31	2015－01－01
18	②捷克斯洛伐克（适用于斯洛伐克）CZECHOSLOVAKIA	1987－06－11	1987－12－23	1988－01－01
19	波兰 POLAND	1988－06－07	1989－01－07	1990－01－01
20	澳大利亚 AUSTRALIA	1988－11－17	1990－12－28	1991－01－01
21	③南斯拉夫（适用于波斯尼亚和黑塞哥维那）YUGOSLAVIA（BOSNIA AND HERZEGOVINA）	1988－12－02	1989－12－16	1990－01－01
22	保加利亚 BULGARIA	1989－11－06	1990－05－25	1991－01－01

续表

序号 Serial No.	国家或地区 Jurisdiction	签署日期 Signed on	生效日期 Effective from	执行日期 Applicable since
23	巴基斯坦 PAKISTAN	1989－11－15	1989－12－27	1989－01－01/07－01
24	科威特 KUWAIT	1989－12－25	1990－07－20	1989－01－01
25	瑞士 SWITZERLAND	1990－07－06	1991－09－27	1990－01－01
	瑞士 SWITZERLAND	2013－09－25	2014－11－15	2015－01－01
26	塞浦路斯 CYPRUS	1990－10－25	1991－10－05	1992－01－01
27	西班牙 SPAIN	1990－11－22	1992－05－20	1993－01－01
28	罗马尼亚 ROMANIA	1991－01－16	1992－03－05	1993－01－01
	罗马尼亚 ROMANIA	2016－07－04	2017－06－17	2018－01－01
29	奥地利 AUSTRIA	1991－04－10	1992－11－01	1993－01－01
30	巴西 BRAZIL	1991－08－05	1993－01－06	1994－01－01
31	蒙古 MONGOLIA	1991－08－26	1992－06－23	1993－01－01
32	匈牙利 HUNGARY	1992－06－17	1994－12－31	1995－01－01
33	马耳他 MALTA	1993－02－02	1994－03－20	1995－01－01
	马耳他 MALTA	2010－10－18	2011－08－25	2012－01－01
34	阿联酋 UNITED ARAB EMIRATES	1993－07－01	1994－07－14	1995－01－01
35	卢森堡 LUXEMBOURG	1994－03－12	1995－07－28	1996－01－01
36	韩国 KOREA	1994－03－28	1994－09－27	1995－01－01
37	俄罗斯 RUSSIA	1994－05－27	1997－04－10	1998－01－01
	俄罗斯 RUSSIA	2014－10－13	2016－04－09	2017－01－01
38	巴新 PAPUA NEW GUINEA	1994－07－14	1995－08－16	1996－01－01
39	印度 INDIA	1994－07－18	1994－11－19	1995－01－01
40	毛里求斯 MAURITIUS	1994－08－01	1995－05－04	1996－01－01
41	克罗地亚 CROATIA	1995－01－09	2001－05－18	2002－01－01
42	白俄罗斯 BELARUS	1995－01－17	1996－10－03	1997－01－01
43	斯洛文尼亚 SLOVENIA	1995－02－13	1995－12－27	1996－01－01
44	以色列 ISRAEL	1995－04－08	1995－12－22	1996－01－01
45	越南 VIET NAM	1995－05－17	1996－10－18	1997－01－01
46	土耳其 TURKEY	1995－05－23	1997－01－20	1998－01－01

续表

序号 Serial No.	国家或地区 Jurisdiction	签署日期 Signed on	生效日期 Effective from	执行日期 Applicable since
47	乌克兰 UKRAINE	1995 - 12 - 04	1996 - 10 - 18	中（China）：1997 - 01 - 01 乌（Ukraine）：股利特个人（Dividend，Interest，Royalties and Individual Income Tax）：1996 - 12 - 17； 企业所得税（corporate IncomeTax）：1997 - 01 - 01
48	亚美尼亚 ARMENIA	1996 - 05 - 05	1996 - 11 - 28	1997 - 01 - 01
49	牙买加 JAMAICA	1996 - 06 - 03	1997 - 03 - 15	1998 - 01 - 01
50	冰岛 ICELAND	1996 - 06 - 03	1997 - 02 - 05	1998 - 01 - 01
51	立陶宛 LITHUANIA	1996 - 06 - 03	1996 - 10 - 18	1997 - 01 - 01
52	拉脱维亚 LATVIA	1996 - 06 - 07	1997 - 01 - 27	1998 - 01 - 01
53	乌兹别克斯坦 UZBEKISTAN	1996 - 07 - 03	1996 - 07 - 03	1997 - 01 - 01
54	孟加拉国 BANGLADESH	1996 - 09 - 12	1997 - 04 - 10	中（China）1998 - 01 - 01 孟（Bangladesh）1998 - 07 - 01
55	④南斯拉夫联盟（适用于塞尔维亚和黑山）YUGOSLAVIA（SERBIA AND MONTENEGRO）	1997 - 03 - 21	1998 - 01 - 01	1998 - 01 - 01
56	苏丹 SUDAN	1997 - 05 - 30	1999 - 02 - 09	2000 - 01 - 01
57	马其顿 MACEDONIA	1997 - 06 - 09	1997 - 11 - 29	1998 - 01 - 01
58	埃及 EGYPT	1997 - 08 - 13	1999 - 03 - 24	2000 - 01 - 01
59	葡萄牙 PORTUGAL	1998 - 04 - 21	2000 - 06 - 07	2001 - 01 - 01
60	爱沙尼亚 ESTONIA	1998 - 05 - 12	1999 - 01 - 08	2000 - 01 - 01
61	老挝 LAOS	1999 - 01 - 25	1999 - 06 - 22	2000 - 01 - 01
62	塞舌尔 SEYCHELLES	1999 - 08 - 26	1999 - 12 - 17	2000 - 01 - 01
63	菲律宾 THE PHILIPPINES	1999 - 11 - 18	2001 - 03 - 23	2002 - 01 - 01
64	爱尔兰 IRELAND	2000 - 04 - 19	2000 - 12 - 29	中（China）2001 - 01 - 01 爱（Ireland）2001 - 04 - 06
65	南非 SOUTH AFRICA	2000 - 04 - 25	2001 - 01 - 07	2002 - 01 - 01
66	巴巴多斯 BARBADOS	2000 - 05 - 15	2000 - 10 - 27	2001 - 01 - 01

续表

序号 Serial No.	国家或地区 Jurisdiction	签署日期 Signed on	生效日期 Effective from	执行日期 Applicable since
67	摩尔多瓦 MOLDOVA	2000 - 06 - 07	2001 - 05 - 26	2002 - 01 - 01
68	卡塔尔国 KATAR	2001 - 04 - 02	2008 - 10 - 21	2009 - 01 - 01
69	古巴 CUBA	2001 - 04 - 13	2003 - 10 - 17	2004 - 01 - 01
70	委内瑞拉 VENEZUELA	2001 - 04 - 17	2004 - 12 - 23	2005 - 01 - 01
71	尼泊尔 NEPAL	2001 - 05 - 14	2010 - 12 - 31	2011 - 01 - 01
72	哈萨克斯坦 KAZAKHSTAN	2001 - 09 - 12	2003 - 07 - 27	2004 - 01 - 01
73	印度尼西亚 INDONESIA	2001 - 11 - 07	2003 - 08 - 25	2004 - 01 - 01
74	阿曼 OMAN	2002 - 03 - 25	2002 - 07 - 20	2003 - 01 - 01
75	尼日利亚 NIGERIA	2002 - 04 - 15	2009 - 03 - 21	2010 - 01 - 01
76	突尼斯 TUNIS	2002 - 04 - 16	2003 - 09 - 23	2004 - 01 - 01
77	伊朗 IRAN	2002 - 04 - 20	2003 - 08 - 14	2004 - 01 - 01
78	巴林 BAHRAIN	2002 - 05 - 16	2002 - 08 - 08	2003 - 01 - 01
79	希腊 GREECE	2002 - 06 - 03	2005 - 11 - 01	2006 - 01 - 01
80	吉尔吉斯 KYRGYZSTAN	2002 - 06 - 24	2003 - 03 - 29	2004 - 01 - 01
81	摩洛哥 MOROCCO	2002 - 08 - 27	2006 - 08 - 16	2007 - 01 - 01
82	斯里兰卡 SRILANKA	2003 - 08 - 11	2005 - 05 - 22	2006 - 01 - 01
83	特立尼达和多巴哥 TRINIDAD AND TOBAGO	2003 - 09 - 18	2005 - 05 - 22	针对不同所得项目分别于 2005 - 06 - 01 和 2006 - 01 - 01 起执行
84	阿尔巴尼亚 ALBANIA	2004 - 09 - 13	2005 - 07 - 28	2006 - 01 - 01
85	文莱 BRUNEI	2004 - 09 - 21	2006 - 12 - 29	2007 - 01 - 01
86	阿塞拜疆 AZERBAIJAN	2005 - 03 - 17	2005 - 08 - 17	2006 - 01 - 01
87	格鲁吉亚 GEORGIA	2005 - 06 - 22	2005 - 11 - 10	2006 - 01 - 01
88	墨西哥 MEXICO	2005 - 09 - 12	2006 - 03 - 01	2007 - 01 - 01
89	沙特阿拉伯 SAUDI ARABIA	2006 - 01 - 23	2006 - 09 - 01	2007 - 01 - 01
90	阿尔及利亚 ALGERIA	2006 - 11 - 06	2007 - 07 - 27	2008 - 01 - 01
91	塔吉克斯坦 Tajikistan	2008 - 08 - 27	2009 - 03 - 28	2010 - 01 - 01
92	埃塞俄比亚 ETHIOPIA	2009 - 05 - 14	2012 - 12 - 25	2013 - 01 - 01

续表

序号 Serial No.	国家或地区 Jurisdiction	签署日期 Signed on	生效日期 Effective from	执行日期 Applicable since
93	土库曼斯坦 TURKMENISTAN	2009－12－13	2010－05－30	2011－01－01
94	捷克 CZECH	2009－08－28	2011－05－04	2012－01－01
95	赞比亚 ZAMBIA	2010－07－26	2011－06－30	2012－01－01
96	叙利亚 SYRIA	2010－10－31	2011－09－01	2012－01－01
97	乌干达 UGANDA	2012－01－11	（尚未生效）	
98	博茨瓦纳 BOTSWANA	2012－04－11	（尚未生效）	
99	厄瓜多尔 ECUADOR	2013－01－21	2014－03－06	2015－01－01
100	智利 CHILE	2015－05－25	2016－08－08	2017－01－01
101	津巴布韦 ZIMBABWE	2015－12－01	2016－09－29	2017－01－01
102	柬埔寨 CAMBODIA	2016－10－13	2018－01－26	2019－01－01
103	肯尼亚 KENYA	2017－09－21	（尚未生效）	
104	加蓬 GABON	2018－09－01	（尚未生效）	
105	刚果（布）THE REPUBLIC OF CONGO	2018－09－05	（尚未生效）	
106	安哥拉 ANGOLA	2018－10－09	（尚未生效）	

注：（1）截至2018年10月，中国已对外正式签署106个避免双重征税协定，其中100个协定已生效，和香港、澳门两个特别行政区签署了税收安排，与台湾签署了税收协议。

（2）①中国政府于1985年6月10日、1987年6月8日先后与德意志联邦共和国、德意志民主共和国政府签订避免对所得和财产双重征税协定、避免对所得双重征税和防止偷漏税协定。1990年10月3日，德意志联邦共和国与德意志民主共和国统一为德意志联邦共和国，中国政府1985年6月10日与德意志联邦共和国政府签订的避免对所得和财产双重征税协定继续适用于中国和统一以后的德意志联邦共和国。

②中国政府于1987年6月11日与捷克斯洛伐克社会主义共和国政府签订避免对所得双重征税和防止偷漏税协定。1990年，捷克斯洛伐克社会主义共和国先后改国名为捷克斯洛伐克联邦共和国、捷克和斯洛伐克联邦共和国，上述协定继续适用。1993年1月1日，捷克和斯洛伐克联邦共和国分解为捷克共和国和斯洛伐克共和国，上述协定继续适用于中国和上述两国。2009年8月28日，中国政府与捷克共和国政府签订避免对所得双重征税和防止偷漏税协定，该协定适用于捷克共和国。

③中国政府于1988年12月2日与南斯拉夫社会主义联邦共和国议会联邦执行委员会（南斯拉夫政府）签订避免对所得和财产双重征税协定，后来南斯拉夫解体，据外交部告，该协定由解体后的各国继承，后来中国政府陆续与解体后的各国政府签订避免对所得和财产双重征税协定，仅有波斯尼亚和黑塞哥维那政府未单独签订，上述协定继续适用于中国和波斯尼亚和黑塞哥维那。

④中国政府于1997年3月21日与南斯拉夫联盟共和国联盟政府（南斯拉夫联盟政府）签订避免对所得和财产双重征税协定。2003年2月4日，南斯拉夫联盟共和国改国名为塞尔维亚和黑山共和国，上述协定继续适用。2006年6月3日，塞尔维亚和黑山共和国分解为塞尔维亚共和国和黑山共和国，上述协定继续适用于中国和上述两国。

表 3　　中国内地与香港、澳门签订的避免双重征税安排

序号 Serial No.	地区 Region	签署日期 Signed on	生效日期 Effective from	执行日期 Applicable since
1	香港特别行政区 HKSAR	2006－08－21	2006－12－08	内地（Mainland）：2007－01－01 香港（HKSAR）：2007－04－01
2	澳门特别行政区 MCSAR	2003－12－27	2003－12－30	2004－01－01

表 4　　中国大陆与台湾签订的避免双重征税协议

地区 Region	签署日期 Signed on	生效日期 Effective from	执行日期 Applicable since
台湾 Taiwan	2015－08－25	（尚未生效）	

表 5　　中国签署的税收情报交换协定

序号 Serial No.	国家或地区 Jurisdiction	签署日期 Signed on	生效日期 Effective from	执行日期 Applicable since
1	巴哈马岛 Bahamas	2009－12－01	2010－08－28	2011－01－01
2	英属维尔京群岛 the British Virgin Islands	2009－12－07	2010－12－30	2011－01－01
3	马恩岛 the Isle of Man	2010－10－26	2011－08－14	2012－01－01
4	根西岛 Guernsey	2010－10－27	2011－08－17	2012－01－01
5	泽西岛 Jersey	2010－10－29	2011－11－10	2012－01－01
6	百慕大群岛 Bermuda	2010－12－02	2011－12－31	2012－01－01
7	阿根廷 Argentina	2010－12－13	2011－09－16	2012－01－01
8	开曼群岛 Cayman	2011－09－26	2012－11－15	2013－01－01
9	圣马力诺 San Marino	2012－07－09	2013－04－30	2014－01－01
10	列支敦士登 Liechtenstein	2014－01－27	2014－08－02	2015－01－01

附录5

国际运输收入税收处理情况

表1　　　　国际运输收入税收处理情况（空运）

项目	国家（地区）	依据
1. 互征企业所得税	税款不超过总收入的1.5%：菲律宾	避免双重征税协定（安排）
2. 互免企业所得税	除项目1所列国家外其他所有与中国有税收协定的国家（地区）	避免双重征税协定（安排）
	津巴布韦、土库曼斯坦、叙利亚、秘鲁、马达加斯加、黎巴嫩、阿富汗、扎伊尔、文莱、苏联	航空协定税收条款
3. 互免个人所得税	津巴布韦、越南、蒙古国、老挝、科威特、孟加拉国、阿曼、文莱、乌克兰、哈萨克斯坦、马尔代夫、乌兹别克斯坦、土库曼斯坦、苏联、黎巴嫩、吉尔吉斯、白俄罗斯	航空协定税收条款
	韩国	税收协定议定书
	法国、英国、巴林	双边专项国际运输互免税协议
4. 互免间接税	日本、丹麦、新加坡、阿联酋、韩国、印度、毛里求斯、斯洛文尼亚、以色列、乌克兰、牙买加、马来西亚（2000年议定书）、中国香港、中国澳门	避免双重征税协定（安排）
	津巴布韦、越南、乌兹别克斯坦、美国、乌克兰、土库曼斯坦、叙利亚、罗马尼亚、秘鲁、阿曼、新西兰、马达加斯加、黎巴嫩、吉尔吉斯、科威特、哈萨克斯坦、以色列、加拿大、文莱、比利时、白俄罗斯、苏联	航空协定税收条款
	美国、法国、泰国、土耳其、卢森堡、荷兰、芬兰、新加坡、斯里兰卡、巴林、波兰	互免国际运输收入税收协议或换函

表 2　　　　国际运输收入税收处理情况（海运）

项目	国家（地区）	依据
1. 互征企业所得税	减半征收：泰国、马来西亚、孟加拉国、印度尼西亚、斯里兰卡 税款不超过总收入的 1.5%：菲律宾	避免双重征税协定（安排）
2. 互免企业所得税	除项目 1 所列国家外其他所有与中国有税收协定（安排）的国家（地区）	避免双重征税协定（安排）
	智利、朝鲜、黎巴嫩	海运协定税收条款
	阿根廷	互免国际运输收入税收协议或换函
3. 互免个人所得税	前南斯拉夫、克罗地亚、希腊、黎巴嫩	海运协定税收条款
	韩国	税收协定议定书
4. 互免间接税	日本、丹麦、新加坡（第 8 条及议定书）、阿联酋、韩国（第 8 条及议定书）、印度（第 8 条及议定书）、毛里求斯、斯洛文尼亚、以色列、乌克兰、牙买加、马来西亚（2000 年议定书）、中国香港	避免双重征税协定（安排）
	日本、比利时、德国、挪威、丹麦、芬兰、瑞典、荷兰、保加利亚、巴基斯坦、塞浦路斯、罗马尼亚、巴西、马耳他、克罗地亚、越南、乌克兰、希腊、古巴、格鲁吉亚、阿尔及利亚、智利、朝鲜、意大利、加拿大	海运协定税收条款
	美国、前南斯拉夫（互免海运收入税收协定）、俄罗斯（海运合作协定）、老挝（河运协定）、波兰、斯里兰卡、阿根廷、智利、意大利	互免国际运输收入税收协议或换函

附录6

主要国家及地区公司所得税和增值税税率

227个国家和地区公司所得税和增值税税率（2017/2018年度）

国家和地区	中央/联邦公司所得税税率			地方所得税税率	增值税税率
	普通所得税	附加税	其他所得税		
（1）	（2）	（3）	（4）	（5）	（6）
阿富汗	20%	无	无	无	营业税：4%，2%，5%，10%①
阿尔巴尼亚*	15%②	无	无	各地不一③	20%④
阿尔及利亚*	工业19%，建筑23%，商业26%	分支机构利润税：15%	AMT：定额	无	19%，9%⑤
美属萨摩亚	15%，25%，34%，44%四级累进	无	无	无	无
安道尔	10%				4.5%，1%，2.5%，9.5%

① 2020年12月21日将改征增值税，税率为10%。

② 2016年起年营业额不超过500万列克的免税；超过500万列克但不超过800万列克的按5%税率征税；2019年5%税率适用的上下限分别提高至800万列克和1400万列克。

③ 税率因地区、行业、规模而异，税额约在2万列克~14.3万列克之间。

④ 2018年，住宿服务由标准税率改为6%低税率；2019年计划对视听媒体广告服务适用6%税率，对电动公交车适用10%税率。

⑤ 2017年增值税税率从17%、7%提高至19%、9%。另按营业额征营业税，税率为：工业1%，其他2%，石油管道运输3%。

续表

国家和地区	中央/联邦公司所得税税率			地方所得税税率	增值税税率
	普通所得税	附加税	其他所得税		
(1)	(2)	(3)	(4)	(5)	(6)
安哥拉*	30%①			无	消费税：10%，2%，5%，20%，60%②
安圭拉岛	无	无	无	无	无
安提瓜和巴布达	25%				V－销售税：15%，12.5%
亚速尔群岛	16.8%				18%，9%，4%
阿根廷*	35%③	无	AMT：资产的1%	地方毛收入税：1%～6%	21%，27%，10.5%，2.5%
亚美尼亚*	20%④			无	20%
阿鲁巴	25%⑤	无	无	无	周转税：1.5%⑥
澳大利亚*	30%⑦			无	GST：10%⑧
奥地利*	25%	无	AMT：定额	无	20%，13%，10%⑨
阿塞拜疆*	20%⑩				18%
巴哈马	无	无	无	无	7.5%⑪

① 农林牧渔15%；矿产40%；石油50%或65.75%。

② 2017年10月27日第257/17号总统令批准一项临时计划决定2019年开征增值税代替现行消费税。

③ 公司所得税率2018年从35%降为30%，2020年将降至25%。

④ 投资基金按净资产的0.01%计征。政府计划2020年将公司所得税税率从20%降至18%。

⑤ 2016年公司所得税率从28%降至25%。

⑥ 需按营业额的2%另征“健康税”（专用于医疗基金），综合税率为3.5%。

⑦ 年营业额不超过200万澳大利亚元小企业适用28.5%的优惠税率，从2016年7月起降至27.5%，小企业标准提高至1000万澳大利亚元，2017年和2018年7月再分别提高至2500万澳大利亚元和5000万澳大利亚元。2018年10月通过新的立法，规定将优惠税率于2020年7月降至26%，2021年7月降至25%；小企业标准2022年7月提高到10亿澳大利亚元。

⑧ 2017年7月对销售给澳居民数字产品的境外供应商征收GST。

⑨ 2016年动物、种子和植物、文化服务等部分原适用10%的项目税率提高至13%。2018年11月，旅馆住宿服务适用税率从13%降为10%。在扬霍尔茨和米特尔贝格地区，税率分别为19%、10%。

⑩ 小企业可实行简易税税制，即一般按毛收入的2%（首都巴库市为4%）征税，代替公司所得税、财产税和增值税。

⑪ 2018年7月增值税税率从7.5%提高至12%。

续表

国家和地区	中央/联邦公司所得税税率			地方所得税税率	增值税税率
	普通所得税	附加税	其他所得税		
（1）	（2）	（3）	（4）	（5）	（6）
巴林*	无（石油：46%）	无	无	元	无①
孟加拉国*	一般为35%②	无	AMT：（0.3%等）	无	15%，6%等③
巴巴多斯*	25%④				17.5%，7.5%
白俄罗斯*⑤	18%⑥	无	无	无	20%，25%，10%
比利时*	33%⑦	*危机税：（2）的3%*		无	21%，12%，6%
伯利兹	25%		AMT：（0.75%～25%）		V－销售税：12.5%
贝宁	工业：25%；其他：30%⑧		AMT：（0.75%）		18%
百慕大	无			无	无
不丹	30%	无	无	无	销售税：0～20%⑨

---

① 汽油和旅馆征销售税，税率分别为12%和10%；巴林为海合会（GCC）成员国之一，原计划2018年开征税率为5%增值税，后推迟至2018年10月正式公布增值税法于2019年开征。

② 上市公司税率为25%；金融机构为40%或42.5%，2018年7月分别降至37.5%和40%；卷烟公司为45%等。

③ 有多档低税率。2016年7月低税率作了较大调整，有1.5%、2.5%、4.5%、5%、6%、10%等；对奢侈品和“不合社会需要”的商品另按10%～500%的税率征收附加税。小规模企业不征增值税，改按营业额征周转税，税率3%。

④ 小公司、制造业公司、不动产出租所得，税率为15%。

⑤ 小微企业简按毛收入的5%或3%简易征税，代替公司所得税、增值税等；2018年起符合条件的在线零售商和信息服务商可以适用简易税制。

⑥ 银行、保险公司税率为25%。

⑦ 年应税所得低于322500欧元的，适用24.25%、31%、34.5%三级超额累进税率，2018年取消，改为对符合条件的中小企业，年应税所得不超过10万欧元的部分适用20%优惠税率。2018年一般税率从33%降至29%，2020年将降至25%；危机税税率2018年从3%降至2%，2020年取消；2018年对大企业（即非中小企业）征收5%公平税（Fairness Tax）。

⑧ 小微企业实行简易税制，即按营业额定额累进计征，代替所得税、经营特许费和工资税等。

⑨ 烟酒适用50%～100%高税率。机动车按排气量高低适用45%～100%税率征收销售税，进口的同时征收关税和绿色税，合计税负100%～180%。

续表

国家和地区	中央/联邦公司所得税税率			地方所得税税率	增值税税率
	普通所得税	附加税	其他所得税		
(1)	(2)	(3)	(4)	(5)	(6)
BES 群岛①	无②		收益税：5%	无	支出税：8%，6%，7%，25%③
玻利维亚	25%		AMT：(3%)	无	13%（价内税）④
波黑	10%	无	无	无	17%
博茨瓦纳*	22%		无	无	12%
巴西*	15%	10%	社会税：9%	无	联邦：10%～15%⑤
英属维尔京群岛	无	无	无	无	无
文莱*	18.5%⑥	无	无	无	无
保加利亚*	10%	无	无	无	20%，9%
布基纳法索	27.5%		AMT：(0.5%)		18%
布隆迪	30%		AMT：(1%)		18%，10%
柬埔寨*	20%⑦		AMT：(1%)		10%
喀麦隆	30%	(2) 的10%	AMT：(2.2%)	议会附加税：(2)+(6) 的10%	17.5%⑧

① 2010年10月10日荷属安的列斯解体，库拉索岛和圣马丁岛分别成为荷兰王国的自治国，各自拥有独立的内部自治权；博奈尔岛（Bonaire）、圣俄斯塔休斯岛（St. Eustatius）和萨巴岛（Saba）三个荷属安的列斯岛屿直接并入荷兰本土，成为荷兰加勒比区，简称 BES 群岛，类似荷兰本土的县市级，居民将享有与荷兰公民相同的各种权利（包括立法与选举权），但税制与荷兰本土不同。

② BES 群岛上的企业，原则上视同荷兰居民企业适用荷兰公司所得税；但与岛内紧密相关的企业可以申请成为 BES 群岛的居民企业，不征（荷兰）公司所得税，而只对其分配利润征收5%的“收益税”（Yield tax）。

③ 表中为博奈尔岛适用税率，其中：货物包括进口货物为8%，服务6%，保险7%，另有一档25%高税率适于小汽车；圣俄斯塔休斯岛和萨巴岛则相应为6%，4%，5%，另有18%、22%和30%三档高税率。

④ 折算成价外税税率为14.94%。

⑤ 联邦征工业产品税（IPI），无标准税率，税率在0～300%之间，一般为10%～15%；州征商品流通、运输和通信服务税（ICMS），与 IPI 都属增值税性质，税率各州不等，一般为17%。此外，市政府征服务税，不同服务不同地区税率不同，一般为2%～5%。巴西政府计划推动增值税改革。

⑥ 小企业按正常税率的25%或50%征税。

⑦ 小企业适用0～20%累进税率。

⑧ 另按税额的10%附征地方税，合计税负为19.25%。

续表

国家和地区	中央/联邦公司所得税税率			地方所得税税率	增值税税率
	普通所得税	附加税	其他所得税		
（1）	（2）	（3）	（4）	（5）	（6）
加拿大*	15%			5% ~10%	GST：5%①
佛得角	25%②	无	无	消防附加税③	15%，6%
开曼群岛	无				无
根西岛	0%④				无
泽西岛	0%⑤				GST：5%
中非	30%⑥		AMT：（1.85%）		19%，5%
乍得	35%		AMT：（1.5%）	无	18%
智利*	25%⑦	35%⑧	无	无	19%
中国	25%⑨	无	无	无	17%，11%，6%⑩
哥伦比亚	34%⑪	6%⑫	取消 CREE：9%	市工商税：0.2% ~1.0%	19%，5%⑬

① 多数省另征销售税，税率不一，在5% ~10%之间。

② 中小企业按营业额的4%简易征收“单一特别税”，代替公司所得税、增值税和社会保障税等。

③ 在圣维森特岛和圣地牙哥岛，按公司所得税的2%附征。

④ 多数公司税率为0%；部分特殊行业如金融业适用10%税率，不动产等适用20%税率。

⑤ 多数公司税率为0%；部分特殊行业如金融业适用10%税率，公用事业公司等为20%。

⑥ 年营业额低于3000西非法郎的公司根据上一年度的毛收入按12%税率征收单一综合税，2016年税率从12%降为8%、10%两档超额累进。

⑦ 2017年公司所得税率从24%提高至25%；实行部分归集抵免制的企业，2017年税率为25.5%，2018年提高至27%。小企业可以选择按毛收入的0.25%简易计税。

⑧ 对非居民投资者分配利润征收预提附加税，公司所得税可以抵免，故实际税负为35%。

⑨ 小微企业：税率为20%；年应税所得不超过规定标准的，减半征税，该标准2017年从30万元提高至50万元，2018提高至100万元；2019年起应税所得不超过100万元的，100万元至300万元的部分，减按25%、50%计入税基。

⑩ 小规模纳税人按销售额的3%简易征税。2017年7月取消13%档税率；2018年5月，17%、11%税率降为16%、10%；统一小规模纳税人上限标准至500万元年营业额。

⑪ 税基为应税所得或净权益的3%中的较大者。2013年征收9%特别所得税（CREE），税基与公司所得有差异。2017年起取消CREE，公司所得税普通税率从25%提高至34%，2018年再降至33%；2017年起，房屋租赁、生态旅游服务、2016年享受免税的新建或新翻新的旅馆，适用9%优惠税率。

⑫ 2015—2018年期间，对CREE税基超8亿比索（约30万美元）的部分征收CREE临时附加税，各年税率分别为5%、6%、8%和9%，2016年税收法案改为：2017年6%，2018年4%。

⑬ 2017年增值税标准税率从16%提高至19%。

续表

国家和地区	中央/联邦公司所得税税率			地方所得税税率	增值税税率
	普通所得税	附加税	其他所得税		
(1)	(2)	(3)	(4)	(5)	(6)
科摩罗	35%		AMT:(1%)		消费税:10%,25%,5%,3%等
刚果(金)	35%①		AMT:(1%)	无	16%
刚果(布)*	30%		AMT:(1%)		18%,5%②
库克群岛	20%	无	无	无	15%
哥斯达黎加	30%③	无	无	无	13%,10%,5%④
科特迪瓦	25%		AMT:(0.5%)	无	18%,9%⑤
克罗地亚*	18%⑥	无	无	无	25%,13%,5%⑦
古巴*	15%⑧				销售税:10%,2%
库拉索	22%⑨	无	无	无	周转税:6%,7%,9%
塞浦路斯*	12.5%⑩	国防税:(3%)		无	19%,9%,5%
捷克*	19%	无	无	无	21%,15%,10%
朝鲜	25%⑪	无	无	无	交易税:1%等⑫

① 小企业按营业额简易征税,税率为1%或2%。

② 另按VAT税额附征5%附加税,综合税负为18.9%,但附加税不能抵扣。

③ 小公司适用10%、20%两档低税率,即实际实行三档超额累进税率。小公司的标准每年调整。

④ 2019年7月,将服务业由免税改为按标准税率征税,对列名的生活必需品适用1%低税率;对药品适用2%低税率;对私人医疗服务适用4%低税率。

⑤ IBFD:另有一档21.31%的高税率适用于烟草产品。

⑥ 2017年,税率从20%降至18%,年应税所得不超过300万库纳的部分,适用12%优惠税率。

⑦ 2018年9月政府向议会提交9项减税法案,其中计划2020年将增值税标准税率从25%降至24%。

⑧ 根据IBFD2018年1月更新的古巴税收简表内容更新,公司税率何时从35%降至15%不详。

⑨ 公司所得税率2016年从25%降至22%。离岸公司:2%~3.45%;出口:3.3%。

⑩ 资本利得税率为20%。

⑪ 只对外国投资公司(FIC)和外国公司征收。外国公司和境外朝鲜人投资的FIC税率为20%。

⑫ FIC提供货物征收交易税,税率一般在1%~15%之间,对国家控制产品和奢侈品,税率可以高达16%~50%;FIC提供劳务征收营业税,税率在2%~10%之间。

续表

国家和地区	中央/联邦公司所得税税率			地方所得税税率	增值税税率
	普通所得税	附加税	其他所得税		
（1）	（2）	（3）	（4）	（5）	（6）
丹麦*	22%①	无	无	无	25%
吉布提	25%		AMT：（1%）		10%
多米尼克	25%②	无	无	无	15%，10%
多米尼加共和国	27%		AMT：净财产的1%	无	18%，16%③
东帝汶	10%	无	无	无	销售税：2.5%；服务税：5%
厄瓜多尔*	22%④	无	无	无	12%⑤
埃及*	22.5%⑥			无	14%，5%⑦
萨尔瓦多	30%⑧	利润分配预提税：5%⑨		市税：不等	13%
赤道几内亚	35%⑩		AMT：（3%）	无	15%，6%
厄立特里亚	30%			市税：4%	销售税：5%~12%
爱沙尼亚*	20%⑪	无	无	无	20%，9%
埃塞俄比亚*	30%⑫				15%⑬
福克兰群岛	26%⑭				无

① 公司所得税率2016年从23.5%降至22%。

② 公司所得税率2016年从28%降至25%。

③ 2016年13%低税率提高至16%，2018年提高至18%。

④ 2018年公司所得税率从22%提高至25%。未告知税务局其股权结构的，或者股东居住在低税区的公司，税率为28%。

⑤ 为应对自然灾害筹集资金，2016年6月起1年内临时将增值税税率从12%提高至14%；2017年6月又恢复到12%。

⑥ 中央银行、苏伊士运河和石油管理局税率为40%；石油公司税率为40.55%。

⑦ 2016年9月7日增值税法公布并于次日生效，代替原销售税法。增值税标准税率为13%，另设一档5%低税率；2017年7月标准税率提高至14%。

⑧ 年应税所得不超过15万美元的公司税率为25%。

⑨ 2012年起对从居民公司分配的利润征收，属于最终税；2016年起对大企业征收5%的“国家安全特别税”。

⑩ 应税所得不超过1000非共体法郎的部分免征所得税。

⑪ 利润分配时征收，未分配利润不征。公司所得税率2018年从20%降至14%。

⑫ 不动产转让利得税率为15%；矿产、石油和农业适用特别税制。

⑬ 不符合增值税注册条件的小公司，按营业额征周转税，税率为货物2%，劳务10%；所有进口的货物按到岸价格+关税+增值税适用10%税率征收附加税。

⑭ 应税所得不超过100万镑的部分，税率为21%。

续表

国家和地区	中央/联邦公司所得税税率			地方所得税税率	增值税税率
	普通所得税	附加税	其他所得税		
(1)	(2)	(3)	(4)	(5)	(6)
法罗群岛	18%				25%
斐济	20%①				9%②
芬兰*	20%			无	24%，14%，10%
法国*	33.33%③	社会税：(2)的3.3%；临时附加税：(2)的10.7%，2017年取消④	股息分配：3%，取消⑤	地方经营税：≤3%	20%，10%，5.5%，2.1%
法属圭亚那	(同法国)	(同法国)			无
法属波利尼西亚	28%⑥	大公司：附加税：7%~15%；	AMT：(0.5%)		16%，13%，5%
加蓬	30%⑦		AMT：(1%)	无	18%，10%，5%
冈比亚	30%⑧		AMT：(1.5%)⑨		15%
格鲁吉亚*	15%	无	无	无	18%
德国*	15%	团结税：(2)的5.5%		市经营税：14%⑩	19%，7%

---

① 资本利得按10%税率征税；上市公司：10%；总部在斐济的公司税率为17%。

② 2016年增值税税率从15%降至9%。

③ 符合条件的小企业，年所得不超过38120欧元部分税率为15%。2017年，小企业年所得超过38120但不超过7.5万欧元的部分，税率为28%；其他符欧盟条件的中小企业年所得不超过7.5万欧元的部分税率为28%。2018年，所有企业年所得不超过50万欧元的部分，税率为28%。2019年、2020年公司所得税普通税率从33.33%分别降至31%和28%；2021年、2022年进一步降至26.5%和25%。

④ 社会税对年营业额达到763万欧元的大公司就其年应税所得超过76.3万欧元的部分计征；临时附加税2017年取消。

⑤ 2017年宪法法院裁定违宪实际已停征，并改为对大公司征收1年期的临时特别税；2018年财政法明确2018年取消。

⑥ 公司所得税率从29%分别降至2017—2020年的28%、27%、26%和25%。矿产企业和信贷机构，税率为35%；可再生能源生产企业，税率为20%。

⑦ 旅游公司和知识产权控股公司税率为25%；石油和矿产公司为35%。

⑧ 2016年公司所得税率从31%降至30%，2018年降至27%。营业额低于50万达拉西的按营业额的3%简易征税。

⑨ 财务报表须经审计，未经审计的，按营业额或毛收入的2.5%征收；2018年分别降至1%、2%。

⑩ 税率各地不等，一般在12%~20%之间，平均税率约为14%。

续表

国家和地区	中央/联邦公司所得税税率			地方所得税税率	增值税税率
	普通所得税	附加税	其他所得税		
(1)	(2)	(3)	(4)	(5)	(6)
加纳	25%①	财政稳定税：5%		无	15%②
直布罗陀	10%	无	无	无	无
希腊*	29%③			无	24%，13%，6%④
格陵兰	30%	（2）的6%		无	无
格林纳达	30%⑤				15%，10%，20%⑥
法属瓜地洛普和马提尼克岛	（同法国）	（同法国）			8.5%，2.1%等
关岛	35%（同美国）	5%			毛收入税：4%⑦
危地马拉	25%⑧		AMT：（1%）	无	12%
几内亚	35%⑨		AMT：（3%）		18%⑩
几内亚比绍	25%	7%	AMT：（1%）		V－销售税：17%，10%，20%
圭亚那	27.5%⑪	无	AMT：（2%）	无	14%⑫
海地	30%				V－周转税：10%

① 矿产企业35%；旅馆22%；出口企业8%。经批准的信托基金和共同基金原规定前10年适用1%优惠税率，2018年起免税。财政稳定税原征至2014年，现再次延期至2019年。

② 批发零售企业按3%征收率征税，进项不能扣除。提供货物和劳务另征2.5%国民健康保险税。

③ 公司所得税率2019年从29%降至28%，并每年降1个百分点至2022年的25%。信贷机构仍为29%。

④ 一些岛屿的增值税可以按规定减征30%。

⑤ 适用于年应税所得超过6万东加勒比元的部分。2018年11月21日政府向议会提交的2019年预算措施中建议2019年将公司所得税率从30%降至28%。

⑥ 20%高税率适用于手机。

⑦ 称经营特许税（Business Privilege Tax），2018年4月—9月，税率临时从4%提高至6%，10月再恢复；10月开始征收销售税，税率为2%。

⑧ 小企业按毛收入的5%简易征税代替增值税和所得税。

⑨ 2018年公司所得税率从35%降至25%，矿产企业降至30%，但电话公司、银行保险业和进口、储存和销售石油产品的公司，仍为35%；AMT税率2018年从3%降至1.5%。

⑩ 2016年1月19日，增值税税率从18%提高至20%；2017年又从20%降回18%。

⑪ 2017年非商业公司税率从30%降至27.5%；商业公司税率为40%，电话公司45%。小企业按营业额的2%简易征税。

⑫ 2017年2月，增值税税率从16%降至14%。

续表

国家和地区	中央/联邦公司所得税税率			地方所得税税率	增值税税率
	普通所得税	附加税	其他所得税		
(1)	(2)	(3)	(4)	(5)	(6)
洪都拉斯	25%	团结税：5%	AMT：(1.5%)	市经营许可税	V－销售税：15%，18%
中国香港*	16.5%①			无	无
匈牙利*②	9%③	革新税：0.3%		地方经营税：2%	27%，18%，5%
冰岛*	20%				24%，11%
印度*	30%	附加税：(2)的5%或10%；教育税：3%④	股息分配税：15% AMT：18.5%	无	GST：18%，28%，12%，5%⑤
印度尼西亚*	25%			无	10%⑥
伊朗*	25%	无	无	无	6%，12%，20%⑦
伊拉克	15%			无	销售税：10%，5%，20%，100%
爱尔兰*	经营所得：12.5% 非经营所得：25%		资本利得：33%	无	23%，13.5%，9%，5.4%，4.8%⑧
马恩岛	0，10%，20%⑨	无	无	无	20%，5%（同英国）

① 实际减征75%。2018年4月起，年应税所得不超过200万港元的部分，税率为8.25%。

② 符合条件的有限责任公司、合伙公司、合营公司等可以按营业额的37%征收“简易企业税”以代替所得税、公司汽车税和增值税。

③ 年应税所得（积极所得）不超过5亿福林的部分适用10%优惠税率。2017年由10%、19%两档税率统一降为9%。

④ 2016/2017征收年度，附加税税率根据营业规模的不同分别提高至7%或12%。教育税包括2%教育税和1%中高等教育税，2018年4月改征教育卫生税，税率为4%。

⑤ 原增值税只对各邦内的货物交易征收，各邦标准税率一般在12.5%～15%之间，其他税率有1%、4%、10%或20%等。邦间的货物交易由中央委托邦征收2%或10%的中央销售税，服务由中央征收12%的服务税。2017年7月统一改征货物劳务税（GST），标准税率为18%，另有28%、12%、5%等多档税率，由中央和邦政府双层征收。28%高税率应税项目还征收税率不等的“补偿税”。

⑥ 增值税法授权政府在5%～15%幅度内调整增值税适用税率，但1984年增值税法生效以来一直未作调整。

⑦ 烟草、汽油适用12%、20%高税率。同时另征3%增值税性质的税收（烟和汽油分别适用3%和5%或10%）。故标准税率为9%。

⑧ 2017年增值税低税率5.2%提高至5.4%。

⑨ 普通公司适用0%税率，对金融等按10%税率征税；2015年4月6日起不动产按20%征税。

续表

国家和地区	中央/联邦公司所得税税率			地方所得税税率	增值税税率
	普通所得税	附加税	其他所得税		
(1)	(2)	(3)	(4)	(5)	(6)
以色列*	24%①			无	17%
意大利*	24%②			(3.9%)③	22%，10%，5%，4%④
牙买加*	25%	5%		无	16.5%，10%，25%等⑤
日本*	23.4%⑥			住民税；企业税⑦	V－消费税：8%⑧
约旦	工业：14%；其他：20%⑨			无	V－销售税：16%，24%，8%，4%⑩
哈萨克斯坦*	20%			无	12%
肯尼亚*	30%			无	16%⑪
基里巴斯	20%，30%，35%三档累进	无	无	无	12.5%

① 公司所得税率从25%分别降至2017年、2018年的24%、23%。

② 公司所得税率2017年从27.5%降至24%。

③ 实际税率可以由地方政府在规定幅度（0.9176%）内调整，该税不能在公司所得税前扣除。

④ 如果财政状况不能达到预期目标，2016—2018年都曾计划上调税率，现行计划：标准税率2019年将从22%提高至24.2%，2020年提高至24.9%，2021年提高至25%；10%税率2019年将提高至11.5%，2020年提高至13%。2018年12月31日议会通过2019预算法案规定2019年增值税率保持不变。

⑤ 称“一般消费税”，属增值税性质。商品进口另征5%附加税，合计税率21.5%。

⑥ 实缴股本不超过1亿日元的中小企业，应税所得不超过800万日元的部分适用15%优惠税率。2016年4月普通税率从23.9%降至23.4%，2018年4月降至23.2%。

⑦ 住民税：道政府，公司税的3.2%～4.2%（2017年4月降至1%～2%）；市政府，公司税的9.7%～12.1%（2017年4月降至6%～8.4%）。企业税：大企业标准税率2015年4月起为3.1%、4.6%、6.0%（中小企业为1.6%、2.3%、3.1%）三级累进；2016年4月以后调整为1.9%、2.7%、3.6%（中小企业为0.3%、0.5%、0.7%）。此外还按公司税附征地方公司税，税率为4.4%，2017年4月随着住民税的下调其税率提高至10.3%。

⑧ 原计划2017年4月税率从8%提高至10%（中央7.8%，地方2.2%），并增加一档8%低税率，现计划延期至2019年10月上调。

⑨ 电信、金融中介、保险等税率为24%；银行为35%。2019年起，工业企业一般税率从14%提高至15%，此后每年提高1个百分点，至2024年起为20%；其中制药和纺织，2019年税率为10%，2020年增至14%，2021年为16%，2022年为18%，2023年为19%，2024年起为20%。

⑩ 2018年1月17日起，8%低税率提高至10%，24%高税率取消，相关项目并入消费税。

⑪ 2018年9月起对某些石油产品由免税改按8%税率征收增值税。

续表

国家和地区	中央/联邦公司所得税税率			地方所得税税率	增值税税率
	普通所得税	附加税	其他所得税		
(1)	(2)	(3)	(4)	(5)	(6)
韩国*	22%①	留存收益特别税：10%②	AMT：（10%~17%）③	居民税：定额；地方所得税：(2)的10%	10%
科索沃	10%	无	无	无	18%，8%
科威特*	15%	上市公司：2.5%	扎卡特税：1%		无④
吉尔吉斯斯坦*	10%	无	无	无	12%⑤
老挝*	24%⑥				10%⑦
拉脱维亚*⑧	15%⑨	无	无	无	21%，12%⑩
黎巴嫩	17%⑪	无	无	无	10%⑫
莱索托	25%⑬	无		无	14%⑭，5%
利比里亚	25%⑮		AMT：(2%)⑯		销售税：10%⑰

① 应税所得不超过2亿韩元的部分，税率为10%；超过2亿韩元但不超过200亿韩元的部分，税率为20%；超过200亿的部分，税率为22%。2018年，超过3000亿韩元的部分，税率提高至25%。

② 2015—2017年对大公司征收，税基为规定所得减除工资支出、股息分配和新投资支出。2018—2020年：税率从10%提高至20%。

③ 税基为未扣除减免项目前的应税所得。中小公司税率为7%。

④ GCC成员国之一，但2018年未按GCC计划开征增值税，计划推迟至2021年开征。

⑤ 另征1%~5%销售税，税基为不含增值税、销售税的价格。

⑥ 烟草公司另征2%，用于控烟基金。独资企业和自由职业者按5%~24%五级累进征税。

⑦ 年营业额不超过4亿基普者改征营业税，税率为10%。

⑧ 小微企业按营业额乘征收率简易征收小微企业税，代替公司所得税、为雇员缴纳的社会保障税和经营风险税。征收率为：年营业额不超过7000欧元的，9%，超过7000欧元~10万欧元的，2016年从11%提高至13%、2017年再提高至15%。

⑨ 2018年公司所得税改按分配利润征税，税率为20%。

⑩ 2018—2020年，新增5%低税率，适用于水果、蔬菜。

⑪ 2017年10月26日起公司所得税税率从15%提高至17%。

⑫ 2018年增值税税率从10%提高至11%。

⑬ 制造业税率为10%。

⑭ 原有一档15%税率适用于烟酒。2015/2016年度改按标准税率征收，同时另征4%烟酒附加税。2018年4月标准税率从14%提高至15%；取消5%低税率，原适用项目电力适用的税率提高至8%，电信则提高至9%。

⑮ 年营业额不超过300万元的小企业，可以选择按营业额的4%缴纳周转税代替公司所得税。

⑯ 2016年12月20日引入最低替代税（AMT）制度。

⑰ 称货物劳务税（GST），属于传统销售税性质，税率货物为7%，服务为10%。2016年12月20日，货物税率从7%提高至10%，即与服务税率统一。电信服务另征5%附加税。2019年计划开征增值税。

续表

国家和地区	中央/联邦公司所得税税率			地方所得税税率	增值税税率
	普通所得税	附加税	其他所得税		
（1）	（2）	（3）	（4）	（5）	（6）
利比亚	20%		圣战税：4%		无
列支敦士登	12.5%		AMT：定额	无	8%，3.8%，2.5%①
立陶宛*	15%②	无	无	无	21%，9%，5%
卢森堡*	19%③	（2）的7%④		一般6.75%⑤	17%，14%，8%，3%
中国澳门*	12%⑥				无⑦
马其顿*	10%⑧	无	无	无	18%，5%
马达加斯加	20%		AMT：（0.5%）	无	20%
马德拉岛	21%（同葡萄牙）	7%			22%，12%，5%
马拉维	30%⑨			无	16.5%
马来西亚*	24%⑩			无	GST：6%⑪
马尔代夫	15%⑫				GST：6%，12%
马里⑬	30%		AMT：（1%）		18%，5%

① 2018年增值税标准税率从8%降至7.7%，3.8%低税率降至3.7%，2.5%税率不变，但其适用范围扩大至电子报刊、电子书等。

② 小公司适用5%低税率。

③ 公司所得税税率2017年从21%降至19%，2018年降至18%。

④ 称失业基金附加税。

⑤ 称市经营税，按规定所得乘3%税率乘相应系数计征，系数各地不一，在200%～350%之间。

⑥ 年应税所得不超过60万澳元的部分，免税；超过60万澳元的部分，税率为12%。

⑦ 工商业经营者按年定额征收营业税，进口烟、酒、汽车、汽油等征收消费税。

⑧ 只对分配利润征税；分配给居民公司的利润免税。小公司适用特别规定。

⑨ 养老基金投资，税率为15%；寿险公司税率为21%，2016年7月提高至30%；优先发展行业，税率为15%或者免税10年按正常征税。

⑩ 小公司年应税所得不超过50万林吉特的部分税率为18%。2016征收年度（即2015年所得年度）税率从20%、25%降至19%、24%。2017年和2018征收年度，根据企业应税所得比上一年的增长幅度，公司所得税普通税率降低1～4个百分点（降至23%～20%）；中小企业应税所得到的前50万林吉特适用税率从19%降至18%。

⑪ 2015年4月开征增值税型GST代替销售税和服务税；新上台政府履行竞选承诺，通过立法于2018年9月停征GST，改征销售服务税，其中销售税基本税率为10%，另有一档5%低税率；服务税税率为6%。

⑫ 2010年底立法新开征经营利润税，对年应税所得不超过50万拉菲亚的部分免征。

⑬ 2015年起对年营业额少于5000万西非法郎的小企业，按营业额的3%征收综合税，代替所得税和其他税收（包括增值税）。

续表

国家和地区	中央/联邦公司所得税税率			地方所得税税率	增值税税率
	普通所得税	附加税	其他所得税		
(1)	(2)	(3)	(4)	(5)	(6)
马耳他*	35%	无		无	18%，7%，5%
马绍尔群岛	毛收入税：(3%)				地方销售税：2%～4%
毛里塔尼亚	25%		AMT：(2.5%)		16%，18%
毛里求斯*	15%①	无		无	15%
墨西哥*	30%	无		无	16%
密克罗尼西亚	21%	无	毛收入税：(3%)②	无	地方销售税：1%～25%或定额
摩尔多瓦*	12%③	无	无	无	20%④，8%
摩纳哥	33.33%	无	无	无	20%，10%，5.5%，2.1%（同法国）
蒙古*	25%⑤	无	无	无	10%⑥
黑山*	9%	无	无	无	21%，7%⑦
蒙特塞拉特	30%	无	无	无	无
摩洛哥*	31%⑧		AMT：(0.5%)⑨	无	20%，14%，10%，7%
莫桑比克	32%	无	无	市经营税：不等	17%
缅甸	25%	无		无	商务税：0～8%⑩
纳米比亚	32%	无	无	无	15%

① 2017年7月起，外贸公司的出口所得适用3%优惠税率。

② 已缴纳公司所得税的免缴毛收入税。

③ 2008年取消公司所得税，2012年重新开征；小企业可选按营业额的3%简易征收。

④ 2018年10月新增一档10%低税率，适用于宾馆饭店提供的服务和食品（原适用20%）。

⑤ 年应税所得不超过30亿图格里克的部分，税率为10%。

⑥ 2016年实施新的增值税法，但税率未变。

⑦ 2017年7月31日法律公报公布新修订的增值税法，规定税率从19%提高至21%。

⑧ 2016年从10%、30%两档改为按10%、20%、30%、31%四档超额累进税率，租赁公司和信贷机构税率为37%。2018年取消30%档税率改为适用31%档税率。

⑨ 2016年开始允许AMT超过公司所得税的部分往后结转冲抵公司所得税，期限为3年。

⑩ 2016年4月实施新的商务税法，税率0～8%，常用税率为5%；原适用高税率的烟酒等特定项目另开征“特别货物税”，税率5%～120%不等。

续表

国家和地区	中央/联邦公司所得税税率			地方所得税税率	增值税税率
	普通所得税	附加税	其他所得税		
(1)	(2)	(3)	(4)	(5)	(6)
瑙鲁	10%①	无	无	无	无
尼泊尔*	25%②	无	无	无	13%
荷兰*	25%③	无	无	无	21%，6%④
新喀利多尼亚	30%⑤	社会附加税：3%		无	GCT：5%，1%等⑥
新西兰*	28%	无	无	无	GST：15%⑦
尼加拉瓜	30%⑧	无	AMT：（1%）	无	15%，7%⑨
尼日尔	30%		AMT：（1%）⑩		19%，5%
尼日利亚*	30%	教育税：2%	AMT：（0.5%）；信息技术税：1%		5%⑪
纽埃岛	30%	无	无	无	V－消费税：12.5%
北马里亚纳群岛	35%⑫		毛收入税：（1.5%～5%）		无
挪威*	24%⑬			无	25%，15%，10%⑭

① 2016年7月新开征经营利润税，税率为10%。

② 金融机构和烟、酒类企业，税率为30%；路桥建筑、公交、出口等，税率为20%。

③ 年应税所得不超过20万欧元的部分适用20%税率。根据已通过立法的《2019税改计划》，两档公司所得税率2020年降为16.5%、22.5%，2021年再降为15%、20.5%。

④ 根据已通过立法的《2019税改计划》，2019年6%低税率提高至9%。

⑤ 只对境内所得征税；采矿和冶金公司税率为35%；小公司年应税所得不超过500万太平洋法郎的部分适用15%低税率。

⑥ 2017年4月开征新的“一般消费税”（GCT），代替原对服务征收的团结税（即5%服务税）和进口税等其他一些税种。税率为：服务5%，其他项目适用0.25%、0.35%、0.5%和1%等不同的低税率。

⑦ 2016年10月起，对境外企业向境内居民提供服务12个月营业额达到6万新元的，需要注册并缴纳GST。

⑧ 年毛收入低于1200万科多巴的小公司适用10%～30%五级超额累进税率。

⑨ 另征收1%的市销售和服务税。

⑩ 2018年AMT税率：工业公司仍为1%，其他公司提高至1.5%。

⑪ 2017年12月5日，参议院通过政府提出的“2018—2020年中期财政支出框架”，其中包括2018年对奢侈品征增值税的税率从5%提高至15%。

⑫ 公司所得税比照美国征收，但公司所得税额超过“毛收入税”的，可根据超额幅度的不同，实施90%、70%、50%三档比例退税。

⑬ 2017年公司所得税税率从25%降至24%，2018年降至23%；2019年进一步降至22%。

⑭ 2016年增值税原8%低税率提高至10%；2018年进一步提高至12%。

续表

国家和地区	中央/联邦公司所得税税率			地方所得税税率	增值税税率
	普通所得税	附加税	其他所得税		
(1)	(2)	(3)	(4)	(5)	(6)
阿曼*	25%①			市税：2%～10%	无②
巴基斯坦*	31%③		AMT：(1%)	农业所得税：5%～15%	V－销售税：17%，21%，25%等
帕劳	无	无	无	无	毛收入税：4%
巴勒斯坦	15%	无	无	无	16%
巴拿马	25%		未分配利润补偿税：10%		7%；烟：15%，酒：10%
巴布亚新几内亚*	30%④			无	GST：10%
巴拉圭	10%	无	分配利润：5%	无	10%，5%
秘鲁	29.5%⑤		股息分配：5%	无	16%⑥
菲律宾*	30%⑦	分支机构利润汇出税：15%	AMT：(2%)；留存收益税：10%	地方经营税：(≤3%)	12%⑧
波兰*	19%⑨	无	无	无	23%，8%，5%⑩

① 不超过3万里亚尔的部分免税；石油公司税率为55%。2017年税率从12%提高至15%；2018年起阿曼的个体企业和小微企业按3%税率征税。

② 作为GCC成员之一，计划于2019年开征增值税。

③ 小公司适用25%低税率；银行税率为35%。公司所得税一般税率2016年从33%降至32%，2017、2018年进一步降至31%和30%；2019年起将继续每年降一个百分点直至2023年降至25%为止，相应地小公司优惠税率2019年从25%降至24%，并每年降一个百分点至2023年的20%。

④ 非居民公司税率为48%。石油、采矿企业适用30%～50%等特别税率，2017年统一为30%。

⑤ 公司所得税税率2017年从28%提高至29.5%，股息分配税税率从6.8%降至5%。

⑥ 另征2%附加税（市开发税），综合税率为18%。2017年原计划增值税税率从16%降至15%（综合税率从18%降至17%）因税收收入未能达到预期目标而没有兑现。

⑦ 2018年9月10日菲律宾众议院通过税改法案，计划2021年起将公司所得税率每2年降2个百分点至2029年的20%。税改法案尚待参议院审议。

⑧ 小规模纳税人按3%税率简易征税。

⑨ 2017年起对年营业额不超过120万欧元的小企业和新成立企业适用15%优惠税率，2019年降至9%。

⑩ 原已立法于2016年9月1日开征零售税，但因欧盟对其开展合规调查而推迟至2019年。欧盟裁定其违反欧盟国家补贴规则，故零售税实际未实施。

续表

国家和地区	中央/联邦公司所得税税率			地方所得税税率	增值税税率
	普通所得税	附加税	其他所得税		
（1）	（2）	（3）	（4）	（5）	（6）
葡萄牙*	21%①	3%～7%②		市附加税：≤1.5%	23%，13%，6%
波多黎各	20%	5%～19%累进③	AMT：30%④	市许可税：（≤0.5%）	销售和使用税：11.5%，4%⑤
卡塔尔*	10%	无	无	无	无⑥
罗马尼亚*	16%⑦	无	AMT：定额	无	19%⑧，9%，5%
俄罗斯*⑨	3%	无	无	≤17%⑩	18%，10%
卢旺达	30%	无	无	无	18%
圣基茨和尼维斯	33%	无	无	无	17%，10%
圣卢西亚	30%⑪		无		12.5%⑫，10%
圣马丁	30%	（2）的15%			周转税：5%
圣文森特和格林纳丁斯	32.5%⑬				15%，10%
萨摩亚	27%	无	无	无	15%

① 中小企业年所得不超过15000欧元的部分适用17%优惠税率。

② 根据应税利润规模按3%、5%、7%三档累进；2018年预算法案规定7%税率2018年提高至9%。

③ 附加税就超过规定限额部分的应税所得按5%～19%五档累进征收。

④ 原为20%，2013年改为下列中的较高者：规定所得的30%+新开征的按0.2%～0.85%累进的国家毛收入税；规定支出的20%。

⑤ 其中，中央政府征10.5%，地方政府征1%。2016年10月对B2B服务和职业服务由免税改按4%征税。原计划于2016年4月（后推迟至6月）改征增值税的计划6月2日被参议院否决。

⑥ 作为GCC成员国之一，计划于2019年开征增值税。

⑦ 小公司按毛收入的3%简易计征；2016年开始按照职员的多少，征收率改为1%或3%。

⑧ 2016年标准税率从24%降至20%，2017年再降至19%。

⑨ 中小企业可以选择按毛收入的6%或净所得的15%缴纳单一税，以代替所得税、增值税、统一社会税和不动产税。2016年开始政府部门可以适当下调单一税税率。

⑩ 地区政府有权下调一定幅度的税率，最低可以下调至13.5%，2017年起可以下调至12.5%，但从2019年起取消地区政府的税率下调权。2017年地方税率上限下调至17%，而联邦税率从2%上调至3%，合计最高税率未变，仍为20%。

⑪ 小企业实行15%、20%、25%、30%、33.33%五档累进税率。

⑫ 2017年增值税标准税率从15%降至12.5%。

⑬ 2018年预算法案规定2018年5月公司所得税一般税率从32.5%降至30%。

续表

国家和地区	中央/联邦公司所得税税率			地方所得税税率	增值税税率
	普通所得税	附加税	其他所得税		
(1)	(2)	(3)	(4)	(5)	(6)
圣马力诺	17%		2014—2020年：特别所得税：定额		进口税：17%；服务税：3%
圣多美和普林西比	25%	无	无	无	消费税：0～149%①
沙特阿拉伯*	20%②			无	5%③
塞内加尔	30%		AMT：(0.5%)		18%，10%④
塞尔维亚*	15%	无	无	无	20%，10%
塞舌尔*	30%⑤	无	社会责任税：(0.5%)	无	15%
塞拉利昂	30%				GST：15%
新加坡*	17%⑥			无	GST：7%⑦
斯洛伐克*	21%⑧	无	AMT：定额⑨	无	20%，10%⑩
斯洛文尼亚*	19%⑪	无	无	无	22%，9.5%
所罗门群岛	居民公司：30%；非居民公司：35%		AMT：(5%)	无	销售税：10%，15%

① 服务税率5%。2015年9月2日政府宣布成立委员会研究引进增值税。

② 只对外国投资者征，石油企业按投资额税率为50%～85%超额累进，天然气企业为30%；国内企业和个人按2.5%的税率缴纳“扎卡特”(Zakat)税。

③ 作为GCC成员国之一，已于2018年开征增值税，税率为5%。

④ 金融服务按17%或7%税率征收特别税（金融活动税），代替增值税。

⑤ 公司年所得不超过100万卢比的部分税率为25%；上市公司税率同为25%。小公司可以选择适用15%税率或者按营业额的1.5%简易征税。

⑥ 年应税所得不超过1万新元的部分减征75%；超过1万新元至2.9万新元的部分减半征收。2015、2016征收年度所有企业可以获得已纳税款的50%的退税，但最多不超过2万新元；2017征收年度退税上限提高至2.5万新元；2018征收年度退税比例降为20%，退税上限为1万新元。

⑦ 2018年预算计划在2021—2025年期间的适当时间将GST税率从7%提高至9%。

⑧ 2017年公司所得税率从22%降至21%。

⑨ 2014年起对亏损企业征收480～2280欧元不等的最低税，2018年取消。

⑩ 2019年旅馆住宿服务适用的增值税税率从20%降为10%。

⑪ 2017年公司所得税率从17%提高至19%。

续表

国家和地区	中央/联邦公司所得税税率			地方所得税税率	增值税税率
	普通所得税	附加税	其他所得税		
（1）	（2）	（3）	（4）	（5）	（6）
南非*	28%①		股息预提税：15%	无	14%②
南苏丹	25%③				销售税：20%④
西班牙*	25%⑤	无	无	地方经营税⑥	21%，10%，4%
斯里兰卡*	28%⑦		股息分配税：10%⑧	无	15%⑨
苏丹*	10%～35%⑩	社会发展税：5%	扎卡特税：2.5%		17%，30%
苏里南	36%				周转税：10%，8%，25%⑪
斯威士兰	27.5%	无	无	无	14%⑫
瑞典*	22%⑬	无	无	无	25%，12%，6%
瑞士*	8.5%⑭	无	无	各州不一⑮	8%，3.8%，2.5%⑯

① 年营业额不超过200万兰特的小公司，实行7%、21%、28%三档累进税率。符合条件的小微企业可以选择按营业额的1%～3%简易征税代替所得税和增值税。

② 2018年4月增值税税率从14%提高至15%。

③ 小企业所得税率为10%；中企业为20%；大企业为25%。

④ 为解决财政困难，已多次上调税率：从5%提高至10%，再提高至15%；2017年又分两次提高至18%和20%。具体调整时间不详。

⑤ 小公司有一档25%的优惠税率。普通税率2016年从28%降至25%。

⑥ 各地对年营业额超过100万欧元的公司征收，税率不一，但不超过平均推定利润的15%。

⑦ 应税所得不超过500万卢比的部分适用12%低税率；2018年4月起的征收年度，中小企业、出口商、农业企业、教育服务、旅游、信息技术等，税率为14%；赌博、烟酒业，税率为40%。

⑧ 2018年4月从10%提高至14%。

⑨ 公司所得税率2016年5月2日从11%提高至15%，7月12日降至11%，11月1日又提高至15%。

⑩ 工业公司，税率为10%；商业，服务，不动产，银行保险等行业的公司，税率为15%；烟草公司，税率为30%；油气开采公司，税率为35%。

⑪ 货物销售适用10%税率，服务提供适用8%税率。对某些奢侈品按25%或50%的高税率征税。原计划2018年开征增值税但已被推迟。

⑫ 2018年5月增值税税率从14%提高至15%。

⑬ 公司所得税率2019年从22%降至21.4%，2021年再降至20.6%。

⑭ 由于所得税额本身可以在税前扣除，因此有效税率约为7.83%。

⑮ 与中央税合计税负约为11.5%～24.2%。

⑯ 2018年8%、3.8%两档税率分别降至7.7%、3.7%。

续表

国家和地区	中央/联邦公司所得税税率			地方所得税税率	增值税税率
	普通所得税	附加税	其他所得税		
(1)	(2)	(3)	(4)	(5)	(6)
叙利亚*	10%～28%五级超额累进			市附加税：②的4%～10%	消费税：1.5%～40%
中国台湾*	17%①	留存收益税：10%	AMT：12%		5%②
塔吉克斯坦*	13%③		AMT：(1%)	无	18%，5%④
坦桑尼亚	30%⑤		AMT：(0.3%)	无	18%⑥
泰国*	20%⑦			无	7%⑧
多哥	28%		AMT：(1%)		18%，10%
汤加	25%	无	无	无	V－消费税：15%
特立尼达和多巴哥*	25%⑨	绿色基金税：(0.3%)⑩	AMT：(0.6%)		12.5%⑪
突尼斯*	25%⑫		AMT：(0.2%)	地方工商税：②的25%⑬	18%，12%，6%⑭

① 不超过12万元部分免税。2018年公司所得税率从17%升至18%、20%两档，其中18%税率2019年提高至19%，2020年统一为20%；留存收益税税率2018年从10%降至5%。

② 对不征收增值税的项目如从事服务等，征收营业税，税率0.1%～25%不等。

③ 2017年：生产企业税率从14%降至13%，运输、通讯、银行及其他服务业，税率从24%降至23%。

④ 2017—2018年，增加一档5%低税率适用于粮食生产、公共餐饮企业和批发、零售企业，2019年恢复按18%标准税率征收。

⑤ 股份公开发行30%以上的上市公司上市前三年税率为25%；2017年7月起新成立的机动车船装配公司自成立起前5年税率为10%；2018年7月新成立的制药和皮革公司自成立起前5年税率为20%。AMT税率2018年7月从0.3%提高至0.5%。

⑥ 地方政府另按营业额征市服务税，税率各地不一，一般为0.3%。

⑦ 中小企业年所得不超过30万泰铢的部分免税，超过的部分适用15%、20%两档优惠税率。

⑧ 增值税法定税率为10%，1999年4月暂时减至7%并被不断展期，现已展期至2019年9月底。

⑨ 根据2017年财政法规定，从2018年起，公司所得税率从25%提高至30%。

⑩ 2016年：绿色基金税税率从0.1%升至0.3%；具有AMT性质的企业税税率从0.3%升至0.6%。

⑪ 2016年2月增值税税率从15%降至12.5%。

⑫ 2018年财政法规定，符合条件的中小企业适用20%优惠税率；银行、电信等特定行业适用35%高税率，大型零售商、新车销售商和开发外国品牌的公司2019年起适用35%税率；农业、出口利润等适用10%优惠税率。2019年财政法规定，2021年起电子机械、机动车、医药和医疗设备等制造业，纺织、服装和鞋类业，食品加工业，软件开发以及国际贸易公司，公司税率从25%降至13.5%。

⑬ 或者按毛收入（含增值税）的0.2%或0.1%计征。

⑭ 另按毛收入（不含增值税）的1%征地方产品税。2018年增值税税率从18%、12%、6%提高至19%、13%和7%。2019年固定电话和家庭互联网接入服务，进口太阳能板，增值税率从19%降至7%；进口排气量不超过1200毫升汽车，增值税率从13%降至7%。

续表

国家和地区	中央/联邦公司所得税税率			地方所得税税率	增值税税率
	普通所得税	附加税	其他所得税		
（1）	（2）	（3）	（4）	（5）	（6）
土耳其*	20% ①	无	无	无	18%，8%，1% ②
土库曼斯坦*	8% ③			公共事业税：1%	15%
特克斯和凯科斯群岛	无	无	无	无	无④
乌干达*	30% ⑤	无	无	无	18%
乌克兰*	18%	无	无	无	20%，7%
阿拉伯联合酋长国*	无			多数酋长国对油气公司等征收⑥	无⑦
英国*	19% ⑧	银行：8%	无	无	20%，5%
美国*	35% ⑨		AMT：20%；留存收益税：20%	州、市所得税：0～12%不等	州和地方销售税：0～12%
乌拉圭	25%	无	无	无	22%；10%
美属维尔京群岛	35%（同美国）	（2）的10%	AMT：20%		毛收入税：5%
乌兹别克斯坦*	7.5% ⑩		国家基金税：3.2% ⑪	基础设施开发税：≤8%	20%
瓦努阿图	无⑫				12.5% ⑬

① 2018—2021年公司所得税税率临时从20%提高至22%。

② 2016年化肥和饲料适用的增值税税率由标准税率（18%）改为低税率（1%）；2016年9月8日—2017年3月31日期间住房销售适用税率从18%降至8%。

③ 外国企业分支机构、50%以上控股的国有企业，税率为20%。中小企业税率为2%。

④ 近年来政府一直致力于增值税型的GST改革；对旅馆、通信服务，按12%税率征税。

⑤ 小企业按定额或营业额的1.5%从高征收。

⑥ 理论上对所有公司，但实际只对国外石油公司和银行分支机构征税，税率10%～50%不等。

⑦ 作为GCC成员国之一，2018年开征增值税，税率为5%。

⑧ 2017年4月税率从20%降至19%，2020年将进一步降至17%。

⑨ 实际按应税所得分15%、25%、34%、39%、34%、35%、38%、35%八级税率超额累进或累退征收，但实际最高税负为35%。2018年税率统一按21%征收，并取消AMT。

⑩ 2018年将基础设施开发税并入公司所得税，并将综合税率从15.5%（=7.5%+8%）降至14%；2019年进一步降至12%。商业银行税率为22%，2019年降至20%，移动服务公司税率2019年则从14%提高至20%。小微企业按营业收入的6%简易征收综合税，代替所得税、增值税、地方税等；2016年简易税率从6%降至5%，2019年降至4%。

⑪ 2019年取消。

⑫ 政府原计划2018年7月开征公司所得税，税率为17%，但未见后续结果，查其海关和国内收入局网站，并未开征。

⑬ 免征增值税或适用零税率的项目，应按5%税率征收周转税；对未达到增值税注册标准的商业出租，应按12.5%的税率征收租赁税。2018年增值税税率从12.5%提高至15%。

续表

国家和地区	中央/联邦公司所得税税率			地方所得税税率	增值税税率
	普通所得税	附加税	其他所得税		
(1)	(2)	(3)	(4)	(5)	(6)
委内瑞拉*	15%，22%，34%三级累进①	无		市经营税：(0.25%~17%)	*12%*，8%②
越南*	20%③			无	10%，5%
瓦利斯和富图纳群岛	无				无
也门	20%	扎卡特税：2.5%	利润税：25%		5%，2%，3%，10%④
赞比亚*	35%⑤			无	16%
津巴布韦*	25%	艾滋病附加税：(2)的3%		无	15%

说明：

1. 表中斜体文字表示该税率在2017年以后已被调整，或有被调整的计划，调整内容在注释中反映。

2. 表中增值税栏：（1）不含零税率；（2）第一档税率为标准税率。

3. “V－”指“VAT型”即增值税型，就是虽然称其他税名，但性质属于增值税；“GST”指增值税型“货物劳务税”；“AMT”指“最低替代税”，带下划线的（AMT）指实际另有税名，但属于AMT性质，余者类推。

4. 表中类似“（2）的3%”“（3%）”的表述，其中的“（2）”指表第二列“公司所得税”，即以公司所得税额为税基；“（3%）”指以毛收入（营业额）为税基；在（2）~（5）栏中，未指明税基的税率，其税基原则上为应税所得。

5. 按毛收入（营业额）计征的税种，名称很多，如毛收入税、营业税、周转税等，在性质上，是对流转额征税，按理属于流转税性质，是货物劳务税的一种，但有的作为所得税的替代税种（简易计征），因此具有所得税性质。对这类税收的分类，不同国家、不同资料来源都存在差异。本表原则上将其归入货物劳务税，但另征有货物劳务税类的税种却没有普通公司所得税的国家和地区，其开征的毛收入税归入所得税。

6. 生效日期：1月1日生效的，仅标记年份；其他月份的1日生效的，标记年和月；其他日期生效的标明具体的年、月、日。表中空格表示相关资料中未见有此项内容。

7. 带＊号的国家和地区，是已与中国签订或者适用与中国签定的双边税收协定或安排的国家和地区。根据国家税务总局截至2018年12月12日的统计，中国已对外正式签署107个避免双重征税协定，其中100个已生效，和香港、澳门两个特别行政区签署了税收安排，与台湾签署了税收协议。

8. 本资料按国家和地区的英文字母排序。

9. 在以前年度基础上，本年度税率表更新的主要参考资料包括：

（1）国际财税文献局（IBFD）各国税制及动态信息资料；

（2）普华永道会计师事务所编的《世界税制概览》更新资料及有关税收动态信息；

（3）安永、德勤、毕马威等会计师事务所编的和其他一些会计中介机构网站的有关公司所得税、增值税资料以及2017/2018年度相关信息；

（4）“闲文税语”微信公众号发布的各期《每日税讯》；

（5）各国政府或财税部门相关网站和有关世界税收信息网站。

（国家税务总局税收科学研究所：龚辉文　编制）

① 2016年起金融企业适用税率为40%。

② 某些奢侈品加征15%。2018年标准税率从12%年提高至15%。

③ 2016年税率从22%降至20%。天然气、矿产开采税率32%~50%。

④ 武器弹药、香烟和雪茄税率为90%；阿拉伯茶税率为20%。

⑤ 2012年起小企业改按营业额的3%征周转税。

附录7

英文缩略语

AEOI	金融账户信息自动交换
ALP	符合正确交易原则
AML	反洗钱
APA	预约定价安排
ATO	澳大利亚税务局
B2C	企业对个人的电子商务
BEPS	税基侵蚀和利润转移
CAHPL	雪佛龙澳大利亚控股有限公司
CbC MCAA	自动交换国别报告多边主管当局协议
CBDT	印度直接税中央委员会
CEPA	更紧密经贸安排
CIAT	美洲税收管理组织
CIF	运费
CFC	受控外国公司
CRS	通用报告标准
EBIT	息税前利润
EBITDA	息税折旧摊销前利润
EC	欧盟委员会
EEA	欧洲经济区
EITC	劳动所得税收抵免

EOIR	依请求税收信息交换
EU	欧盟
EY	安永
FATCA	海外账户税收合规法案
FDI	外国直接投资
FOB	离岸价
FTA	税收征管论坛
G20	二十国集团
GAAR	一般反避税规则
GCC	海湾合作委员会
GCET	全球环境税年会
GDP	国内生产总值
GF	税收透明度和信息交换全球论坛/谷歌法国公司
GILTI	全球无形资产低税收入
GIL	谷歌爱尔兰公司
GST	货物劳务税
HMRC	英国皇家税务与海关总署
IBFD	荷兰财税文献局
ICAP	国际税收遵从保障计划
ICIJ	国际调查记者联盟
IFF	非法资金流动
IMF	国际货币基金组织
IOTA	欧洲税收管理组织
IPRA	希腊独立公共收入管理局
IRS	国内收入局
IT	信息技术
ITA	意大利税务当局
LSF	飞行税法
KPMG	毕马威
MAP	相互协商程序
MIB	富时意大利证券交易所
MLI	多边公约
NRW	德国北威州

OECD	经济合作与发展组织
PPT	主要目的测试法
R&D	研发
RCEP	区域全面经济伙伴关系协定
REPETRO	巴西油气勘探开发和经济勘察活动中对于进出口货物的特殊利益
SEP	显著经济存在
SFS	乌克兰国家财政局
SGATAR	亚洲税收管理与研究组织
STS	摩尔多瓦国家税务总局
TAP	法国巴黎行政法院
TEC	共同关税
Texaco	美国德士古集团
TP	转让定价
TPP	跨太平洋伙伴关系协定
TRIPS	与贸易有关的知识产权协定
UN	联合国
WB	世界银行
WTO	世界贸易组织

参 考 文 献

[1] 高运根. 数字经济背景下的国际税改及其对中国的影响和建议[J]. 国际税收，2015（3）.

[2] 何杨. 国际税收规则变革与中国的应对 [M]. 北京：经济科学出版社，2017.

[3] 何杨，孟晓雨. 企业所得税最新国际发展趋势研究 [J]. 国际税收，2017（12）.

[4] 廖体忠. 积极落实 G20 税改成果 努力打造公平和现代化的国际税收体系 [J]. 国际税收，2017（8）.

[5] 罗秦. 趋向现代型的增值税最新发展：以 OECD 成员国为例[J]. 国际税收，2017（12）.

[6] 张京萍. 降低中低收入劳动者税负增进税制公平性和包容性——OECD 成员国劳动所得税收改革最新发展 [J]. 国际税收，2017（12）.

[7] 廖体忠，韩霖. OECD 报告显示：各国以促增长为核心的税制改革导致税收竞争加剧 [J]. 国际税收，2017（12）.

[8] 廖益新. 数字经济环境下营业利润课税权的分配 [J]. 厦门大学学报（哲学社会科学版），2017（4）.

[9] 罗秦. 趋向现代型的增值税最新发展：以 OECD 成员国为例[J]. 国际税收，2017（12）.

[10] 任泽平. 特朗普税改：主要内容、影响、全球减税竞争与中国税改 [J]. 宏观经济，2018（2）.

[11] 沈建光. 特朗普税改影响分析 [J]. 金融发展评论，2018（1）.

[12] D. P. 森古普塔. BEPS 项目各项建议和 CRS 在印度的执行情况[J]. 国际税收，2017（8）.

[13] 路易斯·爱德华多·斯格瑞，里卡多·安德烈·加兰迪·朱尼奥. 巴西落实 BEPS 成果情况分析 [J]. 国际税收，2017（8）.

［14］克莱格·韦斯特．落实 BEPS 行动计划和 CRS 及其对国内法修订的影响［J］．国际税收，2017（8）．

［15］艾琳娜·科林卡诺娃．“去离岸化”引导俄罗斯国际税收改革［J］．国际税收，2017（8）．

［16］《国际税收参考》，2017 年 1 – 12 期．

［17］《世界税收信息》，2017 年 1 – 6 期．

［18］吴刚．逃避税款，谷歌在欧洲麻烦不断［N］．人民日报，2017 – 05 – 11。

［19］刘英．雪佛龙撤诉：澳大利亚史上最大税案落幕［N］．中国税务报，2017.

［20］刘英．转让定价案诉讼澳税务局赢得重大胜利中国税务报［N］．2017 – 07 – 11.

［21］国家税务总局网站 http：//www. chinatax. gov. cn.

［22］财政部网站 http：//www. mof. gov. cn.

［23］财经网 http：//www. caijing. com. cn.

［24］EY. The Outlook for Global Tax Policy in 2018，2018. 2.

［25］IMF. World Economic Outlook，2018. 6.

［26］“Tax Notes International”，2017 全年各期．

［27］IBFD：“Tax News Service”，2017 全年各期．

［28］“EC TAX REVIEW”，2017 全年各期．

［29］OECD. Addressing the Tax Challenge of the Digital Economy，Action 1 – 2015 Final Report OECD/G20 Base Erosion and Profit Shifting Project. OECD，Paris，2015.

［30］OECD. OECD Economic Outlook 2018，2018. 5.

［31］OECD. Tax Policy Reforms 2017：OECD and Selected Partner Economies. OECD，Paris，2017.

［32］PWC. Worldwide Tax Summaries：Corporate Taxes，2018. 3.

［33］UNCTAD. World Investment Report 2018，2018. 6.

［34］UN-DESA，UNCTAD and the five UN regional commissions. World Economic Situation and Prospects 2018，2018. 5.

［35］www ibfd. orgffax News Service，2017.

［36］www. cchonline. ca l Global Daily Tax News，2017.